# 公共管理案例分析

主编　王　锋　刘海明　王贝贝

中国矿业大学出版社
·徐州·

**图书在版编目(CIP)数据**

公共管理案例分析 / 王锋，刘海明，王贝贝主编
. — 徐州 ：中国矿业大学出版社，2024.5

ISBN 978 - 7 - 5646 - 6103 - 8

Ⅰ. ①公… Ⅱ. ①王… ②刘… ③王… Ⅲ. ①公共管理—案例 Ⅳ. ①D035-0

中国国家版本馆 CIP 数据核字(2023)第 250708 号

**书　　名**　公共管理案例分析
**主　　编**　王　锋　刘海明　王贝贝
**责任编辑**　陈红梅
**出版发行**　中国矿业大学出版社有限责任公司
（江苏省徐州市解放南路　邮编 221008）
**营销热线**　(0516)83885370　83884103
**出版服务**　(0516)83995789　83884920
**网　　址**　http://www.cumtp.com　**E-mail**:cumtpvip@cumtp.com
**印　　刷**　徐州中矿大印发科技有限公司
**开　　本**　787 mm×1092 mm　1/16　**印张** 14.5　**字数** 362 千字
**版次印次**　2024 年 5 月第 1 版　2024 年 5 月第 1 次印刷
**定　　价**　48.00 元
（图书出现印装质量问题，本社负责调换）

# 前　言

在这个充满高度不确定性的风险社会中，公共管理学科扮演着非常重要的角色。作为研究如何有效管理和运行公共机构、提高政府效能以及促进社会公正与发展的学科，公共管理不仅是理解和解决社会问题的关键，更是推动社会进步和可持续发展的重要力量，在解决复杂社会问题以及提升政府治理能力等方面发挥着至关重要的作用。

作为一门年轻的学科，一段时间里，公共管理受西方学界的影响比较明显，无论是理论范式还是研究方法，都有着浓厚的西方色彩。这样的研究传统使得学者们，尤其是中国公共管理学术界的学者们在分析中国社会中的问题时，要么用西方的理论范式分析中国的现实问题，要么用中国的问题或数据来验证西方的理论，至多在几个变量上进行调试，从而让中国的现实来适应西方的理论。这样导致的结果就是这些从西方引入的理论面临明显的“水土不服”，无法有效地解释中国的现实问题，在某种程度上有“隔靴搔痒”之感。

中国式现代化不同于西方的现代化，这意味着从西方引进的种种理论，包括公共管理方面的理论都无法有效解释中国的现代化道路。这就要求我国学者对中国的现代化实践进行理论创新，即基于本土实际从学理上进行阐释，实现理论的本土化和自主化。而要做到本土化和自主化，首先要做到的就是对中国社会现实的了解。近年来，公共管理学术界开展的公共管理案例研究就是这样的尝试。作为切口，学者们选择典型案例，深入分析其发生的内在机理，进而从学理层面挖掘其中所蕴含的普遍价值。这种从具体到一般的过程，既是学者们了解中国现实问题的契机，也是学者们通过案例研究建构本土化话语的开端。这样一种切入方式既契合了国家对“自主话语建设”的要求，也成为中国公共管理学术界真正走向自主化的良好开端。

基于以上原因，我们汇编了“2022 年江苏省研究生公共管理案例大赛决赛”的部分优秀案例，围绕基层治理、安全监管以及公共服务与环境治理三个主要领域，旨在为公共管理的研究和实践提供丰富的案例材料。基层治理是实现整个社会良序善治的基础，关系到每一个社区和每一个家庭。书中的案例展示了如何通过创新的方法和策略促进社区参与、提高治理效率、构建和谐社会。在安全监管方面，随着技术的进步和社会的发展，新的挑战不断出现。通过案例分析，我们可以看到政府是如何保护人民的生命财产安全的。公共服务与环境治理是可持续发展的关键，通过案例分析可有助于政府提高公共服务质量，实现资源的合理利用和环境的可持续管理。

书中每个案例都源自真实的公共管理实践，这些案例不仅反映了公共管理领域面临的常见问题，而且展示了创新解决方案的应用。通过展示具有代表性的案例，我们希望读者能够理解公共管理的复杂性和多样性。案例不回避难点，敢于展示公共管理实践中的复杂问题和面临的挑战。公共管理的复杂性不仅体现在问题本身，还体现在问题解决过程中的权衡和选择。通过深入分析这些复杂的问题，读者可以更好地理解公共管理决策的多维度和利益相关者的博弈。

我们期待《公共管理案例分析》一书能够为推动公共管理理论的本土化和自主化贡献微薄之力，即通过案例分析和案例研究所展示的方法和研究趋向向读者展示案例大赛的可复制文本。当然，这些案例只是高等院校在校大学生参加案例大赛的成果展示，离我们所说的案例研究还有一定距离。但是，案例分析本身就是让学生了解实际、发现问题、解决问题的尝试。

另外，我们也期待《公共管理案例分析》一书能够有助于公共管理的教学。作为公共管理学科中一种非常有效的教学方法，案例教学对培养学生解决实际问题的能力和批判性思维能力具有重要意义。通过深入探讨具体的管理情境、政策实施过程以及治理实践，学生可以更好地理解公共管理的复杂性、动态性和多维性。在面对具体案例时，学生需要分析问题、识别关键因素、提出解决方案，并预测可能的结果，这一过程能够锻炼学生的思维能力和决策能力。通过案例教学，学生能够学习在复杂的社会环境中面对不确定性和多元利益时，如何做出有效和合理的决策。

由于选入的案例作者较多，无法一一列举他们的姓名，在本书出版之际，我们对入选案例的作者们一并表示感谢。同时，感谢中国矿业大学出版社陈红梅编辑，她对文本的多次修改增加了案例的可读性。尽管我们对案例的文本进行了多次修改，但限于水平，书中难免存在不足之处，希望读者在阅读中多提宝贵意见。

编　者

2023 年 9 月

# 目　录

## 第一篇　基层治理



## 第二篇　安全监管

## 第三篇　公共服务与环境治理

# 第一篇　基层治理

# 案例一　“路”在何方？石小伟“说学做唱”的十年村治历程①

——黄泥墩村“阳光票决制”的探索

## 导读

乡村治理是国家治理的基石，其现代化水平是国家治理体系和治理能力高低的重要体现。然而，当前乡村治理过程中村民参与难度大、村民上访频繁等困境亟待解决。本案例围绕黄泥墩村进行个案分析，呈现治理过程中的冲突以及转型变迁。黄泥墩村通过创新走出了一条“阳光票决制”增能赋权和提高集体信任的路子，实现了困境突围。

本部分内容通过剖析黄泥墩村这一案例，深刻挖掘治理转型的关键要素及其本质逻辑，尝试性地进行经验推广。黄泥墩村的治理模式与村庄实际的深度融合可为中国乡村治理提供借鉴。同时，对标先进地区的学习借鉴有助于寻找村庄之间的差距并深刻剖析其本质原因，从而避免走弯路，摆脱“内卷化”的困境。

## 一　案例介绍

### 引言

乡村有效治理是实现乡村全面振兴的前提，统筹推进乡镇治理则是实现国家治理体系和治理能力现代化的基础工程。党的十九大以来，中共中央办公厅、国务院办公厅印发《关于加强和改进乡村治理的指导意见》(2019 年 6 月实施)，聚焦乡村治理工作，积极推进乡村治理创新和发展。乡村治理并非单纯的学术概念，而是具有丰富实践内涵的治国理政之要求。当下乡村正在经历史无前例的巨变，宏观上乡村权力结构、人口结构、产业结构存在弱化现象，人口“少”、村庄“空”、农民“老”成为村庄面貌的常态，村庄人口锐减，治理中坚力量流失、集体经济薄弱、优秀传统道德文化式微的现象尚存。

浙江省丽水市莲都区黄泥墩村从原来“剑拔弩张”的“上访村”，最终蜕变为敦亲睦邻的

---

① 参赛人员：李怡雯、高淑敏、李昊儒、步晓玄、王亚娟。
指导老师：张振，倪咸林，党亚飞。
所在单位：南京师范大学。

“和谐村”，并且成为浙江省甚至全国的“模范村”，其关键在于黄泥墩村这套独特的治理“密码”，以“阳光票决制”为杠杆，以“阳光工作法”为支点，撬动了乡村治理能效的提升，解决了村民参与困境，破解了干群信任僵局，呈现出和谐的乡村氛围。近年来，在当地政府的引导下，黄泥墩村深化党建引领，形成党群联动新格局，并酝酿了一种全新的治村制度——“阳光票决制”。从此以后，村里的大事都交由村民投票决定。凡事合理地对老百姓公开，事务都清楚了，老百姓的心气也顺了。越来越多的村民转变思想，不再视村干部为对立面，黄泥墩村的乡风愈加和谐、淳朴。

人心齐，泰山移。如今的黄泥墩村村民是“上访村”完美蜕变的建设者。村民不仅摆脱了以往鸡毛蒜皮的斤斤计较，而且还在黄泥墩村“两委”干部和广大党员带领下，阔步走在和谐睦邻、乡村振兴的道路上，把日子过得越来越甜。

黄泥墩村为何成为浙江省第一个“阳光票决制”村？其中什么条件孕育了“阳光票决制”？“阳光票决制”在村务管理中的运作过程如何？从前黄泥墩村如何处理矛盾纷争？为何不但没有解决问题，反而产生了更深层次的干群矛盾？“阳光票决制”真的是乡村有效治理的原因吗？黄泥墩村以其持续了 8 年的“阳光票决制”以及取得的不凡实践成就告诉我们：乡村振兴的前提是乡村的有效治理。如今，在全国各地仍有个别“上访村”“上访社区”存在。这些社区治理的难题应如何解决？对于上述这些问题，黄泥墩村治理经验将给出答案。

## (一) 烽烟四起：初来乍到难破冰，“说”断专业上访路

### 1. 新任干部攒足劲，却收村民起哄声

尽管村主任石小伟经常带人参观村里的文化礼堂，但却很少提及文化礼堂那“缺掉的那一角”，那是一段属于黄泥墩村的往事。

同所有新上任的村干部一样，石小伟也曾怀着满腔热情来到黄泥墩村，可他永远忘不了上任的那一天。2011 年，时任黄村乡乡长徐伟乐带着石小伟到村里上任。当石小伟讲话时，台下的村民起哄，会议只能开到一半就草草收场。村民给了石小伟一个“下马威”，这更让他感受到黄泥墩村紧张的干群关系。

### 2. 文化礼堂始修建，引出上访导火线

面对工作难以开展、村民不配合、唱反调等问题，石小伟想办一些实事来“破冰”。

2013 年中共浙江省委办公厅、浙江省人民政府办公厅印发《关于推进农村文化礼堂建设的意见》(本案例中，以下简称《意见》)。为此，石小伟决定以修建文化礼堂作为“破冰”契机，为村民办件实事。他带领村干部征集群众意见，但征集的意见却寥寥无几，村民宁愿在家睡觉，也不愿参与村委会决策。最终，村委会决定拆掉废弃的小学校舍，建一座文化礼堂。在文化礼堂的建造过程中，村民的反对声一直不断，村民的意见让石小伟十分不解和困惑。修建文化礼堂旨在增加乡村文化场所、加强乡风文化建设、提升村民安居幸福感，但是村民并不“领情”。村委工作就像是一拳打在棉花上——有劲使不上，没法开展。

### 3. 退避三舍减冲突，劝返上访急先锋

更让石小伟意想不到的是，村民们开始上访，甚至有了几户“上访专业户”。因为对文

化礼堂修建相关事宜不满意，天刚蒙蒙亮，有村民就带着信访材料出门了。为此，黄泥墩村也成了远近闻名的“上访村”。石小伟怎么也没想到自己上任后在村里修建的第一个工程就闹出了上访争端。在与村委会成员前去劝阻的过程中，石小伟说：“乡亲们，有事好商量，我们回村委会好好说，这是我们村的事，我们自己可以解决。修建文化礼堂的事咱们好商量，咱们先回去，这件事一定给大家解决。”

见一行人浩浩荡荡地回村，石小伟松了一口气。回到家中刚坐下，就听到外面有人喊：“主任，快出来，文化礼堂檐角要被锯掉了！”石小伟心头一惊，立马出门向文化礼堂赶去，只看到村民刘某琴拎着锯子，上来就锯掉了礼堂西北端的一个檐角。问其原因，她便说：“檐角建在我家门口上方，妨碍将来车子进进出出，我有权决定自家门口的事情。”面对此情此景，石小伟和其他村干部感到十分为难，协商无效后最终做出妥协与退让，只好把屋檐往里缩了 50 厘米。至此，修建文化礼堂上访争端告一段落。

小伟工作日记（摘录 1）

2013 年 9 月 14 日　雨

文化礼堂的修建工作还在紧锣密鼓地进行着，我想以修建文化礼堂作为村内“破冰”的开始，为村里修建文化设施，提升村民的幸福感。结果修建期间争执不断发生，我提议大家坐在一起协商解决，他们又都不愿参与，只是一味地说“当官的只想着自己”。

眼看着为修建文化礼堂争执不断，我和村委会一直在想着如何解决这件事情。结果一行人浩浩荡荡就要去莲都区上访，幸亏发现及时，又说又劝才将这些“上访户”一个个送回家。谁曾想一波未平一波又起，在礼堂上油漆时，刘某琴拎着锯子锯掉了礼堂西北端的一个檐角。为了快点解决这件事情，我只能宣布将屋檐往里缩 50 厘米。

这些事情让我心力交瘁，一边是隔阂严重的村民群体，遇事不愿意坐下来一起商量解决，一遇到不合心意的事情就要上访，从来到黄泥墩村就顶着“上访村”的帽子，到现在帽子也没能摘掉，村民每每上访都要好言相劝；另一边是上级领导的殷切期望。如今，上级领导都听说我们村因为修建文化礼堂发生的几起闹事，这让我倍感压力。

一腔热血难以抒发，委屈和压力也让我苦不堪言。一开始，我就抱着踏踏实实为村里服务的态度，奔着摘掉“上访村”帽子而来的。如今什么都做了，却一点效果也没有，我应该再做些什么呢？黄泥墩村的路又在何方？

## （二）一波三折：真心诚意巧成拙，“学”出自主议事路

### 1. 乡村土路要修建，“风言风语”遍布天

初来之时的“下马威”并没有浇灭石小伟干事的热情。石小伟认为，只要真心为村民干事，村民是一定能感受得到的。于是，石小伟重整旗鼓，决定为村民干一件真正能提升大伙利益的好事。

俗话说“要想富，先修路”，村中心有一条土路，这是一条重要的乡村土路，也是村民出入村庄与互相往来的必经之路。近些年，村内人口与附近城镇来往愈发密集，村民们的私

家车持有量也在逐年上升。而黄泥墩村村中心的土路仍是坑坑洼洼，不要说开小汽车，即便是农用电三轮车进出都十分拥堵。作为村内人流量最大的村中心道路才一米多宽，遇到下雨天就会变得泥泞不堪，村民们出行十分不便，也不安全。多有来往的三轮车、自行车陷入泥潭，不仅会造成拥堵，浪费大量的时间和人力，还经常发生安全事故。

正值村民与村干部矛盾最激烈的时候，“我们想着，能不能拓宽一下村中心道路，让大家伙儿出行都方便点，”石小伟说，“当时也是希望群众感受到我们是在真心为大家的难处着想。”村主任和村支书等村内工作人员开过会议后，一拍即合，当即就张罗着修路事宜。没想到的是，就在他们热火朝天商定细节的时候，村里却传出了“风言风语”。

——“路不就是为了走的嘛？能走就行，何必修得这么宽！”

——“村里有这钱还不如多给各家各户发点，多少买顿肉吃！”

——“这是专门方便那有车的大户，咱走路的人，啥路没走过，怎么到他们年轻人这里就走不成了呢？”

——“他们给咱们修路，就是为了贪污咱的修路钱，准没安好心！”

村民七嘴八舌、意见迥异地讨论着，这让石小伟一时乱了阵脚。村支书等人连忙对村民进行解释，告示也张贴了，款项也公布了，但效果并不理想。

“风言风语”并没有阻挡石小伟修路的决心，但真正让石小伟想退缩的是修路造成的土地赔偿问题。拓宽村中心的土路必然要占用路周围的农田，原规划的修路路线主要涉及三户村民的土地。

**2. 修路赔偿引上访，阳光票决初探索**

“当时就有村民要三五万元赔偿，不赔那么多，他们就去上访，村里连干部的工资都发不出来了，哪里来那么多钱啊？”石小伟回忆道。一提到这三户的土地赔偿问题，石小伟和村干部也觉得委屈。“我们本是想为村民做好事、做实事，这样的结果确实让我们这些基层干部心累啊！”石小伟接着说，“修路是为了方便大家出行，怎么成了我们一厢情愿啦？”

没有得到赔偿款的村民拒绝修路，他们每天把家里的老人扶出来坐在家门口，天气好的时候把玉米棒摆出来晒在路口，见到村干部上门做工作，总是一句话“不拿钱，就甭想修路”。不久后，刘某付拿着村里的修路文件，同另外两户到镇上信访。黄泥墩村出现“上访村民”已经不是一两次的事了。

“当时信访办的吕主任接待了我们，随后村民打电话把村主任叫了过来，让大家面对面沟通，当场给我们调解。”刘某付回忆道。

让石小伟没想到的是，自己上任这一两年，信访办是整个镇上去得最多的地方。只要村民去上访，信访办就打电话给石小伟，他就必须立刻放下手中的活把村民接回来。这样做往往也解决不了实际问题，但一直这样下去也是不行的，石小伟在村里干不成事，村民的生活得不到改善，村子的未来发展就会被耽搁。石小伟认为，还是需要想办法让村庄“活”起来。这次，他也明白自己不能再仅凭一腔热血做事了。

“当时全国都很流行‘四议两公开’，我就想着我们村能不能实施。”石小伟说。为此，石小伟还专门前往“四议两公开”的发源地——河南省邓州市考察学习。“人家搞得就是好，村子管理得好，大家都认同村长的提议。我把人家的做法都抄下来了。”石小伟回忆道。石小伟在河南省邓州市收获颇丰，刚回到村子里，就把几个村干部召集起来商议如何实施“四议两公开”。

**3. 修路问题访上访，村民会议争执起**

“正说要推行‘四议两公开’，没两天一伙人就跑去上访了。我寻思着，这又是因为啥事跑去上访了呢？你猜结果怎么着？”石小伟回忆道，“还是刘某付带的头，他上访路为啥修了一半不修了，他着急要赔偿款呢！”

石小伟面对再次跑去上访的刘某付，有些哭笑不得，当着吕主任的面跟村民承诺：“都回村吧！这次有办法了，修不修路，村里全部都给大伙儿解决。”正在气头上的村民看着下了保证的石小伟仍不相信，以为只是把他们接回去而已。刘某付起初是不同意的，因为他急着用钱，他也不允许另外两人跟石小伟回去。刘某付说：“这次不解决修路问题，我们坚决不回去。”但石小伟满心自信，他当着吕主任的面向刘某付保证：“这次无论如何都能解决修路问题。”刘某付这才暂且同意跟石小伟回去，但依然有村民表示：“这次解决不好，我们就去市里上访！”

将“上访村民”接回来以后，石小伟一天都不敢耽搁，赶忙张罗着推行“四议两公开”。他坚定地说：“邓州怎么做，咱也怎么做。”

在石小伟的预期中，有了票决制的支持，修路这件事应该会顺利地进行。在“四议两公开”指导下，石小伟对解决修路问题信心十足。

——“我们打算严格按照党支部会提议、‘两委’会议商议、党员大会审议、村民代表会议或村民会议决议这‘四议’进行，然后把这事(修路)的决议跟实施结果公开。”

但实际情况却不如石小伟所想。尽管党支部会提议、“两委”会议商议、党员大会审议的商议都挺顺利，但让石小伟想不到的是，到了召开村民代表会议时问题就来了。这天，石小伟挨家挨户地喊，请村民去村委会开会，把修路的事给大家说一说，并且由村干部把在“两委”商议好的修路计划以及后期赔偿问题向大家汇报，希望村民表决一下，使修路的事达成共识。可是，村民代表会议召开得并不顺利，非但没能解决问题，大伙儿还吵得不可开交。

——“修路可以，占用田地的赔偿款必须先到位，才能动我的田。”

——“我跟他们三家紧挨着，为啥只占他们家的地，不占我家的地？”

——“村里的钱都用来修路、赔偿了，占便宜的就他们三家。”

——“你说谁占便宜了，我占你家便宜了？”

石小伟紧急暂停会议，避免邻里不和。这样，修路的事再一次被搁置。会议虽然暂停了，但石小伟的心里很不是滋味，他不明白到底哪里做错了。“我看人家邓州搞得蛮好的嘛，人家开会时大家和和气气地发表意见，积极想办法解决问题。怎么到我们村就吵起来了呢？”石小伟回忆道。他觉得自己好心办了坏事，修路问题不仅没解决，还搞得村里鸡犬不宁。对刘某付的保证没做到，也让他感到羞愧不已。更让石小伟实在百思不得其解的是，在别的村实施得好好的“四议两公开”在黄泥墩村怎么就行不通呢？

小伟工作日记(摘录 2)

2015 年 7 月 14 日 阴雨

今天带着周书记和几个村干部,按照计划召开"四议两公开"村民议事会,到了拍板修路的阶段,刘某付等人因为修路吵了起来。我怕伤了邻里和气,只能紧急暂停会议,修路这事只能暂缓几天。

从邓州回来以后,我把工作重点放到了"学"上,学习邓州,推行"四议两公开"。我认为,如果靠自己做不好,就学习其他人的经验。正巧遇上刘某付去区里上访,为了把修路这件事用"四议两公开"解决好,村委干部都没少下功夫,连夜召开党支部会议、"两委"会议,但到了村民代表会议上,就变成了一团乱麻。

我也时常思考到底哪里出了问题。当时去参观邓州的"四议两公开"程序,人家做得有板有眼,结果"四议两公开"到了黄泥墩村就行不通。本以为学习"四议两公开"能为我们村开出一条好路,结果这条"路",我都不知道该通往何方。这样下去,上级领导对我的印象更差,村里的问题又一直不解决,"上访村"的帽子就摘不下来。

但作为村主任,想到村民还没过上好日子,我必须找出一条适合黄泥墩村发展的道路。是的,自己选的路怎么也要坚持下去,如果"学"不适合现在的工作,那就具体问题具体分析,行动起来,找到合适的工作方法,争取让村民早日过上好日子。

### (三)峰回路转:阳光工作精打磨,"做"出实干信任路

**1. 票决不解修路难,自治困境要突围**

修路票决会非但没解决问题,反而激化了村民之间的矛盾,这让石小伟越来越着急。会后,让他想不明白的是,为何遵循"四议两公开"展开的决策却使得"票决制"频频受阻呢?究竟是哪个环节出现了问题?到底应该怎么做才能达到预期的效果?石小伟认为,这条坑坑洼洼的乡村土路是一定要翻新的,至于如何通过票决得到村民的支持和理解、使得修路顺利进行,他觉得只靠自己想终究还是无济于事。于是,他前去拜访村里公认的"意见领袖"——周宏伟,想从他那里获得一些建议。

周宏伟听了事情的经过后提议:"不如开一场关于修路票决的总结大会吧!让村干部和村民都发表一下见解。我们可以给这乡村票决取个响亮的名字——'阳光票决制',让民主票决在阳光下运行。"石小伟非常赞成这个提议,并着手组织村干部参与"阳光票决制总结大会"。大会上,石小伟、驻村书记、村党支部副书记以及周宏伟等人纷纷就修路票决发言,对村内实施"四议两公开"这一举措表达了个人的见解。会议结束前,石小伟总结发言,针对村内修路问题实行"四议两公开"举措,认为它在带来一定作用的同时,也暴露出了黄泥墩村一些未曾被发现的问题。

一是上届村委的治理对干群造成持续性影响。黄泥墩村上届"两委"的意见不一致,群众的问题得不到解决,导致村民对村干部的信任程度降到了冰点。不仅如此,由于上届村干部基层监督缺位,导致村集体缺乏活力,造成本届村干部的工作难以开展。

二是村民不愿参与村务。村民在公与私之间的利益诉求有所不同，难以形成合力，极易造成多元利益诉求下的难题。即使在“四议两公开”票决下，一方面，由于村民的主观偏好，他们总是站在个人利益而非村庄整体利益层面去商讨问题；另一方面，多数村民不愿也不敢提出不同意见，唯恐造成同村村民之间产生矛盾。“四议两公开”决议会逐渐演变成村里大户主导的“村务通知”会，这反而加深了村民与村干部之间的隔阂。

三是村民立场不同，各执己见。坚持“四议两公开”是希望村民在拥有知情权的前提下进行自我管理，但由于村民的知识结构、能力水平的限制以及村民个体的差别，他们对所要讨论的问题很难做出一致并有利于公共利益的决定。乡村文化遗存被人为损坏或遗弃，传统文化逐渐衰落。村里也缺乏乡贤或类似村民“意见领袖”的角色，难以提出有效意见，更难以达成共识。就商议修路这件事而言，当把在哪里搭桥、如何避免山洪和泥石流、应从谁家过等问题摆在相对而言缺少专业理性和法治观念的村民面前时，商议将是低效且无果的，反而容易引起诸多争论。

四是监督机制不完善。村民与村干部之间的隔阂与不信任由来已久，公开议事虽然给予村民知情权，但由于长期矛盾使得村干部与村民之间的信任很难重新建立。虽然村内引入了“四议两公开”，但在实施过程中缺乏村民参与的监督机制，使得村民对“四议两公开”的内容和形式抱有怀疑的心态。另外，缺乏参与式监督使得村民担心公开的只是村务的一部分，商议也只是走形式。

除了“阳光票决制”带来的新问题，村庄遗留问题还体现在以下几个方面：① 村民日益增长的经济发展意愿和村庄经济发展滞后的矛盾；② 村民日益增强的民主意识与个别村干部作风独断而又缺乏监管之间的矛盾；③ 村民落后意识与发展集体经济之间的矛盾；④ 村民对服务型村干部需求与干部能力与服务意识不足的矛盾等。

针对上述问题，参会人员认为，要想达成“四议两公开”的预期效果，就要从黄泥墩村内部入手，不能照搬“邓州经验”，而是要因地制宜地打造出一套适合黄泥墩村的制度。大会参会人员集思广益，最终初步制定出一系列工作方案，并运用到村委工作中。

**2. 修路不合村民意，干部下访新模式**

眼下的当务之急是解决村内因修路问题引发的激烈冲突。石小伟带领村委、党员先锋先后去了对修路问题反映强烈的村民张某莲、刘某付、李某民家里。

——“不是我胡搅蛮缠，家里的田就这几亩，现在不发补偿款，谁给我家小孩交学费，我爹看病的钱从哪里来？”

——“我家跟他们两家紧挨着，在他们的地里修路，来来回回都是车，我家干农活肯定也会受影响，要点赔偿款过分吗？”

——“这两年村里人收成都不好，凭啥便宜都让他们赚去了？”

在了解矛盾冲突点后，石小伟保证会给出一个让村民们满意的答复。紧接着，又同村干部马不停蹄地赶到比较有声望的几位村民家里，做他们的思想工作。

——“‘要想富，先修路’这句话是一点也不错！我们都知道修路这件事不仅对个人有好处，而且对全村都有好处！未来村里的大发展，就靠这条路给我们开先锋了！”

不久之后，上述观点就传遍了黄泥墩村。村民们渐渐放下戒备与计较，开始支持村里的修路工程，就连刘某付等人也不好意思再多要赔偿款了。

眼下矛盾解决了并不代表万事大吉。在村里最激烈的冲突淡化后，石小伟仍想从根本解决问题。在接下来的工作中，他实施逐步调试新方案。

(1) 对“四议两公开”进行升级改造，“四议”加“一议”，形成“五议两公开”。村内事务都由“五议两公开”开会决定，村干部不能单独做主，更不能关起门商议。由“五议两公开”决定的事，哪怕是村党支部书记也不能更改。无论是文化广场的修建还是黄泥墩村乡村文艺演出，凡是有关村级重大事项和村民自治事项的，都要通过“五议两公开”进行表决。渐渐地，村民不再有事没事往镇信访办跑了，而是有事先告知村委干部。

(2) 建立声誉监督机制，设置村务监督委员会。委员会成员由村民会议选举而产生，其中包括村内德高望重的老人、在村庄有一技之长和话语权的人等。黄泥墩村在落实基层监督方面，善于激发群众监督活力；在基层监督中，以确保群众知情权为前提，并避免“就监督谈监督”的局限；同时，注重推动监督下乡与基层民主有机结合，以村党员干部、村党支部、村民委员会、村代表委员会、村干部、村民“六大主体”为监督对象，通过加强村务监督委员队伍建设，强化履职能力培训，落实相关待遇保障，建立集体利益联结机制，激发广大村民作为乡村治理主体参与监督的积极性、主动性，依靠自己人管好自己事，让村民乐于监督、善于监督。

(3) 利用数字信息手段，实现更加方便可参与的“云票决”。以“身份认证＋音视频业务＋投票计票小程序”模式为支撑，实现了事项传阅、会议录屏、投票计票等方面的全流程智能化、云端化，做到了村民代表在线上和线下参与村重大事项决策。有了“云票决”，可让更多的村民参与票决。

**3. 阳光照出发展路，六步工作见实效**

“我做梦都没想到我们村也能发展到今天的样子。”石小伟激动地说道。黄泥墩村在经历了票决制度变革以后，切实提高了村民的幸福感和参与感，在各个方面实现了可持续发展。“人心齐、矛盾少，拧成一股绳，发展就有了源源不断的动力。”石小伟补充道。如今发展成熟的票决制并非一朝一夕完成的，而是经历了无数次的试错与转变。自从石小伟来到黄泥墩村，他经常到村民家中走访，运动鞋不知磨烂了多少双，终于融入这个村庄，他也不再是那个脑子一热就修路的小伙子了。十几年来，大到黄泥墩村的农村人居环境整治，村道、河道的翻新、疏浚，村文化集中展示地的建设，小到村民间的拌嘴矛盾，都有石小伟的身影。以石小伟为代表的村干部也受到了村民的爱戴与支持。看到村庄面貌的逐渐改变，石小伟觉得自己做的一切都很值得。

2018 年，正值我国改革开放四十周年，黄泥墩村村委成员举办了总结大会。石小伟回顾了黄泥墩村的发展，将最突出的变革——“阳光票决制”进行总结，将主要核心概括为“阳光工作法”(图 1-1)，总结了以下六点核心工作。

第一，以“强化村干部队伍建设”为第一要务。提升村干部的党员服务意识、树立党员先锋形象，外力推动和内部动力激发双管齐下，学习培训与改进考核制度相结合，建设一支稳定的、有能力的村级干部队伍，夯实乡村治理中的组织引领基础。

第二，以“经济发展和政治发展”为双重任务。平衡乡村经济发展与政治发展间的博弈，做到“两手都要抓，两手都要硬”。根据黄泥墩村的实际状况，综合考察黄泥墩村的地形地貌、生态环境、人居环境以及村民意愿，初步拟订村庄专属经济发展计划。

第三，以“三要”(要庄重、要严肃、要再宣传再发动)整顿票决会场秩序。一要庄重，每

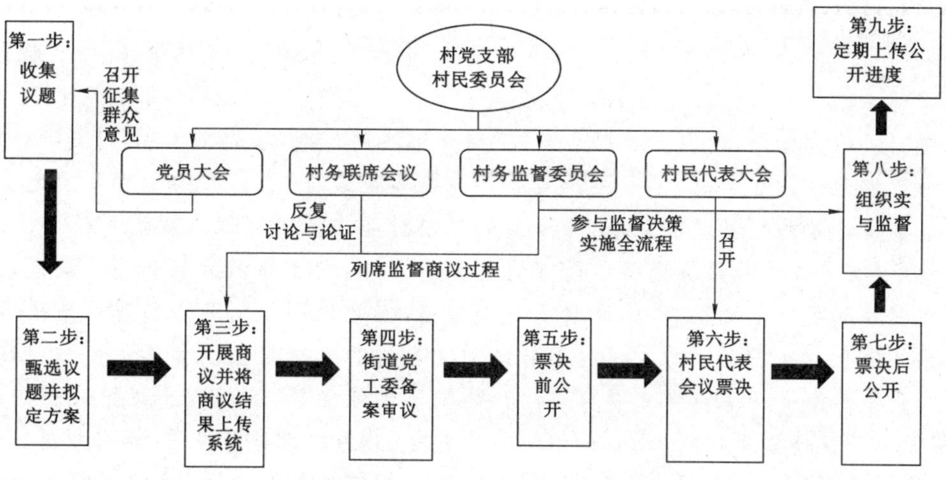


图 1-1　“阳光工作法”运作流程示意图

位村民代表和党员列席代表都要佩戴代表证、着正装；二要严肃，全体参会人员手机静音并统一上交，由专人保管，全体起立奏唱国歌，举手提问，不准吸烟；三要再宣传再发动，对票决工作进行传单宣传、讲座宣传、微信群或政务网站宣传，在村务公示栏中公开透明地展示决策内容和程序，欢迎村民在票决后提出自己的意见。以“会风”的整治促进村干部与村民双重思想转变，让村干部的话语更有分量，让村民的票决更有力量。

第四，以“四治”（自治、德治、法治、智治）凝聚共识。提升自治“原动力”凝聚人心，让村民有主人翁意识；提升德治“软实力”教化村民，化解村民进行治理的内驱力不足的问题；强化法治“硬实力”积聚力量，增加了民主的制度性、制度的合法性；利用“智治”撬动村务决策完整性和实效性，外出务工人员和村庄弱势群体有效参与村民自治。

第五，以“五议两公开”为工作创新机制。做到一切有章可依、有据可查、步步透明，推动黄泥墩村组织规范、有序、高效运转，全面提升规范化运行水平。以多重协商（座谈协商、论证协商、恳谈协商和网络协商）为工作创新机制。搭建干群平等交流、畅所欲言的平台，真正做到“听民心、知民意”。“五议”特指党员群众建议、村党支部提议、村务联席会议商议、街道党（工）委审议和村民代表会议票决；“两公开”则是票决前公开和票决后公开。

第六，以“六大主体”为监督对象（基层党组织、村民委员会、村民代表委员会、村务联席会、村干部、村民）。以村党员干部、村党支部、村民委员会、村代表委员会、村干部、村民“六大主体”为监督对象，通过加强村务监督委员队伍建设，强化履职能力培训，激发广大农民作为乡村治理主体参与监督的积极性与主动性，创新监督机制，形成环环监督，架设干群信任桥梁。

看到“阳光工作法”展示的成效，“意见领袖”周宏伟赞叹道：“石小伟的这一套方法真是拨开云雾见天日，把黄泥墩村从‘黑暗’带到了‘阳光’之下，让我们村一起走上了阳光大道啊！”至此，“阳光工作法”这个名字在黄泥墩村沿用，村里再无上访案件或村民内部矛盾纠纷调解案件，黄泥墩村的政治、经济、文化也在近几年飞速发展，全村村民走上了共同致富的阳光路。

小伟工作日记(摘录3)

2019年7月18日 晴

在"做"的这些年,我们主要探索了以"阳光票决制"为核心的工作法,用实际行动解决乡村治理问题。近年来,村里的各项事务有条不紊地推进,村民的矛盾也随之化解,村民有事也不爱往区里和市里跑了,而是到我们村委来解决问题。我们村的票决制发展好几年,有了成熟的票决流程和严格的监督机制,各方面都相对完善了。最近,村民们的积极性到了一个瓶颈,虽然采取了一些措施,但效果不佳。没想到我去市里开会,见识到了市里的新设备。××村的王书记和××村的老李村主任去参加了另一场会,来不及赶到这个会场了。本来以为这次开会见不到他俩了,没想到市里给我们安排了"云视讯",不仅能看到他俩,还能听到他俩的发言,看到他俩进行投票,真有意思!我当时就想着,能不能把这个技术也带回我们村,让大家都能参与票决,这样更节约时间和精力。

会议刚结束,我就向调试设备的办公室小张询问了设备使用的细节和效果,才知道现在很多村镇都配备了这种数字化设备,方便参与、方便票决,也方便记录。我觉得这是一个好办法,能把票决制的制度优势最大程度发挥出来。明天就开会跟村委和群众合计一下,这个数字化平台说不定可以打通我们村票决制的"最后一公里",提升村民的参与度和热情!

**(四)柳暗花明:事半功倍惠发展,"唱"出模范治理**

走在宽敞平坦的村中心路上,石小伟感慨道:"这条路啊,当初是我们问题的焦点,是条'问题路',如今变成我们相互联络的'发展路'!"在"阳光工作法"的带动下,这十年黄泥墩村各方面都发生了翻天覆地的变化,石小伟一直保持着两个月访一遍村的习惯,对每家每户的情况都了如指掌。比如,谁家盖房子需要帮忙,石小伟就带上村民们免费去"搬砖";谁家有人生病,家庭困难,村干部就带上救济款和营养品前去看望。村里还设置"阳光奖学金",奖给村里考上大学的孩子们……

**1. 乡村治理显成效,村民踏上幸福路**

人心齐、矛盾少,拧成一股绳,发展就有了源源不断的动力。经过村干部队伍的建设以及监督机制的建立、村民在"四治"建设中自身素质的发展和村民共识的凝聚,在双方共同努力下干群矛盾和上访事件明显减少,人们对村干部的支持率随着信任感不断提升,黄泥墩村齐心协力谋发展;通过整顿票决会场秩序、规范和简化阳光票决制流程、创新重组机制等举措,村民有了主人翁的意识和责任,将村里的事当成自己的事,将开会作为隆重而盛大的事件,积极参与村内事务的决策。最直观的变化就是,村里再无上访案件和村民内部矛盾纠纷调解案件。2015年,黄泥墩村被评为浙江省民主法治村,2016年被评为丽水市特色文化村,2018年开始创建国家级民主法治村;在经济发展和政治发展双重任务背景下,黄泥墩村的村民们利用票决制维护自身利益的同时谋求村内的整体发展。黄泥墩村的"阳光票决制"在解决村内问题的基础上,汇聚村民的集体智慧,聚焦于村庄振兴与民众富裕。随着村里全方位的变化,越来越多的年轻人愿意留在村里。村民们听说,以后村里还要引进旅游公司，利用天然优势发展旅游业……

**2. 阳光票决巧作为，铺出村治模范路**

黄泥墩村实行村务“阳光票决制”不仅摆脱了“一管就僵，一放就乱”的逆境，强化村庄治理的各方面能力，而且其经验推广也经得起实践的检验。

2014—2021 年，黄泥墩村累计完成各种事项票决 97 次，村级事务更加透明公开。在村党支部领导下，黄泥墩村票决赞成率达 97%，村民知晓率达 98%，满意率达 90%以上。2019 年，村级事务“阳光票决制”写入浙江省委十四届六次全会审议通过的《中共浙江省委关于认真学习贯彻党的十九届四中全会精神 高水平推进省域治理现代化的决定》，为浙江基层社会治理提供了“黄泥墩经验”。2021 年，黄泥墩村先后被评为第八批全国民主法治示范村(社区)、第二批全国乡村治理示范村、全国村级议事协商创新实验试点单位，成为民政部全国基层治理创新典型案例。

2018 年，票决现场吸引了莲都区各乡镇、街道和有关部门 100 余人前来观摩。随后，莲都区召开动员会，基于黄泥墩村的探索实践，向全区推广“黄泥墩经验”。黄村乡经过票决的事项，未发生一起群体性上访事件，因村级事务发生的集体上访数量悬崖式下降，社会变得更加和谐。截至 2021 年 8 月，黄村乡共票决事项 134 项，各项事务票决赞成率高达 100%，满意率达 99%。村里的各项事业得到了长足发展。推广“阳光票决制”以来，莲都区 208 个村共票决重大村级事项 2 544 项，其中票决通过事项达 2 513 项，通过率达 98.8%，村民知晓率 100%，满意率 95%以上，信访总量下降明显。

**3. 票决应用引高光，新路心路更宽敞**

莲都村事务管理“阳光票决 2.0”版系统研发优化第一次“亮相”，也是莲都新功能“云票决”的第一次践行。黄泥墩村用技术赋能，实现了“云票决”(图 1-2)，以“身份认证＋音视频业务＋投票计票小程序”模式为支撑，实现了事项传阅、会议录、投票计票等方面的全流程智能化、云端化，使村民代表会议搬到“云端”上召开，做到了村民代表在线上和线下参与村重大事项决策。数字赋能的“阳光票决制”，促进莲都区整个基层达到共治共享和共同富裕的目标，真正做到“村民的事情村民做主”。

“票决”是事，成事在人。在党建引领、程序引导、集体赋权、协商共治的基础上，黄泥墩村的“阳光票决制”得以共识并有效运行。在票决的有效运行之下，黄泥墩村的村民们齐心协力踏上了共同致富的新道路。

而黄泥墩村的那条焕然一新的村中心路，也成了黄泥墩村破“心墙”、搭“新桥”、上“新阶”、开“新路”的见证人。

**4. 发展之路向远方，人心齐聚黄泥墩**

在石小伟的构想里，未来黄泥墩村还有两件大事要做。一是引进旅游开发公司，经过“阳光票决制”，村民们已经一致同意了，也在村民代表会议上开展了公开的招投标，最终选取了××旅游开发有限公司。在与××公司的合作规划中，村里利用××公司的资金盘活了本村 1 000 多万元的集体资源，使得村文化体育事业得到了全方位的提升，极大地满足了全村老百姓对精神文化生活的需求。在村民的支持下，配合××公司发展村级产业，包括农家乐、蔬果采摘基地等，为本村老百姓的增收致富提供了更广阔的发展渠道。同时，将来土地征用，还能为本村争取到 200 多个失地保险名额，全村村民每月足不出户就可以增加

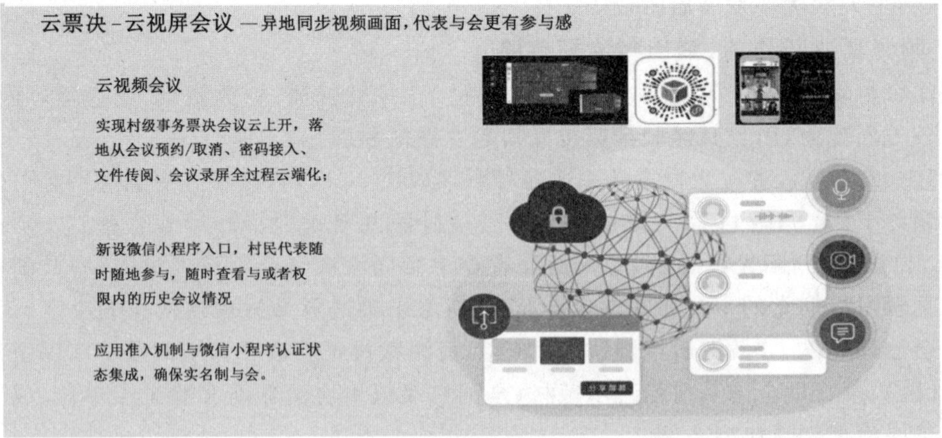


图 1-2 “云票决”示意图

40 多万元的收入。二是把村中心的道路再往下延伸并且拓宽，尽量照顾到更多的村民，方便村民的出行。在这个问题上，石小伟再次感受到了黄泥墩村的实际变化。村民代表会议共有 8 名村民代表线上参与投票，线下有 35 名代表，最终全票通过。2021 年 12 月 9 日晚，在莲都区黄村镇黄泥墩村第十二届四次村民代表会议上，经村委会现场会与在线分会场同时表决，黄泥墩村党支部书记周宏伟宣布村民事务要决通过。

村务“阳光票决制”像一缕阳光照进山村，让黄泥墩村从曾经的“阴暗角落”走进如今的“高光时刻”。这条路越修越宽，它迎接着四面八方的游客，也迎接着每一个心系家乡的黄泥墩人。曾经，黄泥墩人无奈地逃离家乡。如今，他们心甘情愿地建设家乡，因为现在的“家”才是一个他们自己做主、为了集体都好的“大家”。

乡村治，社会安，国家稳。黄泥墩村引入“阳光票决制”并创新以来，摘下了“上访村”、“问题村”和“贫困村”的帽子，实现了向“模范村”和“文明村”的华丽转型。

从文化礼堂那“缺失的一角”、村中心那修不好的路，到“阳光票决制”初期“搬入”后勉勉强强修好的中心路，再到最终村民欢欢喜喜地支持沿线公路的拓宽，“阳光票决制”融入黄泥墩村的历程并不是一帆风顺的。为了有效地破解因村务决策不科学、不规范、不透明导致的干群关系紧张、村庄发展缓慢等问题，黄泥墩村经过多次尝试，最后确定以党建为引领、以“阳光票决制”为核心、以民主法治村创建为载体、以乡贤智囊团为支撑，自治、法治、德治、智治“四治融合”的治理模式。其中，“阳光票决制”的创新性探索对于村民、村务和村境产生结构性形塑的影响，在党建引领下通过“议事路”、“信任路”和“治理路”三部曲，提高了村民的认同感、幸福感与获得感，牢固干群“鱼水情”。“点”上经验，“面”上开花，“黄泥墩村经验”的推广将继续助力美丽乡村治理与振兴的建设。

乡村是最基本的治理单元，也是国家治理体系的“神经末梢”。乡村治理的好坏不仅决定着乡村社会的发展、繁荣和稳定，也体现着国家治理的整体水平。“黄泥墩经验”选入 2019 年浙江省法治乡村实践优秀案例、2021 年民政部全国基层治理创新典型案例，相关经验多次被中央、省级主流媒体刊载，形成了一套可借鉴、可复制的基层民主治理模式。黄泥墩村的蜕变成为我国乡村治理的典范，也给我们留下了无尽的思考。

小伟工作日记(摘录4)

2021年12月9日 晴

今天晚上,就拓宽和延伸村中心路的问题村里召开了村民代表会,没想到村民全票通过了,没有任何争吵,张红莲、樊秀娟等人还帮着想办法解决修路遇到的问题。回想起当年第一次开会的争吵画面还心有余悸。十年了,黄泥墩村在"阳光工作法"的推动下真的变了。

我想,近期和未来一段时间我的工作核心就是"唱":去给区里"唱",宣传我们黄泥墩村的阳光经验,让其他村也少走弯路,要是能给村里下拨点项目资金就更好了;去给投资方"唱",给黄泥墩村多拉点项目,村民的日子也会好过点;去给村民"唱",让村民对自己村充满希望,让有志青年能回来或者留在村里,推动整个村子再上一个台阶。我们现在走着一条新路,这条路通向光明的未来。

今天看到刘某付脸上的笑容,真的非常为黄泥墩村感到高兴。十年了,早就离不开这个村了。我相信,黄泥墩村以后一定会越来越好!

## 二 案例分析

### 引言

乡村如何实现有效治理,如何构建共建共治共享乡村善治新格局,这是现实中许多乡村社区治理面临的难题。黄泥墩村在石小伟的带领下,借"阳光票决制"之契机,推动"阳光票决制"升级为"阳光工作法",重新整合村庄发展潜力,成功摘下"上访村"的帽子,完成了蝶变。在黄泥墩村由"乱"到"治"的过程中,我们致力于提炼乡村治理一般性问题——治理为何失效?一套制度安排是治理体系建构的根基,但制度无法有效运作、村民自我效能感缺失和社会资本薄弱也是遏制乡村治理与发展的重要因素,只有各项要素具备,才能形成一个治理有效、上下互通的乡村。我们在对黄泥墩村案例的研究中发现,各项促进乡村治理的因素是从无到有、从弱到强、从单元到系统的过程。我们对案例中存在的理论要素进行了提取,针对本案例的具体难题,通过风土人情和关系结构进行分析,并对乡村有效治理的模式进行探索,最终形成一条可以借鉴的道路。

### (一) 研究设计与分析框架

#### 1. 研究方法

本案例分析主要采用研究文献研究法、实地调查法和半结构式访谈法,通过文献阅读的方式,对乡村治理相关理论文献进行归纳总结。同时,了解本案例的发展和实施情况,更好地分析黄泥墩村由“乱”到“治”的原因，提炼出黄泥墩村“阳光票决制”经验。我们围绕黄泥墩村进行个案分析，呈现出治理的冲突以及转型变迁，最终通过创新走出了一套“阳光票决制”增能赋权和提高集体信任的道路实现困境突围。通过线上新闻报道、政府文件以及小程序的方式收集黄泥墩村的基本信息，撰写半结构式访谈材料，以线上电话访问、社交软件咨询和线下参与性观察相结合的方式进行访谈。深度访谈村干部石小伟，以他作为案例的主线人物，将整个案例故事串联起来。

（1）个案研究法

将黄泥墩村“阳光票决制”的探索之路作为典型案例进行深入透彻的研究，通过梳理黄泥墩村实施和发展“阳光票决制”的过程，了解“阳光票决制”的提出到实施再到落地发展的进程，挖掘黄泥墩村由“乱”到“治”的原因，提炼出黄泥墩村“阳光票决制”的蝶变经验。

（2）文献研究法

文献研究法是指通过收集、识别、整理某一研究主题的相关文献，并对文献的内容进行系统、客观的分析，从而获取信息，形成对事实科学认识的一种研究方法。[①] 我们通过对文献的检索、分析和总结，对国内外有关乡村治理的研究成果进行梳理和归纳，形成了具体的研究思路。同时，通过对增能赋权理论、社会资本理论和共同体理论的相关文献进行分析，寻找研究内容的共通性，构建出黄泥墩村“阳光票决制”探索实施的理论研究框架。

（3）实地调查法

通过对浙江省丽水市莲都区黄泥墩村进行实地调查，实地考察“阳光票决制”的发展与过程；通过对村主任石小伟、黄泥墩村村民、“阳光票决制”规章制度等方面进行实地调查，对黄泥墩村“阳光票决制”和“阳光工作法”的实施进行深刻领悟。

（4）半结构式访谈法

为了进一步了解黄泥墩村的基本村情以及黄泥墩村如何将“阳光票决制”落实在村务治理中，切实观察“阳光票决制”在实际操作过程中遇到的困难以及“阳光票决制”如何凝聚治理共同体，我们设计了半结构式访谈提纲，并通过“实地调查＋电话访谈”的方式对黄泥墩村村干部和主要村民进行了访谈交流。访谈内容包括：黄泥墩村基本情况（具体包括地理位置、人口结构、产业结构、村民收入等）、“阳光票决制”的影响（具体包括制度实施前村庄治理面临哪些困难、制度的主要规章制度有哪些、制度在实施过程中遇到哪些困难、制度如何落实在村务治理中等）、“阳光票决制”后续发展情况（外出务工人员如何参与治理，阳光票决的“黄泥墩经验”获得了哪些成就，是否存在不参与的人员及如何解决此类情况），通过对此类问题的访谈，能够更好地分析“上访村”变为“和谐村”，并成为“模范村”的蝶变经验。

**2. 技术路线**

首先，以“提出问题—分析问题—解决问题”的思路去审视黄泥墩村的蝶变过程和治村密码；其次，通过实地考察发现，黄泥墩村曾经是一个上访不断、治理不佳的“问题村”，面临着当下中国农村普遍性存在的治理困境；最后，引出本案例中讨论的重点问题——黄泥墩

① 黄李辉，阮永平．文献分析法在我国管理会计研究中的应用：基于33篇样本文献的分析[J]．财会通讯（上），2017(2)：39-43.

村以何种方式发生了天翻地覆的治理转型。本案例的关键点在于分析问题环节，透过石小伟十年的村庄治理历程提炼关键性问题，基于文献研究并运用公共管理学、社会学、政治学的相关知识，围绕增能赋权理论、社会资本理论和共同体理论构建分析框架。根据该框架，通过制度运作、村民权利、村民效能感和信任层层推演，从个体上升到集体，寻找从"上访村"到"和谐村"的治理跨度中村庄的根本性问题，即如何实现有效治理。本案例将解决问题和经验总结作为研究的落脚点，通过理论框架和困境分析，认为村庄治理的关键在于治理制度的有效化、村民权利的事实化、干群关系的和谐化和集体行动的长效化。研究技术路线图见图 1-3。

**3. 理论基础及分析框架**

理论是实践经验的升华与凝练，最终服务于现实。理论是现实的一个环节，有着其社会功用，理论可以解释现实世界中具体的事件逻辑，也能塑造现实世界中的行动方法。在案例研究中，发现在乡村由乱到治的进程中，一些关键因素不断发展，从无到有、由弱到强、由单元到系统，最终达成治理有效的常态化长效化。我们运用了增能赋权理论、社会资本理论以及共同体理论，阐释了黄泥墩村治理中从失序到秩序、从无效到有效的蝶变过程。

（1）增能赋权理论

自美国学者所罗门(Solomon)提出赋权理论以来，赋权理论的内涵与外延不断被扩展，赋权与增能逐渐合二为一，形成赋权增能理论并在社会工作领域得到广泛应用。近年来，随着社会转型加快，社会问题凸显，增能赋权理论被运用于解决弱势群体失能的问题。要对增能赋权进行解读，首先要明确"增能"和"赋权"的含义。

对于"赋权"，学者们进行了多样化解读，使得赋权成了一个"较宽泛的、多层次的概念"①。有学者从权力视角出发，认为赋权就是赋予权力，也即"充实个人或群体的权力"②，包括个人权力、政治权力、社会权力。有学者将"权"解读为权利，认为赋权就是赋予权利，即法律所赋予的自由和利益；同时，认为赋权是一个增加个人权利、人际权利或政治权利的过程③。有学者从综合的角度出发，认为赋权的"权"既指权力，也包括权利。尽管学者们的观点存在分歧，但有两点是相同的。第一，强调国家和政府在赋权中的责任。国家通过立法的形式为特定群体增权，政府则主要通过政策提升弱势群体的能力。第二，赋权对象的特殊性。将赋权对象指向无权、弱权、失权的弱势群体，目的在于"使得当事人具有控制生活能力的信念并重新回归社会生活"④。

"增能"一词的英文为"empowerment"，意指使有能力，强调挖掘或激发服务对象的潜能，帮助自我实现或增强影响。⑤ 可以说，增能既是过程，也是结果。过程是指个人在与他人及环境的积极互动过程中，获得更大的对生活空间的掌控能力和自信心以及促进环境资

---

① 田欣影，戴聚坤，张丽. 赋权视角下的儿童权利保护：基于 20 世纪以来国际性政策文本的分析[J]. 南昌航空大学学报(社会科学版)，2015，17(2)：117-124.

② 钟裕民. 公民问责权及其实现：以增权理论为视角[J]. 广东行政学院学报，2011，23(4)：5-10.

③ 赵海林，金钊. 充权：弱势群体社会支持的新视角：基于青少年社区矫正的研究[J]. 山东社会科学，2006(2)：146-148.

④ 孙奎立. "赋权" 理论及其本土化社会工作实践制约因素分析[J]. 东岳论丛，2015，36(8)：91-95.

⑤ 高万红. 增能视角下的流动人口社会工作实践探索：以昆明 Y 社区流动人口社区综合服务实践为例[J]. 华东理工大学学报(社会科学版)，2011，26(1)：30-36.

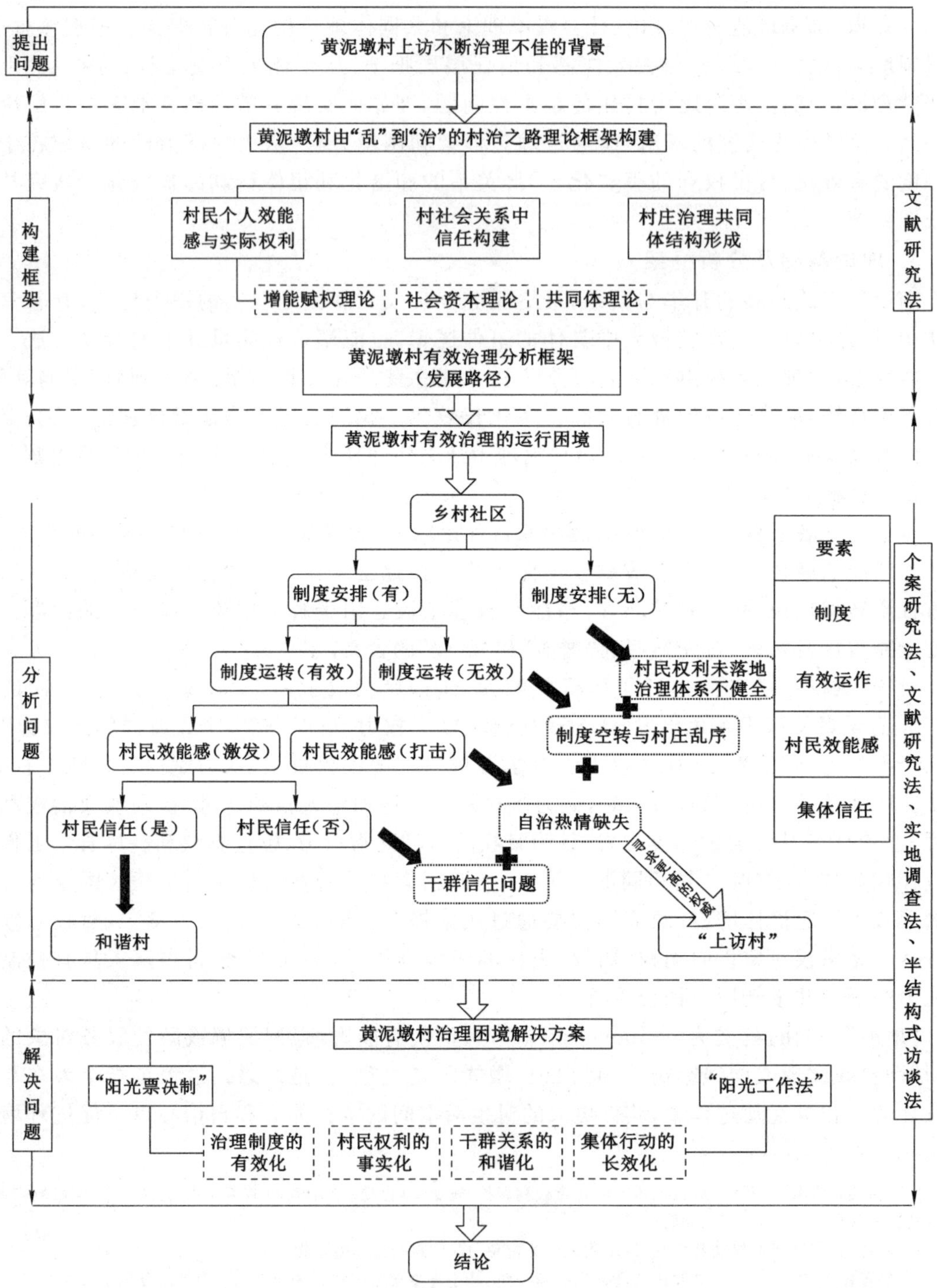
提出问题
黄泥墩村上访不断治理不佳的背景
黄泥墩村由“乱”到“治”的村治之路理论框架构建
构建框架
村民个人效能感与实际权利
村社会关系中信任构建
村庄治理共同体结构形成
增能赋权理论
社会资本理论
共同体理论
黄泥墩村有效治理分析框架（发展路径）
文献研究法
黄泥墩村有效治理的运行困境
乡村社区
要素
制度
有效运作
村民效能感
集体信任
制度安排（有）
制度安排（无）
制度运转（有效）
制度运转（无效）
村民权利未落地
治理体系不健全
分析问题
制度空转与村庄乱序
村民效能感（激发）
村民效能感（打击）
村民信任（是）
村民信任（否）
自治热情缺失
寻求更高的权威
干群信任问题
和谐村
“上访村”
个案研究法、文献研究法、实地调查法、半结构式访谈法
黄泥墩村治理困境解决方案
解决问题
“阳光票决制”
“阳光工作法”
治理制度的有效化
村民权利的事实化
干群关系的和谐化
集体行动的长效化
结论

图 1-3　研究技术路线图

源和机会的运用，从而进一步帮助个人获得更多能力。结果是指在个人层面最终获得了参与社会生活以及公共事务的能力，获得了对于运用环境与资源改变自身境况的能力。

在对案例的提取以及对理论进行拓展后，“赋权”是对于个人实际性权利的赋予。尽管《中华人民共和国宪法》规定了公民的个人权利，但在实施过程中常常出现个人、团体性的权利缺失，这是由于制度缺位、参与体系不完备导致权利困境的出现。而赋权是个人权利从“象征性权利”落地为“实际性权利”的过程，也是一种通过个人、制度、组织、技术的赋权建立起参与公共事务的机制，能够使得个人真实地运用自身权利去参与公共事务管理。

在本案例中，“增能”是对于个人效能感的提升。个人效能感是指个人在参与公共事务中所拥有的表达能力、建议能力、监督能力等，使自己的能力与个人权利相适宜，从而促进公共事务的有效参与。

将“增能”与“赋权”综合，这里“增能赋权”就是过程与结果的结合，是在个人层面增进参与公共事务的能力、权利、效能感，给个人注入参与积极性，提供有效公共事务参与的环境的过程。

在总结了“增能赋权”理论的发展模式的基础上，我们结合黄泥墩村的案例得出了四个层次的增能赋权，旨在激发村民参与的能力、效能感以及内驱力：能人增能赋权、制度增能赋权、组织增能赋权和技术增能赋权。① 能人自我增能赋权是个人层面的增能赋权，是指返乡能人（新乡贤）的自我增能赋权带动组织增能赋权。返乡能人通过在外发展完成了自我增能赋权，拥有自我发展能力、调动资源能力和组织能力。② 制度增能赋权是环境层面的增能赋权，指在村庄的发展过程中引入制度，政府通过提供制度支持，为乡村发展创造一个良性的、合意的组织制度环境，通过制度的落地，使得村民得以实际性行使自身的权利，通过制度赋予村民建议、选举、监督、表决权，是村民权利从文本到现实、从“无”到“有”的过程。③ 组织增能赋权是关系层面的增能赋权，是指在实践中通过农村基层组织，发挥农村公共事务治理的作用，发挥其组织动员的职能优势，将村民组织起来发挥其积极性，增强其参与效能感。组织增能赋权是在制度的落地之后，使得村民权利实际性地运作起来，是一个由弱到强的过程。④ 技术增能赋权是工具层面的增能赋权，是指将网络技术嵌入乡村社会治理体系中，打破乡村社会各方面孤立的数据壁垒，在优化数据资源结构的基础上提供基础性数据平台，实现乡村治理范式的多元参与。数字技术赋予农民利益表达权，将普通群众真正吸纳进乡村治理体系，提升参与治理的主动性，把科技这个“变量”转化为村庄治理的“增量”。增能赋权的路径在“阳光工作法”的带领下帮助黄泥墩村走出效能感困境，激发了村民参与的积极性、主动性，使得“阳光票决制”得以有效运行。

(2) 社会资本理论

20 世纪 70 年代以来，经济学、社会学、行为组织理论以及政治学等多个学科都不约而同地开始关注一个概念——社会资本。社会资本逐渐成为一个跨学科的新概念，并且在概念发展过程中内涵不断得以丰富，形成了丰厚的研究文献。

布迪厄(Bourdieu)是社会学领域对社会资本进行研究分析的开创者，将资本划分为经济资本、文化资本和社会资本。引入场域的理念对“社会资本”进行解读，指出社会资本以关系网络的形式存在。他认为，场域就像一张社会之网，位置可以看作网上的纽结，位置是人们形成社会关系的前提，社会成员和社会团体因占有不同的位置而获得不同的社会资源和权利。

科尔曼(Coleman)以微观和宏观的联结切入点对社会资本做了较系统的研究[①]。他将社会资本视为个人拥有资本财产的社会结构资源，行动者为了实现自身利益，相互进行各种交换……其结果形成了持续存在的社会关系。这些社会关系既是社会结构的组成部分，又是一种社会资源。他还认为，社会资本是与物质资本和人力资本相并存的，每个人生来就具有这三种资本。其中，物质资本是有形的，社会资本和人力资本是无形的，它们三者之间可以相互转换。社会资本的形式有义务与期望、信息网络、规范与有效惩罚、权威关系、多功能社会组织和有意创建的组织等。

林南通过对社会网络的研究提出社会资源理论，并在此基础上提出了社会资本理论。[②]社会资源是指那些嵌入个人社会关系网络中的资源，如权力、财富、声望等，这种资源存在于人与人之间的关系之中，必须与他人发生交往才能获得。社会资源的利用是个人实现其目标的有效途径。社会资源只与社会网络相联系，而社会资本是从社会网络中动员了的社会资源。林南认为，社会资本是投资在社会关系中并希望在市场上得到回报的一种资源，是一种镶嵌在社会结构之中并且可以通过有目的的行动来获得或流动的资源。该定义强调了社会资本的先在性，它存在于一定的社会结构之中，人们必须遵循其中的规则才能获得行动所需的社会资本；同时，该定义也说明了人的行动的能动性，人通过有目的的行动可以获得社会资本。

帕特南(Putnam)批判继承科尔曼关于社会资本的理论，进一步将社会资本引入政治学研究之中，也将社会资本从个人层面上升到集体层面，从自愿群体的参与程度角度来研究社会资本。[③] 其主要的理论核心观点如下：

① 社会资本指的是普通公民的民间参与网络以及体现在这种约定中的互惠和信任的规范。社会网络是指在相似社会情境下的人由于彼此间的纽带关系而以相似的方式思考和行事；互惠规范是社会心理学专门研究的内容，也是社会资本的关键，人际关系的基础是人与人之间的相互重视和相互支持以及有形和无形的利益交换，这种利益交换基于稳定的、积极的、规范的人际关系；信任是社会交往的重要基石，从不信任到有条件信任，再到无条件信任是一个渐进性的过程。但是，信任不是合作的必要条件，甚至不是信任产生合作，而是合作产生信任，只有建立在合作行为基础上的信任才是可观测的现象。

② 社会资本中的信任、规范和合作网络通常具有自我增强性和可累积性，良性循环，会产生社会均衡，不断地形成高水准的合作、信任互惠、公民参与和集体福利。相反，缺乏这些品质的非公共精神的共同体也是自我增强的，在恶性循环的令人窒息的有害环境里，背叛、猜疑、利用、孤立、混乱和停滞在互相强化着。换言之，误会、信任和依附、剥削都能够将社会连接在一起。

③ 大多数社会资本形式如信任都是道德资源，这种资源如果不使用，就会消失殆尽。相反，如果两个人之间互相展示的信任越多，他们互相的信任也就越大。其他的社会资本

---

① MARSDEN P V. The sociology of James S. Coleman[J]. Annual review of sociology, 2005, 31: 1-24.

② 林南. 社会资本：关于社会结构与行动的理论[M]. 张磊，译. 北京：社会科学文献出版社，2020.

③ 罗伯特·D. 帕特南. 使民主运转起来：现代意大利的公民传统[M]. 王列，赖海榕，译. 南昌：江西人民出版社，2001: 207.

（如社会规范和网络）也是如此，使用增加供给，搁置不用则会减少供给。

我们选择帕特南的社会资本理论作为理论基础是基于两点考虑的。一是公共管理的政治学科属性，在案例正文主线呈现的是村民有效的政治参与和村庄治理制度化，这些都是政治学研究的重要内容；二是出于案例文本的契合性。帕特南指出的社会资本定义的三个核心关键词“社会网络（social network）”、“信任（trust）”和“互惠（reciprocity）”都能在黄泥墩村治理过程中找到对应点，黄泥墩村的社会资本是以治理共同体为承载的，通过治理过程的民主发展情况反映出来的。社会资本充足的地方往往政治民主化程度就高，但帕特南从历史的角度回答社会资本是慢慢积累的，而没有回答社会资本由强变弱、由弱再强变化的原因。

在本案例中，黄泥墩村呈现出以规范制度的形式重新凝聚和增强社会资本，展示出社会资本与乡村自治的互补性。一方面，乡村社会资本的积累、凝聚，增强、促进了村民之间关系网络的发展与完善。村民在关系网络中寻求共同的利益关联，进而开展广泛的诚信合作。基于此，广大村民才能参与普遍认可的村民议事会。此外，在社会资本增强以后的黄泥墩村，村民更容易形成集体意识，积极主动地投身乡村治理工作，不断明确自身在乡村自治过程中必须承担的义务，避免“村民自治”演变成“村干部自治”。再者，社会资本固有的网络嵌入属性有助于村民之间搭建彼此信任和互惠互助的人际关系，村民合作的不确定性风险大幅降低，极大地削减了长期合作过程中的交易成本与治理成本，从而最大限度地激发了乡村自治的内在活力。另一方面，村民在积极参与乡村自治的过程中，通过村委会和村民代表会议的协商议事形式形成了紧密的社会关系网络，逐步建立起广泛的信任及互惠性规范。鉴于信任合作、互惠互助和网络关联均为社会资本的核心构成要素，乡村自治能自发地激励乡村社会资本的积累，因此，丰裕的乡村社会资本是乡村自治得以实现的制度基础，高效的乡村自治则反作用于乡村社会资本的积累。充分利用乡村社会资本的正向溢出，发挥其与乡村自治的互补效应，对于推进乡村振兴战略具有事半功倍的作用。

（3）共同体理论

“共同体”一词最早可以追溯到亚里士多德，他从政治学意义角度提出“通过组建共同体的方式实现善治”[①]。马克思关于“共同体”概念的提出则是与共产主义伟大事业息息相关，只有共产主义实现的“自由人联合体”才是真正的共同体。[②] 当然，学术界所津津乐道的“共同体”更多是基于滕尼斯社会学意义上的“共同体”。他指出，共同体是基于如情感、习惯、记忆等自然意志形成的一种社会有机体。[③] 在滕尼斯看来，共同体是基于情感联系的社会关系，因此，共同体可以分为血缘共同体、地缘共同体和精神共同体三种不同的结合形式。

基于滕尼斯的“共同体”概念，学术界进一步对共同体进行讨论，主要在共同体构建的过程、构建成果以及共同体的持续有效性上产生新的学术成果。除滕尼斯提出的以血缘、情感和地域为基础构建共同体以外，不少学者认为共同的经济生活、文化、语言也可以成为共同体组建的基础，鲍曼则认为共同体的构建关键在于共同的“社会烙印”[④]。威廉斯指出，

---

① 张志旻，赵世奎，任之光，等.共同体的界定、内涵及其生成：共同体研究综述[J].科学学与科学技术管理，2010，31(10)：14-20.

② 中共中央马克思恩格斯列宁斯大林著作编译局.马克思恩格斯文集：第二卷[M].北京：人民出版社，2009：45.

③ 斐迪南·滕尼斯.共同体与社会：纯粹社会学的基本概念[M].林荣远，译.北京：商务印书馆，1999.

④ 齐格蒙特·鲍曼.共同体：在一个不确定的世界中寻找安全[M].欧阳景根，译.南京：江苏人民出版社，2003.

一个有效的共同体能融合文化、营造空间，对整个团体乃至个人都有积极的唤醒作用。[①] 生活在共同体中的人们，能够从已构建的共同体中获得需要满足的同时使共同体整体得到提升。但一个共同体的形成需要一定的维持，持久运转的共同体需要共同的价值认同、共同的利益以及需求。张志旻等认为，构建共同体并不意味着能持续共同体，维持共同体更多的共同目标、身份认同和归属感。[②] 随着现代社会中交通、通信技术的发展，共同体的构建早已不局限于地域、血缘，以社区为界限的共同体体系也逐渐淡出。现阶段对于共同体构建的研究已提升到“脱域的共同体”，由此拓宽了共同体的使用范围，衍生出对学习共同体、政治共同体、人类命运共同体、职业共同体、治理共同体等的研究。

共同体的本质是基于共识的联合体，强调集体中的个体在共识基础上的权责对等，以及基于权责对等原则的利益可调适性。在石小伟的十年乡村治理历程中，我们发现黄泥墩村通过制度的规范和互惠合作的方式，多元主体基于共识和信任充分发挥村庄资源禀赋优势，实现治理的整体协同与行动的优化，形成了齐心合力的治理共同体。

治理共同体不同于地域、血缘构建的简单共同体，它是在地域、行政组织等基础上，在社会组织、政府及民众的多方互动中回应社会需求、探索解决社会问题的路径，从而形成相互关联、相互促进的稳定的共同体。黄泥墩村作为行政村，虽然因地域而被连接，其中也有不少血缘关系维系，但始终都没有形成一个共同体，只是一个松散的、自利的组合体。在此基础上，黄泥墩村在“阳光票决制”基础上形成了“阳光工作法”，在村内长期探索中形成了持续运转的治理共同体。它因有效的党的统领而实现多方协同，因有效的制度机制以及社会资本的调动而构建村民信任，因增能赋权而提升村民参与的积极性与效能感。

（4）案例分析框架

基于增能赋权理论、社会资本理论和共同体理论的理论探究，我们构建了分析模型。该模型从三个层次解释黄泥墩村的治理困境以及如何激活有效治理，这三个层次是层层递进的。黄泥墩村为何产生治理困境？首先是对个人层面而言，乡村治理的最大问题是村民的主体性弱化，这是因为个人参与效能感的缺失；其次是对社会关系层面而言，我们发现社会资本在乡村的薄弱、乡村信任缺失，体现在干群关系紧张、人际关系脆弱；最后导致无法形成一个具有共同理念、共同规范和共同行动力的治理共同体。如何激活黄泥墩村有效治理？首先是通过能人、制度、组织和技术四个维度对个体进行增能赋权；其次是通过制度供给与规范、构建互惠关系、强化关系网络以及监督机制的形式重新构建社会资本中的信任机制；最后在二者基础上乡村才可能出现治理共同体，人们在互动中形成了共同理念、参与规范以及共同行动力，促成了常态长效的集体行动，减少分歧，形成共同目标，实现共建共治共享的结果。

## （二）黄泥墩村村级治理分析

### 1. 黄泥墩村村级治理的困境

本案例研究团队于 2022 年在浙江省黄泥墩村开展了为期 23 天的调研工作，并且在调

---

① 雷蒙·威廉斯. 文化与社会[M]. 高晓玲，译. 长春：吉林出版集团，2011：345.

② 张志旻，赵世奎，任之光，等. 共同体的界定、内涵及其生成：共同体研究综述[J]. 科学学与科学技术管理，2010，31(10)：14-20

研后通过线上沟通的方式深入挖掘黄泥墩村治理前后细节。黄泥墩村在市场化的背景下大量人口外出打工，人口外流使得村庄治理的重要力量——村民参与的能动性减弱，将公共事务的主导权委托于他人，自己则以外出挣钱为主业。后税费时代，农业税费取消以后，既有的村庄资源匮乏驱使村干部采取节约成本的消极治理的方式，以不变应万变，不变的是僵硬的干部工作方式，变化的是村庄矛盾冲突的激增，从“投诉”到“上访”的升级使得黄泥墩村前期村务工作难以推进、村民频频上访。这些都是村庄自治实践异化的表现，最终导致难以有效地组织村民参与村庄治理。党的十八大以来，政府更加注重基层社会治理，以项目发包、绩效考核、奖惩激励等多种形式推动基层运转起来。在这样的背景下，村干部成为村级治理中核心关键的能动主体，承担着上级政府的指令任务、协助落实村庄治理工作、维护村庄社会秩序、回应村民生活需求的责任。这使得村庄治理的权力很可能被村干部垄断，挤压了村民政治参与的空间。而真正维持治理常态的村民在日常村庄治理实践中参与的机会少，政治参与动力不足，参与的程度不深，表达渠道有限，最终挑战村级治理的有效程度和民主程度。黄泥墩村成了远近闻名的“上访村”，最突出的问题体现为村民治理的缺位和社会资本的薄弱。

(1) 村民治理缺位，造成村级治理主体性弱化

村民是村庄治理的主体，村庄主体性通过村民主体性参与的过程来保证村级治理的民主性，通过村民主体性参与的结果来促进村级治理的有效性。① 黄泥墩村的村级治理主体弱化的三个重要原因如下：一是精英俘获。精英俘获是指地方村干部凭借其自身具有的参与经济发展、社会改造和实践的机会优势，支配和破坏农村社区发展计划和社区治理，扭曲和绑架发展项目的实施目标进而影响社区发展项目的实施和效果。精英俘获压缩了村民参与政治的空间，致使村民作为村庄治理的主人翁难以发挥主动性、创造性和参与积极性。二是村民没有机会参与村庄治理，无法践行民主权利，导致村民和村干部的关系疏离，村民对村级治理不认同。三是基层事务活动缺乏有组织、有纪律、有秩序的探索。“小闹小赔、大闹大赔”成为村民集体行动的维权逻辑，而不是通过制度化的参与渠道协商解决问题。

(2) 社会资本薄弱，致使村级治理成本外部化

社会资本是村级治理的重要资源，对于村庄治理发挥着内部消化治理成本、降低乡村治理的行政成本和公共资源负担的作用。第一，村民积极参与村务讨论和村级治理，以集体协商的形式达成集体共识，形成有针对性的集体决策，精准有效对接村民的真实需求和利益诉求，促进公共资源的高质量配置。第二，村级治理独有的基于声誉的监督机制，将村庄的非正式制度作为合法性支撑，特别是“好面子”“不好意思”最容易在小团体中引导从众行为，使得声誉机制能在自组织治理中发挥极大的功能。村民们背后的“闲言碎语”、村庄舆论和人情排斥是一种基于社会资本的弥补正式治理制度的惩罚手段，既能抑制个体“私心”，又能维护集体利益。然而，黄泥墩村的社会资本正在随着村民参与空间的萎缩而不断萎缩。一方面表现为干群关系的矛盾冲突，动辄集体谋划上访，以“闹大”逻辑驱使村干部妥协；另一方面则表现为农村社区的人际关系互动减少，并且相互之间矛盾激化的可能性大大增强。这使得村庄要投入大量的人力物力财力去建设基础设施，在改造的同时也必须

① 毛一敬. 构建乡村治理共同体：村级治理的优化路径[J]. 华中科技大学学报(社会科学版)，2021，35(4)：56-63.

承担村庄各利益主体纠纷带来的突发性事件、集体性事件发生的代价，更严重的是黄泥墩村面临着自下而上的信任危机。

**2. 黄泥墩村村级治理困境的突围路径**

(1) 权利与制度有效化：增能赋权激活黄泥墩村民活力

在黄泥墩村的案例中，我们经过要素提取发现，黄泥墩村在面向个人的结果导向中，以四层次的增能赋权激发了村民的主观能动性和效能感，化“死水”为“活水”，激活了村庄治理的动力源泉。

第一，由内到外个人增能赋权，激发黄泥墩村能人动力。部分能人在外发展中，主动或被迫地卷入他者的关系网络，从而形成他者与本体的互动。这些互动的累积也是人的关系圈层的累积。有些能人多年在外经商，擅长与人沟通，或者善于捕捉市场热点，或者擅长举办活动，长期在外打拼的他们有着各式各样的能力以及社会资本。这类人在返乡后，其经济实力和身份更容易获得村民的认可，更容易被推选为村庄的贤人与决策者，将自身的社会资本引入乡村变现，主动引入外部资源或在村庄治理中植入市场化运营思维。在黄泥墩村的蝶变中，石小伟和周宏伟两个人起着关键性作用。石小伟作为破局者，不仅自身就有能力，而且意愿帮助村民找回村庄的归属感和村民参与的效能感，让人们的生存环境提升，为此他做出了非常多的努力。而周宏伟作为归乡的乡贤和村党支部书记，更是已经完成了自我赋能，而且他本人在外乡的发展中获取的关系、人脉、声望、处事经验等，均成为其重塑黄泥墩村的关键。

第二，从无到有制度增能赋权，创造黄泥墩村治理环境。在本案例中，由于前一任领导班子的治理不力，村民们缺乏有效渠道参与村务治理，导致村民抗议性上访的现象频发。这不仅给村庄贴上负面标签，而且进一步使得村民将重心转移到上访中，从个人上访到集体上访，接连不断，而村民在这种情况下也没有法律赋予的实际性权利，所以缺乏的制度成为村民参与公共事务的桎梏。尽管石小伟带领着村干部多次劝说，但是治标不治本。村干部不仅没有把工作重心置于村庄的治理和发展，反而投入更多人力和物力去关注“上访现象”，这种本末倒置的工作方式使得村庄陷入结构性治理陷阱——治理越差，前往上访的人越多，人越多则花费在截访上的人力、财力越多，继而村庄治理越来越差。基于此类结构性的治理陷阱，石小伟从问题端入手，寻求一个有效解决和吸纳问题的机制。他在学习借鉴河南省邓州市的“四议两公开”决策流程后，进而因地制宜，创造性地提出适用于本土的“阳光票决制”，为村民提供了参与村庄自治的稳定渠道和途径，探索线上、线下“微信议事厅”。村民的需求与矛盾能够得到反馈和解决，村民从制度中被赋予了实在的公民权利，村民在协商过程中增强了参与的效能感。

第三，由弱到强组织增能赋权，完善黄泥墩村参与之路。这种赋权是针对某件要解决的事情进行讨论或行动，通过组织和集体中的人们共同参与，形成人与人的相互关系，在互动中改善关系。在本案例中，通过能人和制度逐渐形成一套有效的工作办法，建立了议事厅，规范协商程序，动员村民都参与到组织活动(征集意见、拟订方案、票决监督)中。共同行动和参与离不开信任的前提条件，即共同的理念、共同规范、共同行动力。组织赋权具有双向作用：一方面，以组织化形式为村民政治参与提供议事渠道，进而增强人与人之间的相互联系；另一方面，村民政治参与的积极性进一步增强组织赋权的力量，村民感知到自身是在“共同体”里生活，共同处理事务，增强了集体效能感和归属感，形成对于组织本身的认同，强化组织的地位，形成了村庄治理的正向反馈。

第四，由繁到简数字增能赋权，升华黄泥墩村治理技术。这种赋能旨在用技术的手段打破空间和时间的桎梏，从而让参与者跨时空参与到社会事务中去。此前，由于渠道和反馈的缺失，黄泥墩村村民缺失了治理效能感，但制度与组织建构好之后，仍然存在部分村民因时空限制无法到场，无法获取村庄自治信息的问题。2019 年，黄泥墩村开始引入信息化治理，通过信息化赋权实现了“阳光事务系统”“云票决”“监督一点通”“微信议事厅”等“云程序”，使得村民的自治参与不受空间与时间的阻碍，外出务工村民能够在各自领域内获得与居村村民同等的权利。同时，运用数字化赋权的手段，实现村级小微权力智慧监管、“指尖”监督，通过平台数据碰撞产生的红色预警，变“事后被动监督”为“主动靠前监督”，实现了对村干部的动态监督。之前这些只能在公告栏或者办公室看到的信息，现在通过手机就能查看，将监督从“纸间”转移至了“指尖”，进一步织密村级小微权力监督网，让监督更精准、更便捷。

(2) 干群关系和谐化：社会资本建构黄泥墩村信任机制

在本案例中，我们发现社会资本数量和质量在黄泥墩村发生蝶变后有所增加，表现为互惠规范基础上的合作，在合作互动中构建信任的社会网络。此前，黄泥墩村治理处于一片混沌，黄泥墩村的乡规民约被社会流动性所冲击和削弱，村庄原本信任的社会网络也随之崩溃，原本的互惠行为在市场冲击下也逐渐消失。由于乡村治理体系薄弱，村干部往往主导和包办一切事务，村民的主人翁意识弱化，呈现社会资本弱小化的状态。其原因在于：一方面，村庄治理的内部人际网络关系的碎片化；另一方面，村干部和村民的长期对峙，村民对于前一任村领导班子不信任，村委会的权威性和可信度削弱，最终村民只好寻找更上一级的权威来解决问题。经过治理，我们发现社会资本在黄泥墩村再次生根发芽，信任、互惠、规范以及社会网络重新形塑，并且成为治理的重要资源。我们从信任、互惠、规范以及社会网络四个方面解释黄泥墩村如何破解社会资本薄弱的困境，进而实现从“上访村”到“和谐村”的华丽转变。

一是新制度供给与规范重构黄泥墩村的信任体系。在信任建构中，一个具体的机制和制度比一个“人”更加值得信赖。因为人的行为具有不确定性，而制度或机制则充满了确定性，由于这种“可预判行为”的属性，制度作为群众和干部之间的平台就显得尤为重要了。制度供给提供一个第三方的可信平台，为行动者提供超越人际不信任和行为不确定的保障渠道。黄泥墩村引入“阳光票决制”的民主决策新尝试，并且为了保障制度的运转，通过六点核心工作方法在维护和执行两端同时发力。在刚引入票决制度时困难重重，但最终经过渐进式的制度探索，完成了制度的可信塑造。他们汲取了先前的决策经验，通过改进“阳光票决制”的工作流程，从“五议”和“两公开”角度简化票决的运作流程，明确各决策主体的操作方式。在村民与村干部之间，该制度起到了活动与沟通平台的作用，工作法中除了大事的票决程序外，还有处理小事的村议事联席委员会。这样，通过提供一种确定性的公共制度，制度就成了信任机制建构的一部分。只要是规范合理的利益诉求，都能被村干部重视并提上讨论的日程，以此形式解决问题，促进干群关系的和解。

二是互惠行为凝聚黄泥墩村的集体信任。“绩效回馈”是影响组织内部与组织间信任的要素，因而“互惠”机制对于行为者间彼此信任的维系深具影响。基于工具性动机发生持续性的交换关系后，人们会预期对方有可信赖行为，进而产生心理性的依赖。在本案例中，村里依托于天然泳池、得天独厚的区位优势和生态环境资源引入投资，发展了“碧水湾”项目作为乡村绿色旅游的集体产业。通过市场化运行方式，即村民自筹入股、企业捐资和村集体联姻的方式，村集体共同筹集500万元资金，注册成立乡村旅游公司，用于“碧水湾”项目建设、运营。借力“碧水湾”项目，村里还进行了种植采摘和农副产品品牌化运营的项目。正是在这种“入股—运营—分红”的集体经济行为中，村民建构了一种互惠机制，从而在绩效的激励作用下对于组织和集体产生了依赖性信任。

三是声誉监督机制保障黄泥墩村的持续信任。村庄信任往往被认为是维系成本极低的认同型信任，但由于现代的社会流动和社会网络的复杂化，村庄信任在超过一定临界点后便难以维持，信任关系的脆弱性也相应有所增长。处在社会结构性变迁的时代，黄泥墩村的信任脆弱，干群矛盾紧张，上访现象频繁。但在实行“阳光票决制”之后，黄泥墩村构建出特有的监督机制——基于声誉的监督机制。通过声誉的筛选机制，自组织团体会确定出大家信任的关键人员，让他们在决策、监督、领导上扮演重要角色、自定规则，并相互监督以执行规则。黄泥墩村的村务监督委员会成员由村民代表会议选举而成，其中包括德高望重的老人、在村庄有一技之长的能人和受过较高程度教育的妇女。特别是“好面子”“不好意思”使村民容易在小团体中表现出从众行为，从而使声誉机制能在自组织治理中发挥极大的功能。因为一旦村干部公权私用，就会被村民在背后“闲言碎语”。监督机制反对村干部强势主导村务监督体系，明确强调村务监督委员会监督的“必要性”，即反对精英俘获，加强村民参与积极性，增强村民对于“阳光票决制”的信任度。此外，监督机制在技术增能赋权下呈现多种形式。例如，在村庄大屏幕上实时转播，运用信息化技术手段为远在他乡的村民提供票决过程的线上“云监督”的形式；同时，通过搭建“阳光事务系统”，上传阳光票决的每一步信息，拓宽监督的主体对象，让决策在阳光下运行。

四是核心干部队伍强化黄泥墩村信任关系网络。集体行动达成的关键在于是否有能够积极倡导并率先投入到合作行为中去的“关键群体”，这部分人对于合作的形成具有重要作用。从黄泥墩村的发展过程中我们可以看到，正是这个“关键群体”的存在才使得村里更多的人参与到社区公共事务中。石小伟率先带队修建文化礼堂，并且带领村干部号召村民一起修路。村干部把村里事务做得有声有色，就能带动其亲友参与进来。通过“关键群体”的人脉网（社会关系网络）对其他人进行动员，而动员的对象却是关键群体中当地人的传统关系网络——亲戚及村中好友，这对集体行动和合作具有正面影响。普通成员之间的关系相对影响较小，当合作的倡导者或发起者位于社会关系网络的关键位置时，就更容易通过私人关系接触到其他社会成员，而且更容易影响其他人。黄泥墩村通过强化村干部队伍建设，加强党和人民群众的联系，通过组团下乡、党员大会以及乡贤联谊等方式，着力于村庄协同互动；同时，通过吸纳乡贤和有才能的人壮大村民代表队伍和村干部队伍，齐心协力开拓外部资源，利用这些能人的关系网络谋求新的经济发展道路。

（3）集体行动长效化：治理共同体共促黄泥墩村新发展

乡村治理共同体是对传统乡村社会风情的回归，是对当下乡村社会的创新，旨在从过去汲取经验，以未来的视角回应村民参与形式化困境。乡村治理共同体既是一种价值共同体——

拥有共同目标理念,也是一种行动共同体——以共同规范展开集体行动,还是一个利益共同体——共同的利益驱使共同的行动。这种乡村共同体相较以往的治理模式呈现以下优势:一是通过制度化的渠道整合吸纳村民参与到村务治理中来,更加关注到村民的主体性作用和主人翁意识;二是注重以组织化的形式参与村级治理的实践,强调组织秩序,在基层党组织的"领唱"之下,奏出全体村民善治的"合唱"曲,以共同体的形式规范主体行为路径,避免其偏轨致使村级治理碎片化和无序化。因此,黄泥墩村既在党组织、村干部的带领下完成了共同体的构建,又在"阳光工作法"的指引下巩固了乡村治理共同体的成果。

共同体的形成建立在共建共治共享的社会治理结构中。早期的黄泥墩村对于自治权利:一方面,权利使用意识淡薄,村里很少有村民愿意参与村民会议,不知道如何维护自身权益和公共利益,甚至村内党员参会还会向村委会索取误工费;另一方面,权利维护无序化,早期的黄泥墩村是有名的"上访村",那些权利意识较强的村民,通过维权、集体上访等方式无序使用权力,从而出现了类似锯文化礼堂檐角的过激行为。整个村庄混乱松散,虽然有一定的地域和血缘联系,但黄泥墩村仍然无法形成一个有序团结的共同体。"四议两公开"的引进是黄泥墩村转折的开始。石小伟通过学习全国乡村治理经验引进"四议两公开"。"四议两公开"最初应用于解决修路的实体问题,但问题解决的失败让石小伟不得不反思村庄混乱无序的深层次原因。"四议两公开"制度本身是经过实践检验的乡村治理方法,也给黄泥墩村的治理带来了一定的启发:个人决策,哪怕是为了集体利益的决策,也是不被村民支持的。这一阶段,黄泥墩村的共同体并没有被构建起来,村民无法意识到集体利益的增加将直接作用于个人。经过石小伟的反思以及到村民家里深入调研,在整个村委会的共同努力下,通过从内整治干部队伍,融资招商为黄泥墩村寻找经济出路,整顿会议秩序,实行"五议两公开"……黄泥墩村的治理逐渐走向正轨。这一过程是在能人增能赋权、制度增能赋权、组织增能赋权、数字增能赋权中激发村民参与的效能感和内驱力,利用社会资本维系并稳固村民与村干部、村民与村民之间的信任。在这些互动过程中,黄泥墩村形成了治理意义上的共同体。

共同体的构建并非一蹴而就,其有序运转与长效发挥作用仍需不断巩固。"四议两公开"在黄泥墩村的实践受挫,石小伟带领村干部不断探索符合黄泥墩村实际村况的治理之路,并最终总结为"阳光工作法"。"阳光工作法"将强化村干部队伍建设作为第一要务,以此提升村干部的党员服务意识、树立党员先锋形象,使基层党组织的力量成为黄泥墩村治理共同体强有力的统领力量。通过平衡乡村经济发展,使共同体中的人得到实在的经济利益,实现了共同体物质基础的丰富。通过"三要"(要庄重、要严肃、要再宣传再发动)整顿票决会场秩序,利用外在形式助推共同体内部有序运转。通过"四治"(自治、德治、法治、智治)凝聚共识,村民为共同体的维系提供自治"原动力"。将"六大主体"作为监督对象(基层党组织、村民委员会、村民代表委员会、村务联席会、村干部、村民)。将村庄的运转透明化,为共同体中各群体间的信任维系提供保障。最终,通过磨合村民信任,增能赋权,推动实现集体行动,在这个过程中巩固了黄泥墩村已形成的共同体,并保持共同体的持续有机运转。黄泥墩村集体维系的共同体通过"阳光工作法"不仅实现了个人利益的提升,也实现了集体共赢。这一长效机制使得黄泥墩村的善治得以持久,而这一规则也使得黄泥墩村成为一个韧性村庄,能够快速有序应对村庄变动,并维持良好运转。

在增能赋权和社会资本中信任的构建过程中，黄泥墩村构建的治理共同体实现了从无到有、从弱到强的飞跃。这一过程是长期的，经过石小伟等村干部十年的努力，黄泥墩村迎来了一个持续运转的治理共同体。这一治理共同体的有序运转，利用信任构建和增能赋权，为国家乡村治理的方针政策以及基层自治的法律法规由文本转变为现实提供了条件。黄泥墩村在引进文化公司助力发展旅游业以及再次票决决定拓宽村中心路的决策过程中产生了高效的、导向集体利益的集体行动，最终形成基层村委“领唱”、全体村民“合唱”的和谐善治村庄，在此过程中也引导村民自治权利的有序行使。正是这一次次的集体行动，使黄泥墩村实现了治理共同体的持续，形成良好的循环系统。

## （三）政策意蕴

### 1. 全过程人民民主——乡村基层民主的新探索

黄泥墩村深入践行了全过程人民民主，以“全程民主—全程公开—全程监督”的总要求，在涉及民生领域、脱贫攻坚、项目建设、乡村振兴等领域严格执行“五议两公开”做法，探索出了乡村民主协商新模式。同时，充分发扬民主，紧紧围绕工作重点和民生热点，坚持民主决策的原则，村里的事儿大家说了算。

（1）全程民主

从黄泥墩村文化礼堂的修建到村中心道路及支路的规划建设，再到后面数字平台使用推广等，黄泥墩村的项目实现了村里的事儿群众广泛参与、由村民说了算，重大决策形成做到了民主协商、民主决策，让村民当家作主。村“两委”干部、党员、村民代表以及在外人士等大批人员在该村建设发展中分别发挥作用，村民知情、参与、表达、监督，助力村内发展，营造乡村振兴发展的乡情氛围，村民带着感情参与乡村振兴的整个过程，找到了在乡村振兴过程中的归属感。

（2）全程公开

黄泥墩村在做好账目公开的同时，进一步推进“村务在阳光下”运行，使每项村务都能在村民视野中进行。村里的重大建设项目、涉及民生实事的事项经村“两委”干部把关申报资料、实地察看走访后，每个项目建设进度、投入资金、监督情况等情况亦需告知村民，避免村民心里“犯嘀咕”。利用网络信息化等手段公开村级大小事务，给村民一本明白账。

（3）全程监督

目前，尽管黄泥墩村有大量项目建设、资金投入，但是再未发生过上访事件。他们通过让村民全程监督清除了腐败现象，也清除了村民心里的隔阂。纪检委员、监委会成员、群众代表、党员等发挥了基层监督前哨作用，活跃在村内大大小小的事务现场。从协商到落实的全程监督，让监督下沉见底，有效激活乡村监督的“神经末梢”，以监督的质效助力基层协商。

### 2. 共建共治共享——乡村治理的新格局

党的二十大报告提出，完善社会治理体系，健全共建共治共享的社会治理制度，提升社会治理效能，畅通和规范群众诉求表达、利益协调、权益保障通道，建设人人有责、人人尽责、人人享有的社会治理共同体。打造共建共治共享的社会治理格局，共建是基础，共治是关键，共享是目标。黄泥墩村的治理转型深刻体现了“共建、共治、共享”思路。共建，意味着共同参与到社会建设中，鼓励各方利益主体，尤其是村民群众积极参与到乡村建设中；共治，就是共同参与社会治理，发挥党组织总揽全局、协调各方的领导核心作用，保障村民在乡村治理事务中依法行使自己的权利，全面推进村级民主选举、村级民主协商、村级民主决策、村级民主管理和村级民主监督；共享，则是共同享有治理成果，通过加强和创新乡村社会治理，不断满足村民日益增长的美好生活需要，让村民共同享有治理成果。黄泥墩村的村干部通过"阳光票决制"的方式构建选举、协商、决策、管理和监督的综合治理平台，让村民集体参与到村级公共事务的商讨中，积极参与村庄建设。黄泥墩村在协商议事的过程中，不是各执一方，而是强调"众人言"，达成共识和共同目标，打造村级治理人人参与、人人尽责的良好局面，促成治理共同体的发展。最终，这些协商议事的内容落到实处，黄泥墩村通过道路修建、农家书屋建设、文化礼堂建设等形式让村民的交通更便捷、居住更舒适、生活更美好。

社会治理必须为了人民、依靠人民，坚持人民主体地位，保障他们的参与权、知情权与表达权，做到共治，满足他们的美好生活需要，做到共建共享，最大限度地增加社会和谐因素，激发社会发展活力，既确保国家安全、社会稳定，又能切实维护广大人民群众的权益。

**3. 阳光工作法——乡村善治的新模式**

乡村治理是我国解决"三农问题"的现实所需，也是时代的重要命题，更是国家社会治理的重要组成部分。在乡村振兴战略的推动下，我国各个省(自治区、直辖市)都开展了乡村治理实践，一时间涌现出众多创新乡村治理的模式。治理模式是否能够有效运转？创新模式解决了乡村治理背后什么样的实质问题？这些都有待我们思考。黄泥墩村采用"阳光票决制"实现了村庄的有效善治，作为制度形式，其适用性有限，但制度背后的运行机制与逻辑为乡村治理困境的破解提供了有益借鉴。

"阳光工作法"作为制度形式，通过个人增能赋权激发村庄能人动力，这些能人通过个人能力以及关系圈层积累获得多种社会资本，成为村庄重塑的工具；通过制度增能赋权创造村庄治理环境，乡村治理的最大难点实质上在于法律赋予村民的自治权没有从文本落到实际；通过制度增能赋权，即通过一个有效解决问题和吸纳问题的机制，将村民自治权利交给村民，使村民能够拥有使用权利的渠道；通过组织增能赋权完善村庄参与之路，这种赋权是通过组织和集体中的人们共同参与以及共同信任，形成村民与村干部、村民与村民之间的相互关系，在互动中改善关系；通过数字增能赋权升华村庄治理技术，旨在用技术的手段打破空间和时间的桎梏，为村庄事务的参与者提供便捷的参与渠道，从而实现村庄全过程全成员的动态参与。在以上增能赋权的基础上，利用社会资本构建村庄信任机制，在互惠规范的基础上合作，在合作互动中构建信任的社会网络。通过新制度供给筑牢信任基础，在互惠行为中实现信任强化，通过声誉监督实现信任保障，通过核心干部队伍强化信任关系。在增能赋权和信任构建的基础上，村庄治理想要实现善治，必须使得村庄行动集体化，而集体化的实现需要依靠治理共同体的构建。

善治，是乡村振兴、村庄治理永恒的目标，幅员辽阔的中华大地上一代又一代的农民，一个又一个的村庄，不同的地域环境、文化特色造就了村庄的多样性，实现乡村振兴与村庄治理的路径和形式也是多样的。但是，每个村庄创新模式的背后都离不开为村民增能赋权、搭建村民与村干部之间的互惠信任，形成长效运转的共同体。

在学习"黄泥墩村经验"的同时，我们也应该意识到不应照搬照抄。第一，黄泥墩村地处长三角经济较发达地区，占据政治、经济和文化凝聚的优势条件，而这些优势可能是中西部农村等其他农村所不具备的。第二，黄泥墩村的主要问题是在公共事务治理过程中，由于缺乏制度与行动平台而导致的干群矛盾重重的问题。对于其他存在相似问题的村庄有一定借鉴的地方，但黄泥墩村治理的“阳光票决制”是基于村庄自身条件发生发展出来的制度，对于其他存在问题的村庄是否适用有待在实践中进一步探索。第三，事物的发展有其周期性，黄泥墩村的村治路程是一个动态发展进程，单个案例所带来的启发并非一成不变，对于黄泥墩村的村治动态建设经验，要在时间的延续中持续观察和汲取。

## (四) 结束语

综观黄泥墩村从“上访村”到“和谐村”的蝶变历程，不难发现有效制度的供给、制度有效的运转、村民的自我效能感以及集体信任感在这一过程中的作用。“阳光票决制”作为一种制度，打破了信任坚冰，进而带动了“阳光工作法”的配套运作，最终实现了村务的有效治理、村民的积极参与以及村庄的有序和谐。从增能赋权理论、信任理论以及协同治理理论角度出发，综合分析出激发治理参与的效能感和构建信任是一个村庄摆脱村民参与治理困境的有效方法。

黄泥墩村的做法是先进而系统的，引入制度但不局限于制度，升级了制度与工作法，重视人的参与。对于“人”本身的关系构建，更是黄泥墩村蝶变的密码。增强村民的归属感，让共同体的矛盾化解，最终变为自己情感寄托且利益攸关的“家”，这是黄泥墩村激发村民参与积极性的智慧。

对于基层治理也是如此，无论是城市治理还是乡村治理，有效的制度供给和运作是基础。但是，没有人的配合行动，制度也会失效，二者相辅相成才能推动基层治理的发展。提高效能感和建构信任机制则是实现这一蜕变的关键密码。黄泥墩村作为全国乡村治理示范村、全国民主法治示范村，值得其他有类似困境的村庄学习与借鉴。

黄泥墩村的蝶变不仅是本身的蝶变，更是中国农村治理迈向现代化进程中的一个缩影。在这个进程中，首先要立足于本土，然后根据不同村庄的特点进行治理探索，寻找村庄困境的解决之道。黄泥墩村作为个例研究，适合广大因缺失有效制度、缺失效能感和缺乏信任机制的“上访村”。对于黄泥墩村经验的可复制性，要放到各地的风土人情中去验证与创新。

# 案例二 民间纠纷的“救生艇”，构建人民调解的自主治理机制[①]

——基于姑苏区“老娘舅”人民调解团队的案例分析

## 导读

姑苏区因价值观念、消费理念、生活方式的差异，人户分离现象日益严重，外来人口流动性较大。姑苏区“老娘舅”作为群众身边处理家长里短的“公道人”，是人民群众的“贴心人”、矛盾纠纷的“灭火人”、法律法规的“宣传人”和不稳定苗头的“知情人”。多年来，姑苏区“老娘舅”用自身的实际行动调解姑苏区各个街道、社区内居民矛盾，积极参与社区治理，受到社会各方高度信任。

## 一 案例介绍

### 引言

娘舅是一种称呼，也是一种身份的象征。“老娘舅”一词在吴语（又称为江南话、江浙话）中指的是坊间生活中一个比较客观公正的人物或者一个族群中有地位、有威望、德高望重的长者。当家庭或者邻里发生矛盾时，通常会请“老娘舅”出面，用其辈分的资格和威信以及客观公正的立场来明辨是非曲直。姑苏区人民法院、司法局利用“老娘舅”充当“和事佬”，当民间纠纷的人民调解员。从最开始的“小院说理”“大院评理”的形式到现在成立人民调解工作室，专业、权威、自主地解决民间纠纷，取得了显著效果。

### （一）起：他山之石，可以攻玉

**1. 民间能人自发担起解纠责任**

姑苏区作为苏州市的老城区，很多小街巷、老房大院都有外来务工人员居住，因生活方式、饮食习惯、消费理念的差异，新苏州人与老苏州人的摩擦在所难免，给社区工作带来了巨大压力。姑苏区的社区能人和热心社区事务的居民自发组成“和事佬”团队——姑苏区“老娘舅”，开展调解，为社区治理提供积极助力。姑苏区“老娘舅”熟悉社区状况，拥有广泛的社区关系网络，在调解中辨是非、明事理，矛盾纠纷处置效率高。

“老娘舅”主动承担基层调解任务，在调解中坚持和发扬“枫桥经验”，注重发挥人民调

---

① 参赛人员：高彦娇、李嘉宁、江珂、陆家炜、徐晨曦。
指导老师：芮国强、宋典。
所在单位：苏州大学。

解传统优势，不固定地点、不拘于程序、不局限形式，有效化解了基层常见矛盾纠纷，做到了小事不出村、大事不出镇、矛盾不上交。多年来，姑苏区“老娘舅”用自身的实际行动，热心调解姑苏区各个街道、社区内的居民矛盾，积极参与社区治理，受到社会各方高度重视。

（1）春风化雨解矛盾

相较于人民法院、司法局的权威戒尺，姑苏区的社区能人对于矛盾双方熟悉程度较高，在处理基层矛盾纠纷中，“老娘舅”对于事件双方当事人有着十足的耐心与贴心，能在细微处、无形中将矛盾解决。在诉前调解的过程中，调解工作会出现“剪不断、理还乱”的情况，要不厌其烦，服务周到。对于很多甘心在自己退休之后回到社区当“老娘舅”的社区能人来说，当好一名“老娘舅”不是选择，而是责任。例如，从司法所所长岗位上退休后的周某泉，充分发挥“名人效应”，选择回到熟悉的“战场”，为社区居民提供矛盾调解服务。

家住横泾的李阿婆年近80岁，由于家庭矛盾被儿子赶出家门，无奈找周某泉帮忙。在弄清事情的来龙去脉后周某泉及时与李阿婆的子女联系，一番苦口婆心，最终签订了赡养协议。“有矛盾，找老周，准有法子！”李阿婆夸道，“老周是群众心中的‘老娘舅’”。周某泉在解决社区家庭、邻里等小纠纷的同时，还兼任吴中区人民调解协会会长，整天忙得像个陀螺。“平均每天调解5起纠纷，过来咨询的群众一个接着一个。”周某泉说道，做调解工作，要耐心倾听矛盾双方的诉求，只有这样才能在和风细雨中解决家庭矛盾。

（2）润物无声聚民心

姑苏区的大街小巷里穿行着一万多名“老娘舅”，他们夜以继日地工作着，靠着一张嘴、一支笔、一颗真心道情理，用老百姓身边事扬道德风尚、讲法理正气，调一案、解一类。他们是人民群众的“贴心人”、矛盾纠纷的“灭火人”，如春风化雨，绵密无声，深入基层为社区邻里排忧解难，纾解矛盾；他们是街坊巷道中的持微火者，宣传道德法理、维护人伦关切、弘扬社会主义核心价值观，为新时代社区精神文明建设添砖加瓦。“和谐稳定聚合力，德法同行润民心”，正是这些“老娘舅”的润物无声的行动滋养了姑苏的靓丽风景和人文情怀。

**2. 丰富形式，基层调解方案“百花齐放”**

双塔街道地处苏州古城中心，人口密集，社区矛盾纠纷排查化解工作任务重、难度大。“按照传统的理念，人们还是追求‘以和为贵’，不愿意为了‘家长里短’和小纠纷撕破脸去打官司。”韩某康介绍道，“老娘舅”反复做工作在解决问题的同时，也在修复双方的关系。为了发动群众的力量，调解委员会还打造了“小巷评理”调解品牌，将“调解桌”搬到家门口、巷子里，采用“大院说理”“板凳会议”“名家说法”等多种群众喜闻乐见的形式，把矛盾纠纷化解在萌芽阶段。

（1）“小巷评理”见真知

“小巷评理”已成为双塔辖区居民化解矛盾的自觉选择和优先方案。围绕这一品牌，整合辖区专业资源，社区成立了“便民法律服务站”，通过“1＋2＋3”的平台搭建，使法律服务更接地气，较好地满足了居民的法律需求，有力地解决了居民的法律问题，共绘“自治、法治、德治三治融合”同心圆，释放了基层治理活力。

2019年年初，姑苏区人民政府投资200万元，对双塔街道公共法律服务中心进行示范性改造升级。依托公共法律服务中心，双塔街道本着用户思维、创新供给模式，打造了闸市口的“法律之家”和“共享公益律师”，联合苏州市六家律师事务所和公证处，启动“红色引擎”，激发“红色动能”，推出双塔街道“党建＋共建＋共享”法治联盟，选派党员律师、公证员、法律顾问在每个工作日进驻公共法律服务中心开展公益值班，设立律师咨询、法律援助、矛盾调解、自助服务等业务，为辖区群众及外来人员、流动群体提供免费的一站式、无差别法律服务。

（2）“大院说理”连邻里

说事论理，打造全过程人民民主新形式。双塔街道将居民自治会议与纠纷排查预防、法律政策宣讲相结合，发动老党员、老模范、老政法、老教师、法律明白人、资深律师等志愿者力量参与社区治理，深入小区大院内，通过“拉家常”“板凳会议”等形式，围绕居民关心的法律问题进行集中讲解、解疑释惑，对居民关注的小区难题进行集思广益、共同协商，对居民涉及的邻里矛盾纠纷进行说法论理、及时化解，切实让居民掌握基本法律知识，增强法律意识和民主意识，使居民纠纷化解不出大院。近年来，围绕古城保护、垃圾分类、“一盔一带”、《中华人民共和国民法典》宣传等主题和养犬、漏水、继承、高空抛物、占道等问题开展“大院说理”活动，取得了较好的工作成果和社会效果。

## （二）承：从“小船只”到“救生艇”

民间纠纷的调解源于社区能人的爱好与习惯，后来越来越多的退休老党员、老干部、老教师加入调解纠纷的队伍中。一艘艘“小船只”渐渐壮大为矛盾化解的“救生艇”。据了解，沧浪街道万年社区的社区居民为了社区平安建设、减少社区矛盾纠纷发生的频次，在社区书记许立康的主持下，将社区内 20 名德高望重的老党员、老主任、老教师组织起来，成立了“老娘舅”调解志愿服务队，以调解邻里纠纷，化解居民矛盾为宗旨。其实，早在服务队成立之前，万年社区就不乏调解矛盾的“小船只”——民间能人。2014 年，一户居民房屋装修引发了邻里间矛盾，双方吵得面红耳赤。就在双方僵持不下之时，万年社区热心居民组长颜某某就用自身的热心和智慧平息了双方的争执，邻里双方从“剑拔弩张”到“握手言和”，显示出人民调解在调解纠纷过程中的显著效能，颜某某因此也成了社区居民心中的“老娘舅”。此外，朱老伯也是一个善于调解矛盾的高手，在他的“干预”下，一起起纠纷得以化解，一个个矛盾有了解决方案。“平时帮邻里调解矛盾，有人会说我多管闲事，这下好了，成立了调解队，我就是名正言顺的‘老娘舅’。”朱老伯开心地说。

万年社区“老娘舅”调解志愿服务队很多成员都没有专业的法律知识，这也是目前“老娘舅”存在的共性问题，但沧浪街道的“老娘舅”在成立人民调解室之后，为加强自身法治素养，不断进行学习，通过律师进社区，总结分享会，现场模拟秀、观摩巡回法庭等活动，进行分享交流、个案学习，总结了人民调解工作经验，剖析存在的问题。最后，“老娘舅”纷纷表示：今后还要继续加强业务学习，提高调解能力和水平，用“三颗心”即热心、诚心、公心来发挥“老娘舅”在人民调解中的作用。

## （三）民间金牌调解室：“金牌老娘舅”，专开“诉前矛盾锁”

近年来，姑苏区“老娘舅”的数量呈现逐年上升的趋势。为了更专业、更权威、更快速地解决诉前纠纷，一些获评苏州市“金牌特邀调解员”的民间金牌调解员，就在自身影响下成立了人民调解工作室。万年社区的范某就在 2014 年成立了“俭俭人民调解工作室”，并在民政部门注册为社会组织。她曾在2014年被苏州市司法局聘任为苏州市“金牌老娘舅”,有着13年基层调解工作经验,并多次参加苏州市广播电视总台“金牌老娘舅”纠纷调解节目录制,有着丰富的矛盾纠纷调解经验。“俭俭人民调解工作室”由18名德高望重的居民代表、3名律师、3名社工、部分辅警组成。“俭俭人民调解工作室”所属的“老娘舅”调解志愿服务队,在2017年获得“姑苏区人民调解工作先进调解工作室”称号。其工作室的宗旨是做好人民群众矛盾纠纷的第一道防线,专开“诉前矛盾锁”,争取做到小矛盾不出小区,大矛盾不出社区,为社区平安建设增添力量。除此之外,在2019年被江苏省高级人民法院、江苏省司法厅、江苏省律师协会评为“派驻人民法院优秀调解员”的赵艳,在2018年12月成立了“智艳人民调解工作室”。多年来,该工作室共接待群众万余人次,调解各类矛盾纠纷2 400余件,赵艳所接手的诉前纠纷案件,无一起上诉,案件调解成功率100%,多次受到市、区表彰,成为姑苏区诉前纠纷调解案件的一道靓丽风景线。

**1. 用“温暖”融化隔阂的坚冰**

“老娘舅”在社区内接触得更多的是家庭纠纷、邻里纠纷、房屋租赁纠纷和劳动纠纷,矛盾双方熟悉程度较高,之所以出现一些难以解决的矛盾,往往是因为当事人意气用事、绝不退让,导致矛盾纠纷久拖不决。像这种家事纠纷,就是要用真心真意融化双方当事人的隔阂,使其转变态度,做到“忍一时风平浪静,退一步海阔天空”。

“金牌老娘舅”赵艳就曾在2020年7月调解了一场家庭居住权纠纷的案件,年近80的母亲去人民法院状告自己的亲生儿子,主张房屋居住权。在这起案件中,由于老伴去世后,儿子借重新装修房屋的名义将自己的母亲送往姐姐家居住,装修完成后则以种种理由拒绝将母亲接回,母子关系一度陷入僵局。母亲在多次尝试沟通无果之后,无奈之下来到“智艳人民调解工作室”求助。作为一位“金牌老娘舅”,赵艳接触过数次类似家庭纠纷,但不同的是此次矛盾双方纠纷小难度高,在与其儿子沟通过程中,这位儿子态度强硬,不愿将其母接回。

面对这种情况,赵艳见状立即从情、理、法三个方面出发,耐心对其子进行疏导和劝解,并尝试与老人即将新婚的孙子沟通,强调“上对下真心真意,下对上也要尽心尽力”,不论有什么困难,最重要的是不能丢了“百善孝为先”这个立身齐家之本。通过批评与感化相结合的方式,先后经历8次调解,赵艳的细心调解融化了儿子内心的坚冰,慢慢解开了一家人的心结,最终使得母子俩重归于好,一家人重拾宝贵亲情。赵艳在谈及自己所参与调解的矛盾双方都能握手言和时,我们透过她眼里的光,仿佛看到了人民调解的意义所在。在对赵艳进行访谈的过程中,她说:“我最开心的事情就是看到家庭或邻里纠纷的当事人眉头紧皱走进调解室,最后握手言欢地离开。”像这种家庭、邻里纠纷,矛盾双方纠纷小,可调节程度高,只要耐心劝导、贴心沟通,最终都能像这对母子一样融化彼此心中的坚冰。

**2. 用“锐眼”捕捉止争的契机**

相对于行政调解、司法调解,人民调解是最接近纠纷中心点的,也是制止纠纷的第一道防线。特别是人民调解团队的“老娘舅”,他们能在一些群体性矛盾纠纷影响扩大之前及时捕捉到止争的契机,降低群体性纠纷的涉及面。相对于家庭纠纷、邻里纠纷等个体性纠纷,一些群众性纠纷往往千头万绪,过程和当事人相互关系复杂多变,是非曲直难以在短时间判断,且对于民间人民调解员“老娘舅”来说,群体性纠纷是所有矛盾纠纷中调解难度最大的。但作为“金牌老娘舅”的赵艳，依然能在群体性矛盾纠纷调解中练就一双“福尔摩斯”眼，善于把握调解重点，找准矛盾焦点，循序渐进地解析症结，帮助当事人从不切实际的诉求中解脱出来，客观面对现实。一些当事人在不了解国家法律法规和相关政策文件的情况下，凭借自己的主观想象，随意提出诉求是在群体性纠纷中最常见的一种现象。例如，2021年国家“双减”政策一出，就将教培机构、学生家长等一度推到了矛盾纠纷的漩涡中。

2021年9月，受“双减”政策影响，姑苏区某街道22位家长因上课时间、老师变更、退费等相关问题，将某教培机构告上人民法院。姑苏区人民法院受理后，通过民事纠纷调解前置程序将案件转至“智艳人民调解工作室”进入诉前调解，经过快速分析研判，赵艳认定问题的核心在于受政策调整、疫情影响，家长期望值过高，进而提出过高的赔偿要求。于是，赵艳从政策调整、新冠疫情影响等方面因势利导，并指出当前情况不可完全归责于培训机构当事人，无法按照原约定开班授课是客观因素的影响，并非培训机构当事人有意为之。她一方面耐心倾听、良言劝慰，使家长平复过激情绪，另一方面站在双方的立场上客观剖析，理顺脉络，引导各方接受事实，希望家长给予培训中心一点时间，允许其进行分期退款。经过调解，双方达成一致意见，家长们同意对退款期限予以放宽，培训机构分期退还未上课程费用，并当场支付第一期退款。双方就后期退款金额和时间进行了明确，并约定10%的违约金条款，这起群体性消费纠纷在未进入司法程序就得以高效化解，提高了纠纷化解的效率，减轻了人民法院、司法局的工作压力。

**3. 用“专业”回应群众诉求**

人民调解是我国独创的化解矛盾、消除纷争的非诉讼纠纷解决方式，具有扎根基层、分布广泛、方便快捷、不伤感情等特点，在解决纠纷中具有不可替代的作用，是维护社会和谐稳定的“第一道防线”。但人民调解员来源于人民，大部分“老娘舅”都没有法律专业背景和基层调解纠纷的经历，这也是目前各级人民调解员所面临的共性问题。为此，姑苏区人民法院、司法局先后组织开展人民调解“菜单式”培训班、医患纠纷人民调解员培训班等多种类培训班，通过集中授课、庭审观摩、实训操作等方式对调解员开展业务培训，通过对调解员培训的供给侧结构性改革，加强培训针对性，有效地提升了调解员的专业知识和业务能力，进一步提升调解员法治思维、法律法规、调解技巧运用和卷宗规范制作水平。我们在调研过程中，也会旁听调解员培训课程，在这些培训课程里经常能看到“老娘舅”认真学习法条、不断请教法官的身影。这些民间“老娘舅”经常一边调解、一边学习，遇到一些专业名词或者难啃案例就会咨询法官、律师，或者上网查询，逐渐从法律“门外汉”成为调解领域的“行家里手”。“有了专业知识这‘金刚钻’，再难的‘瓷器活’咱都不怕！”一位爽朗的“老娘舅”笑眯眯地介绍着他们的调解秘诀。

(1) 冷却降温，春风化雨法——缓解各方情绪

民无委屈不诉求，群众利益无小事。“老娘舅”对于调解工作都有自己独特的注释，但在解纠纷之前，首要的一点就是缓解当事人的情绪，以防在后续的调解过程中做出非理智行为。只有春风化雨解矛盾，才能润物无声聚民心。特别是在涉及“生命”等疑难调解时，利用春风化雨法能够有效抚慰家属情绪，获取当事人的信任，确保调解工作开好头、收好尾，实现案结事了，不留隐患。特别是近几年受新冠疫情影响，房屋租赁纠纷、劳资纠纷的比例呈现上升趋势，这也是“老娘舅”频繁处理矛盾问题的原因。

例如,某外来务工人员李某因经济拮据,向用工单位提前讨要工资未果,采取过激行为威胁,不慎在3米高处掉下摔成重伤,引发家属与单位之间的激烈矛盾。随后李某家属在多次向用工单位索赔无望后,当场扬言全家都是艾滋病患者,如果处理不好就拼命,出于恐惧心理,没人敢上前劝阻。"如果我也回避,那这个纠纷就会扩大。"一位"老娘舅"表示。面对剑拔弩张的现场,最终"老娘舅"上前耐心安抚李某及其家属情绪,又反复与用工单位摆事实、讲道理,依法交心,最终双方当事人止戈言和,签订了调解协议。

(2) 换位思考,逆向思维法——获取理解支持

不管是邻里纠纷、家庭纠纷等个体性纠纷,还是物业纠纷、劳动纠纷等群体性纠纷,一旦出现矛盾,矛盾双方当事人都会带着怨气,心有芥蒂,在盛怒之下往往会做出非理智的行为。而作为人民调解员,整个调解过程胜在"公平",在调解过程中,不能为了尽快完成调解,就让一方当事人受委屈,需要换位思考,耐心劝导,只有这样双方当事人才会告诉我们调查没法深入的心声。"换位思考、逆向思维"这八字诀窍是"老娘舅"在遭遇当事人冷眼相对时获取理解支持的软化剂。

(3) 扶正祛邪,案例引导法——促使各方趋同

面对一些群体性纠纷,特别是面对标的金额数量比较大的案件中,"老娘舅"就需要通过自身在调解员培训课程中所学习的相应案例,告知纠纷双方,特别是告知纠纷当事人,有些错误行为本身就要负法律责任的,通过这种扶正祛邪、案例引导法,能够让纠纷当事人明白其中利害关系,主动承担责任,化解矛盾纠纷。例如,在一起企业货款纠纷中,"老娘舅"就通过案例引导法,摆事实、翻法条、讲道理,让一笔拖欠两年多的货款在新冠疫情期间顺利结清。

## (四) 转:云上赋能,突破变局

2020年年初,新冠疫情的突然暴发给各级党委党政府的工作带来众多不便,同时对于基层人民调解员来说,也是一种全新的挑战。然而,人民调解团队在疫情防控期间并未松懈,全市各级人民调解组织充分运用信息化手段,引导当事人优先使用"苏解纷"平台、12348法律服务热线、村(居)法律顾问微信群等申请调解服务,通过社交软件、视频、电话等方式灵活开展调解,做到了疫情防控期间调解服务"不断线""不打烊"。新冠疫情期间,基层"老娘舅"已经能够熟练运用互联网、云科技等方式远程调控争端,将调解引到"云"上,"隔空"化解矛盾纠纷,及时高效,成为疫情防控期间一道靓丽风景。在防控一线,人民调解员的身影随处可见。

**1. 疫情冲击,"老娘舅"矛盾调解亟待升级**

(1) 线下难聚集,矛盾双方在云平台上握手言和

51岁的鲁某因在菜场买菜时不慎与自动下放的卷帘门相撞,造成头部受伤。鲁某认为,菜场方管理不善,未能保证经营场所安全,将菜场管理方诉至姑苏区人民法院要求赔偿。但菜场管理方相关负责人因新冠疫情在外地,无法及时赶回。人民法院建议双方协商解决,并将诉讼委派给了双塔街道调委会。"老娘舅"了解情况后,借助"江苏微解纷"调解

云平台，通过在线视频的方式，促成鲁某和菜场管理方达成调解协议。[①] 线上视频调解、网络协议传输、线上司法确认、云端签字执行，所有的调解流程都在线上完成，减轻当事人诉累，让当事人能跨越地区，随时随地解决纠纷。

(2) 云操作不便，调解老宅征收案跨越千里

刘阿姨家的老宅位于姑苏区东街，产权归刘阿姨的配偶及其兄妹 4 人所有。因房屋建成已久，前几年被纳入老城区改造项目，需要厘清补偿事宜。由于年代久远，4 位产权人中有人已过世，而且又有了新的继承人，所以产权关系十分复杂。更特殊的是，该房产继承人之一的刘阿姨年事已高且远在北京，各方和刘阿姨之间因沟通不畅等原因，始终无法达成共识，既造成家庭不和，又影响征收改造项目进度。在前期实地勘查、梳理继承关系、多次现场沟通的基础上，双塔街道司法所首先尝试了线上"云调解"的方式让多方沟通解决问题，但是刘阿姨因年事已高，不会操作视频软件，无法顺利进行。因此，姑苏区双塔街道的"老娘舅"崔某、周某赶赴北京的刘阿姨家中，耐心地讲解法律法规中关于不动产继承、国家征收征用、财产分配等方面的各种权利和相关义务，做好家属思想工作，共同商讨矛盾解决办法，协助维护自身合法权益。经过调解员的耐心讲解和劝导，刘阿姨终于打开心结，理解并接受了征收方案。

在新冠疫情冲击下，线下难聚集、矛盾双方难聚齐、沟通调解不便等情形对"老娘舅"矛盾纠纷调解提出了更高要求，云平台的存在固然为矛盾纠纷的处理提供了便利，但部分"老娘舅"因年事高以及部分群众因不了解操作流程、技术操作不娴熟，仍然使线上矛盾调解面临困境。因此，在新冠疫情防控期间，技术赋能"老娘舅"调解工作迫在眉睫。

**2. 技术赋能，信息化助力"老娘舅"**

随着经济快速发展，疫情防控期间市民的生活状态、生活方式、交往方式都发生了很大的变化，传统的"面对面"式的线下调解往往效果不佳。因此，信息化助力"老娘舅"调解具有重大意义。

"大家心平气和，先听我讲……"在徐公桥社区委员会的"云调解"室里，派出所社区民警和视频在线的其他职能部门工作人员一起化身"老娘舅"，进行矛盾纠纷联合调处。十多分钟后，原本因拿错快递而火药味十足的纠纷双方达成和解。不接触、线上见；时间短、成效快……"随着'云调解'工作的'提速增效'，市民群众切实享受到了高效与便捷一体化打造线上'云调解'新模式，视频连线司法、民政、社区等相关职能部门，组织当事人远程调解，打破时间、空间壁垒，实现数据多跑路、当事人少跑腿。"姑苏区公安局警务督察大队大队长、信访周科长说道。

(1) 整合资源，搭建在线矛纠多元化解平台

新冠疫情暴发，不仅影响了"老娘舅"调解纠纷的步伐，也放慢了人民调解员学习的步伐。为了让人民调解自主治理机制持续健康发展，在"江苏省司法行政一体化智能平台"基础上，姑苏区司法局搭建了"人民调解小助手"网络平台，探索网络信息技术在新冠疫情特殊背景下解决矛盾纠纷的快捷应用，建立网上咨询、评估、调解、仲裁、诉讼为一体的在线矛

① 姑苏区宣传部. 双塔街道建立专业化调解队伍[EB/OL]. 苏州市姑苏区人民政府网. (2020-07-07)[2022-09-10]. http://www.gusu.gov.cn/gsq/zwyw/202007/f19ad6c1d2e5427bac176e98be7f64a3.shtml.

盾纠纷化解平台，覆盖纠纷受理、分流、化解、反馈、处理等全过程，实现信息收集、材料传输、视频调解、卷宗整理、数据分析、法治宣传、纠纷研判等资源的共建共享。该平台为各种纠纷类型、各种行业需求提供接入端口，可以进行模块化的组合和个性化的定制。平台的功能不仅在于化解纠纷，还为数据的积累分析、资源的共建共享、矛盾的排查、纠纷的预防和控制等社会化治理提供技术支持。“小助手”采用最先进的编码技术，将大量基础信息浓缩为标准化语言，调解员只需使用最少的输入量，就能完成整个调解案件信息的录入，并自动形成各类工作报表和电子卷宗。

(2) 减负增效，打造专业高效的网上工作室

姑苏区目前在案的人民调解室共有 10 余家，在疫情非必要不出门的特殊背景下，很多人民调解室运作呈现停滞的状态，但民间纠纷发生的频率并未因此而减少，反而出现了很多新的矛盾纠纷案件。如何在不出门的情况下调解矛盾纠纷，“俭俭人民调解工作室”给出了新的答案。通过吸纳专业技术人员，在姑苏区政法委的协助下开通了线上“俭俭人民调解工作室”，该工作室集网上立案、案件查询、网上预约开庭或调解、网上咨询、网络在线调解、诉讼指南等职能于一体，是网站式便民诉讼工作室，同时也是姑苏区人民法院利用高科技信息技术，实现源头治理的工作平台。2020 年，线上“俭俭人民调解工作室”融入姑苏区社会服务管理网。工作室运行以来，呈现点击率高、参与人多、影响面广的良好局面，其作用也从姑苏区向全市、全省、全国扩散辐射。网上咨询以跨时空、易操作、有成效等特点，开辟了一条多元化化解纠纷的新途径。截至 2022 年 9 月，总访问量超过 268 万人次，累计收到留言咨询 1 345 余例，均以公开答复或通过电话、邮件等形式予以回复。新冠疫情暴发后，线上人民调解工作室利用信息化成果，在积极抗疫的同时毫不松懈地做好网上立案、线上调解等工作，通过“江苏微解纷”一站式解纷平台，既为当事人提供了又一条便捷高效、集约精准的纠纷化解高速通道，也有效节约了司法资源。

### (五) 合：多维共建，协调联动

近年来，姑苏区坚持以习近平新时代中国特色社会主义思想为指导，坚持以人民为中心，坚持和发展新时代“枫桥经验”，大力加强人民调解组织建设和调解员能力建设，建立健全非诉讼纠纷解决机制。为此，姑苏区司法局在坚持实战引领、群众需求导向的基础上，强力推进人民调解的自主治理机制，不断创新人民调解的组织形式和工作方式，建立了面、线、点三结合的“3NN1”型人民调解组织网络体系，即以区、街道、社区三级人民调解委员会为主干，劳动争议、医患纠纷、婚姻家庭纠纷、物业纠纷等多个专业性、行业性人民调解委员会为支干，派驻人民法院、检察院、公安局等多个部门人民调解室为分支，个人调解工作室为补充的人民调解组织网络体系，通过“老娘舅”与多方联动方便群众及时、就近获得专业人民调解服务。

姑苏区人民调解自主治理机制经过多年发展，已成为姑苏区调解纠纷的“第一道防线”。姑苏区各个社区、人民法院、公安局、司法局都看到了“老娘舅”人民调解团队在诉前调解纠纷所发挥的作用。为此，姑苏区通过构建“三调联动＋公调对接＋司法确认”多元解纷与诉非对接机制，实现人民调解、行政调解与司法调解有机互通联动，提升矛盾解决的效率，减轻群众诉讼的负担。

**1. “老娘舅”+法官:构建零距离的良性互动机制**

汇聚纠纷力量,优化诉讼惠民。在沧浪街道有这样一起案件,原告李某与被告徐某发生了一起交通事故,导致李某受伤,因徐某全责,需向李某支付医疗费和误工费等赔偿,但徐某对事故责任认定和误工费金额存在较大争议,双方多次协商未果,李某一气之下对徐某提起了诉讼。根据姑苏区联动工作机制要求,将案件委派给被告许某户籍所在的双塔街道人民调解委员进行调解。负责此次调解的是姑苏区人民法院首批特邀调解员、双塔街道“好阿姨调解工作室”调解员张某。张某在接到案件后与双方当事人取得联系,了解双方基础诉求后,在法官协助下对双方当事人开展了释法劝导和证据补充。经过调解员多次电话沟通和耐心解释,最终许某同意依法赔偿李某,李某因事故导致的损失得到了一次性处理。

为了让双方在诉前调解所签订的协议更专业、权威,双方在双塔街道司法所、社区工作人员的陪同下来到法治小客厅,法官和调解员协同配合,指导双方完成了调解协议签署和赔偿款项交接,李某满意地撤回了诉讼。“官司在家门口一次性解决了,我也不用再跑人民法院了,真的很方便。”李某说道。

在该案例影响下,为了深入开展“我为群众办实事”实践活动,姑苏区“HUI”法官工作室[①]依托法治小客厅平台,与双塔街道共同探索建立“队伍共管、联合办公、诉调对接、信息共享”四项工作机制。其中,“零距离”的诉调对接机制成为一个重要亮点。人民法院将当事人常住地为双塔街道的案件,委派给辖区内特邀调解组织、特邀调解员调解,工作室法官直接对接调解员开展调解指导;同时,在法治小客厅设立司法确认巡回受理点,对双塔街道辖区内特邀调解组织、特邀调解员主持达成的协议,工作室实行就地受理、审查并予以司法确认。“老娘舅”+法官各司其职、有效联动的新型组合方式,跑出了纠纷化解的“沧浪速度”。在上述案件中,调解员当事人不需要多次跑人民法院,在家门口的小客厅里就完成了从诉前调解到结案的全部流程。

(1) 队伍共管机制

双塔街道吸收辖区内优秀基层工作人员、退休人员、党员等具有调解志愿和调解经验人员,聘任特邀调解组织2个、特邀调解员12名,开展特邀调解培训,增强调解业务知识储备;建立调解员实训基地,组织调解员参加法院调解,提升调解工作技能。

(2) 联合办公机制

通过设立双塔街道法治小客厅为联合办公点,法官工作室成员常态化驻点值班办公,接待辖区居民解答法律咨询,第一时间参与辖区矛盾调处。

(3) 诉调对接机制

法官工作室直接对接辖区特邀调解组织、特邀调解员,开展诉前委派调解和诉调对接工作;在法治小客厅设立司法确认巡回受理点,对当事人经辖区特邀调解组织、特邀调解员主持达成的调解协议,就地受理、审查,减少当事人诉累。

(4) 信息共享机制

依托社会治理联动平台,法官工作室根据司法数据提示治理风险;辖区街道对辖区内存在的群体性纠纷潜在风险,及时预警相关信息,推动纠纷在源头化解。

---

① 该工作室由江苏省太仓市人民法院设立。

**2.“老娘舅”+社区:“三级调解”分类化解机制**

网格无小事,事事是民生。姑苏区人民法院、司法局为深入基层、解决社区纠纷,建立了网格矛盾纠纷一站式调解驿站,试点将人民调解融入社会综合治理网格:通过“五条途径”排查、导流矛盾纠纷;通过“三级调解”分类化解疑难、一般和简易三类矛盾纠纷;通过调解员“随警作战”机制,现场快速处置110非警务类纠纷。

人民调解进网格是姑苏区近年来基层社会治理工作创新作出的有益尝试。从“老娘舅”调解员参与网格巡查到设立网格调解驿站,从单纯为群众化解矛盾纠纷到提供法律咨询、法律援助等公共法律服务,人民调解进网格工作已实现了功能升级、人员扩充、机制优化,真正实现“微事不出格、小事不出社区、矛盾不上交”,让基层成为纠纷“终点站”。据悉,以人民调解进网格为基点,姑苏区已建成“横到边、纵到底”“防、控、调、处”的全覆盖、全流程人民调解工作网络,建立“网格员+调解志愿者”“社区民警+兼职调解员”“公职律师+特邀调解员”三级调解法,调动各方力量提升调解质效,为基层社会治理持续注入法治力量。”

(1) 简易:网格员+调解志愿者

社区内的矛盾纠纷大多数都是家庭、邻里纠纷,对人民调解员的专业能力要求不高,而且像这种个体性的纠纷,“老娘舅”+社区网格员的组合就能够治理得当。为此,姑苏区于2019年在金阊街道成立夏莲网格邻安坊矛盾纠纷一站式调解驿站,推进人民调解进网格,实现矛盾纠纷“一线”化解。据悉,该调解驿站内有网格员两名和“老娘舅”调解员12名,同时还配备两名社区法律顾问和1名对接法官,为纠纷化解提供专业“外援”。经过几年的探索实践,调解驿站已经在纠纷排查、介入、处置等各个环节形成了“随警作战”“联合研判”等多项工作机制。除化解网格矛盾纠纷之外,该调解驿站还将公共法律服务向网格延伸,最大限度地满足辖区群众的法律服务需求,取得了较好的社会效果。纠纷调处率达到95%以上。

(2) 一般:社区民警+兼职调解员

对于调解难度大、有暴力冲突的、以防矛盾双方某一方不承认协调结果,需要现场签订调解协议的纠纷可以通过兼职调解员+社区民警方式予以调解。兼职调解员+社区民警是金阊街道夏莲网格推行的人民调解员“随警作战”机制。“随警作战”主要针对110接到的非警务类纠纷警情,由网格兼职调解员跟随社区民警进行公调对接,现场调解矛盾纠纷。像这样的家庭、邻里纠纷一般能够就地调处,既方便了当事人,减少了流转环节,又节约了社会治理成本。

2020年,家住姑苏区金阊街道的王先生与楼下邻居朱某因公共走道杂物堆放问题产生纠纷。双方多次沟通无果后发生争执,朱某冲动之下将王先生家的大门踢坏。接到周围邻居报警后,网格调解员与民警一同上门了解情况,并在现场开展调解。他们表示,朱某在公共场所堆放杂物侵害公共利益,还存在安全隐患,把别人家的大门踢坏更是行为过激。另外,王先生在与朱某沟通中态度偏激、出言不逊,导致矛盾愈演愈烈。最终,在“老娘舅”和警察双重努力下,双方都认识到自己的错误,朱某当场向王先生赔礼道歉,答应三天内将楼道堆放的杂物清理干净并将大门修好。一起纠纷不出社区就能得到迅速化解,这得益于金阊街道夏莲网格推行的调解员“随警作战”机制。

(3) 疑难:特邀调解员＋公职律师

对于一些房屋产权纠纷、合同纠纷等疑难案件,就需要通过姑苏区人民法院特邀调解员＋公职律师的方式协同解决案件。为此,2020 年姑苏区 8 个街道人民调解委员会、36 名人民调解员就被人民法院聘为特邀调解委员会和特邀调解员,与公职律师一起开展人民法院委派案件的调解。通过以案释法、专业授课、知识竞赛、技能练兵等活动提升调解员业务能力和专业水平。加强特邀调解员与法官的"双向互动",通过分批次开展专项轮训、法官一对一指导等,畅通沟通对接机制,提升纠纷化解整体能力。2020 年,共接收区人民法院移送诉讼案件 468 件,调解成功率 94%。此外,姑苏区还开辟了重大疑难群体性纠纷化解新途径,采取人民法院"示范裁判"、街道调委会"特邀调解"＋引导"司法确认"的方式化解疑难复杂纠纷。双塔街道人民调解委员会参照人民法院示范裁判,成功调解一起涉及 60 余户业主群体性委托经营合同纠纷,发挥示范引领作用。

2019 年 7 月,苏州市某商业街区部分商铺业主因租金收益与实际收取不符,起诉至姑苏区人民法院,要求解除与某商务管理有限公司的委托经营管理合同并支付部分租金收益。因涉案人数众多、涉及面广,姑苏区人民法院采用示范诉讼方式先行对 9 起案件进行了速裁快审。经查明,公司在分配租金收益时确实存在向业主少报租金的情况,但尚未构成根本违约。人民法院于 2019 年年底做出民事判决,驳回了业主要求解除委托经营合同关系的诉讼请求,但同时判令公司向业主补充支付租金收益。

判决后,原告张阿姨长舒了一口气说:"最初看到主审案件的谷振龙法官这么年轻还有些不信任,但看他这么快就查清事实,并给出了公正判决,终于放心了。"判决生效后,按照民事诉讼程序繁简分流的工作要求,姑苏区人民法院将未进入诉讼程序的其他案件导入了特邀调解机制。在前期示范性判决的基础上,从化解社会矛盾,稳定社会关系的角度出发,与业主方、经营方及辖区街道司法所进行多次沟通,最终达成了共识;未进入到诉讼程序的绝大多数业主均同意由人民法院特邀调解组织(双塔街道人民调解委员会)和特邀调解员主持进行诉前调解,达成调解协议后双方共同向人民法院申请对调解协议的司法效力进行确认。调解过程中恰逢新冠疫情暴发,人民法院与司法局为了保障调解和司法确认工作的顺利进行,经过多次沟通,灵活采用"线上＋线下"方式调解,促使 38 家业主达成了特邀调解协议。

最终,人民法院根据双方当事人的申请对其调解协议进行了司法确认,其中 10 家已履行完毕。至此,系列案件基本得以解决,剩余个别商铺的业主也正参照人民法院生效判决与某商业管理有限公司进行对账和积极协商、达成和解。结案后,双方当事人纷纷给法官点赞。业主们激动地说:"人民法院站在我们老百姓的角度想问题,既帮我们省下诉讼费用,又帮我们催付欠款,真心感谢人民法院"。而公司则表示判决"以判促调",既稳定人心,又巧妙地化解了各方矛盾,今后将以更好的经营回报业主和法官的良苦用心。

姑苏人民法院以判促调、裁调对接,上述系列案件顺利以示范判决＋特邀调解＋司法确认的方式妥善处理,既是姑苏人民法院当前贯彻落实和深入推进民事诉讼繁简分流改革试点的有益尝试和成功探索,也是姑苏人民法院为企业降低解纷成本,创新优化营商环境的具体举措。[①]

**3. “老娘舅”十人民法院：构建“三调联动十司法确认”多元解纷与非诉对接机制**

为了从源头上减少案件量，节约诉讼资源，减少诉累，在近年来的实践探索中，姑苏区初步形成了人民调解、行政调解、司法调解相互衔接的矛盾纠纷联调机制。姑苏区司法局还与人民法院、公安局、信访局等联合出台了诉调、公调、访调对接机制。派驻式人民调解工作室积极发挥作用，驻派出所和交警大(中)队调解室每年调解的纠纷占人民调解纠纷总数近 60%。此外，姑苏区司法局还与区卫健委、人社局、住建局、环保局、教育局、妇联等部门联合制定了医患纠纷、劳动争议、物业纠纷、环保纠纷、校园纠纷、婚姻家庭纠纷等专业领域纠纷的人民调解工作机制，共同推动人民调解与行政调解、司法调解协同发展。

2020 年，“三调联动十司法确认”自成立以来解决了数起陈年旧案。比如，2019 年市民王某在一公用厕所洗衣服时，因妨碍邻居岳某进出而发生争执。当晚，王某就因头部不适住院治疗，医药费共计 9 000 余元。王某认为，自己住院系与岳某扭打造成，遂要求其赔偿，遭到岳某拒绝，双方再次发生争执，多次到辖区派出所进行调解均未果，矛盾愈演愈烈。直到“三调联动十司法确认”多元解纷与非诉对接机制成立，双方就赔偿一事再次向辖区派出所申请调解。经过调解员多方劝导，双方终于就赔偿金额达成一致。但岳某担心支付了赔偿款后，王某还会再来纠缠。而王某则认为，对方没有诚意，双方为此僵持不下。2021 年 9 月，为解决双方的后顾之忧，派出所调解员当即联系姑苏区人民法院，协助双方当事人办理了人民调解协议的司法确认申请。有了“司法确认”的保障，双方当事人终于达成一致，王某当场拿到了赔偿款 1.6 万元。这是姑苏区公调对接机制运行后，公安调解室首例通过“司法确认”成功调处的矛盾纠纷。作为姑苏区“司法确认”与“公调对接”的首次协作，此举真正减轻了当事群众的诉累，为矛盾纠纷的有效化解提供了升级路径，得到了当事双方的一致认可。

2021 年，姑苏区各调解组织调解矛盾纠纷近 9 000 件，其中公调对接调解组织调解案件量占到 53.34%，大量矛盾纠纷在公调室得到化解。“三调联动十司法确认”多元解纷与诉非对接机制构建后，给公调对接工作的人民调解协议上了一层法律保险，有效实现矛盾纠纷源头预防、前端化解，进一步满足老百姓高效、便捷、多元解决纠纷的需求。

## 二 案例分析

### 引言

作为社会治理机制之一的人民调解在我国有着悠久的历史，自古以来扮演着化解民间纠纷的重要角色，并且随着时间推移和利益多元化的发展，调解的内容呈现出多样化、复杂

① 陈轶群，金刚．姑苏法院 60 余件商铺委托经营纠纷妥善化解[N]．消费者周刊，2020-08-06(12).

化的趋势。纵观历史上演变发展的矛盾调解和近现代诞生的人民调解，其发展过程的一大特点就是始终都有广大的群众基础，以和谐、平和、非对抗的方式来化解纠纷，走"摆事实，讲道理"的路线，发挥人民群众在调解中的基础作用，民间性、人际关系熟悉交织是人民调解的组织属性和特殊之处。

人民调解过去一度被西方国家誉为"东方之花"，十分具有地域特色。近年来，随着城市化进程的加快和现代居住格局的改变，过去人民调解发挥功能所依靠的地邻乡友、地方性知识规范等赋予其合法性和正当性的资源都在减少，动员能力随之下降。与之不相称的是，社会治安综合治理背景之下的调解所肩负的功能压力却在扩大。命令式、动员式的人民调解，可能路径是转变为"治理型的动员"，也即常态的整合模式，为此在新的时代背景下，如何实现人民调解制度的自主治理功能的优化是社会治理视域下面临的重要课题。

区域流动性不断增多的现代社会，社区将毫无疑问地成为容纳和聚集社会成员的最基本的空间和场域，姑苏区"老娘舅"作为地区人民调解纠纷的地方特色，若所在街道、社区、网格中发现家庭、邻里等民间纠纷，就会有"老娘舅"主动上前进行调解，化解双方当事人矛盾，促进社区平安建设。特别是在 2021 年，"老娘舅"人民调解在基层发挥的作用被全国所关注，被司法部表彰，获得"全国模范"荣誉称号。姑苏区政法委、司法局、信访局等也看到全国"老娘舅"人民调解员在诉前解决矛盾纠纷的积极作用，诉前得以化解纠纷极大地降低了政法委、司法局的工作压力，提高了纠纷调解的效率。但就目前姑苏区"老娘舅"在基层所发挥的自主治理功能，却鲜有人关注到。在学术界，研究人民调解也大都是从法学角度切入进行研究，鲜有人从基层治理和公共管理的视角研究"老娘舅"这一群体在嵌入基层治理过程中所发挥的作用。为此，本案例主要以"老娘舅"式的人民调解员及其自主治理机制为研究对象，对"老娘舅"人民调解的产生背景、治理功能、嵌入困境、优化路径为主要研究内容，以元治理理论和社会资本理论为基础，搭建整体性分析框架，对"老娘舅"人民调解及其在嵌入社会治理中的功能和困境做全貌式的分析，以推广"老娘舅"人民调解的自主治理机制。

## （一）理论基础与技术路线

### 1. 元治理理论

"治理"自 20 世纪 90 年代成为学术热点问题以来，其理论谱系呈现出从"统治"或"管理"到"治理"，再到"元治理"的过程①，其逻辑递进主要围绕国家与社会的关系重构②、政府职能转型等方面展开。相较于传统治理理论实践中产生的"无政府化"与"去中心化"风险，鲍勃·杰索普提出的元治理理论③对其"去国家化"趋势做出了修正，呼吁国家经由治理权力集中和多元治理主体合作的"双轨政治"从治理结构边缘重新"回归"④到中心位置，实现

① 刘祖云，李烊. 元治理视角下"过渡型社区"治理的结构与策略[J]. 社会科学，2017(1)11-20.

② KOOIMAN J. Governing as governance[M]. London：SAGE，2003.

③ 鲍勃·杰索普. 治理的兴起及其失败的风险：以经济发展为例[J]. 漆燕译，国际社会科学杂志（中文版），2019，36(3)：52-67.

④ 彼得·埃文斯，迪特里希·鲁施迈耶，西达·斯考切波. 找回国家[M]. 方力维，等译. 北京：生活·读书·新知三联书店，2009：2-38.

管理有效与治理民主兼顾。在中国治理语境下，中国共产党作为社会治理体系中的“元治理者”具有首要性，扮演“掌舵者”角色，通过对政府科层管理、市场竞争发展与社会网络协调三大治理模式统筹整合，坚持党建引领、政府统合，市场、社会组织与公众协同共治，从而打破“责任困境”，在改革开放以来的经济体制转轨与社会系统重构中维护社会制度完整与增强凝聚力。人民调解是社会网络协调治理模式的重要组成部分，也是参与基层社会治理化解矛盾纠纷的重要手段。姑苏“老娘舅”坚持为人民服务理念，在基层红色党建引领下，依托社会资本网络架构，构建“三调联动＋公调对接＋司法确认”矛盾化解新机制，将诉求表达、舆情应对、应急管理、善后保障等建章立制，在“国家—市场—社会”治理链条中发挥协调补充作用，形成保障、强化和完善化解社会冲突和公共危机体制，维护社会稳定。通过改变原有单一的治理方式，创新新时代的管理模式，形成管理与服务相得益彰的治理[①]。

**2. 社会资本理论**

有关社会资本的思想萌芽可以追溯到古典社会学家迪尔凯姆的“集体意识”[②]、齐美尔的“互惠交换”、韦伯的“强制性信任”，20 世纪英国经济学家马歇尔和著名的哲学家、教育思想家杜威都提到过类似“社会资本”的概念。但真正使社会资本概念引起广泛关注的是哈佛大学社会学教授帕特南，将社会资本理论的运用从微观、中观扩展到宏观层面。帕特南将其理解为“能够通过推动协调的行动来提高社会效率的信任，规范和网络”。[③]

社会资本可以分为微观、中观、宏观三个层次来理解。微观层次的社会资本是一种嵌入自我的观点，是个人融入网络的产物，微观层次的社会资本主要以一种关系的形式存在，地缘关系、血缘关系、亲缘关系、朋友关系、同事关系、同学关系等构成微观层次的社会资本。随着城市化进程的加快，原来的熟人社会迅速瓦解，在社会结构网络中，熟人社会和半熟人社会逐渐占据了主流，在新的社会关系网中，原有的社会关系被打破，新的社会关系形成，在此基础上也形成了新的矛盾与纠纷点。中观层次的社会资本是一种结构的观点，强调的是个人之间的关系网络模式和特征，中观层次的社会资本主要是以正式的和非正式的制度、组织惯例、习俗、规则等形式存在。在熟人社会中，解决矛盾纠纷主要是靠威望、信任与传统习俗，但在城市化进程中被逐渐打破，形成了新的关系网络。在新的社会结构和关系网络中，如何解决基层矛盾纠纷为“老娘舅”的产生提供了新的缘由。宏观层次的社会资本是一种嵌入结构的观点，它所论及的是社会资本在其中运作的网络和组织是如何嵌入更大的政治经济或文化、规范体系中去的。“老娘舅”人民调解在基层发挥作用逐渐被社区、政府和国家所发现，在此基础上构建了“三调联动＋司法调解”多元解纷与非诉对接机制，深刻地影响了社会环境、制度环境、文化环境、政策环境、政治环境和法律环境。

**3. 技术路线图**

本案例主要是以元治理理论和社会资本理论作为分析构建人民调解自主治理功能的理论基础，在此基础上探析“老娘舅”人民调解在基层社区中的运作机理、治理功能、嵌入困境等，最后根据困境探析提出人民调解自主治理功能的优化路径，见图 2-1。

---

① 张桐. 社会治理体系及其结构：对一个学术问题的重新界定[J]. 中国行政管理，2017(9)：76-80.

② 迪尔凯姆. 社会分工论[M]. 渠敬东，译. 上海：三联书店，2000.

③ 罗伯特·D. 帕特南. 使民主运转起来[M]. 王列，赖海榕，译. 南昌：江西人民出版社，2001：195.

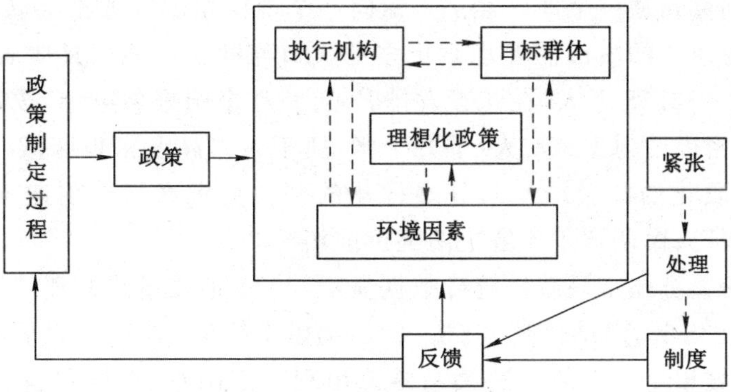


图 2-1 技术路线图

## (二)多元解纠机制下,姑苏区“金牌老娘舅”何以有一席之地

随着城市化进程的延伸与社会经济的发展,苏州的经济活力与城市魅力进一步释放,越来越多的年轻人才选择来到苏州寻求个人与社会价值的最大实现。姑苏区作为苏州的古城区,很多小街巷、老房大院里都有外来人员租住,因价值观念、消费理念、生活方式的差异,这些新苏州人与老苏州人时有矛盾摩擦,而基层社区无法在大规模人口流动条件下第一时间对这些人与事有效处理,给姑苏区的社会治理带来很大难题。因此,大量街道社区中的热心居民主动或被发掘成为“老娘舅”,成为姑苏区的人民调解员,调和邻里矛盾,化解百姓纠纷,参与社区治理,共建美好社区新家园。

**1. 社会层面**

(1) 结构变动:从熟人社会到陌生人社会的嬗变

旧时的姑苏正是费孝通先生所谈及的“熟人社会”[①]:本地居民在长期生活过程中结成亲密的私人关系,串联成一套完善的社会资本网络,而乡老村贤依靠共同缔结的村规民约实现对该社会网络的维护。改革开放以来,随着经济体制转轨与社会系统重构,中国社会的组织架构与运行机制发生剧烈变化,由传统社会向现代社会转型引起的姑苏的快速城镇化打破了这个“熟人社会”——新苏州人的涌入重塑了本地的礼俗规范或社会共识——全新的“陌生人社会”诞生,这是一个“脱嵌-再嵌入”的漫长过程,其间出现摩擦与碰撞在所难免,而传统社会治理架构解体引发的严重问题则是过去作为社会自治关键环节的乡老村贤与其倚仗的村规民约失去效力,社会系统的部分功能丧失,无法自主处理这些矛盾纠纷,只能寻求政府的行政与司法力量介入,这既加重了政府尤其是基层的行政司法负担,也不利于社会治理的长远发展。[②] 姑苏区的“金牌老娘舅”则是在政府帮扶引导下建立的人民调解组织典范,负责协调新、老苏州人矛盾形成与行政调解、司法调解相互衔接的矛盾纠纷联调机制,帮助社会系统恢复自主治理功能,是适应社会结构剧烈变化的重要稳定器。

(2) 利益多元:矛盾纠纷呈现多样化态势的凸显

---

① 费孝通.乡土中国[M].北京:生活·读书·新知三联书店,1985.

② 钱大军.组织与权威:人民调解的兴衰、重振和未来发展逻辑[J].法制与社会发展,2022(2):28-42.

经济发展推动苏州从一个地区经济重镇向一个现代化国际大都会转变，其城市化水平的快速提升意味着狭小的城市需要承载更多的人口与社会功能。具体表现为：2022 年，苏州常住人口达到 1 284.78 万人，在江苏省排名第一、在全国排名第十，按管辖面积 8 210 平方千米计算，人口密度约为 1 564 人/平方千米，属于人口高度密集区域。在如此高密度人口分布条件下，异质化的社会结构与其多样化的利益诉求必然会引起多元矛盾纠纷。其中，姑苏区“老娘舅”人民调解主要解决两类诉前纠纷。

一是家庭纠纷。苏州市民政局统计数据显示，2021 年苏州共办理结婚登记 45 444 起，受理离婚申请 24 535 起，离结比超过 53.98%，离婚率约为 3.82‰，高于全国同期水平。以上数据表明，现代城市生活中的家庭关系维系出现一定困难，多样利益诉求引发的家庭矛盾纠纷是行政司法机关难以决断的“家务事”。因此，“老娘舅”以贴心人而非管理者的姿态，作为重要调解力量介入家务事的处理中。

二是邻里纠纷。新苏州人来自天南海北，其生活习惯和社会风俗等与原居住居民大相径庭，在缺乏社会自身约束与调节手段的情况下，容易造成生活、工作等多方面摩擦，“老娘舅”则是对这一社会自治环节的重要补充，以道德法律为约束，做新时代的人民调解员。

随着近年来政法委、司法局看到“老娘舅”人民调解在诉前调解纠纷中的作用，除家庭、邻里纠纷外，一些复杂性案件、涉及范围广、标的数额大等目前很多也都由人民调解员介入调解。从表 2-1 可以看出，姑苏区“老娘舅”人民调解已经逐渐扩展至大部分民间纠纷事件。

**表 2-1 姑苏区 2019—2021 年人民调解员及其组织参与调处的纠纷案件统计** 单位：件

| 序号 | 案由分类 | 2019 年 | 2020 年 | 2021 年 | 总计 |
|---|---|---|---|---|---|
| 1 | 婚姻家庭纠纷 | 78 | 96 | 129 | 303 |
| 2 | 邻里纠纷 | 531 | 762 | 738 | 2 031 |
| 3 | 房屋宅基地纠纷 | 75 | 66 | 30 | 171 |
| 4 | 合同纠纷 | 3 | 30 | 6 | 39 |
| 5 | 生产经营纠纷 | 6 | 6 | 6 | 18 |
| 6 | 损害赔偿纠纷 | 144 | 159 | 168 | 471 |
| 7 | 劳动争议纠纷 | 90 | 66 | 99 | 255 |
| 8 | 消费纠纷 | 144 | 141 | 156 | 441 |
| 9 | 物业纠纷 | 12 | 3 | 33 | 48 |
| 10 | 道路交通事故纠纷 | 12 | 15 | 51 | 78 |
| 11 | 其他纠纷 | 1 179 | 1 017 | 561 | 2 757 |
| 小计 | | 2 274 | 2 361 | 1 977 | 6 612 |

**2. 政府层面**

(1) 行政驱动，地方政府政治锦标赛的需要

随着全面深化改革进程的继续，地方政府治理水平评价体系逐步完善，唯经济论已不再是地方政府主政官员谋取更大政治利益的头号法宝，如何引导社会与经济协同发展在政

治锦标赛考核[1]中占据了更大比重，也促使了地方政府向这一方面更多投入。而在“路径依赖”影响下，地方政府曾试图通过延长行政链条、加强行政控制的方法介入社会的全面管理，但面对社会转型的复杂局面与行政权力扩张带来的冗员冗政和巨额财政支出问题，其转而选择引导培育类似“老娘舅”人民调解的社会组织与个人，参与到社会日常治理过程中去。一方面，能够加强社会自主治理机制培育，实现社会良性有序发展，从而获得有效政绩实践；另一方面，能够减少政府政务成本与财政支出，推动政府职能转变与结构转型，将财力、物力与精力投入其余更能获得政绩显著提升的制度安排领域，从而获得政治晋升激励。

（2）诉前调解，司法纠纷现实分流的需要

2020 年，苏州市各级人民法院共受理各类案件 322 996 起，审执结 281 458 起，收结案数继续位居江苏省首位。2020 年，苏州 1 万多名“老娘舅”调解了各类矛盾纠纷达 15.3 万件。一方面，基于苏州地区庞大的人口基数，矛盾纠纷的产生也是高频的，这就给司法机关进行调解与诉讼带来巨大的数量压力，迫于其行政考评的现实影响，司法机关对待案件调解与审判难免采取更急功近利的方式，包括协调各方利益分配使诉方和解撤诉结案，对司法正义来说是一种损害；另一方面，由于法律文本自身局限，无论是以审判为代表的“决定性”纠纷解决方式，还是以调解为代表的“合意性”纠纷解决方式，都无法完全解决当事双方复杂的社会心态引发的问题，从而导致一而再，再而三的上诉再审，这既是对司法资源的严重浪费，也是对社会安宁与秩序的巨大破坏。因此，在进入司法程序前，依靠“老娘舅”先行调解，从而实现司法纠纷的现实分流，这对司法与社会的整体和谐关系来说都是有益的。

（3）社会治理，信访部门信访压力降低的需要

信访制度是我国行政解纠机制的重要基石。自古以来，政府就是解决纠纷的主体，行政机关以为人民服务为标榜，民众在遇到纠纷时也习惯于向政府求助，由此形成了特有的治理传统[2]。近年来，在社会转型期纠纷多发的背景下，这种与社会需求逆向而为的思路和治理模式，不可避免地导致纠纷的积聚、激化，并影响到整个社会的治理和稳定，成为体制的短板和发展的瓶颈。一方面，影响转型期姑苏的客观因素，包括经济发展程度、社会保障、资源分配、受益不均以及法律体系本身的缺失、粗放和滞后等原因导致的社会问题和利益性诉求集中凸显，其数量、范围、复杂性往往超出信访制度的处理能力；另一方面，根据既有制度设计，信访机构本身并无独立性和资源，只是一种上传下达的中介。然而，公众和当事人对申诉机构的期待则是解决问题、获得救济，这就使得信访制度在应然与实然层面产生了冲突，多数基层信访机构既没有动力也没有能力将这些诉求纠纷化解在基层，在面对复杂情况时往往也得不到法律强制力的保障，遭遇重大纠纷时只能依靠上级政府权威，易诱发大规模暴力行为。因此，通过“老娘舅”在基层穿针引线，加强多方沟通，强化自下而上的民众政府互动机制，化大型信访事件于无形，对于实现社会稳定与治理有着重要战略意义。

**3. 当事人层面**

（1）对高效解纠的现实期盼

---

① 周黎安. 中国地方官员的晋升锦标赛模式研究[J]. 经济研究，2007，42(7)：36-50.

② 刁杰成. 人民信访史略：1949—1995[M]. 北京：北京经济学院出版社，1996.

对于矛盾当事人而言，寻求仲裁、行政诉讼乃至司法诉讼面临着相当大的麻烦与困难。

一是时间成本显著。仲裁、诉讼所需流程包括上诉、备案、审理、宣判等，通常需要 1 年左右时间才能宣告结束，特殊案件所需时长更是难以估量，其间所需亲自到场、提交材料等花费的时间对当事双方而言都难以接受。

二是经济成本高昂。仲裁与诉讼需要寻求专业法律援助，除公益性法律援助外，大部分法律支持都耗费不菲，甚至可能会出现仲裁与诉讼法律成本高于索赔金额的奇葩场面。因此，对于当事双方而言，采用仲裁与行政、司法诉讼手段维权解纠是最后手段，并不符合其基本利益诉求。

三是效率低下。通过以上数据可知，行政与司法机关一年内需处理多达 30 余万件各类纠纷案件，同时也可能因为不可抗力因素（如新冠疫情）推迟，这就会产生司法需求与资源稀缺的矛盾，出现行政与司法执行效率低下问题，对于社会整体治理有不利影响。而“老娘舅”则发挥了滤网作用，通过前期调查与深入调解将“大事化小，小事化了”，减少矛盾激化，降低行政司法资源占用率，既能维持邻里和谐与社会安宁，也有助于行政与司法系统的合理与充分运转，更好地服务人民群众需要。

(2) 对工具理性的无意认同

韦伯认为，工具理性是通过实践的途径确认工具（手段）的有用性，从而追求事物的最大功效，为人的某种功利的实现服务。[①] 工具理性是价值理性的重要前提，只要有一种价值理性的存在，就必须有相应的工具理性来实现这种价值的预设。在遭遇矛盾纠纷时，当事双方追求的价值理性具体表现为低成本、高效率与最公平，而仲裁与行政司法诉讼等工具理性机制并不能完全实现上述价值，存在诉讼成本高、效率低下与双方公平认知度差异大等问题，因此双方当事人更愿意寻求折中方案，即通过“老娘舅”实现矛盾纠纷的解决。一方面，“老娘舅”在社会道德层面受到群众拥戴，能够作为公平尺标参与调解，同时人民调解员提供的是志愿服务，并不收取费用，相较于行政司法系统的繁忙，多为离退休职工的“老娘舅”有更充裕时间精力投入调解实践，对普通纠纷的处理效率更高；另一方面，姑苏区政府与人民法院引入了司法确认制度，在法律层面给予了人民调解坚实后盾。简单地说，“司法确认”就是向人民法院申请确认调解协议的法律效力。在“老娘舅”调解成功达成协议后，通过“公调对接”，由公安部门与人民法院确定其协议效力，实现矛盾解决，真正减轻了当事群众的诉累，为基层矛盾纠纷的有效化解提供了升级路径。

### （三）“老娘舅”人民调解自主治理功能的嵌入机理

#### 1. 融合正式非正式规范，化解基层矛盾纠纷

“老娘舅”人民调解兼顾正式与非正式规范，既有法律相关行业多年从业经历者带来专业知识，又有社区热心人熟悉基层事务与邻里关系提供的耐心与贴心，在解决基层矛盾纠纷方面发挥着独特作用。“老娘舅”人民调解来自基层群众实践，这一实践场域意味着不可避免的民间性，并进而形成治理的“弥散性”机制，即正式规范的法制与非正式规范的“习惯法”的二元互动，共同维护基层社会秩序。姑苏区人民调解的自主治理机制在调解中体现

① 马克斯·韦伯. 经济与社会：上卷[M]. 林荣远，译. 北京：商务印书馆. 1997：54-56.

了“枫桥经验”中发动和依靠群众，倡导就地解决，多元化解的基本精神，将正式与非正式制度纳入基层社会的治理工作之中。在诉前调解纠纷时，以邻里关系、集体荣誉感引导群众树立包容之心，实现矛盾平息和溯源治理。人民调解员在面对双方当事人时能立足社会实际，依靠自己在社区影响力与双方当事人进行理性沟通，避免正式制度的失灵和刚性制度对人情社会的过度损伤，达到法律效果和社会效果的完美统一。

(1) 分担化解社会溢出纠纷

所谓溢出纠纷，是指原本属于某一纠纷解决主体职能范围内的纠纷，但由于其解决纠纷的能力不足，导致纠纷无法得到及时有效解决，从而被迫游离于纠纷治理体系之外的纠纷。[①] 例如，受纠纷解决机构资源配置不足的影响，一些纠纷可能无法及时得到机构的回应，滞后的回应可能导致降低当事人寻求正确的法律纠纷解决途径的积极性，导致纠纷游离于法律的控制，就成为溢出纠纷。

随着社会经济的发展，社会矛盾日益增多。无论是司法诉讼，还是基层派出所，都面临着严重的纠纷解决的数量压力、效率压力以及社会治理层面的维稳压力。“纠纷爆炸”的局面是人民法院和基层派出所面临的共同难题。案件久拖不决，派出所“接警不出警”等情况时有发生。这样的结果不但导致纠纷不能得到及时处理，而且逐步积累形成大矛盾、大纠纷，还可能导致国家权威的公信力受损，让人们在遇到纠纷时不愿再诉诸正式的纠纷化解机制，反而追寻私力救济或是通过上访等渠道进行解决。姑苏区“老娘舅”发挥人民调解的分流疏导功能，分担其他纠纷解决机制的不足，承担对溢出纠纷的化解功能。“老娘舅”人民调解分担其他纠纷解决机构的溢出纠纷体现在以下两个方面。

首先，“老娘舅”人民调解在基层注入了丰富的调解资源，依靠居委会和村委会组织组建起具有体系性的人民调解组织体系，从而增强了纠纷的整体化解能力，将矛盾纠纷化解在基层，避免一部分纠纷扩大升级成为治安纠纷或需要进入人民法院解决的纠纷。例如，双塔街道将居民自治会议与纠纷排查预防、法律政策宣讲相结合，发动老党员、老模范、老政法、老教师、法律明白人、资深律师等志愿者力量参与社区治理，及时化解矛盾纠纷。

其次，“老娘舅”人民调解建立了直接与行政、执法、司法机关对接的“诉调”“警调”对接机制，建立了独立的调解机构。将分担人民法院和派出所纠纷解决的机构专门化，从而提高溢出纠纷化解能力。例如，姑苏区通过构建“三调联动＋公调对接＋司法确认”多元解纷与诉非对接机制，实现了人民调解、行政调解与司法调解有机互通联动，提高了矛盾解决的效率，减轻了群众诉讼的负担。

(2) 积极消解社会剩余纠纷

所谓社会剩余纠纷，是指那些不能通过正当的、合法的纠纷解决途径得到解决的纠纷。社会剩余纠纷形成的机制较为复杂。一部分社会剩余纠纷的形成是其本身不属于法律调整的范围之内，而是社会的剧烈变动导致原本调节人际关系的旧有机制失效，相应的纠纷无法得到原有机制的解决。无论是司法纠纷，还是行政调解、仲裁，都无法回应这一类纠纷。姑苏区有接近一半的人属于流动人口，且这些流动人口中大部分来自省外，使得姑苏区的社会剩余纠纷愈加明显。另一部分社会剩余纠纷的形成源于当事人主观的选择，即当

---

① 孙冲.人民调解体系化运行研究：基于浙北 T 市的实证调研[D].长春：吉林大学，2021.

事人主观上未积极寻找合法有效的纠纷解决办法，导致纠纷未能对接到具有相关解纷职能的机构，最终成为无法解决的社会剩余纠纷。

社会剩余纠纷因其自身特点而难以得到行政和司法部门的有效回应，而人民调解却能有效弥补这一不足。“老娘舅”人民调解可以利用较低的成本，发动更多更专业的社会资源，从而在基层编织起严密且全面的大网。这张网络可以承载来源于基层的、大量的、琐碎的纠纷，同时这张大网还具有极强的包容性，能够应对不同类型的、不同需求的纠纷。“老娘舅”人民调解运用人际关系、道德规范、习俗、习惯等多元的规则将社会剩余纠纷进行化解，可以满足当事人低成本高效率的纠纷解决需要；同时，还可以将发生在社区内部的琐碎纠纷纳入正式的纠纷解决体系之内，使得社会剩余纠纷得到有效回应。除此之外，即使部分社会剩余纠纷在“老娘舅”人民调解的关注下仍然难以得到解决，也可以通过“老娘舅”人民调解得到更加专业有效的引导，加强了当事人与其他纠纷解决机构的联系，使得当事人得以高效地寻求其他机构或其他途径的帮助。

**2. 嵌入网格化治理，提升基层治理效度**

网格化治理是对原有传统管理模式的一种深化、整合和拓展。其特征主要体现在以下几个方面：一是在原有行政区划的基础上利用信息技术打破了传统意义上的城市区划空间，实行整体性的统一规划、管理和服务；二是对原有社会管理的行政管理资源、社会治理资源、公共服务资源等进行整合优化，从低效行政向高效服务型政府转变，以切实消除城市管理条块分割的弊病；三是整合原有“管制型”的社会管理体制，理顺市场经济条件下政府与公民、社会组织的关系，将基层政府工作的中心和重心转移到为普通社区居民提供高效、公平和全程的公共服务；四是对单一层级的社会管理方式进行上下联动的综合改革，建构社会综合体和全方位、多层次、多功能的城市管理系统，从组织机构、人员配备及运行方式等方面进行不断完善，从原先的“全能政府”“失责政府”向有限政府和责任政府转变，开始注重基层权力向保障公民权利和扩大社会参与、培育公民社会方向深化和提升。①

“老娘舅”人民调解嵌入网格化治理提升了姑苏区近年来基层社会治理工作的治理效度，主要体现在以下五个方面。

(1) 转变观念，改善公共服务品质

“老娘舅”整合原有“管制型”的社会管理体制，理顺了市场经济条件下政府与公民、社会组织的关系，将基层政府工作的中心和重心转移到为普通社区居民提供高效、公平和全程的公共服务。“老娘舅”人民调解的出现本身就是对原有“管制型”社会管理体制的再思考和合理扬弃，响应我国构建服务型政府的改革方向，以基层社区为单位，以社区居民为服务对象开展调解服务。以“老娘舅”人民调解作为社区治理的有效补充，弥补了社区组织在纠纷调解方面的资源不足，促使基层政府的工作中心和重心向为普通社区居民提供高效、公平和全程的公共服务转移。

(2) 整合资源，提升调解服务水平

“老娘舅”对原有的行政管理资源、社会治理资源、公共服务资源等进行整合优化，促进

① 陈荣卓，肖丹丹. 从网格化管理到网络化治理：城市社区网格化管理的实践、发展与走向[J]. 社会主义研究，2015(4)：83-89.

调解从由低效行政向高效服务转变，切实消除城市管理条块分割的弊病。从参与网格巡查到设立网格调解驿站，从单纯为群众化解矛盾纠纷到提供法律咨询、法律援助等公共法律服务，“老娘舅”不断扩大服务范围、提升调解能力。姑苏区逐步建立“网格员＋调解志愿者”“社区民警＋兼职调解员”“公职律师＋特邀调解员”三级调解法，调动各方资源提升调解质效，通过“老娘舅”人民调解实现综合服务，为基层社会治理持续注入法治力量。

（3）扁平管理，破除条块分割流弊

“老娘舅”人民调解没有科层制的层层分权所带来的沟通链条漫长和资源浪费等弊端，人民调解员能够因地制宜地直接投入到具体矛盾纠纷的调解当中。从矛盾纠纷产生到人民调解员介入，无须层层上报和再层层处理的等待，节约了时间成本，省去了行政资源。人民调解员组织根据矛盾纠纷的性质判断应当派遣哪位具备专业能力或沟通特长的调解员为当事人提供服务。如果矛盾纠纷的性质较为复杂，人民调解员配合有关其他行政、执法或司法机构工作人员协调办理，突破了条块分割的弊端，让当事人少跑腿，为解决矛盾纠纷提供了更加高效的应对机制。

（4）技术赋能，革新传统沟通渠道

“老娘舅”在原有行政区划的基础上充分利用信息技术打破传统意义上的城市区划空间，实行更加高效的调解服务。新冠疫情期间，基层“老娘舅”熟练运用互联网、云科技等方式远程调控争端，充分运用信息化手段，引导当事人优先使用“苏解纷”平台、村（居）法律顾问微信群等申请调解服务，通过微信、视频、电话等方式灵活开展调解。姑苏区司法局自主研发“人民调解小助手”网络平台。调解员只需使用最少的输入量，就能完成整个调解案件信息的录入，并自动形成各类工作报表和电子卷宗。而且在调解矛盾纠纷案件中，如果遇到一些棘手问题，可以现场搜寻相关法规、案例，给予当事人以专业的解释，极大地减低了人员调解员的工作压力，提高了调解纠纷的效率。

（5）上下联动，构建整体调解网络

“老娘舅”助力社区治理向上下联动的综合改革推进，建构社会综合体和全方位、多层次、多功能的城市管理系统，推动社区治理向保障公民权利、扩大社会参与和培育公民社会的方向深化提升。以人民调解进网格为基点，姑苏区已建成“横向到边、纵向到底”“防、控、调、处”的全覆盖、全流程人民调解工作网络。以“老娘舅”人民调解为渠道打通行政、司法、社区治理的沟通壁垒，促进政府从重视政府管理向扩大社会参与转变，从重视行政力量向培育公民社会提升。

## （四）“老娘舅”人民调解自主治理功能的嵌入困境

### 1. 调解员队伍建设困境

姑苏区是苏州的政治、教育、文化、旅游中心，历史文化底蕴深厚，有着 2 500 多年的悠久历史，是吴文化的重要发源地，时至今日基本保持着古代“水陆并行、河街相邻”的双棋盘格局和“小桥流水、粉墙黛瓦”的江南风貌。姑苏区成立于 2012 年 10 月 26 日，由苏州原平江、沧浪、金阊三个老城区合并而成，总面积 83.4 平方千米，户籍人口 73.5 万，常住人口 95.8 万。姑苏区是全国首个也是唯一一个国家历史文化名城保护区，设保护区党工委、管委会，是省委、省政府派出机构。

姑苏区下辖8个街道，169个社区。在这169个社区中，有超过100个是老旧社区，作为一个老城区，姑苏区矛盾纠纷发生概率较高，特别是在2010年以后，姑苏区重新划立，流动人口逐年增多。由图2-2可以看出，2021年姑苏区流动人口占整个姑苏区人口的1/3，而且大部分流动人口来自省外，在生活方式、消费理念、价值观念、语言沟通存有众多差异，姑苏区邻里纠纷数量逐年增多。为此，2011年《中华人民共和国人民调解法》颁布前后，姑苏区各个街道的社区能人就初步化作民间"老娘舅"，来解决一些家庭、邻里的个体性纠纷，后来随着姑苏区政法委、司法局对"老娘舅"这一群体的认可，部分"老娘舅"在自身影响力下成立了人民调解工作室，旨在系统、高效、权威地解决民间纠纷。

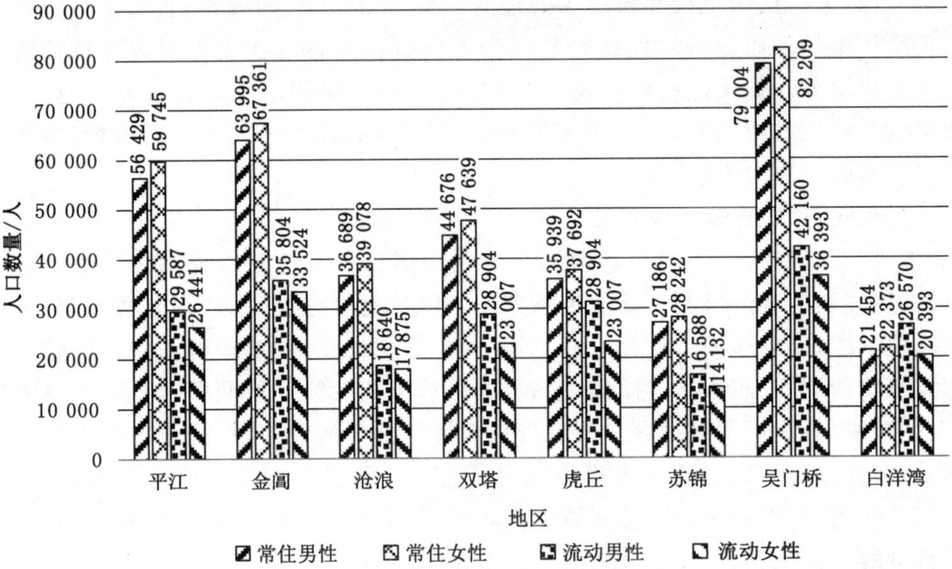


图2-2　2021年姑苏区人口结构分布图

从以上分析可以看出"老娘舅"在社区纠纷调解中的优势，柔性的人民调解弥补了刚性法律的不足，调解结果往往是和气息事，很少会产生二次纠纷，耗费的时间、金钱等成本也更少，群众自然更愿意找他们来解决问题。但是，目前姑苏区人民调解员的数量少，大部分都是退休人员兼职调解员，缺乏年轻血脉。有一部分年轻力量也因补贴、工资等方面的原因，只凭借一腔热血兼职干调解工作，几乎没有全职负责社区调解纠纷的年轻力量。尽管获得了政府的大力推动和积极支持，但是姑苏区"老娘舅"仍然存在着队伍建设不足等问题。

(1) 专业人才匮乏

通过走访姑苏区人民政府和查阅相关资料，笔者获取了姑苏区"老娘舅"人才队伍建设现状的相关数据。截至2021年年底，苏州市共有"老娘舅"1万余名，其中姑苏区人民调解员有1 500余名，社区"老娘舅"占627名，总体人数不多。在627名"老娘舅"中，通过年龄因素进行筛查，发现与人民法院、司法局对接的人民调解员的年龄构成偏年轻化，但社区"老娘舅"大多是退休老党员、老干部、老教师等，总体年龄偏大，离退休人员占总调解员数量的80%。由图2-3可以看出姑苏区"老娘舅"在各个年龄层次的分布情况。

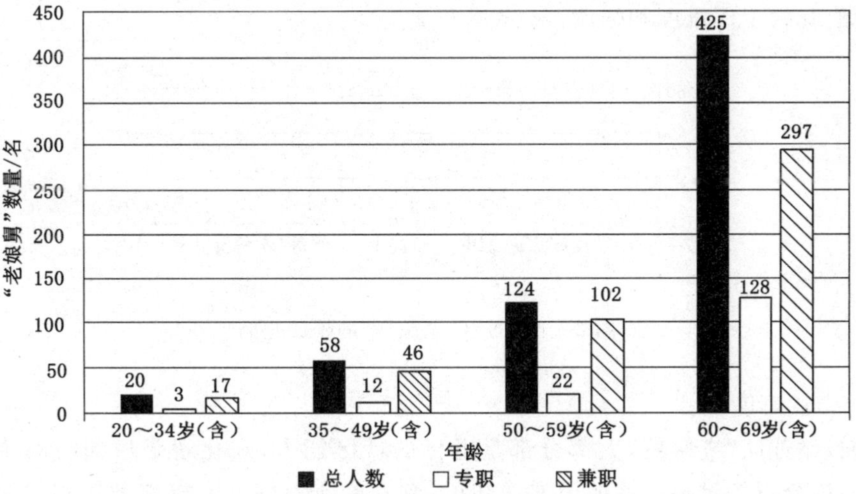


图 2-3　姑苏区"老娘舅"的年龄构成

此外，图 2-3 也反映出姑苏区"老娘舅"人是以社区能人自主参与为主、以专职聘任为辅。"老娘舅"专职人员只有 165 名，占"老娘舅"人民调解总人数的 26%；兼职调解员 462 名，占"老娘舅"人民调解总人数的 74%。这些兼职人员然虽大部分都有一定的法治素养和法治知识背景，但是都身兼数职，很多时候"分身乏术"。在化解纠纷时，时间和精力上都有所欠缺。目前，虽然姑苏区"老娘舅"用自身的实际行动热心调解居民矛盾，积极参与社区治理，受到社会各方高度信任，"老娘舅"的工作经验和工作方法也被我国的主流媒体多次报道，成为姑苏区法治调解工作的一道风景线。但是，制约姑苏区"老娘舅"自主治理机制的一大难题仍然是缺乏专业人才，缺乏更多的年轻专职调解员在各个街道、社区内调解诉前纠纷，以推动基层治理体系和治理能力的现代化。

(2) 专业素养欠缺

新时代的调解已不是简单的"劝和式"调解，需要调解员掌握法律法规，了解当事人的心理动态，具有良好的沟通表达方式，对调解工作而言，掌握充足的法律知识是众多调解能力中的"硬核"。俗话说"没有金刚钻就别揽瓷器活"，调解要有扎实的专业知识储备和技能。除此之外，随着社会的发展，纠纷的类型也千变万化，新时代的"老娘舅"所面对的民间纠纷不仅局限于家庭、邻里等个体性的矛盾纠纷，更多的则是房屋产权、物业、合同等经济纠纷。而这些新型纠纷仅依靠传统的纠纷解决机制已无法满足矛盾双方当事人的需求。在需求叠加的要求下，人民群众对于"老娘舅"的要求逐步提高。

根据姑苏区人民政府以及实际调研所得到的数据可知，姑苏区"老娘舅"在专业素养上呈现良莠不齐的状态。由图 2-4 可知，姑苏区"老娘舅"中高中及以下学历占比高达 78%，普遍文化水平偏低。因此，在处理一些家庭、邻里等个体性纠纷中依靠基本的调解能力和技巧还可以勉强应对，但当面对矛盾纠纷面广、情况复杂、群众诉求强烈、化解难度大的经济纠纷和群体性民间纠纷时，"老娘舅"往往处于力不从心的尴尬局面，特别是在涉及一些专业的法律关系、责任主体时，大部分"老娘舅"显得"捉襟见肘"。在这样的调解情境下，不仅不会很好地在诉前调解一些纠纷，反而让矛盾双方当事人的情绪更加崩溃，更加剧了司法局、人民法院的工作难度和强度。

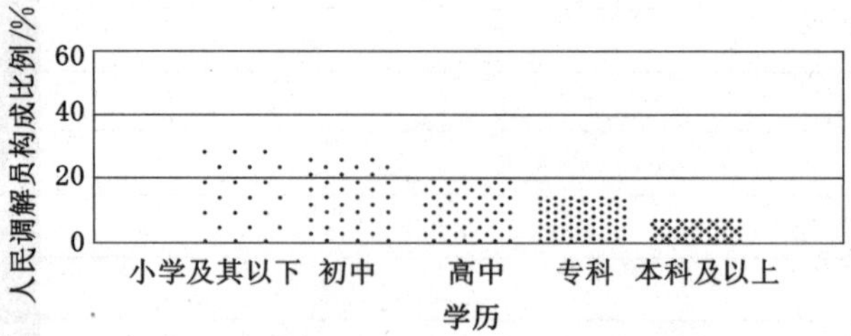


图 2-4　姑苏区“老娘舅”的构成比例

（3）社会认可度低

在初期，姑苏区“老娘舅”大部分都是退休的社区能人，在化解矛盾纠纷时主要是援引人情、面子、传统习俗等地方性的习惯法知识，或者单纯依靠个人权威和影响力解决简单的矛盾纠纷问题，对于在调解桌上所填写的协议，双方当事人因法律意识淡薄、双方联系密切、调解员权威性，所以大愿意在没有法律强力约束的情况下遵守调解协议。早些年，在熟人社会遍布的社区内部，这种方式并没有引发很多问题，但当“老娘舅”逐步走出社区面对一些难度较大的矛盾纠纷时，这种单纯依靠个人生活经验和传统习俗解决矛盾纠纷的弊端逐渐暴露。特别是随着经济社会发展、网络通信技术发达以及人们文化素养的提高，一部分人意识到人民调解所形成的协议条款是没有法律效力的，这就导致部分当事人在协议生效后无法履行或者干脆不愿意履行协议条款，这是调解协议中的薄弱环节，也是姑苏区“老娘舅”认可度低的原因。

人民调解员调解的一般都是民事纠纷，目的是在调解之后双方当事人的利益都能得到相应的理解和保护，缓和民众之间的矛盾。能够选择或者适用人民调解程序的纠纷，通常都是民事纠纷中的“小事”，需要依靠的是双方当事人的相互理解、相互信任才能够达成协议，并且主动遵照协议，自觉履行协议约定，前提始终是矛盾双方当事人的自觉。但在实地调查过程中发现，某些人民调解工作室（员）所出示的调解协议登记表只是简单地记录了调解事项、基本情况、调解过程，虽然有双方签字确认，这样的表格没有法律要式条款，不具备法律约束效能。对于调解事项的记录，通常以口语表达居多，缺乏逻辑严谨性。此外，很多登记表并没有显示出纠纷得到圆满解决，当事人的意见表达、承诺等都比较含糊，协议条款执行起来十分困难，纠纷双方的权利、义务等表述不清，对于执行结果无法裁决其是否合适。此外，双塔街道社区工作人员向调查者反映，纠纷经过调解之后，人民调解工作室并没有安排后续人力对协议双方是否遵照协议执行进行过后续跟踪回访。这就导致很多纠纷经过调解之后，当事人不完全执行协议的情况经常出现，给调解工作的成效造成不良影响，也严重影响了人民调解员在民众心中的法律效度，导致姑苏区“老娘舅”在调解一些大型的物业纠纷、房屋租赁纠纷、产权纠纷时认可度低。

**2. 调解机制无序化困境**

自治是“三治融合”的基石，同时也是人民调解最重要的特点。目前，姑苏区“老娘舅”人民调解的本质是社区群众自治，这一点体现在姑苏区“老娘舅”的人民性、自治性、民主性等特点上。如今，人民调解制度在整个江苏省都得到了普及，而人民调解工作室更是遍布江苏省的各个市、区、街道。人民调解员来自基层，对基层情况熟悉度高，能够深入人民群众当中化解纠纷，实现社区基层治理体系和治理能力的现代化。此外，作为一个群众性自治组织，“老娘舅”可以将一大部分民间纠纷免于通过诉讼等方式就得到了基本解决，使国家行政、司法资源都能得到更加合理的分配和利用。因此，姑苏区“老娘舅”作为一种人民调解方式，不仅夯实了自治对于基层治理的基础性作用，也强化了基层自治能力和水平，对于基层社会的发展具有重要意义。

姑苏区“老娘舅”作为社会组织在成立初期，人员构成相对简单，功能主要是解决日常民事纠纷。但后来，随着社会结构和纠纷形态的变化，姑苏区“老娘舅”在嵌入基层治理中暴露出一些问题。于是，在“老娘舅”人民调解自主治理机制之外，又纷纷设立社区人民调解委员会、街道人民调解委员会、地区人民调解委员会、某律师调解品牌工作室、某文化产业调解品牌工作室，消费、道路交通、家居建材、物业、机动车消费纠纷等专业性、行业性人民调解委员会，各种调解组织如雨后春笋般随着社会结构的变更而发展。在这样的社会发展面前，行业性、专业性调解组织及律师调解组织的存在明显不同于人民调解制度设立之初的运行初衷。目前，姑苏区“老娘舅”就是以政治化、公益性为主要特征的群众自治性调解组织，明显不同于以市场化、专业化为发展趋势的行业，专业调解组织的功能定位、管辖模式、受案范围、收费方式、监管及运行模式均有完全不同的程序区别，不加区别地“鸡兔同笼”不仅削弱了人民调解的双重核心功能，也束缚了新型人民自主调解机制的发展[①]。

**3. 纠纷态势复杂化困境**

“老娘舅”人民调解自产生之初的受理范围就是民间纠纷，这并非从法律角度严格界定的。它既不等同于法律上的民事纠纷，也不等同于通常所称的社会矛盾或人民内部矛盾，而是对那些具有普遍性、多发性、广泛性、情节比较简单、双方当事人关系密切、法律后果比较轻微的多种矛盾纠纷所做出的一个概括性的总述。“老娘舅”在产生初期主要是由退休人员利用自己的权威和影响力在社区内部解决家庭、邻里纠纷。后来，随着经济社会的发展和纠纷呈现复杂化、多样化的态势，很多矛盾纠纷的类型有了新特点新演变，涉疫纠纷、物业纠纷、房屋租赁纠纷等复杂化、多元化的纠纷有了增加的趋势，单一依靠“老娘舅”人民调解有时面临能力不足的窘境。因此，在诉前解决纠纷时，建立系统性的分流机制显得尤为必要，不仅能够提振基层争端化解的效率，更有利于保障个体正义和提升人民满意度。

人民调解受理和解决纠纷的范围虽然涵盖了大部分民间领域纠纷，适用范围广泛，却不是万能的。社会治理新形势下继续构建系统的纠纷分流机制，实现多领域的有效衔接、联合发力，对于整合各类司法资源，实现政府和民间社会资源两种力量共同参与的纠纷解决机制，具有重要意义。然而，在实际工作中，基本都是各行其是，缺乏一张强大而有力的“手”有效指挥，很多纠纷在化解过程中造成了浪费。

## （五）构建“老娘舅”人民调解自主治理功能的优化路径

为进一步发挥“老娘舅”人民调解自主治理机制在化解社会矛盾、消除民间纠纷中发挥的重要作用，可以通过以师带徒培育的方式人民调解“尖兵”，以专业赋能，打造一支整体素

---

① 范愉. 纠纷解决的理论与实践[M]. 北京：清华大学出版社，2007.

质高、调解能力强、业务理论精的调解人才队伍。为了改善“老娘舅”在嵌入基层治理中的困境，应进一步厘清人民调解的治理职能限度，促进政府、司法、社会组织等多元权威融合，改善人民调解在基层治理中的认可度，增强人民调解在基层治理中所发挥的作用。当前纠纷呈现多元化发展态势，为从源头上减少案件量，节约诉讼资源，减少诉累，应在人民调解中也构建与司法局同类型的纠纷分流机制，从上到下提高诉前纠纷化解的效率。

**1. 坚持以师带徒，专业打造“调解尖兵”**

人民调解员是人民调解工作的具体承担者，加强专职人民调解员队伍建设，对于提高人民调解工作质量、充分发挥人民调解维护社会和谐稳定、推动基层治理体系与治理能力现代化具有重要意义。为进一步提高人民调解工作质效，发挥人民调解维护社会稳定“第一道防线”的作用，着力培育人民调解有生力量，推动人民调解队伍年轻化、专业化、规范化，姑苏区通过“以师带徒、以干促练、以赛代训”等方式，发挥骨干调解员的“传、帮、带”优势，多维度培育“老娘舅”调处队伍。

通过走访以及与“老娘舅”访谈，得知目前姑苏区“老娘舅”存在专业知识薄弱的困境。为此，姑苏区联合苏州市开展人民调解“菜单式”培训班、医患纠纷人民调解员培训班、市级层面人民调解员培训班等，以提高姑苏区“老娘舅”的专业技能和法治素养。根据调解工作实际，按照“分级培训、分类实施”的原则，通过集中授课、庭审观摩、实训操作等方式对调解员开展业务培训；同时，对调解员培训的供给侧结构性改革，加强培训针对性，有效提升了调解员的专业知识和业务能力，进一步提升调解员法治思维、法律法规、调解技巧运用和卷宗规范制作水平。

2018—2021 年，姑苏区已连续举办人民调解员技能大赛，通过比拼调解员掌握基本法律知识情况、综合运用法理情再现调解场景的形式，在全行业掀起了学技能、练本领、强素质、促发展的氛围，开展了全员参与、全面考察、全民知晓的人民调解员“大练兵”，增强了人民调解员队伍适应新时代发展要求的能力。姑苏区还连续四年组织人民调解优秀卷宗评选和编印人民调解典型案例，为在调解实践中妥善化解各类矛盾纠纷提供有效指导和借鉴，对全面提升人民调解员的法治意识、提高人民调解员队伍的工作积极性起到了推动和促进作用。

此外，为了提高姑苏“老娘舅”的认可度，在双塔街道获得司法部表彰的同时，姑苏区紧跟国家步伐，开展“苏州市百佳调解员”“最美人民调解员”等评选活动，定期开展先进调解员、先进调解集体评选，以评先、评优促进队伍整体提升。苏州市部分调解员曾获评“全国模范人民调解员”“全国人民调解能手”“江苏省最美人民调解员”称号，如张家港市南丰镇人民调解员倪永祥获评“中国好人”“2015 年度中国十大正义人物”“全国平安卫士”称号，得到当地群众和党委政府的信任和肯定，“老娘舅”认可度迅速提升。通过多样激励赋能人民调解，以打造人民调解行业“尖兵”“领头兵”。

**2. 厘清职能限度，促进多元“权威”融合**

基层社会尤其是社区是现代化建设最为繁重、影响最为深远的治理单元，这里始终是各种矛盾的多发点，且开启现代化建设以来越来越多地呈现出利益多元化、发展不平衡的现象。1997 年，我国提出全面依法治国之后，国家越来越看重法律对基层社会资源分配、纠纷化解、秩序维持的重要作用。而传统的人民调解纠纷自主治理机制虽然在过程中有所弱化，但是在基层治理中发挥着巨大的功能，且在社会调解与人民调解之间逐步形成一种互补关系。然而，社会调解与人民调解无论是对于制度的功能定位，还是纠纷解决的过程和结果，二者均没有清晰的界限。[①] 因此，基层社会中人民调解员的基层治理功能往往定位失准，要么是以“三调联动＋司法确认”的诉调对接中超越传统的基层纠纷的解决规律过多地运用法律专业规划强行搅动社区内部熟人关系，要么是人民调解员在运动人情、权威解决纠纷时失去真正意义上的法律权威，进而带来治理功能的难以发挥和基层社会治理的低水平。[②]

当然，人民调解自主治理机制在缺乏司法确认的前提下无法转化为实践效能，也难以融入基层社会的矛盾纠纷多元化解与溯源治理之中。

因此，姑苏区“老娘舅”必须在社区自治权威、程序规则、人情关系之间寻求自洽，以一种超越工具理性、人情理的姿态运行，打破束缚。在基层社会中处理问题宜采取灵活变通的方式，以大众化方式解决问题，以程序规则为辅。在保证双方当事人的利益的同时，不僵化双方当事人的关系，在基层社区中扮演好以为群众方式解决群众问题的角色。姑苏区“老娘舅”还需要汲取在群众中并行不悖且符合中国特色社会法治原则的“情理”养分，实现自治、法治、德治的有机结合，从而以治理实效成为为群众提供司法服务、定纷止争的良好途径。这样做不仅能有效地维护基层社会秩序，更为群众所接受，最终更加有利于提高人民调解员在基层社会中的认可度。当然，这也是人民调解自主治理机制扎根基层的社会现实。

**3. 构建分流机制，提高矛盾纠纷化解效率**

对人民法院而言，面对诉讼洪潮，不能通过禁止诉讼或压制诉求来规避，只能通过合理的风险防范，建立完善的非诉解纷机制来降低群众对强制性、对抗性和高成本的诉讼程序的依赖，以减轻人民法院的办案压力。因此，最为有效的方法就是分流，以此提高纠纷化解效率。而分流就是发挥人民调解、行政调解等渠道的作用。人民调解是依靠党、政、社会、人民群众等多主体参与，坚持党建引领、政府负责、社会组织通力配合，吸收社区党员、教师、法律行业从业者离退休人员、名人的治理力量，将基层矛盾纠纷化解在纠纷解决的最前沿的自主治理机制，是新时代治理体系与治理能力现代化的一张名片。“老娘舅”人民调解在此基础上通过主体能动性完善法治，完善调解机制，提高矛盾纠纷的化解效率，利于基层社会稳定。成功探索出符合中国实际的自治、法治、德治新格局，给出了中国方案，展现了中国特色。

姑苏区“老娘舅”碍于人才建设不足的问题，在基层社会治理中很难充当主角，但在基层社会中，也不能脱离主线，应当重视不同纠纷解决方式之间的关系。目前，“老娘舅”人民调解纠纷的范围面广、复杂性强，更应在一次次复杂纠纷的解决中，通过良性互动与衔接，形成纠纷解决的大治理、大循环，提高矛盾纠纷的化解效率，保持基层社会稳定。在基层社会中，基于纠纷解决的不可拒绝性，人民法院会将一部分纠纷迁往人民调解室予以解决，以

---

① 张青.乡村治理的多元机制与司法路径之选择[J].华中科技大学学报(社会科学版)，2020，34(1)：17-27.

② 马成，李军，赵俊鹏.新时代“枫桥式”人民法庭的治理功能及完善：兼论子洲县人民法院的创新实践[J].民间法，2022，29(1)：13-29.

替代性司法的途径实现社会治理的目标，这也无形中加大了人民调解员和人民调解工作室的压力。因此，在简单说明情况且征求当事人意见后，应发挥分流功能，按照纠纷的类别分流至相应的各非诉讼人民调解室。这样在日益复杂化、多元化的纠纷面前，能够有效缓解案多人少的困境，提高案件化解效率。

## （六）结束语

姑苏区“老娘舅”人民调解自主治理机制创新性地提出了三级调解法，推动人民调解工作与基层治理相结合是姑苏区近年来基层社会治理工作的有益之举。无论是“老娘舅”调解员参与网格巡查、设立网格调解驿站，还是提供法律咨询、法律援助等公共服务，或者是积极引入专业社会组织充实调解力量，出资购买社会组织调解服务加强公众参与的力量，姑苏区基层治理如今已形成了政府与其他社会力量在“三治融合”的基础上的多元治理的新模式。这一新模式避免了由于科层制的条块分割所出现的“踢皮球”“打太极”“拖字诀”问题，有效推动了地方治理关系的重构和资源重组，更有助于提升地方基层治理的整体性、协同性、互补性、高效性和简约性，缓解人民群众矛盾，充分发挥人民调解维护社会和谐稳定“第一道防线”的作用，增强人民群众的获得感、幸福感和安全感。

姑苏区“老娘舅”人民调解自主治理机制是党建引领政府统筹、多元主体协同参与的元治理体系的重要一环，其以复杂的系统再造和机制再造作为支撑，在嵌入基层治理过程中，修正了科层制的负面效应，解决了基层治理的碎片化问题，将治理资源的单一化导向多元化，将体制机制的刻板化变为灵活化，更加迅速地适应和应对基层治理过程中所面临的问题，以整合社会资源更好地回应人民诉求，在和基层社会进行互动的过程中，把人民赋予的权力为人民所用，为社会活力的激发和执政效能的提升注入双重动力。

综上所述，姑苏区“老娘舅”人民调解自主治理机制不仅在社会实践中发挥了查漏补缺、服务人民的作用，也为中国治理语境下元治理体系中的社会网络协调治理模式变革提供了重要实践样本，在社会资本理论的应用与改良方面发挥了重要作用，为新时代中国特色社会主义基层治理与矛盾解纠提供了“苏州经验”。

# 案例三　双向嵌入视角下的安全生产监管创新模式研究①

——以徐州市铜山区"亮星评级"为例

## 导读

徐州市铜山区地广面大，由于主城区发展迅速，流入的企业陡增，造成企业安全生产监管诸多问题，企业安全主体责任落实困境亟待破解。在徐州市应急管理局的探索与推动下，一系列变革性手段打破了安全生产监管的困局，率先开展了企业安全生产分类分级监管和"亮星评级"活动。本案例以铜山区安全生产监管创新为典型样本，重点剖析了"亮星评级"活动依托"五治融合"模式开展的经验及其效果，为城市安全生产企业主体责任落实与监管效能提升提供借鉴。

## 一　案例介绍

### 引言

"好消息，咱们拿到 7 颗星了！"李工一声洪亮的声音压过了车间里嘈杂的流水线声。春节即将来临，位于徐州市铜山区张集轻工业园的江苏某车业有限公司内，安全生产评级公示牌上亮起了 7 颗绿星，生产车间内一片欢腾。此时，企业的安全监管员李工对于半年前企业安全生产评级公示牌上最初仅有的 4 颗星仍记忆犹新。同样的情形也发生在坐落于棠张镇的徐州市某电器有限公司，在安全生产评级公示牌上，公司目前的成绩是 7 颗星。公司安全总监陈某凯表示："我们要在安全生产方面再接再厉，今年的目标是至少增加 2 颗星。"他还告诉大家，"铜山区安全生产监管创新'亮星评级'活动使我们对安全管理有了明确方向，对照制度中的 30 条标准一条条仔细梳理，查漏补缺。以往我们的安全管理、目标不清晰，经过'亮星评级'活动使我们知道了日常该管理哪些、怎样管理。根据公司实际情况及现场存在的安全隐患，知道了该怎么样去闭环管理，加强了公司员工的安全教育培训，使员工认识到本岗位的隐患主要有哪些、该怎样去避免，从而增强了员工的安全意识。"那么，"亮星评级"活动到底是什么活动，能让企业如此有动力参与安全生产监管？

实际上，"亮星评级"活动是徐州市铜山区应急管理局推出的一项企业安全生产监管创

① 参赛人员：李崔茜、刘志翔、郑慧丽、丁天、马毓璟。
指导老师：王义保、王超。
所在单位：中国矿业大学。

新活动，不得不说这项活动的设计师和推动者——应急管理局白局长。过去，铜山区安全生产监管难一直是让应急管理局白局长头疼的事。"亮星评级"活动开展以来，白局长也能长舒一口气。回想过去，铜山区安全生产监管压力曾让他难以入眠。这究竟是什么原因呢？让我们一起来了解一下铜山区安全生产监管创新的故事。

## （一）铜山区安全生产监管"难"在何处？

**1. 铜山区安全生产监管的社会之难**

（1）地理环境复杂

铜山区位于江苏省西北部，因境内微山湖中的铜山岛而得名，境内有700余座山头，分布在辖区的东北、西南和东南，山头孤立成片，山体矮小，低山缓丘，高低不平，不成山脉，北部毗邻微山湖，地理环境较为复杂。辖区内的镇（街道）距离市中心较远，除部分乡镇靠近区政府，多数镇（街道）距离较远，给执法监管造成难度。在铜山区本土近2 000家企业基础上，主城区的企业因不愿失去熟练工人而搬迁或隐匿在铜山区，周边县（市、区）少量小微企业因想享受靠近市区交通便利、人才等优势，纷纷搬到铜山区，造成全区企业良莠不齐、安全生产监管压力较大，难以全面、有效监管；现实需要破解安全生产工作方法模式存在"高空作业"、"头重脚轻"和缺乏事前"精准量化评价"、精准监管执法、安全生产工作激励奖惩体系等难题，存在从社会监管体系设计上、本质根源上解决企业和员工缺乏履行安全生产主体责任能力素质等问题。

（2）产业分布不均

截至2021年年底，铜山区冶金工贸、矿山、化工行业企业（应急管理局直接监管行业企业，不含电力、农业、建筑、商贸等行业）规模以上168家，规模以下1 174家，中小微型乡镇本土企业为主，底数难以精确掌握；企业多以机械、轻工类型为主，部分企业为家庭作坊式，人员数量较少，对安全的责任意识不强；企业分布不均，主要集中大彭（205家）镇、茅村镇、张集镇、利国镇和刘集镇，这些镇联系不紧密，没有形成集中的大型园区，均是8～20家企业的小型工业园区；高耗能、散乱污企业正在减少，高新技术企业尚未发展成熟，产业升级较慢。

（3）经济社会发展压力大

受新冠疫情影响，有部分企业海外市场订单减少，造成企业发展困难，对安全的投入减少，风险加大；铜山区企业工资待遇较苏南地区吸引力较低，大部分务工员工为周边生活村民，有时兼顾家庭琐事，人员流动性较强，给入场三级教育培训和日常培训带来一定的困难。

**2. 铜山区安全生产监管的政府之难**

（1）责任主体模糊

部分企业存在多个主管部门，部分政府部门职能未能厘清，或者存在部分监管空白，企业主体责任不能压实。例如，大彭镇循环产业工业园区企业等部分需要联合行动的，各执法部门需要配合，中间过程复杂，需要出台各种方案，行政效率较低，存在不稳定性；镇级安监办人员力量配备满编率低、专业素质不高。

（2）人力安全监管资源不足

铜山区财政情况较为困难，科技化监管进度较慢，执法物资相应缺失；执法人员力量薄弱，在编人员本身较少或者存在其他占编等情况，有执法证的在编人员还存在部分不执法等情况，这就造成实际能执法人员更少，一些聘用人员虽然有丰富的执法经验，但实际执法流程不符合法定程序；节假日、周末、夜间等非工作日时间检查，因财政申请较慢或者条件不允许，相对应的经济补偿或者调休保障得不到落实。

(3) 量化管控和考核难

考核需要结合各地区间的企业分布等实际情况细化具体；提高安全考核的比重，从监管者方面提升重视程度，相对应的考核激励措施需要完善；缺乏安全生产工作领域正面激励的制度、措施。

**3. 铜山区安全生产监管的企业之难**

(1) 安全生产责任人缺乏主动性

企业负责人、分管安全负责人、安全员等安全监管人员思想不重视，部分企业甚至有疲于应付的心态，对安全的资金投入较少或者基本没有；缺少安全技术人员，不懂也不主动去学习借鉴；直接照搬第三方安全服务机构或者网上的模板，不结合企业自身实际情况；安全生产培训活动主要依托第三方安全服务机构，以应试型培训为主要形式，导致企业执证人员中熟悉安全生产系统管理的专业人员较少。

(2) 企业负责人安全意识没有做实落地

企业聘请有经验的安全管理人员比较困难，专业人才紧缺或者薪资不对等，大部分企业安全管理人员对企业的安全情况一知半解；第三方安全服务机构往往为了利益，不会根据企业实际情况按需施教、因材施教，模板化、套路化严重，导致培训出来的安全监管人员仅掌握一些通用的安全知识，对企业的安全隐患不能全部辨识；没有制定奖惩措施或者奖惩措施成为摆设，起不到激励作用，导致安全生产全员责任制落实不到位；由于企业人员流动性大，造成企业安全监管执行困难。

**4. 铜山区安全生产监管的公众之难**

部分企业生产过程中产生的噪声等对周边村民生活和生产造成一定的影响，村民也可能贸然进入生产区域，给企业造成一定的安全隐患；甚至部分村民投诉、上访，对企业造成一定的经济损失，甚至面临停产。

## (二) 铜山区安全生产监管创新“亮星评级”活动发展历程

“火灾反映的可是安全生产监管的重大纰漏啊!”白局长的声音在铜山区应急管理局会议室回响。2020 年 9 月 12 日，辖区某机械制造有限公司喷漆房发生火灾事故，造成 4 人死亡、4 人重伤。安全生产监管自古就是一个难题，因为安全生产监管漏洞而发生的各类安全事故层出不穷，尤其是铜山区位列中国工业百强区前 20 名(2018 年)，是苏北首个国家级高新区，综合实力全国第 29 名(2019 年)。近年来，随着环抱主城区迅速发展，铜山区的各类行业企业如雨后春笋般涌现。大量企业的涌入，为铜山区带来发展新机遇的同时，安全生产监管的弊端也逐渐暴露。为此，铜山区应急管理局走上了一条企业安全生产监管创新的探索之路。

**1. 探索阶段——内忧外患倒逼创新**

(1) 安全监管遇盲区:谁家孩子谁抱走

过去,由于铜山区行业企业增多,业务门类繁杂,产业链加长,监管难度不断增大。截至2021年年底,铜山区共1 361家企业,其中177家规模以上、68家风险较大的规模以下危险化学品、非煤矿山、工贸等企业;其他1 116家规模以下企业。因本辖区地广面大,挤压流入的企业多,监管工作无法"一对一"精准开展,一度存在对区域、企业安全生产监管的盲区。同时,监管能力不足、资源不够,导致重复监管一直存在,安全监管尚未实现全覆盖,监管执法效能低下。

(2) 推广开展小方法:榜样典型立标杆

传统的安全监管模式单一,安全生产监督检查以"望闻问切"作为原始手段,大量潜在的安全隐患无法被及时发现,有时甚至出现监管执法错误,产生不必要的行政复议和行政诉讼。特别是1978年后,生产事故责任追究由单位化的"企业事务"变成行政化的"公共事务",行政部门成为责任追究的主体,追责方式强调党纪政纪处分外,刑事处罚开始展开。2003年起,安全生产责任追究呈现公共化模式,责任追究程序更加规范、主体更加多元。党的十八大以来,责任追究公共化模式持续推进,呈现出有限的行政处罚力度、强化党纪政纪处分和推进刑事司法追究三个显著特点。同时,安全生产行政执法力量缺乏、监管重点不突出、执法服务效益低,安全生产工作重于事后追责,轻于事前激励,导致各个层次相关单位和人员工作主动性不强,企业无法形成与自身实际情况相匹配的"责任清单"。此时,创新监管方式方法显得正当其时,如何根据企业自身条件进行差异化监管,通过选榜样、树典型、立标杆,突破以往的监督管理办法,进行内部深化改革,成为白局长日思夜想的问题。

(3) 企业内在缺动力:多方协作共推进

在企业安全生产主体责任落实监管方面,很多企业存在不达标现象。可以看出,企业在思想和行动上不同程度存在"不主动落实主体责任""落实主体责任质量不高""部分企业效益不好,靠自身难以筹措资金整改历史遗留问题"等难题。铜山区应急管理局一方面通过常态化监管与运动式执法不断加强辖区监管执法力度,另一方面监管企业对于监管行为"不胜其烦",形成了"疲于应对"的状态,结果监管效能始终无法提升,处于"行政空转"的尴尬局面。

面对困境,只有政府机构、金融单位和企业单位等多方联动、共同推进,才能推动构筑推动铜山区安全生产发展工作落实的联合保障体系。这更加坚定了铜山区应急管理局创新安全生产监管的决心。

**2. 试点阶段:聚焦重点因企制宜**

国务院关于安全生产"十三五"规划下发后,为响应国家、省、市对企业加强分级分类监管工作要求的落实,铜山区应急管理局结合铜山区自身的特点,群策群力,打造出了一套评价企业安全生产管理水平的量化体系——安全之"星","亮星评级"监管模式。通过对企业履行安全生产主体责任进行"亮星评级",实现差异化监管执法,运用智能监管手段,引导、促进企业进行自我约束,持续改进企业生产长效机制。四九严寒,徐州市某电器有限公司内却是一片火热的生产景象。在安全生产评级公示牌上,该公司目前的成绩是7颗星。公司安全总监陈某凯表示:"今年(2020年)的目标是至少增加2颗星。去年9月刚第一次评级时，我们公司只拿到了3颗星，公司奋起直追，投资800多万进行企业全面的安全生产问题隐患整改，又增加了一名安全管理员。”自从铜山区对安全生产实施“亮星评级”活动以来，陈总监对照制度中的30条标准逐条仔细梳理，查漏补缺，公司从最初的3颗星升到了现在的7颗星。

铜山区应急管理局因企制宜、分类指导，通过试点先行引路，不断推进“亮星评级”模式落地生根。结合区域特点，对茅村镇、大彭镇、张集镇、刘集镇首先进行前期试点推广，并开启全面体检式安全生产行政执法活动，应急管理局检查组成员组成原料生产工艺、炼铁生产工艺、炼钢生产工艺、轧钢生产工艺、能源供应管理和综合检查执法6个不同的执法单元，针对“亮星评级”中30条企业清单进行检查，确定将企业履行主体责任水平，具体以责任星、管理星、培训星、制度星、建设星、辨识星、设备星、应急星、宣传星、法治星等呈现，经过系列检查，12家企业点亮6星，5家企业点亮5星，5家企业点亮4星。将各单位星级录入铜山区企业安全生产水平“亮星评级”监管应用网络平台，依托大数据进行企业监督定位，根据星级等级高低，进行安全生产分类分级差异化检查执法，重点检查所缺之星，不定时抽查所得之星，初步走出了一条职责明晰、监管有序、重点突出、精准精细、差异管理的安全生产监督管理工作新路子，实现了重点风险企业区监管、一般企业镇监管，各类企业分级分层有效监管，调动了企业的主动性和积极性，涌现出一批看得见、摸得着、可推广的示范样板，取得了良好成效。

**3. 推广阶段——星星之火，可以燎原**

铜山区应急管理局对企业履行安全生产主体责任水平开展“亮星评级”活动并进行差异化管理。在前期4个镇进行试点的同时，以有限安全生产执法资源效能发挥到极致为目标。在试点成功的经验基础上，通过政府主导统筹，金融保险机构协作的方式，共同建立健全安全生产工作联合奖惩体系。以企业履行安全生产主体责任“星”级等级为信用评价标准，面向铜山区进行推广，引导企业提升履行安全生产主体责任水平，全面提高安全生产管理水平，防止和减少生产安全事故发生。

## (三) 铜山区安全生产监管创新“亮星评级”活动“新”在何处?

**1. 政企关系重塑**

在全力优化提升营商环境、构建新型“亲”“清”政企关系的大环境下，安全生产监管工作如何做？江苏省徐州市铜山区应急管理局依托“亮星评级”活动，用心当好服务企业“店小二”，积极帮助企业解决实现安全生产过程中的“难点”“堵点”，有效推动了企业安全健康可持续发展。

(1) 体检式评星，量出企业安全“真水平”

铜山区应急管理局创新实施的亮星评级监管服务体系，让企业安全生产水平有“尺”可量、有“单”可询。责任星、管理星、培训星等10颗星的评定，让企业对自身安全管理现状有了清醒认识，从而能够引导他们对照提升履行主体责任水平。

(2) 服务式监管，护航企业发展“新模式”

作为职能部门，不仅要做好监管，更要做好服务。江苏徐钢钢铁集团(简称徐钢)位列徐州市十强企业，但评审仅获5颗星。问题出在哪里？铜山区应急管理局牵头，邀请相关部门、安全生产专家和属地镇政府共同参加，共同召开约谈帮扶会。经过整改提升，徐钢“升”星为七星级企业。像这样的约谈帮扶会，2021年第四季度铜山区共召开了20余次，各行业安全生产专家同企业一起面对面研究制定“解忧”方案，跟踪督促和真诚帮助企业解决自身存在问题隐患。

(3) 信用式奖惩，营造正面激励“新环境”

为了对星级企业实行正面激励，努力营造敬商亲商护商的营商环境，铜山区应急管理局、金融监督管理局、信用办等多部门共同牵头，建立安全生产联合奖惩信用体系运行机制。对星级较高的企业提高信用等级，在贷款、购买安责险时，给予降低费率、优先保障、简化程序等优待。铜山区应急管理局筛选了16家各行各业高“星”级企业，作为全区示范标杆企业对象进行培育打造，确保全区各行各业企业安全生产工作领域学有榜样。

**2. 监管流程再造**

为破解安全生产行政执法力量缺乏、执法工作不精准等难题。铜山区结合企业安全生产分类分级和亮“星”评级，制定企业安全生产差异化监管办法，实现监管流程由被动、事后、分散，向预警、超前、闭环转变，实现动态预警监管。

在企业差异化监管上，区级、镇级两级监管主体，根据企业风险类别和亮“星”等级，针对性开展分类监管，对风险高、星级低的企业加大监管频次，对风险低、星级高的企业减少监管频次，从而做到监管力量发挥监管效益最大化。

在规范化执法工作上，活动重点以“亮星评级”30条细则标准内容对应有关法条为主要检查内容，通过上下联动、以师带徒、观摩示范学习等方式，在企业检查执法中，采取“执法告知、现场检查、交流反馈”、“企业主要责任人、安全管理人员、岗位操作员工全过程在场”和“执法＋专家”的“三位一体”工作模式，在检查执法中利用面对面交流机会，向企业人员讲解安全生产有关法律法规的内涵和措施，实现执法与普法相结合，进一步规范了执法程序。

在体系化配套服务上，对每一家企业的评星等同于一次对企业的“全面体检”，通过对企业评星，使区、镇两级监管机构对企业底数更加清楚，使企业对自身真实的安全管理现状有了更加客观的认识。开展评星活动的同时，配套开展企业“解忧”活动，在隐患排查治理上既开“处方”又赠“药”，同企业一起科学、细致地修订企业现有应急处置预案。

**3. 技术双向赋能**

运用信息手段，开发了“铜山区安全之‘星’智能监管平台”，运用互联网、大数据等技术手段，加强安全生产监管信息归集共享和关联整合，实现全域预警智能防控。

平台结构设计上，以链接方式区分计算机用户端链接和手机App用户端链接；用户层级区分为区级政府监管用户、镇级政府监管用户、企业用户、社会用户等4级用户；企业类别区分可实现按行业类别、按风险领域类别、按星级水平类别等不同方法，能够满足各方需求。

平台功能设置上，依托网络可以完成企业基本信息录入、企业分类分级网上评定，企业“星”级评定等工作网上申请、批复和部分内容的远程审核，教育培训、应急演练、隐患排查工作记录，地区、企业亮“星”数据比例分析、研判，安全生产培训线上学习，会议通知发送等工作。

平台作用发挥上，除对各地、各企业的得“星”比例进行量化评价，依“星”动态指引监管主体工作方向和精准监管执法外，还可以实现隐患排查、治理、上报信息化管理，做到隐患不排查，系统有觉察；上报不按时，系统有报告；整改不及时，系统有警示；责任不落实，系统有考核；培训不合格、系统有提醒；工作不到位，系统有评估。

**4. 多元主体协同**

在铜山区企业评级分级监管模式中，参与的主体在纵向上包含上至市、区应急管理局及签署合作协议的第三方安全服务机构，下至镇（街道）安全监督管理办公室、村（社区）安全员等整个安检系统，在横向上则包含政府内部和政府外部两种主体：政府内部主体为政府具有行业安全监管职责的部门，政府外部主体则是社会组织、企业、个人等社会公众。在吸纳多元主体参与工作过程中，铜山区形成了三项主要机制。

（1）信息沟通机制

安全生产监督管理工作涉及的面广量大，如果缺乏沟通或者沟通不畅，则会使得系统内部信息不对称，甚至评星定级的结果偏离正轨。铜山区充分运用大数据手段，加强安全生产监管信息收集、共享和关联整合。在应急管理系统内部通过平台的运用，建立了一套数据直报系统，避免由下级部门逐级上报造成的信息误差和人力物力浪费，更方便上级应急管理部门快速调阅相关数据，有针对性地制定风险防控措施，提高信息预警监控能力。在应急管理部门与区级其他部门之间，利用信息技术实现联动协作机制，畅通公安、消防、市场监管等安委会成员单位的信息传递渠道，在面对突发事件时，能够快速建立联动机制。此外，电子政务的推广也进一步提高了安全监管职能部门的执法透明度。

（2）利益平衡机制

铜山区注重平衡安全生产各方利益，从而驱使各方主体都愿意参与到安全生活管理工作中来。通过将安全生产监管工作纳入高质量发展绩效评价考核指标体系，与单位综合考核和工作人员绩效挂钩，各部门的监管责任得以压实。在监管部门与监管对象之间，利用信息平台，“一企一档”建立企业档案，通过“黑名单”机制将生产经营单位的违法行为通报给各相关部门，从金融、安监、财政、环保等多角度制约企业行为，加大企业的违法成本。在表彰奖励、用地保障、项目许可审批、落后产能淘汰方面，相关部门也会依照安全生产联合奖惩信用体系。

（3）金融助安机制

铜山区注重融合银企对接协作，构建联合信用奖惩激励新机制。区应急管理局、金融监督管理局、信用办等多部门共同牵头，召集全区 17 家银行单位、6 家保险公司、2 家证券公司、2 家贷款公司，共同围绕企业安全生产“亮星评级”工作，建立铜山区安全生产联合奖惩信用体系运行机制。根据企业得“星”情况，区分“三等十一级”明确相应奖惩办法。对于星级等级较高的企业，提高信用等级，在贷款、购买安责险时，给予降低费率、优先保障、简化程序等优待；对于星级等级较低的企业，降低信用等级，在贷款、购买保险、行政监管执法、上市资质审核等方面，给予费率上浮、额度降低、加大监管执法力度、严格限制等惩戒，引导和激励企业提升履行安全生产主体责任能力水平星级，促进企业建立和养成自我约束、持续改进的行为习惯，实现从“要我安全”向“我要安全”的转变。

**5. 激发内生动力**

为解决以往安全生产工作舆论引导，重于事后追责，轻于事前激励，导致各个层次相关单位和人员缺乏榜样、工作主动性不强的问题，铜山区注重在活动设计和开展时，从区域、行业、环节等各个方面挖掘、培育先进典型，营造安全生产工作领域正面激励、比学赶帮超的良好环境，引导激励企业实现从“要我管”到“我要管”的转变。同时，建立了安全生产监管信用支撑保障体系，激发了企业履行主体责任内在动力。通过政府多部门联合主导统筹协调、金融保险机构通力协作、各类企业积极参与的方式，以企业履行安全生产“星”级等级为信用评价标准，建立了安全生产工作信用联合奖惩体系。开始实行“亮星评级”时，企业认为这是“一阵风”、被动应付多；现在，大量企业主动向“熟人”问询、向“专家”请教评“星”办法和细节。因此，“亮星评级”活动能够较好地引导、激励企业自觉提升履行安全生产主体责任水平。

开展企业安全生产分类分级监管和亮星评级活动，创新、融合建立可定性、定量评判企业履行安全生产主体责任水平的量化评价体系和安全生产信用监管联合奖惩保障体系，引导企业自觉将安全和发展融合。

**6. 强化安全文化**

安全管理既需要靠制度去约束，也需要靠文化去引领。在探索实施“亮星评级”标准体系的过程中，铜山区应急管理局高度重视安全文化的建设，引导企业自觉将安全和发展融合，创新建设监管服务体系，极大地调动了企业履行安全生产主体责任的主动性和积极性。

(1) 开展安全生产典型培塑活动

为强化全区安全生产工作领域正面激励工作质量和导向作用，区应急管理局结合对全区企业进行上门体检式评“星”活动，发现和挖掘了区应急管理局郑集分局、张集镇安监办、刘集镇安监办、徐州××气体厂等安全生产工作先进典型，并初步筛选了 16 家各行业高“星”级企业作为示范标杆企业对象进行打造，确保全区安全生产工作领域学有榜样。

(2) 注重夯实安全生产文化根基

铜山区应急管理局注重营造安全文化氛围，提升经营、监管、执法等各层面人员安全文化内涵，扎实开展安全生产法律法规、文件政策、防范常识学习。邀请专家采用集中学习、现场授课等形式，建立党政机关、行政村“两委”干部定期学习制度。坚持采取重点人员年度计划送学培训、集中专家授课辅导、网上安全宣传咨询、典型事故案例警示教育、社会公开宣传和到企检查与普法工作相结合的方式，强化宣传宣讲和教育培训，引导公众增强安全意识，积极营造“人人懂安全”“人人抓安全”的安全文化氛围。

(3) 强化企业安全文化建设

通过开展“安全生产月”活动、安全知识有奖竞答、安全演讲、安全事故展览等安全文化活动，张贴宣贯安全生产警示画报、标语等方式，不断增强企业安全文化建设，营造安全生产浓厚氛围，在潜移默化中提升员工安全意识。在铜山区“百团进百万企业千万员工”安全生产专题宣讲活动中，××电厂安全总监王某东以“文化引领促管理提升、安全理念促体系建设”为主题介绍了××电厂安全生产管理的理念和经验。××石料有限公司注重加强企业安全责任文化建设，强化员工安全生产意识，走出一条“责任当头、培育为先、制度规范、经费保障、科技支撑”的安全生产与企业经济效益相得益彰的发展之路。

### （四）铜山区安全生产监管创新的“五治融合”模式

本案例将铜山区“安全之星”照亮企业“发展之路”的创新监管模式总结为“五治融合”模式，即以自治激发内生动力、以德治树立企业安全文化、以法治夯实安全监管行为、以智治提升安全监管效能、以共治构建多元协同格局。这五个方面相互依存，共同促进，实现党委政府高度重视、安全防范扎实有效、监督检查深入开展、宣传教育氛围浓厚、安全生产形势持续向好。

**1. 以自治激发内生动力**

企业是履行安全生产责任的第一单位，企业主要负责人是安全生产第一责任人。铜山区出台相关社会监督考评机制实施方案，进一步夯实企业安全生产主体责任。

（1）事故风险防控“常态化”

铜山区加强风险管控，支持和引导企业自主定期对作业活动和工艺、设备等进行风险分析，建立风险清单，制定落实管控措施，使风险处在可控范围。辖区企业逐步建立一套全员参与、全方位覆盖、全过程衔接的隐患排查治理机制。其中，大中型企业根据工作需要聘请第三方安全服务机构对本单位安全生产状况进行全面检查，提高隐患排查治理的专业化水平。

（2）作业现场管理“规范化”

在保障企业长期有序发展和“星级评定”的双重压力下，铜山区大部分企业参照行业标准规范，进一步完善管理制度，严格作业许可，履行作业审批手续，落实专门监护人员。

（3）基础能力建设“制度化”

逐步健全完善安全例会、安全检查、领导带班值班、安全生产责任制考核及奖惩等安全管理基本制度以及涵盖所有生产经营过程、环节和岗位的管理制度和安全操作规程、安全作业标准。持续深入开展以岗位达标、专业达标和企业达标为内容的安全生产标准化建设，实现安全行为规范化。

（4）事故应急救援“实效化”

为进一步强化应急处突能力，铜山区的企业在区应急管理局的指导下编制事故应急救援预案，建立应急救援队伍，配备必要的装备器材和应急物资，定期组织生产安全事故应急救援演练，提高自防自救能力。

（5）宣传教育培训“系统化”

严格落实从业人员安全教育和培训，保证从业人员具备必要的安全生产知识，熟悉安全生产规章制度和安全操作规程、安全作业标准，掌握岗位安全操作技能，了解事故应急处理措施等。

**2. 以德治树立企业安全文化**

法律是成文的道德，道德是内心的法律。因此，企业要加强建设安全生产伦理道德建设，确立以人为本的伦理原则。

（1）以观摩会强化企业抓安全生产的意愿

以示范标杆企业召开现场观摩会等方式组织现场培训和交流，把先进单位的标准、制度、管理方法推广到同类单位，把先进单位的工作经验、成果、方法介绍出去，通过打造安全生产“铜山品牌”，以点带面，提升全区各层级、各行业单位安全生产管理水平。

(2) 以先进典型提高抓安全生产的动力

在各类媒体和会议、文件上，广泛宣扬安全生产工作先进典型单位和个人。“安全之‘星’先进企业”××气体厂、“安全管理制度落实先进企业”××箱桥有限公司、“技术型执法专家”区应急管理局朱某凯、“乡镇安全监管工作领头人”柳泉镇安监办主任薛某超、“企业安全管理专家型人才”××箱桥有限公司安环部负责人丁某等先进单位和个人，有力激发了企业提升安全生产水平建设的道德自觉。

**3. 以法治夯实安全监管行为**

《中华人民共和国安全生产法》(以下简称《安全生产法》)等一系列安全生产法律法规的实施，标志着我国安全生产已经走上法治化的轨道，依靠安全生产法律法规管理和监督安全生产，已经成为社会共识，并已成为当前搞好安全生产的重点要务。为树牢为群众办实事理念，提升全社会安全生产法律素养，铜山区不断加强《安全生产法》宣传力度，不断深入学习贯彻，引导生产经营单位养成遵法、用法的良好法治意识，营造全社会学法、守法的浓厚氛围。

(1) 走进企业，精准宣传

铜山区应急管理局联合镇司法所开展《安全生产法》企业宣讲活动，对辖区内企业进行专题宣讲，镇司法所负责人王某围绕《安全生产法》新旧法条对照、新思想新理念的变化、全员安全生产责任制、生产经营单位对从业人员的人文关怀、安全风险分级管控和隐患排查治理双重预防机制等向企业员工做详细的解读。为了宣传《安全生产法》，铜山区司法局组织人员深入生产经营单位车间和岗位，对《安全生产法》进行解读，与企业主要负责人和安全生产管理人员“面对面”交流学习心得，提升企业管理人员的法律意识，压实企业主体责任，切实提高员工用法律维护自身权益的能力。

(2) 贯彻到位，深化应用

铜山区各有关单位认真贯彻落实《安全生产法》等一系列法律法规，认真落实各级安全管理责任，广泛深入开展安全生产宣传教育，全力完成各项建设任务，把落实安全生产责任制贯穿于各类工程建设与管理之中，精心组织，扎实推进。开展“安全生产行政执法示范月”活动期间，铜山区应急管理局共对 33 家企业实施检查，对其中 23 家存在安全生产违法行为的企业给予行政立案处罚，行政处罚金额总计 112.25 万元。活动重点以“亮星评级”30 条细则标准内容对应有关条款为主要检查内容，通过上下联动、以师带徒、观摩示范学习等方式，在企业检查执法中，采取“执法告知、现场检查、交流反馈”。

**4. 以智治提升安全监管效能**

铜山区依托“铜山区安全之‘星’智能监管平台”，深入开展安全生产全域智能监管质量提升活动。

为充分运用互联网、大数据等技术手段，加强监管信息归集共享和关联整合，应做到依“星”实施差异化监管执法、精准监管执法，提升安全生产行政执法管理和服务效益。铜山区应急管理局围绕“亮星评级”活动，打造“铜山区安全之‘星’智能监管平台”，平台链接方式区分电脑用户端链接和手机 App 用户端链接，用户层级区分为区级政府监管用户、镇级政府监管用户、企业用户、社会用户等 4 级用户，能够满足网上实时事项申请、资料上传、工作记录、远程审核、数据分析、线上普法和网上考核等功能，初步实现了以远程监管、移动监管、预警防控为特征的非现场智能化监管，使区、镇级安全生产监管执法主体能够根据企业获“星”等级高低，全面推行安全生产分类分级差异化检查执法，优化提升执法效能，将有限的安全生产执法资源效能发挥到极致，做到精准执法、精确服务，有力帮助企业提升履行安全生产主体责任水平，杜绝了一般化、简单化、重复式等粗放式检查执法现象，较大地提升了全区安全生产监管的精准化、智能化水平。

张集镇安监办着眼破解监管能力有限、监管效率不高、监管覆盖面窄等现实难题，充分发挥数字化管理优势，将全镇 1 706 个各类生产经营主体信息录入智能系统，以行业类型、所属网格、监管部门、从业人数、排查次数规定等类别区分，实现系统自动提醒、生成检查方案、记录统计全镇各层级人员安全检查工作落实情况。区司法局运用智能化手段扩大宣传面，主动适应“互联网＋”时代，推行“无微不至”法治宣传模式，加大宣传力度，丰富宣传载体，充分利用微信群、微信公众号等新媒体容量大、传播快、辐射广的特点，大力开展新安法宣传，如组织各司法所、各部门结合各自安全生产工作实际，依托“铜山应急管理”微信公众号开设“《安全生产法》天天学”专栏，快速、密集、灵活、多样地宣传《安全生产法》的修改背景、立法精神、主要内容和相关要求，实现线上、线下互联、互通、互动，让宣传氛围铺天盖地。

**5. 以共治构建多元协同格局**

落实企业安全生产主体责任，必须各方共同努力，建立协作，打“组合拳”形成合力，靠“一招鲜”或“单打独斗”，难以真正解决问题。铜山区推进企业安全生产主体责任落实质量提升，能深刻认识和领悟“安全是为了发展”的核心内涵，从全局出发，以信用为手段，以奖惩为保障，多层级、多部门、多方面联合协作，共同努力，形成合力，打造了一整套可复制、可拓展的联合协作、融合发展的工作机制，为全市各地、各领域做了榜样。

党的十九大以来，各级政府都在加强政府职能的转变力度，以“放管服”为主要内容进行简政放权，由管理型政府向服务型政府进行转变。铜山区应急管理局积极适应发展要求，不断调整自身职能，引入基层群众自治组织、企业、员工、第三方管理机构等多元主体，统筹推进安全生产企业分级监管。

(1) 落实安全生产主体责任

在工贸行业企业安全生产分类分级管理中，生产经营单位不仅是被动接受监管的客体，同时也是落实安全生产责任的主体，应当履行相应的职责与义务。铜山区在充分调研论证的基础上，改变传统以政府监管为主导的形式，将企业和生产经营单位真正放到安全生产监管工作中去，从根本上提升安全生产水平。

(2) 合理引入第三方安全生产管理机构

第三方安全生产管理机构是指从事辅助安全生产管理的，在政策法规允许的范围内，共同服务于企业和政府部门，进行市场运营的公司或个人。第三方安全生产管理结构除了为企业提供安全生产管理方面的服务和咨询、给予专业技术上的支持、为企业提升安全生产管理水平提供方向外，同时也具有加强安全生产监管、教育的意义。铜山区充分发挥行业专家和第三方机构的作用，组织开展明察暗访、专项督查、联合检查，何桥镇邀请消防专家对辖区内工业企业开展消防安全隐患排查整治；张集镇与第三方安全服务机构签订合同，对辖区 159 家具备一定规模企业的定期开展隐患排查。

（3）吉“星”高照，点亮安全之路；众星环“安”，夯实发展之基

铜山区率先开展工贸企业安全生产亮星评级活动，创新、融合建立可定性、定量评判企业履行安全生产主体责任水平的量化评价体系和安全生产信用监管联合奖惩保障体系，引导企业自觉将安全和发展融合，走出一条监管有序、重点突出、精准精细、差异管理的工贸企业安全生产监督管理工作新路子，有效调动了企业的主动性和积极性，涌现出一批看得见、摸得着、可推广的示范样板，真正实现了以“安全之星”照亮企业“发展之路”。

### （五）结束语

2021 年 8 月以来，铜山区率先开展企业安全生产分类分级监管和“亮星评级”活动，创建了一套评判企业安全生产状况的量化评价体系和奖惩保障体系，已经完成对辖区 462 家企业“体检式”评星，愈加照亮铜山区企业安全发展之路。目前，企业履行安全生产主体责任亮“星”评级工作方法，被应急管理部调研组作为典型经验写入调研报告，并得到江苏省应急管理厅、徐州市应急管理局相关业务处的高度认可。铜山区应急管理局正在进一步收集意见建议，不断完善活动办法，建立常态长效工作机制，实现安全生产监管全覆盖、监管执法高效能的目标。诚然，铜山区“五治融合”的监管创新模式及其应用为我们破解当前企业安全生产主体责任落实难和企业安全生产监管难提供了有力的样本。那么，如何去认识和解构这一模式之所以有效的原因，尤其是从政府与企业互动的视角去理解这一模式，这些仍需要人们进一步探索。

## 二 案例分析

## 引言

### （一）案例背景与研究意义

#### 1. 案例背景

安全生产，重如泰山。党的十八大以来，我国安全生产事业不断发展。2021 年 9 月 1 日正式施行的新修正的《安全生产法》明确规定：安全生产工作应当以人为本，坚持人民至上、生命至上，把保护人民生产安全摆在首位，树立安全发展，坚持安全第一、预防为主、综合治理的方针。

徐州市作为淮海经济区中心城市和江苏省重要的老工业基地，近年来在安全生产方面做出了诸多探索，取得了明显成效，实现了事故起数和死亡数“双下降”、较大事故数量“一控制”、重特大事故“双杜绝”的目标，全市安全生产形势保持总体平稳态势，相关先进经验和特色做法值得借鉴和推广。

随着改革开放持续深入，徐州市铜山区的发展蹄疾步稳。但主城区的迅速发展、挤压流入的企业陡增，造成了该区安全生产监管盲区多、安全生产风险大等“外患”和协同执法难、监管漏洞多等“内忧”的问题。如何更好地落实企业安全主体责任，下好预防安全隐患“先手棋”，铜山区政府探索出了一条新路径。

**2. 研究意义**

本案例在参考相关案例的基础上，以铜山区安全生产监管创新为典型样本，通过现场实地勘察、分群体访谈的方法，深入分析铜山区安全生产监管“难”点、“亮星评级”活动发展历程和亮点，重点剖析铜山区“亮星评级”活动如何依托“自治、德治、法治、数治、共治”融合模式开展的经验及其效果，总结了“亮星评级”活动“建立量化评价体系、星级引领服务方向，强化信用支撑保障、有效提升监管效能，规范行政执法模式、提高政务服务能力，构建网络运行平台、实现全域智能监管”的运作模式，以期更好地挖掘城市安全生产监管的新经验新方法，为我国城市安全生产监管、落实企业安全主体责任提供新思路新举措。

在本案例中，铜山区政府为企业提供平台支持、技术支持、资金支持等，在安全生产监管中扮演了“监管者”“服务者”“合作者”的角色，企业主动落实安全生产主体责任，自查自纠自改，在其中扮演着“被监管者”“执行者”“合作者”的角色，这种嵌入关系主要体现在文化嵌入、制度嵌入、结构嵌入三个方面，充分激发企业自觉将安全与发展相融合的主动性和积极性。

## （二）理论基础与核心概念

**1. 理论基础**

（1）嵌入性治理理论

嵌入性的概念源自英籍犹太裔哲学家波兰尼·卡尔(Polanyi Karl)。他认为，作为一个制度过程，经济是嵌入各种非经济因素之中的，而这种非经济因素还起着关键因素。[①] 在此基础上，嵌入性治理已逐渐形成资源嵌入、合法嵌入等不同形式的模式，并且逐渐构建出了有利于国家与企业发展的良性合作的循环系统。在这个循环系统中，政府和企业之间并不是单纯的执行与被执行的关系，而是彼此依赖，相互嵌入的关系。

在本案例中，通过“亮星评级”活动，铜山区应急管理局、金融监督管理局、信用办等多部门共同牵头组织银行单位、保险公司、证券公司、贷款公司、安全、建筑行业专家等为企业提供政策宣传、专业方案、资金支持等资源。铜山区政府运用信息手段，开发全域预警防控智能新平台，通过线上线下相结合的方式，对企业进行嵌入式监管，为企业安全发展保驾护航。企业化被动为主动，贯彻落实政府、行业监管要求，更好地落实安全生产主体责任，为安全生产构筑好第一道“防线”，实现政府与企业的双赢。

（2）多元主体治理理论

多元主体治理是指运用多种可操作性的方式，充分调动市场与社会等多方面的力量，相互合作、协调配合，有效地参与公共事务管理的一种体制机制。具体反映在安全生产监

① KARL P. The great transformation: the political and economic origins of our time[M]. 2nd. Boston, MA: Beacon Press, 2001.

管中就是要改变以政府为主的单一管理模式将非政府组织、大众媒体、企业和公民个人等多个主体有效吸纳进政府的管理模式之中,形成广泛参与,共同协商、良性互动的公共事务管理方式。

(3) 精准治理理论

精准治理是指在政府治理实践中,通过合理科学的方式挖掘治理对象全面精准的个体化信息,在获得信息集合的基础上,再通过知识推理等手段主动预判治理个体对政策和服务的需求,从而实现政策制定和政策需求相匹配的治理能力再创造的过程。由本案例可知,精准治理就要求政府监管部门层面能够充分了解企业的安全生成情况与需求,通过"亮星评级"活动对症下药,提供精准的监管。同时,在这一过程中,企业不是被动的接受者,而是作为"主动要求服务者"参与到安全生产监管之中,外部的社会组织比如行业专业协会、行业专家、金融机构等也会参与,为政府提供技术或排除安全隐患的方案。

**2. 核心概念**

(1) 亮星评级

"亮星评级"活动破解了安全生产工作方法模式存在"高空作业"、"头重脚轻"和缺乏事前"精准量化评价"的现实难题,从本质上解决了企业和员工缺乏履行安全生产主体责任能力素质的问题。在企业"亮星评级"过程中,将企业安全生产标准化建设事前核心内容和应急管理部下发的《企业安全生产主体责任二十条》内容分解,结合钢山区"设立并公示安全生产管理人员岗位津贴""企业任意一个生产岗位均应看到安全生产宣传标语""按季度组织并公示安全生产工作奖惩结果"等提升企业安全生产工作、安全管理人员地位和加强企业安全生产奖惩、宣传、经费投入工作落实力度的相关意见,将企业履行主体责任水平,具体以责任星、管理星、培训星、制度星、建设星、辨识星、设备星、应急星、宣传星、法治星等呈现,每星对应三条亮"星"条件,全部满足,方可赋星,企业获评等级最高为十星级。

(2) 双向嵌入

"嵌入"一词被用来描述两个事物长期相互嵌入互动的状态,"嵌入性理论"的提出是一种方法论的突破与创新。"双向嵌入"立足于复杂的现实世界,提出了国家与社会、政治、经济等各个领域或企业、社会组织等各主体等之间的相互连接、互相嵌入的视角。国家需要与社会相连接,才能更好地厘清社会现实需求,更好地实现国家发展。这不仅给社会学等领域提供了一种新的思考模式,也为学者们提供了看待社会治理各主体互相交错影响的新思路。在本案例中,"双向嵌入"概念的提出整合了"政府-企业"的互动关系,也更加符合在安全生产领域中政企的互动逻辑,为我们分析"亮星评级"做法提供了理论依据和逻辑基础。

(3) 安全生产监管

安全生产是指在社会生产活动中,通过人、机、物料、环境的和谐运作,使生产过程中潜在的各种事故风险和伤害因素始终处于有效的受控状态,切实保护劳动者的生命安全和身体健康。安全生产监管是政府治理活动中的重要组成部分,是深入贯彻落实"安全第一、预防为主、综合治理"安全生产方针的具体行政行为,是政府监管部门加强生产安全、防止和减少生产安全事故、保障人民群众生命和财产安全、促进经济社会持续健康发展而采取的一系列措施与活动。在监管过程中,政府部门需要明确监管责任、完善日常监管制度、调整监管考核机制、改进监管的问责机制，以期达到更好的监管效果。

## (三) 铜山区安全生产“亮星评级”活动中的双向嵌入性分析

本案例从双向嵌入视角来剖析铜山区安全生产“亮星评级”活动的模式创新，见图 3-1。

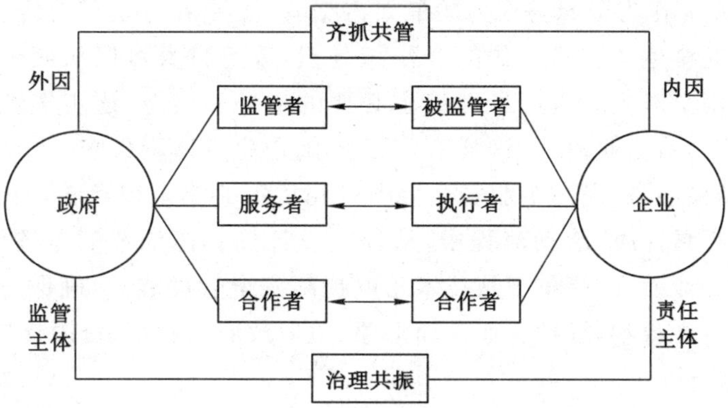


图 3-1 政、企角色互动关系图

### 1. 双向嵌入角色分析

(1) 政府角色分析

① 监管者。地方政府作为安全生产的监管主体，在企业安全生产活动中承担着重要的监管职责，安全生产监管是地方政府监管职责中的重要组成部分。随着市场经济的快速发展，政府治理能力和治理体系更加健全完善，地方政府安全监管的职能、角色、监管作用和手段方式上也应随之发生相应变化。政府要处理好地方经济发展速度与质量的关系，不能按照传统微观监管、直接监管的方式持续，而应当从直接监管者变成间接监管者，通过统筹协调企业自管、职工监管、社会监管等多方面力量，实现综合监管。[①] 因此，作为企业安全生产活动综合监管者的铜山区政府集中了有限的专业监管力量对生产型企业实施更加精准、管用的监管，在企业安全生产分类分级监管和“亮星评级”活动的整个开展过程中，政府依据安全生产相关规章制度，创新建设监管服务体系，为企业贯彻落实安全生产主体责任提供规章制度保障；同时，在制度环境下对企业安全设备设施场所状况进行监督、检查、考核、反馈，对违反安全生产行为的进行监督处罚，以此确保企业的安全生产经营活动。

② 服务者。政府作为职能部门，不仅承担监管职责，更重要的是做好幕后服务工作。本案例中政府主要通过发挥自身的优势，组织联系安全生产相关部门，以及安全生产专家顾问、安全监督组织对企业进行间接管理，为企业提供专业知识和技术，帮助企业查找、整改隐患。安全生产专家可以帮助企业解决专业性的难题，安全监督组织可以有效监督企业的安全管理行为，促使其弥补疏漏之处等。以江苏徐钢为例，其位列全市十强企业，但首次评审仅获 5 颗星。问题到底出在哪里？考核测评后，由铜山区应急管理局牵头，邀请相关部门、安全生产专家和利国镇政府参加，共同召开了约谈帮扶会，在会议上重点讨论分析了该

---

① 阴晶辉. 山西省煤矿安全生产政府监管问题研究[D]. 呼和浩特：内蒙古师范大学，2017.

企业安全生产工作中存在的不足，从多角度提出了企业整改意见，最终形成了一套较为翔实的整改方案。经过一段时间的整改提升，该徐钢“升”星为七星级企业。根据调研，2021年第四季度以来，铜山区召开了20余次这样的约谈帮扶会，同企业面对面研究、制定“解忧”方案，跟踪督促并帮助企业解决问题。

③ 合作者。政府作为资源与权力的最大占据者，主导着与企业的协作与否[①]。政府主动嵌入企业，寻求安全生产监管工作的合作与分担，政府自身可以从疲于奔命的监管执法中抽身，在一定程度上对企业生产经营给予必要的指导和监督，逐步实现对企业安全生产活动的制度化管理。对企业而言，这样有利于强化企业主体责任意识，克服企业在安全生产管理上的被动消极心态，提高企业安全生产自我负责的能力和素质。在铜山区安全生产分类分级监管和“亮星评级”活动流程中，从顶层设计到具体细节的考核评级，基本上都有政府的参与；对于企业而言，侧重于从技术角度提高安全管理能力，确保安全生产活动的稳定性，保证正常的生产盈利，维护企业正面形象，争取政府的政策、资源支持。

（2）企业角色分析

① 被监管者。从委托代理关系看，在政企双向嵌入中，企业遵守符合国家、行业或者地方标准的强制性规定，落实政府的各项安全生产相关制度规范以及工作安排，属于被监管的一方。企业安全和生产关系的协调、安全生产投入的数额、高风险作业、工作流程的调整等过程中可能涉及的安全风险以及相关工作等生产经营活动都会受到政府、社会的监督，促使企业落实安全生产主体责任，在他方的监督管理下做到生产经营活动“合法、合规、合理”。

② 执行者。尽管企业承担着被监管者的角色，但从本质上看，在整个安全生产活动中，企业是最重要的行为主体，也是责任主体，毕竟整个安全生产的最终落脚点还是在一线工作的企业员工。在铜山区打造的可量化、形象评价地区、企业安全生产管理水平的体系中，企业不仅是监督执法落实者——贯彻落实政府、行业监管要求；还是安全生产工作的培训教育宣贯者——积极宣传“安全发展”的理念，加强安全生产与职业卫生宣传教育培训，完善企业安全培训机制；同时还是隐患发现排查者——从建立分级标准、定期安全检查和健全整改台账等方面逐步推进。

③ 合作者。企业作为政企合作的另一方，在安全生产工作中需要加强与政府的通力协作，通过发挥自身优势弥补政府的不足，共同提升安全管理的能力和水平，从而赢得政府和社会的信任与支持，为自身营造良好的发展环境和发展契机。铜山区政府探索出的安全生产监管“新路子”激励企业积极配合政府落实安全生产、社会信用体系建设方面的各项工作要求，主动提升自身履行安全生产主体责任水平，不断提升安全管理水平，自觉承担铜山区高质量发展的社会责任，从而保障企业健康发展和员工的生命安全。

**2. 双向嵌入维度分析(图 3-2)**

（1）结构嵌入

结构维度是指主体间经过某些关系的连接形成一种网络结构。在其关系网络中，行为

---

① 王玉良，沈亚平. 公共服务领域互动嵌入型政社关系：现实困境与建构路向[J]. 学习与实践，2015(11)：103-111.

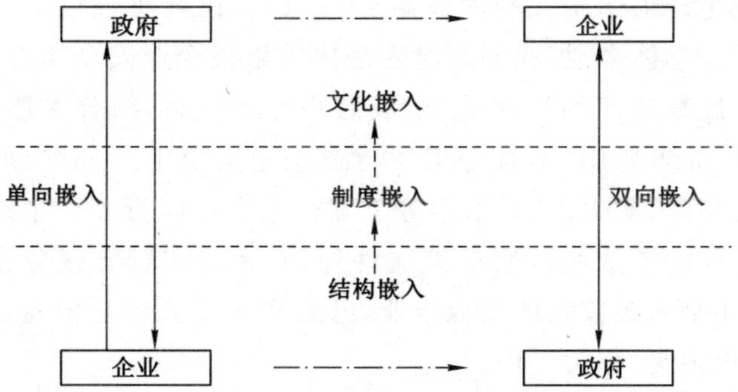


图 3-2 双向嵌入维度分析框架

主体(政府和企业)因为处于不同的结构位置,可能会形成不同的关系。① 格兰诺维特在研究双向嵌入中的结构镶嵌时指出,要将双向嵌入的互动双方均视为更大的结构网络中的一部分,再来观察行为主体在网络关系中所处的位置以及它们的结构性嵌入,这样才能了解其带来的影响。② 结构嵌入性是指组织所嵌入的社会网络本身给组织带来的信息与资源优势。所谓企业嵌入政府,是指企业在平台支持、技术引导、资源倾斜等方面也会借助于特定政府部门的力量,这也正是企业愿意且主动寻求与政府合作的主要原因。

铜山区政府在进行结构嵌入时,为企业安全生产工作提供了平台支持、技术支持、资金支持等。其中,铜山区围绕"亮星评级"活动,打造了"铜山区安全之'星'智能监管平台",政府提供的这一平台具有智能化、便捷化特点,通过网络就可以完成企业基本信息录入、企业分类分级网上评定、企业"星"级评定等工作网上申请、批复和部分内容的远程审核,教育培训、应急演练、隐患排查工作记录,地区、企业亮"星"数据比例分析、研判,安全生产培训线上学习,会议通知发送等工作,较大地提升了安全生产监管工作质量效率。在政府平台、技术支持的情况下,企业将自身作为介质,嵌入员工、社会,激发员工的责任意识和自觉行动,使政府与企业员工、社会公众得以联系。寻根究底,政府嵌入企业鼓励企业实施国家安全发展战略,最终价值还是与国家相连接。

(2) 制度嵌入

制度嵌入性是指企业安全生产的主体能动性会受到制度的约束和影响,制度对企业安全生产主体责任工作的履行有促进和限制的影响。一方面,政府制定的制度可以促进企业安全生产主体责任的落实,为其发展提供一个正确的指导方向;另一方面,制度也会限制企业的生产行为,为其划定界限,并约束其在安全合法范围内行动。制度环境会迫使企业去接受和采纳制度认可的做法和形式,要求企业服从"合法性"机制。企业自身为了获得生存的合法身份与政府提供的关键性资源,必定会将制度中的理性要素纳入组织规范中。

铜山区政府十分重视企业安全生产主体责任的落实以及能力素质的培育,其探索出来的经验做法被写入应急管理部和国家矿山总局联合调研组典型经验调研报告,并得到省、市安全生产督导组的认可。政府在对企业进行制度嵌入的过程中做了很大的努力,形成了

① 曾文倩.社会组织参与地方政府治理的双向嵌入研究:以 W 区为例[D].贵阳:贵州财经大学,2019.

② 皮埃乐·布迪厄,华康德.实践与反思[M].李猛,李康,译.北京:中央编译出版社,1998.

相对完备的企业安全生产工作相关制度体系(表 3-1)。在调研过程中,铜山区应急管理局的一位工作人员表示:“总体来说,我们政府还是比较重视企业安全生产制度监管方面的工作,例如在充分调研、反复论证的基础上,积极借鉴外地经验,结合本地实际,出台了《关于开展全区危险化学品、非煤矿山、冶金等工贸行业企业安全生产分类分级监督管理活动的通知》《铜山区危险化学品、非煤矿山、冶金等工贸行业企业履行安全生产主体责任‘亮星评级’管理实施方案》等。除了这些配套政策文件外,对企业实行分级分类监管,不论是区级监管的高风险企业,还是镇级监管的其他企业,已经实现了监管全覆盖,并有工作人员专门管理负责企业的‘亮星评级’相关工作。”

**表 3-1　徐州市铜山区企业安全生产监管相关政策文件**

| 发布时间 | 发文单位 | 政策名称 |
|---|---|---|
| 2021 年 7 月 30 日 | 铜山区安全生产委员会办公室 | 《关于开展全区危险化学品、非煤矿山、冶金等工贸行业企业安全生产分类分级监督管理活动的通知》 |
| 2021 年 8 月 21 日 | 大彭镇人民政府 | 《关于开展大彭镇危险化学品、非煤矿山、冶金等工贸行业企业安全生产分类分级 监督管理活动的通知》 |
| 2021 年 9 月 8 日 | 房村镇人民政府 | 《关于印发房村镇 2021 年冶金等工贸安全生产专项整治工作方案的通知》 |
| 2021 年 10 月 22 日 | 铜山区安全生产委员会办公室 | 《关于印发徐州市铜山区安全生产“百日攻坚”行动工作方案的通知》 |
| 2021 年 11 月 3 日 | 张集镇人民政府 | 《关于印发铜山区张集镇安全生产“百日攻坚”行动工作方案的通知》 |
| 2021 年 11 月 4 日 | 柳泉镇人民政府 | 《关于印发柳泉镇安全生产“百日攻坚” 行动工作方案的通知》 |
| 2021 年 11 月 7 日 | 马坡镇人民政府 | 《马坡镇安全生产“百日攻坚”行动实施方案》 |
| 2021 年 11 月 12 日 | 何桥镇人民政府 | 《关于印发何桥镇安全生产“百日攻坚”行动工作方案的通知》 |

铜山区政府在对企业开展安全生产分类分级监管和“亮星评级”活动的同时,就已经对其开始了制度层面的嵌入管理,这就决定了企业在生产经营过程中必须严格遵守政府制定的关于安全生产主体责任落实、年度检查等法规和政策,同时受到镇、区级等相关政府部门在项目上的评估与监督,这就进一步实现了对其进行制度嵌入。总的来说,政府制度层面的嵌入主要决定了企业安全生产经营过程中合法性的途径,也影响着企业所采取的行为策略以及这些策略所发挥的实际作用。

(3) 文化嵌入

相对以上两个维度来讲,文化维度具有其独特的特性,主要因为该维度的影响方式并不是显而易见的,而是具有潜匿性的,是对行为主体心理意识、思维方式等方面的嵌入。文化嵌入主要通过文化价值的输入来改变相关主体的行为,强调当集体对事物持同一理解方式并且共享及传播这样的理念时对经济行为产生的作用。值得关注的是,文化嵌入具有很强的群体性和延续性表征,在制度实施中的影响极不易被察觉。[①] 政府将其价值观嵌入企

① 曾文倩. 社会组织参与地方政府治理的双向嵌入研究:以 W 区为例[D]. 贵阳:贵州财经大学,2019.

业文化，以指导企业生产经营工作，最大程度地发挥企业文化的作用。整个生产过程的安全最终落脚点在于具体岗位的操作人员，而员工安全责任意识和行为与企业文化息息相关。一旦企业员工自身的主动性增强，就会积极参与企业的安全生产管理，无论是隐患排查整改，还是安全规章制度的落实，都能取得立竿见影的效果。

铜山区应急管理局在安全生产监管过程中具有以下基本职能：一是制定责任承担的规则。在活动开展过程中，铜山区政府制定的《“亮星评级”工作宣传手册》发放全区工贸企业和各镇街，广泛宣传，通过宣传教育让员工明白一旦发生事故，自己作为生产者需要承担的责任，促使员工摆正位置，破除受害者的惯性思维，让他们学会对自己的生命负责。二是坚持典型引路，打造示范标杆。在企业“亮星评级”活动的设计和开展时，就注重从区域、行业、环节等各个方面挖掘、培育先进典型，并通过社交软件等进行宣传，营造安全生产工作领域正面激励、比学赶帮超的良好环境。三是提供各种专业性的培训渠道。鼓励企业员工的参与也可以提供政府公共性质的培训服务，让员工有机会提高自我生命安全的保障技能和知识，从自组织角度出发，做到真正为发展护航。

## (四) 铜山区安全生产“亮星评级”活动的意义与可推广性

铜山区安全生产“亮星评级”活动创新了政府与企业双向互动的形式，是安全生产领域政府与企业双向赋能、双向赋权、双向提效的创新实践。对政府而言，企业的多维度嵌入提高了政府部门安全生产监管能力，有利于政府权威的强化，进而推动经济发展、城市安全目标的实现。对企业而言，政府的嵌入则为企业赋能、增权，进而提升企业发展的内在动力。总体来说，该活动作为政企双向嵌入、双向提升的尝试，虽然目前处于探索阶段，还需要在实践中不断反馈、论证、完善，但其确实对政府安全生产监管及企业发展有诸多裨益。

**1. 双向赋能**

铜山区安全生产“亮星评级”活动在政府和企业双向嵌入过程中，使得政府和企业双向交互赋能，打造了一种全新的安全生产政企关系。传统政企关系的基本特征是政府干预和监管企业的生产经营活动，而企业被动接受政府干预和监管。与此同时，铜山区正在形成的政府与企业双向交互赋能关系(图 3-3)，具有双向性、互动性、主动性的特点。

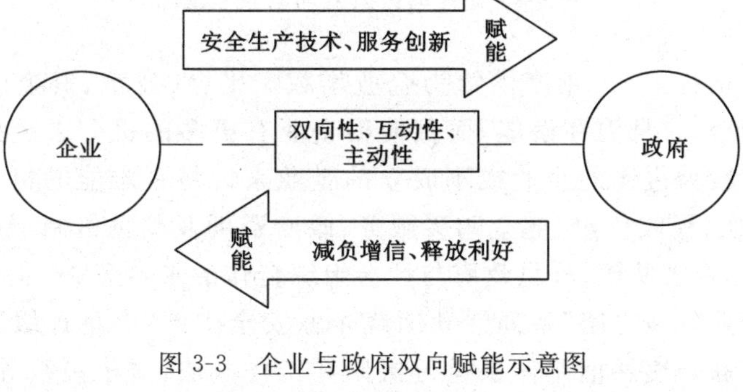


图 3-3 企业与政府双向赋能示意图

(1) 政府通过减负增信、释放利好，向企业赋能

铜山区开展的“金融助企、金融助安”政企金共建安全铜山活动和“信易＋安全生产”安

全生产信用体系构建活动，使得政府主导统筹协调、金融保险机构通力协作、各类企业积极参与，共同建立了铜山区安全生产工作信用联合奖惩体系，以企业履行安全生产"星"级等级为信用评价标准，以立案处罚、信用评价、调节保险费率和银行借贷等为激励手段，引导、促进企业建立自我约束、持续改进的安全生产长效机制，既减轻企业财务成本，又减少企业时间成本；既为企业减负，又为企业增信，有效赋予企业权能和自身发展动能。

（2）一些企业努力向政府赋能，参与新型政企关系构造

一些企业通过自身安全生产技术和服务创新赋予外界强大发展能量。例如，铜山区某企业研发了一整套安全管理信息化系统平台，包括基础信息管理、法律法规制度管理、教育培训管理、生产设备设施管理、作业安全管理、重大危险源管理、风险分级管控、隐患排查治理、职业健康管理、应急管理、事故管理等模块。这项技术和市场创新不仅改变了传统企业安全管理模式，一定程度上也为政府安全生产监管注入了强大能量，强化了政府部门的治理能力，有力推动了政府经济增长和城市安全目标的实现。

**2. 双向赋权**

企业在平台支持、技术支持、资金支持、制度支持等方面嵌入于政府，而政府的提升安全管理水平的意志与目标却嵌入在企业的安全生产运作中，从而实现了提升治理绩效的目标。这种双向嵌入既说明了政府角色的最新变化，也说明了企业的转型，即社会性权力一定程度的增长。因此，在这样一个互相嵌入与锁定的过程中，政府与企业双方的权力都得到了提升，而非一种此消彼长的对抗关系（图 3-4）。

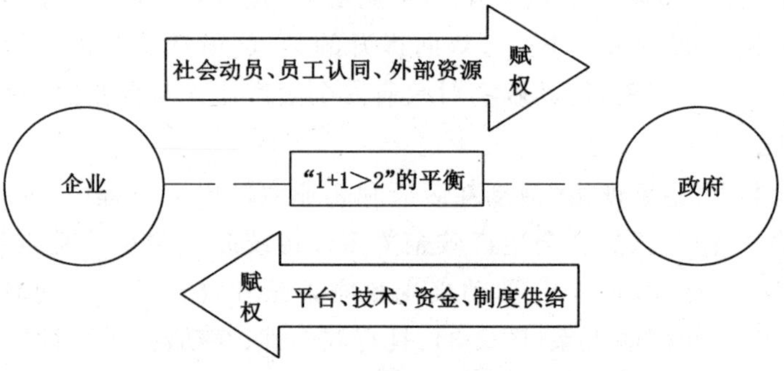


图 3-4　企业与政府双向赋权示意图

政府主要通过结构嵌入、制度供给为企业增权。平台、技术、资金以及制度空间的供给，不仅促使企业挖掘自身内在潜能，而且使得企业有更多的机会去链接外部空间中的能量。这对于网络中较为边缘的企业或刚成立的企业来说将是难能的机会。通常制度供给包括：降低登记门槛、税收优惠、健全购买服务、政府资助及奖励机制、基金会的建设、人才培养和服务、建设志愿者队伍、提供政府与社会组织合作的平台等。① 铜山区的"心系企业、安全之'星'照亮企业发展之路"系列活动围绕企业安全生产"亮星评级"体系，持续建立健全铜山区安全生产联合奖惩信用体系运行机制和工作办法，对于星级等级较高的企业，提高信用等级，在贷款、购买安责险时，给予降低费率、优先保障、简化程序等优待。这样一

① 曾文倩．社会组织参与地方政府治理的双向嵌入研究：以 W 区为例[D]．贵阳：贵州财经大学，2019.

来，企业便会进行自我约束、持续改进，能较好提升企业履行安全生产主体责任能力和安全生产管理水平。

在这个“1＋1＞2”的平衡中，企业嵌入政府为其权威提供强化与支持。其中，增权的策略是发挥自身发掘外部资源和人才的潜能，在安全生产隐患识别、排查上为政府提供专业咨询支持；获取资源已经成长起来的企业，具有强有力的社会动员能力，也能更进一步地赋予政府深层次的合法性，增加企业员工认同感；铜山区政府每年花费大量的人力、物力投入安全生产工作中，企业在识别安全风险的敏感度上通常高于政府，工作做在前面，可逐步转变企业员工心理，做到“安全无小事”。当然，在增权力、强权能的阶段，通过企业及政府间活动、技术人才、领导人才等的交互，企业的人力资源稳定、关系网络得以形成、战略规划能够逐步实施，企业对于政府来说将具有更大的增能作用。

**3. 双向提效**

政府与企业双向嵌入的最终目的在于双方的质增效（图 3-5），实现经济增长和安全发展“两不误，两促进”。在这一过程中，企业借助政府的嵌入，可以快速全面地获取与企业相关的信息资源与政策资源，精准了解并充分利用中央、省、市出台的优惠政策或扶持政策，减少对政策、制度环境的误判，及时调整企业的生产经营投入与未来发展方向，提升企业生产力和企业竞争力，促进企业壮大。对企业而言，最终目的是激发企业内在动力，建立自我约束、持续改进的安全生产长效机制，不断探索新的安全生产管理方式与手段，将安全管理从自上而下、单一的、被动的管理，转型为互动的、全面系统性的专业化管理，不断适应当下企业安全管理工作的现实需求。

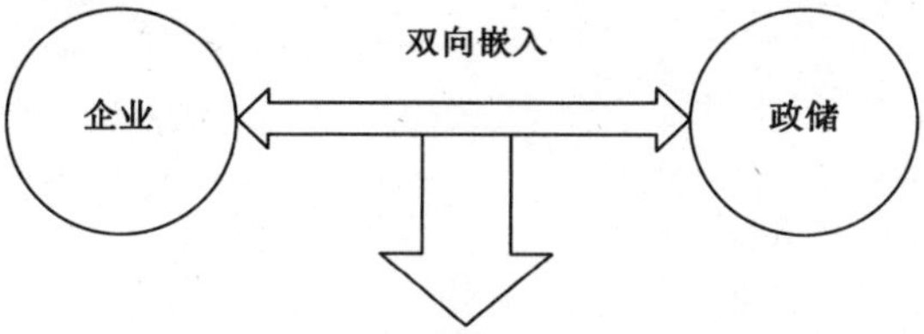


图 3-5 企业与政府双向提效示意图

铜山区政府以安全发展为目标，充分释放政府有效治理和企业高质量发展的“叠加效应”，深刻回答新形势下企业安全生产工作如何“破冰”前行、生产经营如何“破局”突破这个时代命题。在推进安全生产监管工作与企业生产经营深度融合的过程中，坚持结果导向，打通了安全监管工作和生产经营深度融合的“最后一公里”，政企合力做好安全生产工作，推动安全生产治理能力现代化，有力提升了政府治理效能和企业发展质量，为经济发展提供重要保障。

# 第二篇　安全监管

# 案例四 从“生”到“死”的无“监”道①

——N市Q区液化石油气钢瓶监管窘境与破局

## 导读

近年来,液化石油气泄漏爆炸事故频发,如何实现“液化石油气全过程可溯源的安全监管”成为各级政府重要的政策议题。我们以N市Q区液化石油气闪爆事件作为切入点,选取Q区Y棚户区对液化石油气使用的现状展开调研,进而透析液化石油气钢瓶(简称“气瓶”)从“生”到“死”的全过程监管现状。通过构建整体性治理的分析框架,进而分析液化石油气钢瓶安全监管中的五重碎片化(监管理念、监管主体、政策执行、责任机制、信息数据)的现实样态;阐释协调整合的剥离、信任机制的丢失、政治锦标赛的植根、理性经济人的驱动等多元诱因如何致使液化石油气钢瓶安全监管碎片化现实样态的发生。基于此,通过重塑以人民为中心的监管理念、促成多元主体共治行动、重构政策有效执行网络、健全权责对等体系、完善智慧监管平台等整体性治理路径体系,以期实现液化石油气钢瓶安全监管的治理现代化。

## 一 案例介绍

### 引言

目前,液化石油气安全事故时有发生,并未得到有效控制。中国城市燃气协会安全管理工作委员会发布了《全国燃气事故分析报告:2021年度报告》(以下简称《2021燃气事故年度报告》)。2021年,中国城市燃气协会安全管理工作委员会整合并分析了1 140起国内燃气事故。其中,天然气事故455起,事故数量占比39.9%;液化石油气事故639起,事故数量占比56.1%。根据中国城市燃气协会安全管理委员会发布的报告,2021年前三季度,全国共计发生液化石油气事故518起,死亡44人,受伤339人。其中,二季度事故数量较一季度环比增加15.9%,三季度事故数量较二季度环比增加9.7%,居民用户事故及工商用户

① 参赛人员:陈东强、杨航、邱文君、徐珊、章旭辉。
指导老师:黄健伟、詹国辉。
所在单位:南京财经大学。

事故数量居高不下，且呈逐步上升趋势（图 4-1）。

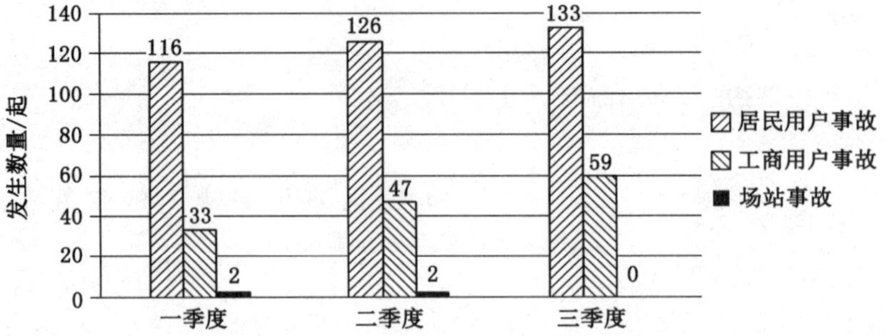


图 4-1　2021 年前三季度全国液化石油气事故数量

2021 年 9 月 10 日，大连市普兰店区丰荣街道鑫和社区一住户家中发生液化石油气泄漏爆炸事故，造成 8 人死亡、5 人受伤。2021 年 10 月 21 日，沈阳市和平区太原南街 222 号盛王二牛烧烤店发生液化石油气泄漏爆炸事故，造成 5 人死亡、3 人重伤、49 人轻伤，直接经济损失约 4 425 万元。除此之外，青岛“11・3”燃气闪爆事故、上海鑫德物流有限公司“11・9”较大火灾事故和呼和浩特“11・22”天然气管道爆炸事故，都造成了不良的社会影响，严重威胁着人民群众的生命财产安全。

2021 年 11 月 10 日，N 市 Q 区 S 巷的一间门面房发生液化石油气泄漏的“闪爆”事故，事故现场明显可见的玻璃飞溅伤及了过往的路人。事后，据 N 市消防部门发布的通告，“闪爆”事故总共造成 3 人受伤。虽然无人死亡，但现场目击者拍到的现场视频显示，“闪爆”威力极强，不仅造成玻璃门被震碎，连一旁的墙体也即将坍塌。围观的张先生告诉记者：“当时闪爆的声音不大，没想到会有这么大的威力！”

事实上，事故发生以后 N 市 Q 区迅速启动应急预案，并连续印发一系列文件，要求各街道结合本街道的实际情况，制定专项检查方案，全面排查整顿安全风险隐患，全面提升全区燃气安全水平，坚决防范遏制重特大事故和有影响的事故发生，切实维护人民生命财产安全和社会稳定。

### （一）地势不佳人员杂，气瓶来源竟成谜

N 市 Q 区 Y 棚户区位于该市老城区某处山坳，街巷老旧、无市政水源，其内房屋多为自建房，巷中最窄处仅够人通行，居民的日常生活和出行极其不便。棚户区内多数居民会将房屋出租或转让给外来人群，造成社区人员混杂且流动性大，再加上地势不佳等一系列因素，Y 棚户区内始终无法统一安装管道天然气。因此，多数居民仍使用瓶装液化石油气作为日常生活的主要能源。

临近冬季，Y 棚户区居民用气量激增，街道网格员小陈在这次街道组织的安全生产月安全专项检查中，发现附近燃气经营点所供应的气瓶，只有一户气瓶用户的地址填写的是在 Y 棚户区内，这引起了小陈强烈的困惑和警觉。他的困惑在于，Y 棚户区因历史、地理等原因一直未通管道天然气，棚户区内百余户居民绝大多数使用的是瓶装液化石油气，但在这附近只有一家燃气经营点。那么，气从何来？更让他警觉的是，如果居民区内的液化石

油气钢瓶都从“非法”渠道而来，这将是极大的安全风险隐患，一旦发生爆炸，后果不堪设想。

**1. 气瓶配送跨区域，舍近求远贪便宜**

小陈迅速将发现的情况向社区街道办事处反映，认为“有安全隐患嫌疑，需进一步排查核实”。社区街道办事处立刻组织人员，在为期 2 周的时间里，对 Y 棚户区内的群租房、长租公寓等进行了细致排查，果然发现了不少来源不明的液化石油气钢瓶。

在执勤途中，基层排查人员在 Y 棚户区的入口处遇到了几位液化石油气钢瓶的配送员。经询问，发现这些配送员所属的燃气经营点并不是附近的这家站点，至于具体属于哪里的站点，配送员们都支支吾吾不愿细说。为了弄清楚源头所在，基层排查人员一边旁敲侧击，一边用手机扫描配送的气瓶瓶身上的“身份二维码”，发现这些气瓶都是从其他区域流转而来，其中有相当一部分是由私营的小型液化石油气站点供应。

据多方了解，Y 棚户区附近的这家燃气经营点是该区域的大型连锁企业站点，经营的各类气瓶使用规范、单价略高，主要配送给附近用气量较高的餐饮门店。然而，Y 棚户区的居住人员多为低收入的流动人群，普遍可供支配的生活成本较低，在价格偏高的规范大型站点和价格低廉的私营小型站点中间，哪怕是舍近求远，也基本都选择了后者。

那么，为什么私营的小型液化石油气站点能供应价格低廉的液化石油气呢？小陈通过向专业人员咨询，了解目前市面上使用的液化石油气的主要成分一般为丙烷、丁烷以及其他烷烃等，而一般只要丙烷和丁烷的混合比达到 60%以上，就被称作“液化石油气”。因此，很多私营的小型液化石油气站点为了控制成本、牟取最大利益，在气瓶价格相对稳定的环境下往往采用不抽取残液或者添加二甲醚的方式去减少充装量。这样的做法确实降低成本。但却造成了“肉眼难见”的危害：一方面，低廉的价格，造成了市场的恶性竞争，劣币驱逐良币；另一方面，添加的二甲醚作为化工产品所具有的腐蚀性极易腐蚀罐体上的胶管，时间久了极易发生泄漏爆炸事故。

**2. 违规处理废气瓶，黑气猖獗有原因**

就在跨区域流动问题已经让小陈感到坐立不安之际，一通发往社区街道办事处的举报电话让小陈的神经再次紧张了起来。他意识到，问题并未完结，甚至比想象的还要严重。

据群众反映，辖区内的一家废品回收站内时常发出“叮叮咣咣”的声响，站内横七竖八堆放着好多“瓶瓶罐罐”，似乎是液化石油气钢瓶。生活在周边的群众感到十分不安，担心会发生事故，希望社区街道办事处能予以关注。

接到群众举报后，小陈和同事们马上赶往现场，只见废品回收站内一个个深蓝色锈迹斑驳的液化石油气钢瓶堆放成山，现场竟然没有任何防范措施。众所周知，使用过的液化石油气钢瓶一般都残留有危险化学品，一旦发生泄漏或遇到电和明火，尤其是在私人切割时，极易引发爆炸，存在严重的安全隐患。

小陈深感问题重大，经过层层上报，公安、市场监管等职能部门联合出动，对该废品回收站进行了突击检查。经查实，该废品回收站不具备液化石油气钢瓶的报废资质，属于私自回收拆解报废液化石油气钢瓶，给周边居民的生命财产安全带来隐患。执法人员立刻在现场开具了指令书，责令其立即停止违法违规行为，并将其收购的全部废旧气瓶进行了扣押，送往有报废资质的机构进行报废处理，并依法对该废品回收站实施行政处罚。随后，执法人员又对废品回收站的全体人员进行了法律法规的宣传，着重对此次事件的严重性做了说明，要求其严格落实企业安全主体责任，杜绝回收报废气瓶的违法违规行为。

随后，小陈一直在为Y棚户区的液化石油气钢瓶发愁，想起看到废品回收站内的景象，突然想起多年前的一次消防检查中，消防人员就对附近的大型液化石油气站点进行过检查，发现站内有近千个报废的液化石油气钢瓶。当时，我国并没有处理此类报废钢瓶的方法，因此站点只能将此类钢瓶收缴后统一存放于老厂棚内。然而，这么多年过去了，老厂棚内报废的液化石油气钢瓶数量似乎从未见到增多，甚至在逐年减少，难道这部分液化石油气钢瓶已经合规合法地进行报废了？不可能！了解了报废手续繁杂后的小陈，在脑海里一下子就将两件看似本不相关的事情联系在了一起，这些本来应该报废的气瓶很有可能又重新流入市场，进入了住户家中。

于是，小陈又与同事们对Y棚户区的群租房小区进行了一轮摸排，深入租户家中，仔细查看液化石油气钢瓶的生产日期、报废年限等，结果发现有租户家中依然使用"黑气瓶"。这一类气瓶最显著的标志就是瓶身上的二维码无法识别，即假二维码，而这些"黑气瓶"来源不明、年限不清，无论是私自灌装，还是超年限使用，风险均会随着使用时间的增长呈指数级增加。

## （二）深入调研全流程，监管现状"硬伤显"

为了探究问题根源和解决Y棚户区的实际问题、课题组小陈对N市液化石油气钢瓶从上游到下游的管理现状进行了深入考察，全方位地调研了液化石油气钢瓶从流通、充装、使用到报废的各环节管理方式，而其中隐含的问题也渐渐浮出水面。

**1. 管理环节信息化，一瓶一码早施行**

经过了解，早在十多年前，N市在市场上流通的液化石油气钢瓶就被要求配备条形码，企业和钢罐厂通过扫描该条形码就能够了解液化石油气钢瓶的相关信息。但正式施行"一瓶一码"政策是从2016年开始的。

2016年4月，省质量技术监督局开始对气瓶登记条码二维码信息标识及气瓶使用登记管理系统进行升级，N市也正式推出"一瓶一码"的管理机制。

2017年9月，N市质监部门要求所有的液化石油气钢瓶上必须增加二维码，用户只要拿手机扫一扫，就能掌握钢瓶从制造、出厂到充装、配送、检验整个过程的信息。通过查询这些信息，用户能了解到自己使用的液化石油气钢瓶是否来自正规企业、是否安全。二维码的机制设立以后，每一个液化石油气钢瓶都有一个独一无二的二维码，相当于安上了一张"电子身份证"。

2017年11月，N市大部分液化石油气经营企业都为钢瓶增加了二维码，但也有少部分钢瓶因为在市场上流转使用，还未能及时增加二维码。

2018年年底，N市的气瓶二维码升级通过了省级考核，完成了约192万只气瓶的二维码升级工作，二维码上传率超98%。同时，N市又在几个区进行了以二维码为载体的气瓶全流程信息化监管试点，通过各环节的二维码扫码输入和用户卡，对钢瓶去向和充装、配送、使用等环节的人员信息实施可溯源管理。

2019年年底，N市基本完成全市200多万气瓶的二维码登记工作。

二维码机制设立以后，确实收到了不错的效果，至少在底数监测、控制超期气瓶等方面都取得了不错的成绩。由于“正规气瓶”没什么利润，而“违规气瓶”又没有二维码，且越来越多的住户也知道扫描二维码来判断气瓶“正不正规”，所以越来越多入户的液化石油气钢瓶渐渐趋于“正规”，也会由专门的配送员来配送。

然而，这种信息化的管理方式还是出现了不少新问题、新漏洞。一方面，存在易伪造、易损坏的问题。最开始N市使用的是标贴式二维码，这种二维码的乱贴、改制、伪造等现象十分严重，且特别容易损坏。监管部门察觉以后，经过开会讨论，统一将全市的二维码更换为钢制的二维码，牢牢钉在气瓶上，才渐渐杜绝了这种现象。另一方面，存在“表面信息化”的问题。最常见的是“帮配送”，比如一个配送员配送了4瓶液化石油气，但其中有两瓶却在系统上登记了别的配送员的名字。换言之，系统中的气瓶信息有很多是由人工手动输入的，而环节越多、涉及人员越多，“掺假”的成分也就越多，这种“表面信息化”实则成了“庇护伞”，掩盖问题的同时，还给监管带来了更大的挑战。

**2. 流通环节关系硬，流动配送赚大钱**

早在20世纪90年代，Y棚户区边的老旧街区就有一家液化石油气供应站，老板姓李。据Y棚户区的老住户描述，液化石油气供应站当时属于“证照齐全”的企业，非常正规，当时基本所有的供气都是由这家供应站供应的。

随着城市的升级改造和周围小区、道路规划的变迁，李老板的供应站的门前虽然还是巷道，但是站后院外却全部变成了居民小区。早在四五年前，因其周边小区火灾频发，与这家供应站毗邻的香烛店等商铺开始不断被周遭居民举报，认为这些店的存在直接影响到了周围居民的人身财产安全。该举报引起了公安、应急管理、消防等部门的重视。基于李老板的供应站当时已经不再符合国家标准，经过区领导的现场办公，这家液化石油气供应站关门大吉。

然而，经营液化石油气供应站许久，李老板在这个行业摸爬滚打了几十年，基于上下游渠道畅通、证件办理“有熟人”等多方因素考虑，他自然不愿就此放弃气瓶经营。由于失去了原有的供应站，一时也无法再找到合适的地点用来申请液化石油气经营执照，李老板跟生意伙伴打起了移动换气点的主意。他们用手头的闲钱购置了一辆“专用货车”，并办理了相关上路手续，李老板便开始用货车运送气瓶到一个相对固定的地点，做起了移动换气的生意。没有固定的店面，也没有固定的经营时间，他们想啥时候做生意就啥时候做。比起原来的供应站，相关部门的检查还变少了，社区街道办事处的工作人员私下了解到“好像只有交管几个部门会去查”。

由于这个领域的管理缺位，而且城镇化的进程也没有想象中那么快，再加上“熟客多”，李老板移动换气的生意十分红火。在前几年“检查不严”的情况下，做移动换气生意的人越来越多。

**3. 充装环节心眼多，隔空斗法遇难题**

N市在建立这套二维码机制时，采用的方法是同各充装站进行数据接口对接，在各充装站的充装“秤”中装设“采集器”。充装站工作人员在给液化石油气钢瓶充装时，一般需要先进行充装前检查。检查完毕后，通过扫描瓶身上的二维码来进行“开秤”操作，接着才能上秤充装。而充装完成后，还需要再进行充装后检查，并再一次扫描二维码后，方可完成这只瓶子的整套充装流程。而这个“开秤”与“关秤”之间的记录，就会通过采集器上传至平台系统，这样就保证了一个二维码对应一个液化石油气钢瓶，实现了数据的准确性。同时，平台还在系统中设置了充装要求，使得充装站对非本充装站的气瓶或超期未检和超期未报废的气瓶无法进行“开秤”操作，这样就避免了违规气瓶的充装。

应该说明的是，整套系统的实施在初期取得了不错的效果，但正所谓“上有政策，下有对策”。由于企业逐利的本质未曾改变，于是有那么一群人常年游走在法律的边缘，执法人员形象地把这些违规充装的人总结为三个派别：“粗鲁派”、“口袋码派”和“技术派”。“粗鲁派”的表现方式是“拿脚踩”，即完成开秤操作后，用脚踩着秤，这样可以对一些没有录入系统的气瓶进行充装。“口袋码派”的表现方式是“条码多”，在二维码机制设立之初，充装站因担心存在条码磨损、遗失等问题，往往会多申请一批条码，比如一个充装站本来只有5万多只瓶子，但却申请了6万个条码。这样一来就满足了违规充装的条件，用多出来的条码反复充装，在系统“眼”里，这些气瓶都是属于该充装站的气瓶。“技术派”则更隐秘且更难监管，通过改装秤里的采集器，让数据“想上传就上传，不想上传就不上传”，更有甚者，还必须要在秤的显示器上输入特定代码，即所谓的“暗号”，方可开启“违规作业通道”。

显然，监管部门也发现了这样的违规操作。2021年5月，N市的气瓶使用登记管理系统完成了升级换代，正式更名为“N市气瓶质量追溯系统”；同时，也增加了多项功能，其中最实用的功能莫过于监测“活跃气瓶”与“非活跃气瓶”。通过大数据比对分析，有些气瓶的活跃度持续偏高，比如一个气瓶二维码在一天之内充装了5次，显然出现了违规充装，执法人员便可以据此对充装站进行突击执法检查，对出现的违规行为作出处罚。

为了解决“粗鲁派”问题，系统中可以查看每一只气瓶的“实际充装量”与“充装时长”。通过比对，可以避免同一个二维码进行多次充装操作。

为了实现对“口袋码派”问题的解决，系统中可以查看单个气瓶每一次的充装时间，监管部门也可以自行设置充装规则和黑名单预警机制。

显然，行走在法律边缘的人也会“与时俱进”，像“技术派”这样的手段目前来看还并没有特别好的监管手段。然而，除了正规的充装站以外，还存在着不少从其他地区辗转而来的“无二维码气瓶”或“黑气瓶”供应链，这些没有接入系统的气瓶仍旧猖獗地在市场上流通，这也是Y棚户区气瓶的由来。

**4. 使用环节无常识，超期不检隐患多**

跟随小陈，我们一同走访了Y棚户区的群租房租户。我们采访了小张夫妇俩，他们是从外地来N市打工的，工作并不固定，收入也一般，出于各种原因已经在这里住了近三年。我们询问了女主人小何：“家里的液化气瓶是从哪买的？”她说：“有一个住进来的时候就有，另外一个是送气时送的。”我们接着问道：“你们怎么充气呢？”她说：“过道里都是电话，随便打一个，就会有人过来把用完的拿走，然后送一满瓶液化石油气。”她之所以选择“黑气瓶”，价格便宜是原因之一，而且商家上门送气，又快又方便。

随后，我们又查看了几户人家，大家的想法都差不多。当然，也有稍微谨慎一些的住户不愿意囤气，但这种情况不多。走出Y棚户区，每个人的心情都很沉重，普遍的现象引发大家的深思，省钱、方便肯定是一部分原因，但更多的是居民安全意识缺乏（缺失），这也给违法违规行为提供了“滋润生长”的土壤，更是Y棚户区液化石油气使用混乱的“罪魁祸首”。

在气瓶使用环节上，各级监管部门似乎只注重了“管”，却未曾注重“教”。

**5. 报废环节做样子，系统申报有漏洞**

经过调研了解到，由于近几年安全生产的严峻形势，而且液化石油气泄漏爆炸事故频发，N市也进一步加强了对液化石油气钢瓶的监管，每个月、每个季度都会对全市各区（县）的液化石油气钢瓶检验率进行排名，对排名靠后的区（县）进行通报警示。但由于很多老旧气瓶流向不明，大部分充装企业也不可能下到住户家中排查。为了达成检验率高的指标并且不被通报，这部分企业基本都会选择“报停”或“报废”手续，即在系统上梳理出超期未检验或超期未报废的气瓶，手动申请报停或报废，区一级的市场监管局会通过这些申请。那么，在系统上这部分气瓶就是“已停用”或“已报废”的状态了。

这种操作在很多无法排查溯源的情况下有一定的好处，那就是这部分“已停用”或“已报废”的气瓶，除非是再申请“解除停用”，否则在正规的充装站点，即“已联网对接数据”的站点，也是无法进行充装操作的，这样也就阻断了“充装超期未检气瓶”或“充装超期未报废气瓶”的可能性。但是，这部分没有溯源完成的气瓶，如果瓶内还有余气的话，很有可能继续在住户家中使用。更危险的是，由于很多气瓶没有真正实现“报废”，不法分子完全可以收集这些气瓶在“非正规非联网”站点进行反复充装，继续做违法违规“黑气瓶”的交易，这些气瓶流入其他省（市），“摇身一变”又变成了“新瓶”。

想要监管这样的违法违规行为，没有大量的基层排查人员是根本无法做到的。甚至有很多当地的官员普遍存有错误的价值观念，即“这些瓶子流到外省市就不归我们管了，只要不是在我们省（市）经营，就算发生问题了也跟我们没啥关系”。这样的想法甚至可以跟疫情防控期间的不作为进行类比，即进入我们省（市）的重点管，从我们省（市）出去的不用管。可想而知，造成的危害影响恐怕不是短期内能够消除的。

## （三）基层工作矛盾多，“软刀割喉”难破局

从意外发现问题到深入走访调研，在为期两个月的时间里，终于将N市Q区液化石油气钢瓶从“生”到“死”监管中的“硬伤”翻了个底朝天。然而，Y棚户区液化石油气钢瓶问题的悬而未决、不见动静，始终像“刺”一样卡在每个人心上。在与小陈的无数段对话和与各个部门的沟通交流中，发现如今的监管窘境除了监管中的“硬伤作梗”以外，恐怕“软刀割喉”才是无法破局的真正原因。

**1. 重中之重无指导，疲于应付重留痕**

“安全大过天”“安全无小事”“安全第一位”是街道接收文件中阐述最多的话题，安全工作的确是所有工作的重中之重。随着部门职责日益“加码”，监管对象与监管主体比例失衡，面广量大的安全监管工作经常被动应付，特别是机构改革后，“人少事多”“权小责大”的问题在基层监管中十分突出。

在不断倡导基层减负的今天，基层安全工作者的“留痕意识”似乎不降反升。在调研过程中我们发现，小陈时常拿出手机进行拍照。按照他的说法，如果不进行拍照以表示检查过，一旦在这个辖区发生安全生产事故，未留痕者将遭到问责。而这种“处处留痕”则比较“安全”，大概率可以“避责”，即使避不了责，也一定可以减轻责任，拍照是必须的。

工作“留痕”的意义在于加强管理，从而明确各方责任、推动工作落实。在与小陈的聊

天中，我们被他讲述的种类繁多、频率极高、多头重复的各类安全检查所震惊，各级领导为了凸显对安全工作的重视，监督检查、索要台账报表的总量和频次远高于其他岗位的工作量。我们不禁想问，这种方式的检查、督查究竟能起到多大的作用？如此重视安全，为何安全事故仍然频发？最终安全怎么管、管什么的问题却摆在了基层人员面前，而各级领导只需要“压实”这种责任即可，如此也就不难理解为什么“疲于应对”了。

**2. 新型执法有脱节，网格监管增负担**

在与各部门执法人员的接触中，我们还发现新型的行政执法方式与实际工作存在脱节现象，执法工作常常与“服务企业”相互矛盾（图 4-2）。创新行政执法方式的理念本身是想要让执法既有力度又有温度，做到宽严相济、法理相融。但在安全工作问题上，似乎光靠教育、约谈、警示等非强制性的执法手段并不能达到很好的效果，往往会出现“有人来检查时一定要做好做到位，没人来检查就没事”的现象。而“经济与安全两手抓，两手都要硬”似乎还只是一句口号，仅凭基层在实际工作中自行总结、自行修正似乎远远达不到这个目标。

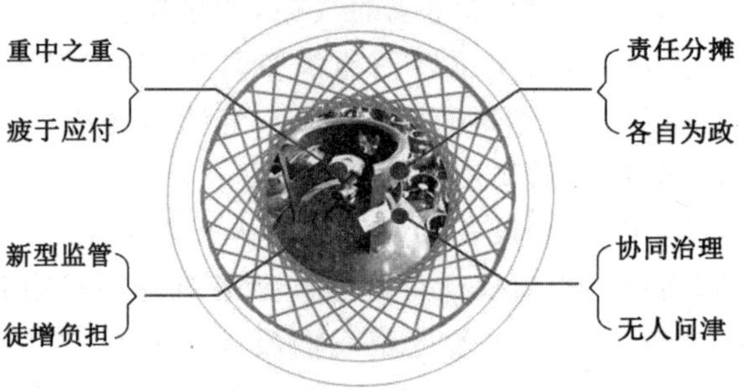


图 4-2　基层监管困局

经过疫情防控网格化监管方式的普及，安全工作似乎也想跟“网格化”搭上边、牵上线，各级部门想方设法将职责压给社区街道办事处。在这次调研中，我们听到最多的就是所谓的“街道社区吹哨”模式。众所周知，比如市场监管、应急管理等部门在内的行政执法机关在实施关于安全的监管执法时，本身就存在着进门难、取证难、调查难、办案难、送达难等各式各样的问题，更何况街道本身并不具备相应的执法权限。那么，网格员在遇有安全风险隐患时是否有足够专业知识支撑其判断为隐患？在带有危险的区域，比如液化石油气站检查时，是否会因误操作导致更严重危害？或者在确认其为隐患后寻求各级部门帮助的机制是否完善？这些问题的未曾解决，就使得整个“网格化监管”徒有其表、不见其实，除了无益于地区整体安全形势以外，还变相加重了基层负担。

**3. 责任分摊为避责，各自为政怕问责**

小陈所在的社区街道办事处实施的是区域管理，即一个网格员负责一个片区。他日常的工作可以说安排得满满当当，文明城市创建、全域旅游、社区矛盾化解、人居环境改善、安全生产、环保、数据摸排等，涉及范围之广、涵盖行业之多。在与小陈的接触中，总见到他忙忙碌碌，办公桌上放着厚厚的培训材料和书籍。

液化石油气钢瓶的使用安全只是安全生产大项中的一个子项目，而 Y 棚户区的这次事件两个多月都未曾解决，基层负担已很重。责任分摊是将安全生产的责任压实到各个行业

(部门),由各个行业(部门)各司其职,管理好各自领域的事项,从而共同促进整体安全水平提升。

**4. "协同治理"口号响,安全座谈无人来**

协同治理讲究的是在信息沟通、线索移送、措施配合、成果共享、工作协同等方面能达成一致性,近几年人民群众也希望政府部门通过互相间的协调协作解决现实问题。显然,这在目前还只是一个目标、一个方向,想要真正达到还有很长的路要走。

在一些细分领域,协同治理已初见成效,但在安全领域成效不大。N市建立的气瓶质量安全追溯系统旨在以技术化手段实现同步管理,但管理的源头始终是人,其中蕴含着失序的风险,在构建不完善或存在漏洞时,往往会暴露以前从未暴露的问题。就N市气瓶质量安全追溯系统上"已停用"和"已报废"的气瓶实际可能还流通在市场上使用的问题而言,恐怕不是哪一个部门能够独立妥善解决的。虽然关于安全的文件不断下发,但是一切都停留在"各司其职""协同治理"等口号上,迟迟没有召开一次安全座谈会。

## (四)寻求帮助遇推诿,处理方案终无果

小陈深知问题严重,在经细致调查研究后,向分管领导汇报了所有情况以及自己的推测。领导听完以后召开内部会议,认为这样的风险仅靠街道办事处的力量是无法有效应对的,必须要尽快和各级部门联络,共商对策,解决问题。

**1. 消防部门,事故隐患快上报**

一直以来,消防部门都在对附近的餐饮门店进行消防检查,在陪同消防检查时,有关领导就将对Y棚户区跨区域流动气瓶和"黑气瓶"问题的困惑进行了反映。消防人员查看了一些群租房后认为,目前这种情况含有巨大安全隐患,不仅容易引发火灾,更有可能发生泄漏爆燃事件,要求街道办事处予以高度重视,尽快联系各级监管部门商量解决。

这主要涉及市场监管、住建、公安等部门,由街道办事处牵头履行属地管理职责,将事故隐患尽快上报上级领导,最终由上级领导决定处理方式。

**2. 市场监管部门牵头配合**

据了解,气瓶由市场监管局的特种设备安全监察科管理。

市场监管局特设科科长表示:"这种入户的液化石油气钢瓶市场监管局一般是没有管理权限的,特种设备安全监察科的职责范围主要还是打击气瓶充装的违法违规行为。据我们了解,全市目前只有8个区有充装站点,而Q区是没有专门的充装站的,因此需要咨询燃气管理部门。由于这种'黑气瓶'的情况是目前打击的重点对象,所以还可以咨询消防、公安、燃管办等部门,像这种'黑气瓶'的情况一般是由住建部门牵头、其他部门协同治理的。如果需要,我们也可以参与联合执法检查。"

最终,市场监管局表示可以配合街道办事处执法,但其不能作为牵头部门。

**3. 住建部门,监管职能在市里**

在与住建局接洽中得知,主城区的区级住建局目前没有燃气监管职能,距离主城区较远的几个区都是自己监管,并设有燃管办,但主城区的住建局没有设置燃管办的。"黑气瓶"确实安全风险比较大,如果需要检查,则需联系市燃管处。

工作人员还表示:"目前,我们职责范围是牵头推进城镇燃气企业供应的农村管道天然

气和瓶装液化气安全管理工作，主要是会同市有关部门按规定落实燃气工程施工图设计文件审查、施工许可、竣工验收等要求。像这种监管执法，则是由市燃管处出面解决。”

由于未能与市燃管处负责人取得联系，此事又搁置了下来。

**4. 公安部门，严厉打击等通知**

分管领导认为，这件事情想要得到解决，还需要住建局部门或公安部门牵头。

临近年底，区领导下社区检查工作，分管领导将这件事情向区领导进行了反映。

区领导听完以后高度重视，随即联系了区公安局。公安局的同志表示：“打击‘黑气瓶’违法违规行为是目前的重点工作，但一般公安机关可配合住建部门执法，对未经燃气许可非法经营、擅自损坏燃气设施、燃气领域危害公共安全等违法违规行为构成犯罪的，可以依法追究刑事责任，同时可跨区域联合执法。”

经过协调，公安部门表示可以与燃管处取得联系。区领导也要求街道办事处持续关注安全风险隐患，待与燃管处取得联系后，共同商议解决办法，有任何进展要立刻向区政府汇报。

**5. 燃管处，给你方案你来做**

一个多星期后，街道收到了燃管处的回复，主要内容如下：目前主城区内的居民不允许再使用瓶装液化石油气，对于Y棚户区的情况，需要街道办事处梳理有安全隐患的供气场所，将名单报给住建局，再由住建局上报燃管处，燃管处会通知相关供气企业。

处理方案出来后，首先是梳理有安全隐患的供气场所，街道办事处目前本身就人力短缺、事务众多，这些跨区域流动的气瓶具体来自什么地方，想要完整梳理出这份名单，在短期内根本是不可能完成的；其次是黑气瓶问题，Y棚户区人员流动性大，每家每户都有可能存有“旧气瓶”，想要全部进行统一处理报废有一定难度。

### （五）结束语

Y棚户区液化石油气钢瓶事件案例并非个例，其中展现的各类问题是当下安全监管工作窘境的缩影，也是安全形势危机的直接或间接原因。如何在原有信息化基础上形成多元主体各司其职、各负其责、协同配合的工作机制，进一步提升各级部门协同治理程度和公共服务意识，全面提升安全生产治理体系和治理能力现代化，切实消除各类安全隐患，防患于未然，这些都值得所有人深思。

## 二 案例分析

### 引言

党的十九大报告中明确提出，要健全公共安全体系，完善安全生产责任制，坚决遏制重特大安全事故。2021年年底，国务院安全委员会办公室通报的多起燃气典型事故则集中暴露了燃气安全领域目前仍存在的多维风险。基于对N市Q区Y棚户区为代表的液化石油气钢瓶监管案例描述，下面以整体性治理理论为基础，对以上案例进行深度剖析，希望通过该理论分析N市Q区液化石油气钢瓶监管中存在的问题，厘清液化石油气钢瓶监管窘境中政府、市场、社会之间的关系，找到政府内部协同、多元主体共同治理的途径及优化方案，促进液化石油气领域安全水平不断提升。

## （一）构建分析框架：整体性治理

### 1. 整体性治理理论

整体性治理理论是在信息时代背景下发展起来的修正新公共管理理论。安德鲁·邓西尔最先提出“整体性治理”的概念，而佩里·希克斯则将其上升到理论层面。作为对新公共管理改革造成的治理资源分散化、治理过程碎片化的反思和战略性回应，整体性治理理论主张立足于政府内部机构和部门之间的整体运作，关注管理应遵循从分工到整合、从局部到整体的改革逻辑[①]，从而克服官僚制过于强调部门分工和层级分化而导致的公共服务和公共管理中的问题转嫁、任务冲突、沟通缺乏、目标针对性不强等问题[②]。关于整体性治理已成为传统官僚制、新公共管理之外的一种新的公共治理范式，已在学界得到广泛的认同。下面从管理理念、组织形态等方面对三种公共治理范式进行分析归纳，见表4-1。

**表4-1 公共治理范式比较**

| 类型 | 科层制范式 | 新公共管理范式 | 整体性治理范式 |
|---|---|---|---|
| 阶段 | 1980年之前 | 1980—2000年 | 2000年之后 |
| 理念 | 政府单一化 | 公私合作 | 多元化合作 |
| 运作机制 | 功能性分工 | 部分整合 | 整体性 |
| 组织运作 | 科层节制 | 专业分工 | 一体化网络 |
| 内核关注点 | 行政依法指令 | 绩效指标完成 | 公众需求的回应 |
| 绩效 | 偏向投入 | 偏向产出 | 注重结果 |
| 权力 | 集权 | 分权 | 广泛授权 |
| 财务 | 行政预算 | 预算竞争 | 一体化预算 |
| 规范 | 行政法规 | 契合/合同 | 公共伦理与价值 |
| 资源 | 单一 | 二元化 | 多元化 |
| 合作方式 | 一元化政府 | 政府-市场合作 | 政府-市场-社会合作 |
| 行动逻辑 | 政府科层制 | 引入市场机制 | 整合 |

整体性政府是一种提倡通过对横向和纵向维度的思想和行动进行协调，从而达到预期利益的政府治理模式。在整体性政府的框架下，各级政府机构和部门可以更好地对稀缺资源进行协同利用与流畅调配，并在具体政策领域内加以推广，从而促进不同利益相关团体

① 竺乾威.从新公共管理到整体性治理[J].中国行政管理，2008(10)：52-58.

② LEAT D，STOKER G. Towards holistic governance：the new reform agenda[M]. New York：Palgrave，2002.

间的团结与合作，以达到为公民提供更好服务的终极目的。跨越和弥合各级政府机构与部门间的障碍和分割，是建设和塑造整体性政府的关键。整体性治理的最重要目的是克服由官僚体制强调分工和层级划分引发的公共服务和管理问题，如困境转移、目的冲突、沟通匮乏、管理分散和服务针对性差等，建议以公民需要为治理导向，将信息科学技术作为治理手段，通过协同、调和与责任的整合性机制，跨越和弥合组织间的鸿沟和分界，充分有机整合和协调一系列治理过程中碎片化问题的治理模式。在信息化和知识经济时代背景下，权力分散化代替集中化，任务趋同化代替分散化，自由与个性化而非同一化，都是社会的普遍要求和现实发展趋势。在政府层面，则需要建立一个更具弹性、内部横纵和层级间非封闭的组织结构，使人们能够跨越内部职能分界与组织边界互相沟通与联系。

整体性治理是跨越层级间、领域间和部门间，对信息和资源进行互通共享的过程，核心是对多个治理主体间进行协调和整合，从而达成对多元治理主体间深度且紧密的合作状态、合作模型的理想状态的实现(图 4-3)。稳定的合作结构是对快速应急响应，强有力的组织和动员以及对政策坚定有力有效的治理需求进行的有效回应。这与应对和响应突发公共卫生事件所需要的迅速应急响应、对资源积极有效的整合、快速坚决的政策执行力的高度契合。

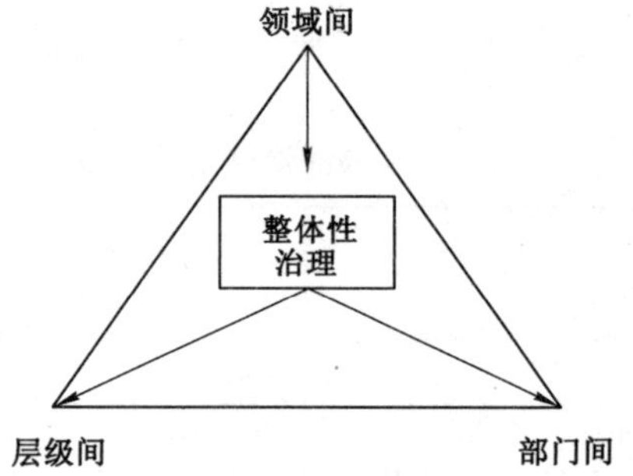


图 4-3　整体性治理理论框架的三个整合面向逻辑

整体性治理理论对新公共管理理论的修正具体体现在以下几个方面：第一，整体性治理理论改变新公共管理理论以效率作为基本价值取向，主张公众需要和公众服务，更符合服务型政府的特点。第二，整体性治理理论强调治理的整体性，通过建立显著区别于新公共管理采取的扁平化和分散化组织管理形式的联合治理结构，实现政府与市场和社会的通力合作，更契合信息技术背景下政府管理向集中、整体和整合方向发展的趋势。第三，整体性治理理论提倡建立一种在官僚制基础上横向的综合组织结构，摒弃新公共管理理论推崇过度分权的多层级结构，在增强最高级组织控制力的同时，还可以为跨部门合作和联系提供一个平台，更便于治理活动的开展。第四，整体性治理理论提倡的信息共享、过程公平、通力合作理念，为社会治理和公共服务提供了一套全新的治理手段和工具，更有利于政府扮演整体性服务供给者角色。

整体性治理理论的核心特征主要表现为五个方面。第一，消除不同政策和不同项目间的矛盾，促进不同人员间的交流和合作，供给成本更低且更高效的社会服务，实现满足公共利益需求和履行社会责任的双重治理目标。第二，着眼于建立政府部门与私人部门及非营利部门间更平等的合作关系，寻求公私部门间更高效的合作模式以及处理先前部门权限不清和治理过程中新出现问题的新方法。第三，强调建立以集中、整体和整合为治理理念的官僚组织结构，注重通力合作。第四，充分利用信息技术，实现治理层次数字化手段全过程运用。第五，强调公共服务需要重新整合，同时供给时要互相合作以保证其实现整体运行。

**2. 分析框架**

事实上，整体性治理将公众需求作为治理导向，治理机制为协调、整合、责任，治理手段为信息技术，主要目的是对治理层级、治理功能、公私部门关系及信息系统等碎片化问题进行整合与协调，是一种为公众提供无缝隙而非分离的整体性服务的政府治理模式（图 4-4）。整体性治理理论摒弃了相互破坏、腐蚀的各种政策情景，加强了某一公共领域的各个主体间的团结协作，以便更好地共享稀缺资源，从而为公民提供整体性的公共安全服务。

由此可知，整体性治理所要应对的是碎片化。安全监管是一种持续的、动态的全过程、全流程监管，与整体性治理理论存有高度的契合之处。为此，我们主要以整体性治理理论为分析框架，从监管理念、监管主体、政策执行、监管责任和监管技术几个层面对液化石油气钢瓶的安全监管进行深度剖析，并从以上方面寻求化解液化石油气钢瓶的全过程安全监管碎片化的治理之道。

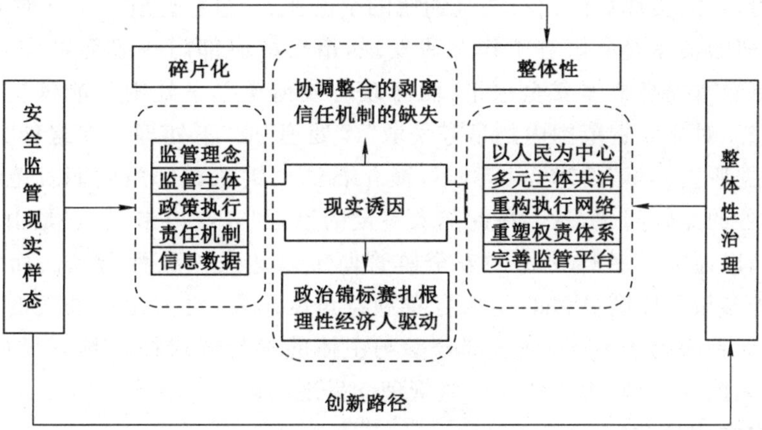


图 4-4 液化石油气瓶安全监管破局分析框架

整体性治理的实践层面会受到一些因素的影响，这些因素分别是来自组织、观念、技术水平方面。第一种因素是来自保守组织的抵触。在政府官僚制组织形式中存在一些对改革有着抵触情绪的保守组织，长期的专业分工与分割式管理让他们对自己的业务十分熟练并且高效。然而，整体性治理提出的整合策略打破了这种稳定局面，要求他们从单一的、机械式的工作转向从事多方面的灵活的工作。为此，他们需要不断地学习新的知识、解决新的问题、承担新的责任。这对于他们来说不仅是增加工作量、改变工作环境与人际交往圈，而是根本利益的撼动，所以他们抵触整体性治理的推行。第二种因素是责任感与信任。希克斯认为，责任感与信任两者作为重要的协调机制在整体性政府的塑造运动中起到了重要作用。责任感一般表现为诚实、效率和有效性（项目责任），组织间信任则建立在委托和代理关系的基础之上。良好的责任感与信任可以促进“有机团结”，这一点在党组织与军队组织中可以得到验证，也是公共部门组织需要学习的地方。第三种因素是信息化水平。邓利维认为，信息技术对整体性治理的支撑作用体现在实现了以需求为基础的整体主义以及推动了数字化变革。由此可见，社会信息化水平和政府的信息化水平可能会影响整体性治理的广度和深度，应当予以重视。

## (二) 碎片化:液化石油气钢瓶安全监管的现实样态

希克斯认为，碎片化是指在应对公共管理问题时，不同职能部门的权力和资源较为分散，地域及功能存在交叉、重叠，组织间缺乏协调，进而导致政府组织内的个体与整体无法达成政策目标。依据对Q区Y棚户区液化石油气钢瓶的全过程安全监管，发现其内嵌了多维的“碎片化”特征。

### 1. 监管理念碎片化

液化石油气钢瓶的安全监管涉及环节多，其中包括安全生产、安全流通、安全检查以及安全维护等。此外，涉及部门较多且杂，主要涉及消防部门、交通部门、公安部门、市场监管部门、应急管理部门、住建部门等。换言之，液化石油气钢瓶的安全监管本质上映射出治理行动中具有极强的复杂性。这就要求建立各监管主体的整体协作意识，才能有效促成各司其职，合力共为，才能实现对液化石油气钢瓶的全流程、全过程监管。但在对Q区Y棚户区液化石油气钢瓶的实际安全监管工作调研发现，市级政府部门一般会以公共利益、公共安全作为导向，更看重提高整体安全水平；而区政府或街道办事处则可能依据自身职责进行理性考量与抉择，对非职责范围内的事务采取“冷处理”或“不处理”，在这种“只对上级部门负责”或“只依据职责办事”的理念指引下，液化石油气钢瓶在部门间职责范围交叉或各部门职责范围以外的监管问题，就会在此陷入一定的治理“真空地带”。正是由于政府间目标责任的模糊化，以往需要整体协作的安全监管便难以达成一致性行动。而液化石油气企业、一般群众等参与主体则更多的是从自身利益角度出发，对液化石油气的安全监管理念会因多种因素影响而趋于不同，且这部分参与主体的参与方式往往具有很强的临时性，而非持续参与。因此，各个监管主体间的监管理念呈现出碎片化状态。

### 2. 监管主体碎片化

一般而言，现行治理模式中对液化石油气钢瓶的监管方式主要分为属地监管、行业领域监管、部门监管、社会监管等方面。其中，属地监管主要是街道、场区、园区等对各自辖区内的监管；行业领域监管主要是卫健委、教育局等行业部门对液化石油气领域场所内的监管；部门监管主要是消防、市场监管、住建、公安等职能部门对液化石油气钢瓶生产、检验、充装、流通、使用、报废等全过程的监管；社会监管主要是企业、环保协会、媒体、社会热心市民等社会力量能够形成自发秩序的自主性监管。由此可见，无论是对于何种监管方式，其所涉及的监督主体更为多样化。反之，正是这一多样化主体特征，进一步导致监督主体的碎片化，最终影响液化石油气钢瓶的整体性治理效果。而从实然意义来审视会发现，监管方式始终处在“游离”状态。一方面，我国“服务型政府”仍在探索进程中，以往对于液化石油气钢瓶的监管主要以政府主导模式为主，且呈现出一种根深蒂固的运行机制，这就导致除了政府主导的监管方式以外，众多其他监管方式(社会监管)显得治理效果较为薄弱，在液化石油气钢瓶的监管中，从上游到下游的运行方式始终处于一种“被整治”的状态，从而缺失活力；另一方面，就政府内部而言，各部门之间的职能会存在交叉，引起监管真空的问题，进一步导致整个监管机制无法顺畅运行，最终造成监管效率低下的局面。

**3. 政策执行碎片化**

从理论上讲，液化石油气钢瓶监管政策中的执行行动应该由地方各级部门承担，这就意味着各方主体在监管政策执行行动中应该保持目标一致，并促成主体行动间的协同推进，从而促进"液化石油气钢瓶安全隐患消除"这一目标的达成。但是，在N市Q区液化石油气钢瓶监管实践中调研发现，区级政府、街道办、消防、市场监管、住建、公安等职能部门通常在政策执行过程中只能确保自身主体部门的职能实现，规避"超范围"执行、"越级"执行等情况的发生。更为关键的是，一旦在上述监管过程发现对于不在Y棚户区本部门职责范围内的事项，有些部门往往会形成推诿、避责等现象。换言之，各级部门实质上是"替换、甚至曲解"了"Y棚户区液化石油气钢瓶监管安全隐患消除"这一目标的本质，而经过对自身职责权限的理解形成的各自碎片化的执行方式。例如，消防部门只管发生火灾后的事故处理，市场监管部门只管充装环节的液化石油气钢瓶监管，公安部门只能针对经举报的违法违规黑气瓶行为采取执行纠偏行动等。

**4. 责任机制碎片化**

液化石油气钢瓶安全监管责任是否能履行到位的关键要点在于"是否构建出具有完善的责任体系"。Y棚户区液化石油气钢瓶监管各环节中所涉及的主体的不同，进而会演化为将液化石油气钢瓶监管各环节的监管剥离开，各部门只对相应职责范围内的监管负责。总之，液化石油气钢瓶监管职能的碎片化，必然会导致液化石油气钢瓶监管责任机制的碎片化。当液化石油气钢瓶监管安全的维护及公共利益的达成，需要消防部门、交通部门、公安部门、市场监管部门、应急管理部门、住建部门等其中的两个或两个以上部门协同行动才能得以完成时，可认为Y棚户区液化石油气钢瓶监管职责的切割会不可避免地成为监管效率的掣肘。在实际工作中，牵头部门是以一种协作推进领导者的身份存在的，而协作部门只需要服从指挥、听从调度即可。不可否认的是，结合当下地方政府的协同治理实践，谁来做牵头部门成为Y棚户区液化石油气钢瓶监管的主要问题。此外，ZHM街道的属地监管责任也呈现碎片化状态，其中缘由在于权责的不相匹配。正是基于压力型体制，本该由专业部门履行的职责不断下放ZHM街道，使得ZHM街道"属地监管"成了"属地啥都要管"。"权力不下放，责任跑不掉"使得ZHM街道等基层政府的压力与日俱增，这种碎片化的责任机制使得ZHM街道工作逐渐趋于被动，难以对Y棚户区液化石油气钢瓶进行常态化监管。

**5. 信息数据碎片化**

N市对液化石油气钢瓶的信息化监管中的难点在于信息数据壁垒困境。目前，N市液化石油气钢瓶的二维码机制是信息化监管实践中的一次有益的尝试，避免了各级部门因其不同的监管职责，而只依据自身所需要信息进行的信息化建设，便于形成统一有效的"信息标准"，可视为一次整合碎片的过程。从实践来看，Y棚户区液化石油气钢瓶信息化监管中的数据壁垒并非那么容易消除。由于技术水平有限和受人为因素影响，N市关于液化石油气钢瓶的信息化监管的整套信息系统不可能涵盖所有信息，如"超期未检气瓶""超期未报废气瓶""黑气瓶"信息的缺失，在大数据系统并没有条目现实，导致Y棚户区仍有含安全风险隐患的液化石油气钢瓶散布各处。另外，对 Y 棚户区液化石油气钢瓶所采集的信息数据质量不高，甚至数据造假的问题会持续发生，如“帮配送”的系统信息失真、“粗鲁派”“口袋码派”“技术派”的违规充装数据造假等问题，这就需要对信息数据不断修正，或者对系统不断更新才可以逐渐消除。总之，信息数据的碎片化不仅对 Y 棚户区液化石油气钢瓶监管造成极大的困难，而且对 Y 棚户区液化石油气钢瓶监管的效率及整体性造成较大的影响。

## （三）液化石油气钢瓶安全监管碎片化的现实诱因

碎片化对我国液化石油气钢瓶安全监管体系的整体性、规范性建设形成了阻碍，对政府部门监管效能的发挥和监管水平的提升产生了不利影响。不可否认的是，监管理念、监管主体、政策执行、责任机制、信息数据五个维度的碎片化是安全监管整体碎片化的主要原因。希克斯认为，“碎片化”主要源自由各主体间协调失衡或协调不畅导致的结果。换言之，其本质是一个具有多种问题来源的复杂问题，需构建出整体性治理框架用以阐释 Y 棚户区液化石油气钢瓶监管问题。

当前，在 Y 棚户区液化石油气钢瓶安全监管中，存在多头监管的现象，不同政府部门履行的监管职责存在一定重合，模糊的职能边界是引起不同政府部门间相互推诿扯皮的根本原因，最终导致政府监管效率低下。同时，不同政府部门多头履行监管职能，也在一定程度上对液化石油气企业的日常经营活动产生了不利影响，导致企业对监管的配合度较低、积极性较低，使政府部门履行监管职能时难以获得良好的监管效果。因此，我们试图从多维视角剖析 Y 棚户区液化石油气钢瓶全过程安全监管的碎片化根源，探寻 Y 棚户区液化石油气钢瓶全过程安全监管碎片化的诱因。

**1. 协调整合的剥离：各自为政取代互利共赢**

协调整合的原始目的是将某一特定政策领域的利益相关者进行集合，从而统一向公众提供整体性服务。而想要真正达成协调目的，很大程度上依赖于对政策、结构、信息、文化等的全面整合，并在加强中央权威的基础上实现各主体间的互利合作。

然而，在对 Y 棚户区液化石油气钢瓶安全监管中，业务所涉及的多部门与部门之间的协调整合恰恰存在严重两两剥离的状态。也就是说，ZHM 街道以及下设的部门间信息数据的不互通，本应同步的相关信息数据容易存在严重的滞后性，使得 Y 棚户区液化石油气钢瓶监管信息数据呈现碎片化。此外，QH 行政区的各级部门在液化石油气钢瓶安全监管政策执行的过程中，往往只关注主体业务部门自身的职责任务或者只关注将自身部门的利益最大化需求，又因为其缺乏有效的沟通，从而导致 Y 棚户区液化石油气钢瓶监管政策执行呈现碎片化；各监管主体（消防部门、交通部门、公安部门、市场监管部门、应急管理部门、住建部门）在各自为政的监管模式中，往往因激励机制的短板，容易丢失主观能动性，加之液化石油气钢瓶本身的危险特性以及在其全过程监管中的特殊性，容易产生“畏惧”或“畏难”心理，从而很难形成有效的沟通协调，使得液化石油气钢瓶监管主体和监管理念呈现碎片化。再者，液化石油气相关安全事故发生以后，极易丢失或损坏佐证，事故调查时的责任界定与责任追究变得困难，消防、市场监管、住建、公安等液化石油气监管职能部门之间的责任转移时，有可能使得 Y 棚户区液化石油气钢瓶监管责任机制呈现碎片化。总之，以上的碎片化现象恰恰与协调整合的剥离脱不开关系，地方政府各部门间的各自为政进一步助长了地方主义、部门主义的发生，客观上增加了液化石油气钢瓶安全监管问题的治理成本，削弱了液化石油气钢瓶治理的整体效应。

**2. 信任机制的丢失：互相猜忌压缩合作空间**

通过调研发现，液化石油气钢瓶一般在日常销售、流通等使用环节的关键资源在于“交易信任”，目前部分商家会以多元化媒介销售和交易的“黑气瓶”。从组织行为学视角观之，其实不仅仅是在销售一类产品，更多的是“信任”销售基础。N市Q区的液化石油气钢瓶乱局，实则反映出地方政府，尤其是基层政府（ZHM街道）公信力下降的体现。在Y棚户区对液化石油气钢瓶使用过程的监管中，QH区级以及ZHM街道未能真正将承诺予以兑现，企业、社会组织、公众、媒体等对政府部门的信任会出现“层级差序”（对于直属的、距离较近的政府层级信任度变低，而距离越远反而信任度越高，这其实就是政府信任的“距离悖论”）。

这种“层级差序”与“距离悖论”实际上会让Y棚户区液化石油气钢瓶安全监管主体间长期处于信任缺失，甚至是信任丢失的状态，而这种状态容易引致Y棚户区液化石油气钢瓶监管主体之间出现猜疑或诋毁。一旦面临安全生产事故或安全风险隐患时，ZHM街道以及相关业务部门往往容易产生“不合作”心态。那么，在消除Y棚户区液化石油气钢瓶隐患、应急处置或事故调查中就呈现出“出工不出力”之情景，使得Y棚户区液化石油气钢瓶监管理念和监管主体呈现碎片化。此外，各监管主体持有的特定信息数据正是因为“层级差序”和“距离悖论”的存在，导致液化石油气钢瓶的信息共享的缺乏，如对液化石油气钢瓶的定期检验、生产日期、充装信息等并未纳入共享范畴之内。一方面，影响监督主体获取直观的Y棚户区液化石油气钢瓶安全信息的有效性；另一方面，导致消防、公安等职能部门无法获取Y棚户区的违法数据，从而无法形成有效监督，使得液化石油气钢瓶监管的信息数据呈现碎片化。更为关键的是，信任机制出现缺失会直接影响到Y棚户区液化石油气钢瓶的政策执行。在Y棚户区液化石油气钢瓶的日常监管发现，凡是与自身部门职责不相关的事项，各级部门往往会“选择性执行”，而这种“选择性执行”正是Y棚户区液化石油气钢瓶监管效果不理想的原因。当事后进行责任认定时，各监管主体也只需要将相关政策进行各自解读，从而合理“避责”，使得Y棚户区液化石油气钢瓶监管责任呈现碎片化，也就无法构建“共治共享”的Y棚户区液化石油气钢瓶共治格局。

**3. 政治锦标赛的植根：向上负责庖代公众诉求**

美国学者莱瑟尔等人以暗喻的形式将政治锦标赛引入生产与管理实践中，在公共治理领域，这种模式被看作一种地方政府的行政治理模式。在现实生活中，政治锦标赛模式能够促进本地经济实现快速增长，激发政府部门人员工作的积极性，但也会引发忽视公众诉求或地方保护主义等一系列负面效应。这种地方治理实践逻辑，在Y棚户区液化石油气钢瓶监管领域可以得到验证。

事实上，政治锦标赛模式往往关注的是治理之“果”，各级政府部门会尽力展现在安全领域中的努力。通过调研发现，N市对8个带有充装液化石油气企业的区进行定期考评，那么对于地方政府而言，尤其是各区中的液化石油气充装企业便会以便宜策略，想方设法通过“系统申报停用”或“系统申报报废”等方式完成考评。一方面，完成液化石油气钢瓶的监管考评并成绩优异能够提高液化石油气企业生存力，进一步增加经济效益，同时可以减少政府部门对液化石油气钢瓶安全检查频次，增加液化石油气企业的信用；另一方面，各区级政府部门亦能在此行动中实现政治效益的最大化。但从现实角度出发，这样做的后果无疑是对N市液化石油气钢瓶流通、使用、报废等各环节的违法违规行为的“包庇”，其中的审核把关不到位现象极易引发事故，进而损害公众利益。由此可见，在Y棚户区液化石油气钢瓶监管困境的治理实践中，各层次政府部分业务部门仍然遵循的还是在政治锦标赛中取胜的逻辑，即“只对上负责”，而忽视Y棚户区群众在使用液化石油气钢瓶后的安全性考量，尤其是缺乏对Y棚户区公众负责的意识。这种为了迎合上级考核指标而不顾公众利益诉求的现象，使得液化石油气钢瓶监管理念和监管主体呈现碎片化，会产生液化石油气钢瓶的“柠檬效应”，最终影响到Y棚户区液化石油气钢瓶监管的整体性治理格局。

**4. 理性经济人的驱动：部门利益蚕食公共利益**

布坎南将理性经济人假设应用到公共管理学实践之中，认为政府部门及其工作人员都有追求自身利益最大化的内在动机，即理性经济人。利益关系是政府各级部门间相互关联关系的真核。那么，在Y棚户区液化石油气钢瓶安全监管中，不同部门（消防部门、交通部门、公安部门、市场监管部门、应急管理部门、住建部门）有其差异化的监管区域、重点以及方式，液化石油气钢瓶安全监管的政策空间与政策执行分工也存在极大异质性分歧。当出现部门利益与公共安全利益的权衡时，单一化的部门出于理性考虑，试图将其部门利益凌驾在公共安全利益之上，这部分部门会在其自身监管领域中进行最大程度的资源动员，以达到维护自身利益的目的。通过调研发现，当Y棚户区液化石油气钢瓶的使用环节出现问题时，分管流通环节或充装环节的部门会进行“临时性检查”，从而确保使用环节的问题与其他环节无关，进而确保厘清责任。如上对Y棚户区液化石油气钢瓶的使用环节治理实践，恰恰忽视整体治理成效，片面追求自身领域“安全度”的做法，会导致Y棚户区液化石油气钢瓶“数字利维坦”现象的出现，使得Y棚户区液化石油气钢瓶政策执行和责任机制呈现碎片化，对整体利益产生损害，大大降低Y棚户区液化石油气钢瓶安全监管的有效性。

## （四）构建液化石油气钢瓶安全监管碎片化的整体性治理路径

基于Y棚户区液化石油气钢瓶的调查实践，借助整体性治理的理论工具，由此构建应有的路径，以此针对性地探寻解决液化石油气钢瓶安全监管问题的现实出路。

**1. 监管理念维度：以人民为中心**

推进安全治理体系和治理能力现代化是进一步实现国家治理体系和治理能力现代化的关键环节之一。在日常生活中，液化石油气作为城市居民主要生活和商业生产的核心能源，液化石油气的安全始终与最广大人民群众的人身财产安全息息相关。因此，从安全监管的本质来看，应当始终坚持“以人民为中心”的根本价值取向。对N市而言，其液化石油气钢瓶仍然存在跨区域流动、“黑气瓶”等显著问题，证明Y棚户区部门对液化石油气钢瓶的安全监管的思想认识不到位，且未曾扎根落地于基层治理实践，在狠抓落实上还存在不小差距。

因此，从“以人民为中心”出发。一方面，进一步在ZHM街道及其各业务部门落实党政同责，实施“一岗双责、齐抓共管、失职追责”的安全生产责任体系，在Y棚户区细化、强化并深化各级部门在液化石油气钢瓶监管中的监管责任，形成对涉及“人民安全的事项必须管、不在职责范围内的要帮忙管、一个部门管不了就一齐管”的良好液化石油气钢瓶监管的整体性治理格局;另一方面,进一步压实液化石油气充装企业的安全生产主体责任,落实企业主要负责人为安全第一负责人的制度,通过宣讲、培训、教育、约谈、处罚、表彰等多种监管方式,使液化石油气充装企业在逐利过程中始终“牢记底线、良心办企”,形成“不敢违法、不愿违法、守法光荣”的良性监管氛围。

**2. 监管主体维度:促成多元主体共治行动**

通常情况下,单一政府部门的力量难以使问题得到全部解决,这时就需要政府部门、社会组织及人民群众共同发挥监管和监督作用。第一,政府部门作为液化石油气钢瓶安全监管的重要主体,一定程度上决定着问题的发展趋势。为了更好地发挥政府部门的监管作用,最重要的是破除部门间的信息壁垒,实现信息共享,提升监管效率。在安全监管领域,应当建立统一的安全信息交流平台,改变传统模式下“各自为政、信息不互通”的尴尬之境,进一步完善N市Q区的信息化监管平台,充分发挥出良好的信息载体优势,通过信息共享和信息交流行动,更好地达成对Y棚户区液化石油气钢瓶监管的共治目标。第二,社会组织(诸如环保组织、民非组织)作为液化石油气钢瓶安全监管中最主要的外部监督主体,可以有效弥补政府部门失灵的缺陷,发挥其社会组织优势,借助于一定的专业技术手段来辅助监管,推动监管问题的有效化解。政府部门应大力向社会组织购买服务,实现主体间的相互合作,为与液化石油气钢瓶相关的检验研究院、第三方检测机构、行业协会等提供政策、准入、资金、人才等方面的支持。同时,减少对社会组织的行政干预,尽量扮演组织者角色,提供给社会组织更多开展液化石油气钢瓶监管活动的自主权和决策权。在此之中,社会组织更应当自觉加强自身建设,通过完善制度和开拓创新等方式提高自身在质量评估行业中的竞争力和影响力。第三,人民群众作为液化石油气钢瓶的直接使用者及直接监督主体,可以发挥广泛的监督作用。为了发挥人民群众监督力量的现实效应,其关键在于:首先要保障人民群众的信息知情权,基层政府部门要及时准确向人民群众公布、公开与液化石油气钢瓶相关的政策、事项,如关于液化石油气钢瓶的管理规定、使用信息情况、流通配送信息、定期检验信息、执法检查结果等;其次要加强液化石油气钢瓶的科普宣传工作,定期举办液化石油气钢瓶知识宣讲会等,政府部门要根据受众的年龄、文化等的不同,采取差异化方式,提高人民群众的接受效果;最后要畅通投诉举报机制,为人民群众提供举报、投诉途径,如设立专门的举报投诉电话、邮箱及网址等。

**3. 政策执行维度:重构政策有效执行网络**

一项政策的执行能否有效在于以下三点:一是要保证政策制定合理、可付诸实施;二是要保证执行层面不出现偏差或出现偏差后能及时修正;三是要构建出一套完善的政策执行体系网络,从而实现液化石油气钢瓶监管的系统性和整体性。基于此,重构政策有效执行的网络体系,可以有效降低液化石油气钢瓶充装企业违法违规行为的发生概率,进而推动安全生产责任制落实。

第一,政策制定初期应合理规划、多方考量、尽量公平,在不存在违法违规行为的前提下,尽量倾听各方主体的诉求,维护公共安全利益。例如,N市Q区液化石油气钢瓶的跨区域流动问题,就可以制定相应的规范,对在何种条件可流动、如何流动等问题有效界定和厘清,从而避免液化石油气钢瓶监管“一刀切”的现象出现。

第二,政策执行时应提升政策的理解度,并严格约束流程。Q区政府及其业务职能部门应对从事关于政策执行人员，加强液化石油气钢瓶安全监管业务的系统性培训教育，提升其专业素养和专业知识储备，要求依法依规办事，对未按照流程办事的人员进行处罚，避免出现利益勾结或权力寻租。

第三，政策执行网络应完善奖惩激励制度，基于信用评价标准，建立形成的液化石油气钢瓶安全“红黑榜单”，进而制定液化石油气钢瓶违规违法的具体惩罚和奖励机制。针对“红名单”液化石油气钢瓶行业的从业单位/企业，可以提供评先创优、银行信贷、职业培训等方面的政策福利。反之，被归为“黑名单”的液化石油气钢瓶行业的从业单位/企业需从严处罚，处罚措施包括但不限于加强日常监管频次、限制银行信贷、禁止市场准入等措施。总之，构建液化石油气钢瓶安全的“红黑榜单”信用体系建设，可以有效规范液化石油气钢瓶行业的从业单位/企业行为，保障维护这一市场秩序的政策运转，减少威胁人民群众生命安全的风险隐患。

**4. 监管责任维度：重塑权责对等体系**

在Y棚户区液化石油气钢瓶安全的多头监管背景下，ZHM街道等基层政府部门间的相互推诿、扯皮等现象，实则是对需要履行责任的规避，会进一步严重影响液化石油气钢瓶安全监管的效率，间接助推“黑气瓶”问题的发展。因此，唯有细化权责和整合权责等路径，进一步重塑液化石油气钢瓶安全监管责任体系。

第一，通过实行液化石油气钢瓶安全监管绩效考核机制，实现权责的有效细化。其重点是重新制定安全绩效考核制度，从考核方法和考核指标两个方面进一步细化。一方面，在以往由上而下的绩效考核方式基础上，增加液化石油气钢瓶安全监管部门间的绩效考核，如对联合执法频次、协同治理成果等的考核；另一方面，对液化石油气瓶安全事故采取“一票否决”制度，从而推动与液化石油气钢瓶监管职能相关的政府部门自觉主动履职。

第二，进一步通过构建液化石油气钢瓶安全的综合监管制度，实现权责的整合。一方面，将分散的监管职能统一起来；另一方面，整合执行监管的政府部门内部不同科室的监管职能，例如市场监管部门内部不同科室在执行监管时，可以将与液化石油气钢瓶安全监管相关的质量标计科、特种设备科、法制科及综合行政执法大队等整合在一起形成一支综合监管队伍，共同处理监管难题，提升监管的实际成效；同时，也可以整合执行监管的政府部门间的监管职能，比如将消防、市场监管、住建、公安等职能部门关于液化石油气钢瓶的监管职责进行整合，各自抽调人员组建新的监管部门如综合行政执法局或新的监管队伍如联合执法大队等，对液化石油气钢瓶的安全使用形成统一力量监管，以此利用监管合力，提升监管效率。

**5. 监管技术维度：完善智慧监管平台**

N市的气瓶二维码制度和气瓶使用登记管理系统符合整体性治理的要求，整体性治理始终强调信息化技术的重要性，安全事故的发生往往会会将事故发生时的信息证据销毁，而信息化技术的有效嵌入是保存证据及在液化石油气钢瓶安全事故发生后完成溯源的有效途径。除了能达到事后追溯的效果，信息化技术更关键的作用是做事前预防和预警。因此，完善液化石油气钢瓶的智慧监管平台的信息化建设，实质上就是在完善液化石油气钢瓶安全的监督体系。

第一，提高液化石油气钢瓶监管的智慧平台安全指数。在液化石油气钢瓶充装环节，

“技术派”违法者其实就是钻平台安全指数不高的漏洞。为了更好地实现监管，政府部门应当在原有智慧安全监管平台基础上引入第三方技术机构，加强平台“防火墙”建设，修补系统漏洞，从而杜绝此类事件发生。

第二，减少液化石油气钢瓶监管平台的人为操作。通过大数据技术线外线、图像智能识别扫描等方式采录液化石油气钢瓶信息，一方面可以实现液化石油气钢瓶信息的准确，另一方面也可以减少在液化石油气钢瓶信息录入过程中的人为干扰或蓄意违规操作。

第三，拓展液化石油气钢瓶监管平台的辅助功能。目前，N 市使用的整套系统还处于初期阶段，应通过新增组件或者引入其他机构与目前从事系统维护的机构进行端口对接，从而实现更多辅助功能，比如实时视频监控、违法行为报警、违规充装自动锁定等。

第四，构建液化石油气钢瓶监管平台的共享互通机制。监管系统一般只能由企业或市场监管部门等使用，而对于其他职责相关的职能部门，或者与液化石油气钢瓶检验检测相关的第三方机构，应进行数据的共享互通，通过各级部门或第三方机构的使用与反馈进行不断改良，方能愈发完善。

## （五）结束语

本案例运用整体性治理理论对 N 市 Q 区液化石油气钢瓶监管窘境进行分析，发现液化石油气钢瓶安全监管的现实样态中存在监管理念、监管主体、政策执行、责任机制、信息数据五个维度的碎片化问题，通过对协调整合、信任机制、政治锦标赛、理性经济人等理论方向的具体深入分析，提出了五个方面的创新建议：① 以人民为中心，落实安全责任生产体系，压实企业安全主体责任；② 促成多元主体共治行动，通过建立政府部门统一安全信息交流平台、辅助社会组织发展、保障人民群众知情监督权等方式，发挥不同主体的监督作用；③ 重构政策有效执行网络，合理规划、约束流程、完善奖惩激励制度；④ 重塑权责对等体系，细化并整合权责，形成监管合力；⑤ 完善智慧监管平台，提升安全指数，减少人为因素，引入辅助功能，实现共享互通。

N 市 Q 区液化石油气安全监管中遇到的窘境是我国液化石油气钢瓶安全监管难题中的一个缩影，具有极高的借鉴意义。深刻吸取其中的经验教训，有利于促进解决同类问题，共同推进安全治理体系和治理能力现代化。安全管理，得之于严，失之于宽。液化石油气关乎老百姓的生命财产安全，想要解决现有问题，必须重拳打击违规违法行为，不给违规企业留任何监管死角，不给违法行为留任何可钻的空子。唯有如此，才能为液化石油气行业高质量发展营造一个更加健康的环境，最终有助于打造出多方共赢的局面。

# 案例五 熟视无睹，患在身边：筑牢身边的安全防线[①]

——以河南省柘城县“6·25”重大火灾事故为例

## 导读

随着我国现代化进程的加快，安全生产事故日益突出。本案例以河南省柘城县“6·25”重大火灾事故发生过程为主线，分析事故的发生过程、伤亡情况、处理情况、事故原因等，揭示目前我国在安全生产领域，尤其是“多合一”场所消防安全中存在的诸多问题与矛盾；运用风险管理理论和协同治理理论分析我国“多合一”场所的治理困境，通过总结经验教训，提出加强“多合一”场所消防安全管理、提升安全生产治理能力等对策和建议。

## 一 案例介绍

### 引言

随着我国社会主义新农村建设的蓬勃发展和经济体制改革的进一步深化，个体私营经济不断发展，越来越多的村民将农村自建房改为经营性场所。但“住改商”存在着改造不规范、安全隐患多等问题，由此形成了“下店上宅”“前店后宅”的“多合一”场所。因其复杂的使用性质、混乱的管理模式和严重的火灾安全风险，“多合一”场所成为社会主义新农村建设中影响社会安全的突出问题，对地方政府的治理能力与治理水平提出了新的挑战。

如今，农村各式各样的“多合一”场所已是司空见惯，由此导致的火灾事故日趋增加。本案例选取河南省柘城县“6·25”重大火灾事故作为研究对象，通过实地调研、走访当地群众、进行访谈和跟踪新闻报道等方式，全面了解整个事件的发生过程和事故原因，全景展现“多合一”场所的使用和监管乱象，旨在为“多合一”场所的安全生产治理提供可借鉴的经验和参考。

---

① 参赛人员：渠睿、高子惠、王怡文。
指导老师：王义保。
所在单位：中国矿业大学。

## (一)事故简介

**1. 凌晨起火,触目惊心**

2021年6月25日凌晨3时许,河南省商丘市柘城县远襄镇北街一武术馆发生重大火灾事故,造成18人死亡、11人受伤。死、伤者多为该武馆学生,年龄在7～16岁,过火面积196.5平方米,直接经济损失达2 153.7万元。根据《生产安全事故报告和调查处理条例》(国务院令493号)等有关法律法规规定,该事故属于重大事故。

事故发生后,党中央、国务院高度重视,要求全力以赴救治受伤人员,尽最大努力减少伤亡,同时查明事故原因并严肃问责。省、市、县主要领导赶赴现场指导救援工作,省、市应急管理部门第一时间启动预案,紧急抢救受伤群众。武术馆经营者陈某等3名涉事嫌疑人被公安机关依法采取刑事强制措施。省卫健委派专家组全力救治受伤人员。省应急管理厅派调查组迅速查明事故原因,纪检机关、公安机关同步介入。商丘市成立事故处置救援现场指挥部,设立应急救援、医疗救助、善后工作、舆情应急、安全稳定、保障服务、事故调查等7个工作组。各工作组有序开展现场勘察,进行事故原因分析,制定具体救援方案,开展现场抢险救援和次生灾害排查,全力抢救伤员,并对遇难人员家属进行情绪安抚、心理疏导。全省各市、县吸取教训,举一反三,开展地毯式除患排险工作。

**2. 逃生困难,伤亡惨重**

该武术馆共分上、下两层:一楼是武术馆大厅、餐厅等,面积约120平方米;二楼是练武房、房东住所以及武馆培训学员宿舍。武术馆共有34名学员,大多住在二楼,武术馆创始人陈某的妻子住在一楼。起火房间位于一楼南侧第一跨间,由于地面用泡沫铺垫,武术器材也多由泡沫包裹,导致火势发展非常迅猛。武术馆上、下两层之间没有防火分隔,火苗和大量烟气迅速蔓延到二楼。此时学员正在熟睡,完全没有察觉,错过了最佳逃生时机。同时,房间的窗户被封死了,一楼与二楼之间仅有一条狭窄的楼梯可供通行,唯一的逃生通道也被火焰吞噬,人员很难逃生。

该武术馆采用寄宿制管理,学员习武、吃饭和住宿等都在武术馆内,是一个典型的集住宿与经营、仓储等在同一建筑内的"三合一"场所。据了解,在柘城县远襄镇北街有很多这种家庭式武术馆,许多临街商铺后面都有自住的院子。北街紧邻远襄一中,有很多外乡的孩子会在校外租住集体宿舍。此次事故中的伤亡者均为该武术馆的寄宿制学员。据当地人介绍,这里很多孩子的父母常年在外地打工,爷爷奶奶又照看不住,就会把孩子送去这种寄宿制武术馆、培训班等。离家远的就全年寄宿,离家近的家长就把孩子寒、暑假送到这里,开学了再把孩子接回去。

柘城县消防救援大队大队长詹某义介绍,该场所作为武术培训机构,应当主动办理消防设计、验收或备案手续,但机构所在建筑为村民自建房,建设时性质并非培训机构,目前并未办理审核、验收或消防备案手续。也就是说,该武术馆的建筑设计并不合规,不能用于开设寄宿培训性质的武术馆。除了这家武术馆,这里应该还有很多商铺都属于非法的"三合一"场所,在消防安全方面存在着巨大的隐患,一旦发生火灾,人员难以逃生。

**3. 小小蚊香,竟成火源**

2021年6月26日,商丘市人民政府新闻办公室发布了《柘城县"6·25"重大火灾事故应急救援情况通报》。经初步调查，起火建筑为沿街门面，着火物为沙发、衣柜等家具，伤亡人员当时居住在二楼，均为武馆培训人员。

2021 年 8 月 14 日，公安部门查明并公布了事故起火原因，《火灾事故认定书》显示：该起火灾为武馆老板陈某的母亲余某芝使用蚊香不慎引燃周边纸箱、衣物等可燃物所致。

事实上，在此次火灾事故之前，全国各地就有很多蚊香引发火灾的案例。2019 年 10 月 9 日凌晨 1 时 50 分许，安徽亳州市涡阳县店集镇中心卫生院住院部综合楼发生火灾事故，共造成 5 人死亡、5 人受伤。事故调查结果显示：该院护士在值夜班期间，借用打火机点燃蚊香，用输液瓶挂钩勾住蚊香并悬挂在病历车的车把上，后又在蚊香正下方放置了一个装废纸的纸箱接蚊香灰，几小时后蚊香掉落在纸箱内起火。

## （二）事故原因

### 1. 顶风作案，酿造悲剧

该武术馆对此次重大火灾事故负有不可推卸的责任。表面上看是蚊香使用不慎引发了火灾，但更深层次的原因是武术馆的建筑设计本身就存在着巨大的安全隐患。

事发地点位于柘城县远襄镇北街村，武术馆所在建筑属于农民自建房。在我国农村地区，农村居民几乎都是通过自建房满足各自居住需求的。随着我国经济社会的发展，越来越多的农村自建房"住改商"，这在一定程度上促进了农村的发展。但是，"住改商"不是想改就可以改的，必须要经过严格的审批程序，以保证建筑的安全性和内置设施的完备性。事实上，该武术馆商用后并未办理相关审核、验收和消防备案手续，馆内几乎没有防火系统和相应的消防措施。首先，疏散通道不畅通，上、下两层之间仅有一条狭窄的楼梯可供通行，而且窗户被封死，影响逃生和灭火。其次，馆内基本的灭火器、烟雾报警器、应急照明灯等消防设施都没有配置。

此外，该武术馆是一个典型的"多合一"场所，安全隐患大。近年来，随着经济的发展，乡镇村/社区小型经营场所增多，小型经营场所的经营者为了节约成本，经营场所与住宿或其他场所合用。常见的设计就是前店后宅、下店上宅，甚至有经营者居住在夹层中。这种"多合一"场所有着极大的火灾隐患，由于安全疏散、防火分区等建筑防火方面不符合《建筑设计防火规范》《住宿与生产储存经营合用场所消防安全技术要求》等法律法规，一旦发生火灾，极易导致人员伤亡。另外，武术馆经营者消防安全意识淡薄，疏于日常安全管理，没有遵守相关消防规定，悲剧的发生在所难免。

### 2. 形式主义，害人害己

2021 年 6 月 26 日，柘城县委书记、县长和远襄镇党委书记、镇长被免职。商丘市安全生产委员会发出紧急通知，要求各县（市、区）要针对消防安全，立即组织危险化学品、燃气、养老机构、学校（幼儿园）、医疗卫生机构、娱乐场所、"三合一"场所、"九小场所"、商场、文物单位、老旧小区、高层建筑重点行业领域，全面开展隐患排查整治工作。市安委会组成 10 个专项工作组，立即赶赴所负责的县（市、区），对隐患排查整治工作进行不间断督查督办和指导。

事实上，就在事故发生的前几天，柘城县还召开了县委人大常委会会议，要求以十堰市张湾区燃气爆炸事故为戒，举一反三，安排部署全县安全生产大排查专项行动。大会指出，要聚焦重点领域，及时消除隐患，立即组织开展安全生产大排查活动，重点围绕燃气、危险化学品、交通运输、建设施工、消防、学校、用电安全、有限空间作业、汛期安全等领域。全面深入排查治理安全生产隐患，堵塞安全监管漏洞，做到全覆盖、零容忍、严执法、重实效。距离此次安全生产专题会议仅仅过去 7 天，柘城县就发生了如此严重的火灾事故。

该武术馆属于农村自建房“住改商”，需要经过严格的审批程序。据柘城县市场监管局介绍，该武术馆名为柘城县××国际搏击俱乐部，创始人陈某，2017 年 8 月 30 日在柘城县市场监管局牛城所设立登记，经营范围是武术培训。也就是说，该武术馆在 2017 年就已经存在，农村自建房的房屋性质本就不应该被用来开设寄宿培训性质的武馆，但在距离事故发生的近 4 年间，竟没有相关部门对此进行质问和检查，导致该武术馆一直处于“无证驾驶”状态。

相关部门隐患排查不走心，流于形式。尽管武术馆存在着消防安全隐患，但是经营了将近 4 年都没有整改。祸患常积于忽微，相关部门的安全教育培训做到位了没有？对于“多合一”场所的火灾安全隐患有没有认真排查？后期有没有督促及时整改？消防救援队伍的日常消防监督管理工作有没有认真落实？如果做到了以上几点，这场悲剧或许就不会发生。此次事故暴露出外部监管责任的缺失需要多个职能部门协同起来，明确整治重点和目标，将监管工作日常化、常态化，而不是让安全检查流于形式。

**3. 掩耳盗铃，利欲熏心**

“多合一”场所由于人力少、占地小、投资省、见效快，所以在一些农村、乡镇或者城乡结合部发展十分迅速，多以经营业态为主。此次事故发生地点是柘城县远襄镇北街村，武术馆附近来来往往的人基本都知道此类店面是怎样一种经营模式，但是没有人觉得存在问题，归根结底在于政府的安全宣传教育工作不到位以及人们的安全意识淡薄。

据了解，该武术馆所在地周围有很多类似的“多合一”场所，基本都是“下店上宅”或者“前店后宅”的沿街商铺，这些店面建筑结构不合理，消防设施不完善，一旦发生事故，就是“火烧连营”。当地政府部门为了大力发展个体、私营经济，对此类建筑的危害性认识不足，在对其的治理中也总是“睁一只眼、闭一只眼”，没有依法及时取缔检查中发现的“多合一”场所。个别政府部门只看重此类场所带来的短期利益，却忽视了背后存在的巨大安全风险。同时，当地消防救援大队对全县“多合一”场所的整治措施针对性不强，日常消防监督管理工作不到位，相关职能部门的监管缺失和协同不力，造成此类“多合一”建筑的长期存在和无序发展。

## （三）提出问题

**1. 惨痛教训，能否警钟长鸣**

2021 年 7 月 24 日，吉林省长春市净月区金城街与银丰路交会处一栋三层建筑发生火灾，该建筑为吉林省某物流有限公司和某婚纱梦想城共用的“三合一”场所，火灾造成 15 人死亡、25 人受伤。

2020 年 12 月 10 日晚，开封市杞县邢口镇一轮胎行发生火灾，火灾造成 3 人死亡。

2018 年 4 月 1 日 1 时 23 分，北京市海淀区中关村北大街水磨西社区一电动车商店发生火灾，过火面积 50 平方米，事故造成 4 人死亡，起火建筑为“三合一”场所。

2017 年 11 月 18 日 18 时 15 分，北京市大兴区西红门镇新建村新康东路 8 号发生火灾，火灾共造成 19 人死亡、8 人受伤，起火建筑为“三合一”场所。

……

近年来，随着我国市场经济不断发展，一些个体工商户、小作坊不断增加，为满足生产和经营需要，陆续出现了“三合一”，甚至是“多合一”的集生产经营、仓储和生活住宿为一体的复杂多维度场所。这类场所主要集中在城乡接合部、乡镇等地，多以加工作坊、小吃店等经营业态为主。这种“多合一”场所一旦引发火情，蔓延速度快，火灾荷载大，将会造成重大的人员伤亡。

典型的“多合一”场所包括四类：一是在生产、加工、维修企业的车间或仓库内设置员工宿舍的生产型“多合一”场所；二是在储存可燃、易燃或具有爆炸危险性物品的仓库内设置员工宿舍的生产型“多合一”场所；三是在商场、市场、超市等经营场所内设置员工宿舍的经营型“多合一”场所；四是设置在城乡接合部、出租房屋内集住宿、生产为一体的作坊式生产加工场所。“多合一”场所往往呈现出多样化特点：一是租赁关系混乱。很多“多合一”场所都存在层层分包转租的情况，造成产权不明、责任不清，租赁关系呈现一种混乱的状态。二是租住人员复杂，消防安全意识差。“多合一”场所呈现人员多、流动大、身份复杂等情况，从业人员往往未经消防安全培训，消防安全意识淡薄，一旦发生火灾，很难成功逃生自救。三是先天性火灾隐患较多。“多合一”场所存在建筑耐火等级不高，室内可燃物较多，生活、生产用电设备较多。电气线路私拉乱扯、改动，频繁用火、用气不规范，易引发火灾，且不易逃生、救援。

一次次事故接踵而至，一串串触目惊心的数字背后，到底是哪个环节出现了问题，从而导致悲剧不断发生？在惨烈的后果面前，我们能否以案为鉴，牢记沉痛教训，提高警惕，杜绝此类事故的发生，确保该类场所安全有序地生产和经营？

**2. 三令五申，为何屡禁不止**

为应对该类场所的安全隐患，应急管理部要求各地消防部门针对“多合一”场所特点，切实找出清除火患对策，同时派出消防安全检查组赴各地抽查排查“三合一”场所消防安全隐患。各地政府纷纷出台相关政策，开展专项整治。

2020 年 2 月，河南省相关部门规定，返工复产中，严禁出租房作“三合一”场所使用，并于 2020 年 8 月 7 日发布了《河南省公安厅关于加强“三合一”场所消防安全管理工作的通告》。2020 年 8 月，商丘市消防救援支队主官带队开展“三合一”场所消防安全集中检查行动。

2020 年 12 月 16 日下午，河南省委、省政府带领市直有关部门负责同志，到农资大市场调研“三合一”场所安全生产情况，强调要深入学习贯彻习近平总书记重要讲话和党的十九届五中全会精神，坚持统筹发展和安全，进一步完善和落实安全生产责任制，加强安全生产监管执法，巩固提升安全生产“霹雳行动”成果，构筑确保安全生产的铜墙铁壁，努力建设更高水平的平安商丘。

早在 2007 年，河南省人民政府印发《〈全省“三合一”场所消防安全集中整治行动方案〉的通知》。该通知强调了在全省已部署开展的火灾隐患排查整治行动基础上，按照“因地制宜、分类指导、疏堵结合、以疏为主”的工作思路，强力整治现有“多合一”场所火灾隐患，建立防范新的“多合一”场所火灾隐患的长效机制，积极构建“政府统一领导、部门依法监管、单位全面负责、群众积极参与”的工作格局，为建设社会主义和谐社会创造良好的消防安全环境，且出台了一系列整治措施，包括罚款、拘留、吊销营业执照等多项严肃处理办法。

为确保此类场所的安全生产和人民财产安全，各级政府纷纷响应中央号召，落实要求，出台各类文件，目前对于此类场所的监管力度还在不断增强。调研组认为，仓储、经营、住房“三合一”，乃至“多合一”场所，历来就是城市安全的隐患场所。此外，“多合一”场所已成为诱导火灾发生并造成重大人员伤亡的重要因素，必须有效根治，才能遏制悲剧的反复上演，从而营造和谐安定的社会环境。“多合一”场所火灾隐患的根源在于“合”字，如果能把生产、仓储和居住这三种功能分开，很多隐患就不复存在了。因此，各地主管部门要想办法提高“三合一”场所的成本，除了加强对现有“三合一”企业的改造和监管外，还要制定严格的规则，提高相关产业的准入门槛，使“多合一”无法成为经营者的一个选项，这样就能够使很多企业自动放弃这种模式。令人遗憾的是，很多经营者仍然我行我素，心存侥幸，对已发生的惨剧麻木不仁，对经济利益过度追求。从控制生产成本的角度来看，“多合一”这种模式似乎是个好选择，一栋建筑解决了所有的问题，减少了投入，增加了利润。但是，企业利润增加了，安全风险也随之提升，人员的安全得不到有效保障。

那么，在如此密集又高压的法规政策下，为何“三合一”场所火灾事故仍屡屡发生？在一次次整顿的背后，究竟还隐藏着多少安全隐患？

## 二 案例分析

### 引言

“多合一”场所是地方经济的重要组成部分，为解决就业和促进地方经济发展注入了活动。与此同时，由于“多合一”场所集生产、生活、经营等功能为一体，对安全生产提出了更高的要求。而现实中，由于政府缺乏对“多合一”场所的有效监管、“多合一”场所主体责任无人承担、消费者经常忽视“多合一”场所存在的安全隐患等原因，使得“多合一”场所的安全防治困难重重。河南省柘城县“6 · 25”重大火灾事故的发生地——柘城县远襄镇北街武术馆，就是典型的“多合一”场所，原本是一次小小的隐患，却夺去了 18 条年轻的生命，给当地的安全生产经营造成沉重一击。我们运用风险管理理论和协同治理理论，对河南省柘城县“6 · 25”重大火灾事故发生的原因进行剖析，为“多合一”场所的安全监管提供了对策建议。

### （一）案例分析的相关理论基础

本案例分析主要涉及的相关理论有“风险管理”和“协同治理”理论，下面将对“协同治理”以及“风险管理”的概念及特点加以阐释。

**1. 风险管理理论**

风险管理是通过减少潜在损失及经由保险和其他方法支付损失赔偿，以保护组织机构的资产和利润为目标的一门管理科学，是一系列主动的以管理为导向的活动总和。澳大利亚和新西兰两国于1995年联合制定了首个国家风险管理标准《澳大利亚-新西兰风险管理标准》(AS-NZS4360)，并分别于1999年、2004年及2009年进行了修订。目前，该标准AS-NZS4360已成为风险管理标准之一，得到了全世界的广泛认同。AS-NZS4360通过标准化的作业流程规范了风险管理的程序和过程，并进一步指出风险管理的一般过程不仅适用于企业，还可应用于“一项活动、功能、项目、产品或资产的整个寿命期的各个阶段”，由此扩展了风险管理的应用范围。该标准将风险管理归纳为风险识别、风险评估、风险控制、风险效果评价四个步骤(图5-1)。

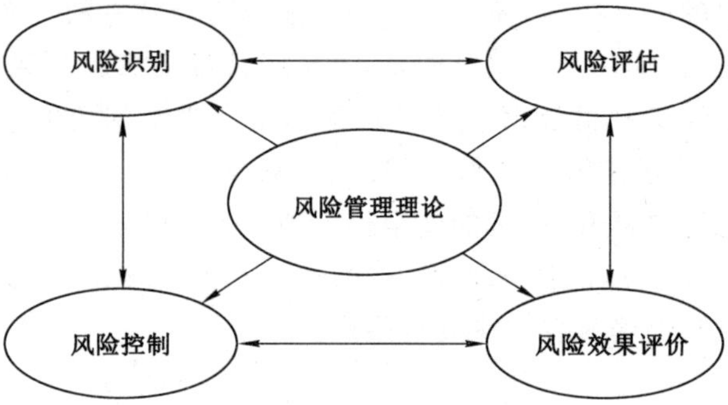


图5-1　风险管理体系

风险识别是风险管理的第一步，是指对组织中的关键元素进行系统的检查，以识别组织面临的及潜在的风险，并明确安全事件发生的原因。风险评估是指在风险识别的基础上，运用概率论和数理统计对所收集的大量详细资料加以分析，从而估计和预测风险发生的后果、后果发生的可能性和影响程度，并包括对现有的管理和技术措施进行安全分析。将国家制定的安全标准或其他公认的安全指标同分析得出的风险因素进行比较分析，明确组织能否接受该风险因子或需要采取进一步措施降低风险。当风险级别较低或可以接受时，则只需要进行最低程度的处理，但对此类风险应进行持续监控及定期检查，以确保不会增加风险程度或使可接受的风险转化为不可接受；如风险程度较高或不可接受，则需要采取降低风险级别或转嫁风险的措施进行处置。在进行风险评估时需对风险管理的目标、成本和不处置风险可能造成的后果等因素进行综合考虑。风险控制的目的是选择恰当的人对识别出的风险因素采取处理措施。风险控制措施需要根据可行性、成本、风险管理目标进行综合分析，选择合适而经济的方法将组织风险降低到可容忍的程度。随着实践环境的变化及新技术的应用，组织需要定期对前三个步骤的输出结果进行回顾和评价。连续的风险效果评价能够确保对新出现的风险因素进行实时监测和管理，有助于管理者识别风险的发生趋势、及时了解可能发展为风险的因素及其他组织因素的变化，从而保证风险控制按计划实现。

如上所述，风险管理的四个阶段形成了一个周而复始的风险管理循环，见表5-1。

表 5-1 风险管理阶段

| 风险识别 | 风险评估 | 风险控制 | 风险效果评价 |
| --- | --- | --- | --- |
| 风险识别询问法 | 风险概率分布 | 风险控制与对策 | 制定风险管理决策效果评价计划 |
| 流程分析法 | 历史资料统计 | 回避 | 搜集与整理有关资料 |
| 现场勘察法 | 理论分布统计 | 损失控制 | 编制风险管理决策效果评价报告 |
| 相关部门配合法 | 外推方法 | 分离 | |
| 索赔统计记录法 | SAVE 方法 | 分散 | |
| 环境分析法 | AHP 方法 | 转移 | |

### 2. 协同治理理论

从词源构成来看，协同治理是由“协同”和“治理”两个词组成的复合概念。当前，学术界在使用协同治理时有两种不同的观点：一种观点认为，协同治理理论是用自然科学的协同论和社会科学的治理理论组合而成的新兴交叉理论，从而将两种理论的优势都充分地发挥出来；另一种观点认为，协同治理理论与协同学并无太大关系，将其翻译为“collaborative governance”，而且认为其是公私部门之间协同的一种方式。从两种关于协同治理概念的解释可以看出，尽管两者结构原理不同，但两者都强调打破公私部门的刚性边界，进而实现功能的互补，共同参与到具体的社会管理过程之中。协同治理概念的提出源于西方国家的公共事务实践不再只有政府机构单方参与，而是通过由公共机构、私人机构和非营利组织共同组成的伙伴关系和网络结构来实现。

在快速城镇化背景下，适应特定区域社会经济发展的“多合一”场所呈现出面广量大和高风险性特征。2021 年 6 月 25 日，河南省商丘市柘城县武术馆发生重大火灾，该武术馆属于典型的“多合一”场所，集生产、生活、经营等功能于一体。这次重大火灾事件造成了 18 人遇难、11 人受伤，产生了比较恶劣的社会影响。火灾险情消除后，当地政府立即开展了针对安全隐患空间的专项治理。在此次专项治理过程中，各行动主体也对其给予了不同立场的相应关注。

从治理过程的维度看，这一专项治理过程形成了基于当地政府、租住人员、域内企业和社会大众的行为动机、权力不对等的博弈场域和不同诉求的事件结果。在“多合一”场所的内在张力与外在驱动下，当地政府、出租户与租住人员、域内企业和社会大众形成了多向度的理性激励及其相应行为方式，混合产生了对“多合一”场所的或抑制、选择、创设或理性认同。而在地方政府专项治理下，相关行动者优选了各自的行动策略，理性地表达或作出了对政府公信力“诘问”或“增援”外来务工人员城市权益等行为(图 5-2)。

## (二) 以小见大：“多合一”场所治理困境

安全是发展的前提，发展则是安全的保障。统筹发展和安全、树牢安全发展理念、确保安全生产、维护社会安定是当前各级党委和政府必须承担好的重要责任。2020 年 4 月，全国安全生产电视电话会议对全国安全生产专项整治三年行动作出部署，消防领域的专项整治作为其中的重点任务之一，受到党和国家以及全社会的高度重视。

前面详细描述了河南省柘城县“6・25”重大火灾事故的始末并分析了其内在的原因，

发现多元行动主体在这场惨痛的事故中都具有不可推卸的责任。一盘小小的蚊香带走了十几个年轻的生命,事故背后的深层次原因值得人们深入思考和反省,以吸取经验,破解“多合一”场所治理困境。

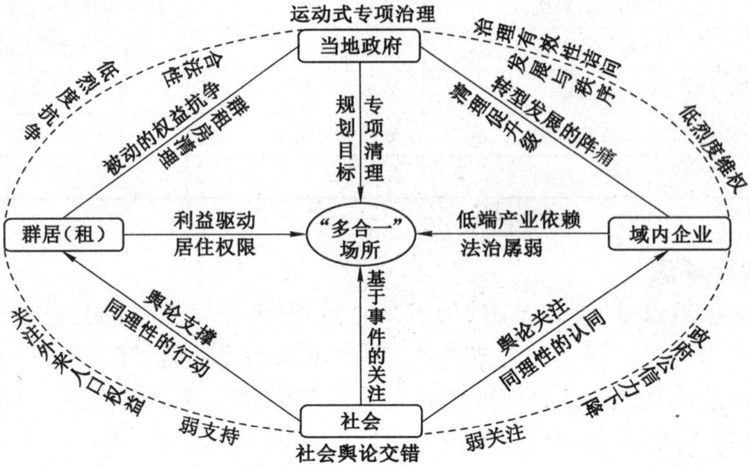


图 5-2　安全隐患空间专项治理过程

**1. 政府:监管漏洞无人查**

随着社会经济的快速发展,城镇化进程不断加快,适应特定区域经济发展的“多合一”场所呈现出数量多、范围广、风险性高的特征。河南省柘城县“6·25”重大火灾事故的发生地——柘城县远襄镇北街武术馆就是典型的“多合一”场所,这起事故再次引发人们对政府“多合一”场所监管效能的质疑。近年来,河南省商丘市不断加强对“多合一”场所的整治和管理,开展了多次专项治理活动,针对该类场所留宿住人、防火分隔、用电安全、安全疏散通道、消防设施器材等方面进行排查,并采取了针对性治理措施。然而,在此治理背景下,政府在治理过程中仍然存在两种矛盾冲突。

(1) 短期与长效:效果阶段性与隐患顽固性的冲突

政府治理现代化趋势下专项治理逐渐陷入实施悖论:既是“现实速效药”,能迅速解决沉疴性现实问题;又是“发展长隐疾”,与政府治理现代化长远发展相互抵牾。①

突发重大火灾事件后往往会触动政府部门摸底排查以消除安全隐患的专项整治开关。专项整治作为一种非常态化的治理手段和政策工具,在实践中具有超常规紧急动员、快速高效的优势,能够针对社会问题迅速形成阶段性的集中整治风暴,在短期内具有明显效益。但整治过程往往是突击强化、一刀切、形式主义并存,耗费大量的人力、财力、物力,持续性不强,呈现出运动式治理的特征。根据风险管理理论可以看出,高质量的预防所产生的效果大大优于事后高消耗的补救。当前,“多合一”场所专项治理工作本质上仍偏重于事后监管,事前预防措施并不到位,遗留隐患较多。监督检查常态化严重不足,各阶段性检查之间都留有大量空白时间,

① 孙峰,魏淑艳.政府治理现代化视域下专项治理的悖论与消解:以深圳市“禁摩限电”为例[J].东南学术,2018(3):92-103.

为危险源的滋生提供了机会，这也是出现边治理边反弹现象的重要原因。

（2）推诿与协作：形式主义与责任落实的冲突

消防安全并非单部门职责，而是要求多层级、多部门的联合参与及行动。由于现有的相关法律法规不够完善，监管机制存在漏洞，致使政府部门之间职责落实不到位，推诿现象仍存在。各职能部门各行其是，彼此间缺乏沟通与协作，难以形成合力，造成监管空白，失控漏管现象频发。工商、税务等部门在发证、验证过程中审查不严、检查不到位，造成个体、私营企业在不合规或存在严重安全隐患的情况下仍能顺利通过审批；消防、公安等部门后续巡查不到位，导致违规"三合一"场所长期存在。

长期以来，农村自建房都处于"不太有人管，也不太好管"的局面，河南省柘城县"6·25"重大火灾事故的发生地本是农村自建房，应只用于居住，但却被擅自改成了培训机构，属于农村自建房"住改商"，至今没有办理任何审核、验收、消防备案等手续，但政府各部门多次消防检查、安全检查竟未发现其手续不全、违规经营等问题。同时，该武术馆内也没有按照"多合一"场所建设要求设置防火隔层和逃生通道，甚至连基本的消防器材都残缺不全。这也反映出各部门专项整治中形式主义明显，"走过场"成了巡查的常态，无法保障安全。

**2. "多合一"场所：主体责任无人担**

改革开放以来，"多合一"形式的沿街商铺在全国各地的中小城镇中大量兴起且逐年递增。这些"多合一"场所通常位于城乡接合处或农村，建筑周边环境复杂，受区域特殊经济环境和产业结构的影响，一些零散户自发生产经营逐步发展到一定规模形成产业，并逐渐成为主要的经济支柱。[①] 一方面，这些商铺能够带动地方经济发展，增加就业，也为居民生产、生活提供了便利；另一方面，"多合一"场所经营者违规搭建临时建筑、违规留宿住人、消防设施不到位等问题也十分突出，对人民的生命财产安全造成严重威胁。

"多合一"沿街商铺是经营者为减少成本投入、提高经济效益，采取"以店为宅"的经营方式，生产、经营、仓储、住宿都集中于同一场所中，一旦发生火灾，往往伤亡惨重。在河南省柘城县"6·25"重大火灾事故的调查中发现，该武术馆是典型的"下店上宅"场所，住宿区与非住宿之间没有防火隔层，一楼发生火灾势必向二楼蔓延开来，浓烟封锁了唯一的楼梯，也挡住了人员逃生最后的退路。

经营者为最大可能利用店面空间，扩大生产经营规模，尽快回笼资金，往往会在一个店面中开展多种经营形式，这使得大量的可燃、易燃的生产、生活用品堆积在该场所内，进一步增加了其火灾荷载。河南省柘城县"6·25"重大火灾事故发生时，武术馆是上、下两层商铺：一层是武术馆、餐厅，二层是练武房和学员住宿。一层地上随处可见纸箱、泡沫包裹等可燃物品，致使门店起火后火势发展极快，产生大量黑烟和有害气体，流窜至二楼住宿区，最终造成了严重的人员伤亡。

经营者以经济效益最大化为出发点，往往带有很强的侥幸心理，以为火灾事故是小概率事件，法治观念、安全意识较差。在日常经营中，对消防安全隐患熟视无睹，不按规定配置基本的消防设施，无独立安全出口疏散，用电用气不规范等现象比比皆是，为火灾事故埋

① 邱洋."三合一、多合一"建筑的消防安全系统应用研究[J].齐齐哈尔大学学报(自然科学版)，2012，28(6)：46-47.

下了祸根。在事故发生时，经营者消防安全常识不足，缺少基本灭火和逃生自救的技能，容易造成群死群伤。

**3. 社会：安全隐患无人理**

当前，"多合一"场所治理形势严峻，该类场所大多位于城郊或农村地区，数量大、范围广、分布密集、业态形式多样，政府监管部门及基层力量严重不足，排查难度大，极易出现失控漏管的现象，是火灾防控的"洼地"。在本次重大火灾事故调研中得知，在河南商丘一带，很多都是家庭式武术馆，沿街店面是商铺形式，后面或上层是居住的院子。而消防安全设置是按自住的要求来安排的，没有达到商铺的标准，消防设施严重不足。面对这种违规建设、违规营业、消防隐患大量存在的问题，店员、顾客、公众都对该现象不以为然。究其原因在于，公众消防安全意识的缺失，认识不到危险源的存在。

在调研中发现，许多老百姓以为消防队救火需要收费，家里自用电线乱拉，油烟聚集的现象十分普遍，在这种"自身难保"的情况下，更谈不上主动去监督"多合一"场所的用电防火的安全问题了。河南省柘城县"6・25"重大火灾事故受害者的亲人在为孩子挑选培训机构时也并不清楚这类场所存在危险隐患。消防安全意识淡薄一直都是火灾防控的短板，安全隐患无人问津，防火防灾何时实现？

## （三）协同治理："多合一"场所治理对策

协同治理的主要特征是强调治理主体的多元性、主体间的协同性、目标的效益性等，其本质是实现共同行动、耦合结构和资源共享，以克服政府、市场或社会单一行动主体治理的局限性。[①] "多合一"场所一直是火灾防控的重点和难点，如何从实际情况出发，解决好"多合一"场所消防安全所面临的困境和矛盾，已成为政府亟待解决的主要问题之一。因此，从协调治理的理论角度出发，力图推动各主体形成合力，从根本上解决其重大风险和突出问题，保护人民群众的切身利益。

**1. 政府：加强监管，严把源头关**

学者奥斯本在企业家政府理论中指出，要使用少量钱预防，而不是花大量钱治疗。针对"多合一"场所的治理，最重要的就是要从源头避免灾害的发生。因此，政府部门要增强防微杜渐意识，树立以防为主，防治结合的理念；同时，优化政府职能，明确各部门分工，将责任落到实处，形成合力，彻底摸清"多合一"场所底数。

（1）预防为主、关口前移

政府在"多合一"场所治理工作中应充分发挥主导作用，加大对消防安全的投入，加强对安全隐患的查处和整治，推动监管活动常态化，提高"多合一"场所消防安全防御能力。具体来说，当地政府及相关职能部门通过层层签订责任状、责任书，建立健全责任机制，严格落实责任追究，来明确各自分工，督促相关部门密切协作[②]；同时，可以将"多合一"场所的治理纳入社会治安综合治理考评中，实行纪律奖惩机制，激发部门成员工作积极性、主动性。另外，为弥补基层人员不足的情况，引进和推行分层分级监管机制。地方政府可根据本地消防安全工作的实

① 胡颖廉. 推进协同治理的挑战[N]. 学习时报，2016-01-25(05).

② 张保卫. 浅议沿街商铺"多合一"场所存在的火灾危险及解决对策[J]. 中国科技信息，2010(11)：164-165.

际情况，实行“红、黄、绿”三色安全积分制度。对于在检查中存在安全隐患的企业，下调评级、提高检查密度，工艺流程安全度高、多次检查均未发现安全隐患的企业上调安全检查信用评级，可以适度降低检查频次，以此保证常态化巡查工作能够落到实处。

（2）明确分工，落实责任

由于沿街店铺已经形成的“多合一”场所点多面广，其治理单靠一个部门、一个行业很难达到标本兼治的效果，必须履行各部门职能、严格落实责任制度，层层抓落实、层层抓责任；从严执行行政问责和责任倒查制度，对工作中表现显著的单位和个人也适当予以表扬和奖励。负有行政审批职能的部门要推动审批规范化、标准化，严格审查各项消防设计，防止违规建设现象再次出现，从源头切断违规场所不断增多的可能性。公安、工商、消防、应急管理等部门应建立联动工作机制和协调配合机制，共同对沿街商铺进行逐一排查，登记造册，建立台账，重点摸排沿街商铺是否为“多合一”形式，是否符合消防标准，是否有应急逃生出口等。对不积极整改、拒绝整改或整改不到位达不到消防安全要求，危及人员生命安全的沿街店铺，可以采取临时查封、吊销或取缔相关证照，予以行政处罚，政府挂牌督办，进行新闻曝光等多种措施，根治沿街店铺“多合一”场所屡整治屡反弹、边整治边反弹现象的再次发生。① 整治工作要落实到个人，实行排查、审核实名制的形式，谁负责、谁承担，坚决杜绝形式主义、推诿扯皮的状况发生。

**2. “多合一”场所：落实主体责任，隐患自查自改**

实现“多合一”场所的有效监督离不开社会多元主体的广泛参与和协同，尤其要将“多合一”场所业主、承租者、经营者的主体责任落到实处。

第一，政府应督促“多合一”场所相关人员签订消防安全协议，明确自身应承担的消防安全责任，避免责任不明而疏忽大意的情况出现。要全面加强“多合一”场所经营者的消防安全能力和意识，明确告知相关主体消防安全的重要性、事故的危害性及其所要承担的后果，因自身消防安全不到位而引发的火灾事故，后果严重的，当事人极有可能承担刑事处罚，以此来推动门店自查自改火灾隐患。管理措施要切实可行，如实行的“多合一”场所“五有、五无”管理措施。“五有”：有灭火器、有应急照明灯、有疏散指示标志、有独立式烟雾报警器（人员密集场所应设置简易喷淋设施）、有消防安全承诺书。“五无”：无违规住人、无堵塞疏散通道（不允许设置防盗外窗）、无违章彩钢板房、无违规使用电器设施、无易燃易爆危险品，切实提高小场所安全系数。

第二，“多合一”场所之所以不断产生并持续存在，很大程度是经营者逐利心难挡，甘愿冒着事故风险也要降低成本，其根本目的是实现利益最大化。因此，可基于其利益诉求实行必要的正向激励措施，通过物质和精神激励机制“疏通”该场所安全问题。例如，可以开展消防安全评比活动。根据巡查情况，对一些消防安全到位的店铺给予一定的经济奖励或荣誉称号，在提高其知名度和美誉度的同时，让经营者真正认识到消防安全投入并非是“无用功”，而是长久经营发展不可或缺的基础。

**3. 社会：强化外部监督，提高安全意识**

社会公众的积极参与是延伸政府监管触角的重要途径。“多合一”场所非常态化专项

---

① 刘威，韩若冰.“多合一”场所消防监督管理工作现状探讨[J].消防界，2021(2)：90-91.

治理中的主体单一是治理效果短期化的制约因素。因此，大力提高公众意识、加强宣传教育、畅通社会公众参与监督的渠道建设，以促进治理理念由问题处置向长效机制的转变，是“多合一”场所有效监督的关键。

在加强对群众的宣传教育方面，基层部门、网格员等可以就“多合一”场所的火灾隐患，多渠道开展宣传教育活动，增强群众对安全隐患的识别能力和自救能力。在沿街商铺密集的场所张贴警示标语和监督反馈方式，让群众发现问题就能够及时反馈问题。同时，多样化宣传方式，利用新媒体的优势，在社交平台建立专门的宣传账号和反馈渠道，宣传方式可以采用视频动画等群众易于接受的形式，增加宣传的有效性。对于一些典型的火灾隐患和消防违法行为及依法查处的结果，要通过主流新闻和自媒体进行曝光，形成强大的舆论声势。

在对“三合一”场所员工的宣传教育方面，由于其员工多为临时招聘，往往并不了解该场所可能存在的安全问题。因此，应充分告知其安全隐患的严重程度，指出一旦发生意外，会对生命产生威胁。员工在场所内工作，对该领域了解得更为详细，更容易发现危险源的存在，一旦他们意识到危险的严重性，就会自觉抵制。通过不断加强社会公众对消防安全风险的认知，从源头上推进社区自主治理模式建设，推动外部监督不断强化，倒逼经营者自觉整改隐患、消除隐患、预防隐患。

## (四) 结束语

在人口与空间快速城镇化的同时，城市生活生产空间不规范问题也日趋明显，大量人员依托城中村、城郊地带和工业大院形成基于空间成本节约的“多合一”场所。这些“多合一”场所既是我国城镇化和工业化的产物，也是因人口集中与功能聚集使其成为火灾事故的高频发生区。[①] 在这样的背景下，党和国家也越来越重视“多合一”场所安全监管工作，通过出台各类政策文件进一步压实政府主体的监管责任，监管的手段和方式也得到不断更新。但是，监管的困境仍旧存在，政府一直在治理，事故却一直在发生，“多合一”场所仍是消防安全监管的洼地和短板所在。

究竟我们应该做什么才能突破当前的监管困境，才能让类似河南省柘城县“6·25”重大火灾事故减少？这是本案分析的核心问题。

经过案例内容梳理发现，安全监管应是多方主体共同协作以实现有效治理的过程，现有的监管结构和政策手段还具有诸多改善的空间。据此，针对政府、“多合一”场所主体及公众，基于协同治理及风险管理理论寻求切口，提出了针对性的治理对策以突破当前“多合一”场所监管困境。具体来说，政府应加强监管，严把源头关；“多合一”场所要落实主体责任，隐患自查自改；强化外部监督，提高社会公众安全意识。

城镇化进程不可阻挡，尽管“多合一”场所数量增多，安全监管或许会面临更为严峻的问题情境，实现有效监管或许还有很长的路要走，但是在政府、企业和社会履责归位之下，事故将会越来越少，安全监管的有效性会得到显著提升。

---

① 陈桂生. 对“多合一”场所治理范式的反思：以北京市“新建二村火灾事件”整治为例[J]. 理论探索，2020(2)：60-67.

# 第三篇　公共服务与环境治理

# 案例六　“颐家乐邻”:解码全链全时式综合为老服务体系[①]

——以苏州市沧浪街道为例

## 导读

苏州的老龄化现象呈现出现早、基数大、增速快、寿龄高等特点,其中姑苏区沧浪街道60岁以上老年人口中,独居老人、空巢老人占据了大部分。传统的家庭养老模式过于依赖子女,随着社区养老模式的开展,出现了以下问题:服务供给主体较为单一,社区养老持续性较差;养老服务的种类和层次较低,难以满足个性化需求;服务人才较为短缺;夜间服务短缺;等等。为了尽可能有效解决这些问题,沧浪街道自2019年起探索建立全链全时式综合为老服务体系,“覆盖面广、手段多样、主体多元、时间链长”,优越性突出,是传统社区居家养老模式的超越和升级,推动社区养老与机构养老走向全面化、多样化和系统化发展,引领了社会化养老的新方向。

## 一　案例介绍

## 引言

苏州自1982年进入老龄化社会以来,户籍老年人口以年均3.69%的速度增长,老龄化程度呈现出现早、基数大、增速快、寿龄高等特点。根据苏州“9064”养老服务格局的发展目标,居家社区养老更易被老年人及其家庭所接受。姑苏区作为苏州市核心腹地,为应对老龄化问题,在构建社区居家养老服务体系方面做出诸多创新尝试,以期满足老年人的差别化养老意愿。

### (一) 仰望星空——沧浪探索社区养老模式

#### 1. 从“小家”到“大家”,走出家庭养老传统模式

受我国传统文化的影响,目前我国的养老模式主要是“养儿防老”,家庭是养老的首要场所,子女为老年人提供经济来源、精神抚慰等,“在家”与“家人”共同构成“家庭养老”的基本内涵。但是,随着现代化和城市化的发展,子女离家,出现“少子化”趋势,生活压力增大,

---

① 参赛人员:李嘉宁、高彦娇、江珂、张奕雯、戚鸣霞。
指导老师:周义程、李靖。
所在单位:苏州大学。

代际抚养之间的冲突日益加重，传统家庭养老模式的社会根基被动摇，呈现出日渐弱化的趋势。老人作为养老的重要参与者之一，出于代际团结、亲缘密切等因素，化“被动为主动”，从“家庭养老”的窠臼中迈步而出，走向自助养老和社会养老。除此之外，社区养老模式既能使老年人享受专业的养老社会服务，又不能使其不脱离熟悉的社区环境，是一种人性化的养老方式；同时，相对于机构养老，社区居家养老成本较低、覆盖面广、收费较少、见效较快。

2010 年以来，苏州市为推动养老服务事业的发展，多次出台相关文件，在顶层设计方面给予了大力支持，有效推动养老服务规范化、科学化发展（表 6-1）。

**表 6-1　苏州市养老服务相关文件**

| 年份 | 文件 |
|---|---|
| 2010 | 《市政府关于进一步加快发展我市养老服务事业的补充意见》(苏府规字〔2010〕4 号) |
| 2011 | 《苏州市民办养老机构管理办法》(苏州市人民政府令第 118 号) |
| 2013 | 《关于加快推进我市社会养老服务事业发展的若干补充意见》(苏府办〔2013〕2 号) |
| 2016 | 《苏州市居家养老服务条例》(苏府办〔2016〕222 号) |
| 2017 | 《养老机构设立许可办法》(民政部令第 48 号) |
| 2020 | 《苏州市养老机构等级评定管理办法(试行)》(苏政民规〔2020〕1 号) |
| 2020 | 《苏州市基本养老服务指导性清单》(苏政民老〔2020〕17 号) |
| 2020 | 《苏州市家庭养老夜间照护床位建设运营管理办法(试行)》(苏政民老〔2020〕14 号) |
| 2021 | 《苏州市“十四五”养老服务发展规划》(苏府办〔2021〕251 号) |
| 2022 | 《关于加快推进养老服务认证促进养老服务提质增效的指导意见》(苏市监管发〔2022〕81 号) |

为了给老年人提供更好的社区居家养老服务，沧浪街道多措并举。在服务内容上，分类精准提供养老服务，对辖区内生活低于苏州当地水平的老年人按月发放补助，组织志愿者对行动不便的老年人进行上门服务，对低龄老人主要实施“精神养老”。在服务设施方面，在社区内建设老年活动室，兴建老年活动广场；同时，推行社区助餐点，修建社区日间照料中心，提供系统化的养老服务。在模式创新方面，积极推广“虚拟养老院”模式，引入居家乐等养老市场主体提供专业服务；鼓励低龄老人互助养老，通过时间银行、志愿者服务等方式充分调动老年人主体参与。

**2. 从“灵感”到“现实”，社区居家养老问题初显**

（1）养老需求多样化与服务种类单一的矛盾

随着老龄化程度的不断加深，我国各地的社区居家养老服务快速发展，各种养老措施层出不穷，社区日间照料中心、社区养老服务站、社区助餐点等养老服务设施也不断涌现。实质上，各种养老服务设施的实质利用率并不高，出现了“资源浪费”与“资源不足”并存的养老怪圈。政府的养老服务措施没有充分考虑辖区内老年人特点与需求，夜间照护的短缺也是面临的现实困境之一。造成这种困境的原因如下：一是服务内容不丰富，缺乏针对老年人的社区医疗服务，如上门医疗诊断服务、跟踪服务、发生意外时即时服务等内容短缺，当前的上门服务大多局限于家政类服务，对于低龄老人的精神慰藉服务更是缺少关注；二是社区养老方面的硬件设施不能切合老年人的需求，尤其康复锻炼方面；三是社区居家养老服务质量差、专业化的养老运营欠缺；四是夜间照护短缺，部分高龄失能老人需要24小时的监护与照料，却又对社区照护人员缺乏信任。

(2) 养老市场需求大与多元主体参与不足的矛盾

老龄人口增多必然会给养老服务市场带来消费需求，但当前的养老服务供给主体主要为政府。虽然存在政府购买服务、官办民营等各种形式，但无论何种方式，政府都是养老服务市场中的"核心角色"，发挥着主导作用。养老服务作为一种准公共物品，政府承担着兜底责任，但是随着养老需求的多样化，服务要求的精准化，由政府主导的、带有浓厚行政色彩的养老服务供给模式显然不适应发展新需求。

养老产业的繁荣需要市场与社会的共同参与，在此过程中市场究竟应承担何种职能？政府与市场的边界在哪？政府和市场间又如何达成合作？现有市场供给养老服务普遍存在营利难的问题，市场参与的积极性并不高，而养老服务的志愿者组织又缺乏系统的专业培训，所能提供的养老服务质量有限。政府、市场、社会三者之间如何形成良性伙伴关系，构造多元互助、相互补充的网络关系始终是未解之题。

(3) 养老服务覆盖面小，服务手段单一

当前多社区在社区养老服务问题上还停留在初级阶段，社区管理者不能打开思路组织本社区内的各种养老资源为老年人提供日常的、全面的、有效的服务。发展社区养老服务的动力机制仅仅是建立在社区管理者对问题的重视程度和社区内居民的道德觉悟水平上，所提供的服务在性质上也往往是义务性和福利性的，难以实现可持续发展。而社区居家养老服务的目标群体是拥有一定行动能力的独居老人，为其提供助餐助浴、家政服务等生活基础服务，社区助餐点的覆盖范围也不能辐射到整个街道辖区，养老服务覆盖面小，服务手段单一。

## (二) 脚踏实地——构建全链全时式综合为老服务体系

沧浪街道立足苏州"9064"养老服务模式，将综合为老服务中心打造为整合、辐射、链接街道各类养老服务的枢纽型平台，通过"一中心＋$N$站点"的模式，发挥综合体的辐射作用，形成了以居家养老为基础、以社区养老为依托、以机构养老为支撑、医康养为一体的综合为老服务体系。目前，辖区内共建成1家区域性养老服务中心、3家综合为老服务中心、3个居家养老服务站、9个日间照料中心、7个助餐点、5个助浴点、2个护理站、6家养老机构，总床位1 143张，千名老人拥有床位达42.6张，形成"15分钟"养老服务圈，打造一条"综合为老服务中心—社区日间照料中心—社区助餐点"全链式的社区综合为老服务体系，探索"苏式养老"、温暖"苏式生活"。同时，借助医疗、科技、文化等手段推动沧浪养老服务水平转型升级，建成康养、智养、乐养三位一体的老年"颐养享乐"生活(图6-1)。

**1. "养老＋医疗"，共建"康养"生活**

(1) 明晰老人需求，康养服务精准化

在一个阳光明媚的周三，56岁的林阿姨走进位于沧浪街道的桂花综合为老服务中心。她就居住在旁边的小区，今天来到服务中心的护理站，主要是来做日常的健康检查。她看着房间里运转的智能测压机器，将手臂放入指定位置，平整呼吸。随后，机器便灵活地为她

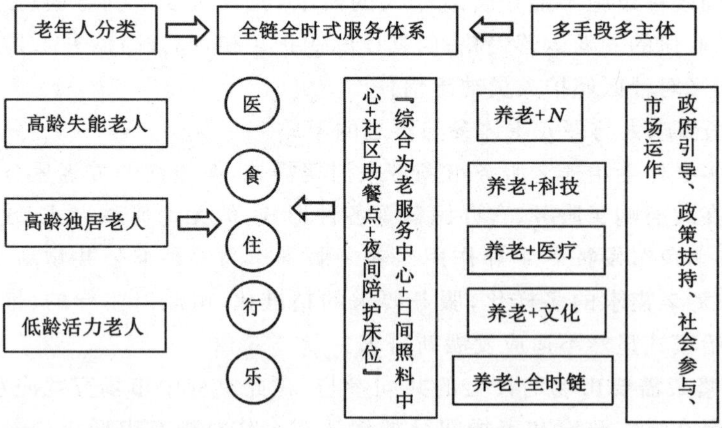


图 6-1　沧浪街道全链全时式综合为老服务体系

测量血压，用智能语音读出了屏幕上的测量数字——“高压 120，低压 75，您的血压处于正常范围”。林阿姨向社区工作人员笑道：“这几天我的血压很稳定啊！”对此，综合为老服务中心的志愿者红姨表示：“在附近的社区，像他们这类上了年纪的人不少都患有一些慢性病，而自从综合为老服务中心配备了一定数量的智能设备之后，老年人的生活起居和健康管理水平都得到了很大的提升。”

为了满足辖区内不同阶段的老年人医疗服务需求，沧浪街道不断深化养老服务领域“医、康、养”融合趋势，推进辖区优质医疗资源和养老服务深度结合。针对患有慢性病且身体健康状况尚不足以进入护理院的老年人，社区卫生站会定时定点提供身体健康检查服务。针对患有慢性病的老年人，社区食堂也会根据他们的身体状况提供“特殊定制的午餐”。针对有康复需求的老年人，沧浪街道依托综合为老服务中心开展了医疗、康复、休养相融合的特色服务，在特别设置的医疗康护服务区中开设中医康复理疗室。根据他们的康复需求，引进传统康复、运动康复及器械理疗，如碳酸泉疗养体验、“三高”预防知识讲座等，帮助他们提高生命质量，延缓身体各项机能的衰退。为此，桂花综合为老服务中心的工作人员小唐还表示：“我们特地做了一部分空间，用于老年人的康复休养和运动活动，开展了各式适合老年人的运动健康服务。针对患有慢性病的老年人，我们还会根据他们的健康档案设置慢性病管理小组，这样大家就能交流分享相关的经验，互帮互助，疗养效果更好。我们相信自己，能做到全方位、全方面、全天候地服务老年人群的多样化需求，为老年人打造一种不同年龄都能够互动的、充满活力的沧浪式养老生活。”针对一些高龄失能老人，沧浪街道推动设置社区护理站，提供 24 小时的综合护理服务，包括基础护理、专科护理、临终护理、消毒隔离技术指导、营养指导、社区康复指导、健康宣教等一众服务内容。

(2) 引入外部资源，康养人才专业化

除此之外，为保障社区康养工作人员的专业性，沧浪街道与某实业有限公司开展战略合作，打造养老服务能力建设基地，进一步完善养老服务体系，加强养老服务设施和制度建设，充分发挥引导作用，切实提高养老从业人员服务水平，拓展服务领域和功能，不断增强老年人的获得感、幸福感、满足感。在康养办公室一整排的白色书架上，还陈列着一部分“宝典”。这些书籍包括《居家护理标准化工作手册》《护理站标准化建设手册》《社区居家服务标准化运营管理手册》《家庭床位建设与服务规范》《护理服务 SOP 服务手册》等，通过对这些手册的学习，桂花社区现在所建设的社区护理站，已经基本具备了在站内或上门为长期卧床的长者、患者、残疾人、临终患者和其他需要护理服务者提供一系列综合护理的能力。

可以看出，桂花社区的养老能力建设基地依托专业技术准则与标准化团队开展养老护理员、护士等的培训工作，处处透露着科学化、标准化的气息，让老百姓在家门口就能够享受到了专业、优质的康复医疗服务，也真正实现了“以老年人为中心，建设一支专业的照护团队”服务目标。

**2. “养老＋科技”，共创“智养”模式**

(1) 打造没有“围墙”的养老院

2007 年，江苏省苏州市沧浪区率先提出“虚拟养老院”的概念，创立的“邻里情”虚拟养老院正式运营，当老年人有服务需求时，可以致电平台，平台安排企业员工上门服务。在此影响下，沧浪街道也开始探索成立“虚拟养老院”。

家住沧浪街道西大街社区的王阿姨今年 88 岁，老伴儿 89 岁，膝下无儿无女。她说：“人老了，疾病缠身，腰椎间盘受损伤，老伴也患有糖尿病。我们实在是没能力把楼下的东西提上来。”但是自“虚拟养老院”开展以来，王阿姨就可以通过电话请“虚拟养老院”的工作人员帮忙。“帮我们擦擦玻璃吧！”约 1 小时后，家里窗明几净。最让两位老人高兴的是，工作人员一边干活一边同他们聊天。这样的居家养老服务不仅是生活上的照料，更重要的是能够提供一定的精神慰藉。

尽管“虚拟养老院”模式大大降低了政府承担养老责任所要付出的人均养老成本，但当时因技术能力不足、企业市场和社会组织实力薄弱等问题，“虚拟养老院”并没有形成一种有效的、广泛运行的养老服务供给模式。政府主导的养老模式由于过分依赖行政力量，缺乏可推广性和可复制性，受财政影响较大，也无法给老年人提供服务全面的服务，因此引入市场与社会力量迫在眉睫。

“虚拟养老院”的真正意义在于提供了一种新型的产业化的养老服务理念，推动社区居家养老服务走向专业化、规范化、标准化，以信息化的手段为老人提供更规范、更贴心、更科学、更持续的养老服务。

(2) 完善全区域、全方位、全天候智慧养老服务体系

随着时间的推移，“虚拟养老院”的含义逐渐扩展，当初“打破围墙”的居家养老模式扩展为以互联网和智慧科技为依托，全区域覆盖、全方位服务、全天候响应的智慧养老服务体系。

“养老顾问”，织就智慧养老服务地图。2019 年，沧浪街道养蚕里第一社区、养蚕里第二社区、西大街社区、三香社区等 6 个社区作为“养老顾问”的首批试点，开始打造一对一、点对点的个性化、专业化“养老顾问”服务。2021 年制定的《苏州市“十四五”养老服务发展规划》指出，要“健全养老顾问制度”，使养老顾问“有效链接政府、社会的养老服务资源，为老年人提供政策咨询、资源链接、个性化养老方案定制等服务”。线上的养老顾问成了贴心的“智能管家”，在小程序中，老年人可以获取居住地附近的养老服务设施，也可以线上咨询一些养老问题。同时，“养老顾问”小程序也可以实现老年人基础数据动态管理、服务需求自动分析、养老资源智能匹配等，整合辖区内各类养老服务设施、项目和资源，建立为老服务组

织、为老服务人员的资源库和项目库，形成服务清单和服务指引，为老年人提供咨询建议或科学制订个性服务计划，开展服务项目，促进养老服务供需信息有效对接，满足老年人多样化、多层次的养老需求(图 6-2)。

图 6-2 “养老顾问”小程序

“智慧大屏”，一键掌握个性养老动态。在沧浪街道综合为老服务中心的大门口有一块“蓝牌子”，这就是智慧大屏，这块 LED 屏幕的面积很大，老年人一眼就能看清上面的内容。它可以实时链接、更新整个中心内部的养老工作动态，充分、清晰地展示日间照料中心里面所服务的老人总数、分类、数量、年龄分布，甚至包括老年人具体入住的时间以及生日提醒，方便服务中心的人员在当天及时做好接待等工作。

对此，负责管理服务中心智能系统的小刘介绍，在定位监控页面，可以看到服务中心内所有老人的实时位置分布以及活动轨迹，有异常情况的话它也会立刻警报。在照护页面，智慧管理系统可以更加具体地显示护理站的服务情况，包括护理站的服务地图、开展服务类别、服务总数及当日服务情况，为老年人及其家属提供“看得见”“随心选”的居家服务。还有一个需求对接页面，专门用来全方位、多样化地向老年人和家属展示医疗护理项目，让他们可以根据自身的需求，进行网络下单。可见，这些智慧应用很大程度解决了老年人可能出现的行动、就医、外出等不便的困扰，也令服务中心的建设满意率得到了大大的提升。小刘调出一个安全档案，上面清晰地显示着入住人员的照护床位信息。小刘举例，72 岁的马爷爷平时容易头晕，行走时跌倒风险比较高。因此，他房间里防滑地毯、拐杖的把手、抽屉的扶手都做了适老化改造，客厅里面进行定期的安全性评估。从建床到服务、质控、反馈环节形成了一个闭环式的全程管理，实时监测老人们的居家状况，一人一个档案、一床一个号码，实时更新，也能更有针对性地照顾老人。同时，在这种风险性较高的照护床位上，还配备了一键式的呼叫响应，为老年人的居家养老安全保驾护航。

除此之外，沧浪街道依托苏州市民卡大数据系统，构建实名认证的一卡通信息化模式，为辖区老年人提供个性化选餐预约服务。通过本人或家人在线绑定助餐点、勾选助餐老人慢性疾病、饮食禁忌等信息，平台将优先显示适合的餐品，并有针对性地提供养老小贴士、养老政策、公示公告等内容。

为了实现“1＋1＋1”(社区卫生服务中心＋国药护理站＋社区养老综合体)的医养结合模式，桂花综合养老服务中心引入了一大批体现智慧养老理念的互联网信息设备，包括指引咨询机器人、健康照护机器人、健康智检箱、生物雷达、智能呼叫器、智能药盒、智能体征监测垫等设备。其中，健康照护机器人具备人脸识别登录、日常检查检测(血压、血氧、心电、体温、血糖、总胆固醇、尿酸、腰臀比等)、视频通话、娱乐陪护等多项功能，能够让老年人在日常空间中近距离地获得便捷、易用的健康服务，以实现“家门口的智慧养老”。

吴阿姨今年74岁，自从家门口的桂花综合为老服务中心开业后，她经常来“逗一逗”智能照护机器人小麒。小麒会帮吴阿姨做好血压、血氧、胆固醇等各项健康监测。有时候，吴阿姨还会通过小麒和远在外地的子女视频通话。这些智能设备让老年人体验到更方便快捷的服务，享受到科技发展红利。当然，智能设备的发展不仅是老年人的福利，对于智慧养老产业的发展也大有裨益，通过政府购买服务，推进养老产业快速进入市场，拉动老龄消费需求，实现“双赢”。

**3. “养老＋文化”，共享“乐养”生活**

对于低龄活力老人而言，社区居家养老提供的“医”“食”“住”“行”“乐”等养老服务中，最需要的就是“文化娱乐”服务。根据中国老龄事业发展基金会发布的《2018年中国老年心理健康白皮书》提供的数据显示，我国老年人普遍精神生活匮乏，文化服务需求得不到有效满足。目前，老年大学、老年活动室是老年人开展精神文化生活的主要方式，但是其供给数量远远无法满足老年人需求，仍有超过60％的老年人感到生活孤独、精神空虚，尤其一些空巢老人、独居老人更是如此。[①]

因此沧浪街道提出“养老＋文化”的发展模式，充分发挥“文化沧浪”优势，在各个综合为老服务中心打造文化娱乐板块，提供具有沧浪特色的文化娱乐服务，满足低龄老年人的文化需求。例如，沧浪街道下设的颐家悦邻综合为老服务中心打造了集幸福餐厅、喜马拉雅有声阅读、评弹戏曲、手语咖啡、书画舞蹈、运动娱乐等综合休闲区，致力于为姑苏老年人打造年轻态、全龄互动的活力都市养老生活。同时，开展多层次的技能培训课程，如手工制作、园艺培训、手绘苏扇、评弹沙龙、咖啡制作体验、泥塑画制作培训、手语交流学习等，让养老服务变得更有趣、更新潮、更时尚。

沧浪街道鼓励和支持社会组织积极参与养老服务业发展，发挥社会组织资源优势，形

① 张珂.新时代推进文化养老服务体系的路径探析[J].人民论坛，2020(3):82-83.

成资源共享、优势互补、相互促进的良好局面。以桂花社区为试点，引进苏州某健康俱乐部开办社区老年学堂，合理布局教学点，将老年教育延伸到社区。社区、社会组织、老年大学三方协同推进老年学堂发展。一是师资共享，引入市老年大学的专业师资力量，解决街道社区层面老年教育师资力量不足问题；二是阵地联用，整合街道、社区学习阵地资源、办学场所，充分利用社区服务中心、老年人日间照料中心等社区居家养老资源；三是社会化运作，通过政府购买服务、项目合作等多种方式，支持和鼓励各类社会力量举办或参与老年教育，充分发挥社会组织在老年教育中的作用，形成政府主导、社会各界参与服务老年人精神文化生活的模式，推进老龄事业发展和养老服务体系建设。

2019 年以来，社区老年大学已招收老年学员 416 名，开展课程 240 次。根据社区需要，学堂为社区高龄老人搭建了一个老有所学的教育平台，开设声乐、舞蹈、戏曲、书法、摄影、美术、养生等课程，让行走不便的社区高龄老人能“活到老、学到老”，基本实现了老年居民不出家门、不离社区就能互帮互学、互相交流的特色性养老生活的愿望，其不仅在桂花社区、养蚕里社区等地设立了苏州市老年大学，还在疫情期间利用社区的直播软件，开设了“乐龄云学堂”等老年人喜闻乐见的线上项目，既丰富了老年人的精神文化生活，也提高了老龄群体晚年的生活质量和幸福指数，收获了一众老年人的好评。

**4.“养老十全时链”，完善苏式“颐养”**

多年来，苏州为了应对老龄化不断加强的趋势，在构建社区居家养老服务体系方面建树颇多——全国首创“虚拟养老院”模式、全国首批“长期护理保险”试点地区、率先在 80 周岁以上老年人中实行每月 3 小时政府购买居家养老服务全覆盖积极养老产业和社会组织盘活养老市场等。从白天时段来看，沧浪街道的助餐、助浴、助医、助娱、助急的养老服务体系已然比较健全，但是夜间时段却面临“无人在场”的窘境。根据医学调查，部分独居老人、空巢老人，在夜间出现意外状况的可能性远高于日间，如意外摔跤、突发疾病（如心脏衰竭、哮喘等）等情况一旦发生，无法及时求救，很有可能会造成无法挽回的悲剧。

因此，为补齐社区居家养老的“关键一环”，构建养老服务体系的“全时服务链”，2020 年 5 月 21 日，苏州市民政局出台《苏州市家庭养老夜间照护床位建设运营管理办法（试行）》。该办法指出，坚持“政府引导、市场运作、普惠适用”的原则，在夜间时段将照护服务延伸至老年人家中，使老年人家中的床位具备“类机构”照护功能。

沧浪街道积极响应市区号召，从组织网络、技术应用等方面打造“全时式”的综合为老服务体系。在组织网络方面，密切联系社区养老与居家养相关主体，以综合为老服务中心为平台，集成政府、社区、社会组织、企业等主体力量，通过个性化定制方案、精准化匹配资源、模块化派送服务的整合型模式，达到“服务链”内部运转流畅、外部协调有序，“服务网”关键要素齐全、供需对接高效的效果。在技术应用方面，融合人工服务与智能设备，发挥各自特点，补齐短板。在家居环境安全、生命体征监测、突发状况处置等方面，智能安全设备有着不可比拟的优势，它既能准确及时地传递老人身体健康信息及生活状况、防止意外发生，又能提供智能家居安防、消防警示等生活安防服务，是一种简约高效的养老服务方式。同时，引入养老产业形成专业化的夜间陪护，针对特殊困难老人的夜间照护问题，沧浪街道推出“颐家乐园夜相伴”——家庭养老夜间照护床位体验服务援助计划，首批服务对象是辖区年满 60 周岁及以上的失独老人和年满 70 周岁及以上的空巢退役军人。

“有专门的护理员陪着我，现在晚上睡觉很安心了。”西大街社区八旬独居老人费某元说。晚上6时许，姑苏区某养老服务中心护理员瞿某进刚来到费某元家中，就开始忙碌起来，帮助老年人洗澡擦身、换衣服、洗衣服、晾晒、擦席子、整理床铺等，为老人提供贴心的居家夜间照护服务。

沧浪街道依托街道慈善分会，以购买服务的形式为服务对象试点免费提供为期一周的夜间照护基础项目体验服务。根据老年人的实际需求，夜间照护床位服务分为基础项目、个性项目和增值项目三类。基础项目包括起居照料、精神陪护和应急处置；个性项目包括个人卫生、饮食照料、家庭保洁、代办代购、临床护理；增值项目包括家庭病床（护理床）、适老辅具购买租赁。

## （三）全链全时式综合为老服务体系的现实困境

### 1. 养老服务观念亟待更新

随着城市化、现代化的程度日益加深，健康中国战略、健康老龄化的相继提出，社区居家养老的社会氛围也日渐浓厚，这潜移默化地影响着老年人的养老观念，也影响着养老服务供给方的内容质量。实际上，目前服务需求方和供给方的观念还不能有效适应当前养老市场的发展。

（1）从服务需求方看

首先，受中国传统文化和养老观念的影响，大多数老年人的养老认知尚停留于依靠儿女、以家庭为单位的居家养老模式。老年人认为，远离家庭去社区养老是一种“落地无根”的表现。而在孝文化的影响下，子女较少会主动提出花钱为老人购买养老服务，以免被批判“不孝”。其次，老年人对于新兴的养老模式认同感低，存有疑虑，或者出于经济因素考虑，不愿意选择入住社区综合为老服务中心或者护理站，不愿意佩戴智能监测设备，这就可能致使已经选择社区医养结合的老年人规范依从性低，从而引起老年人与社区、养老服务企业、医疗机构间的关系紧张、矛盾丛生。

（2）从服务供给方看

供给方的价值目标是选择经济效益优先还是选择社会价值优先将会影响社区养老的服务质量。以经济效益优先在短期之内虽然不会对社区养老的服务效果产生负面效果，但是从长远发展来看，将会忽视老年人真正的需求，供需不匹配、无法提供高层次的服务。

（3）从供需匹配来看

当前的社区养老模式存在“供需不匹配”现象，因为当前的社区养老的服务供给主要是看供给方能够提供什么样的服务，而不是老年人真正需要什么服务。

### 2. 医养结合模式尚未成熟

作为一种新兴事物，社区医养结合目前还处在探索阶段，从制度设计、供给主体、供给内容方面存在很多尚未解决的问题。一是社区医养结合模式与现行社会保障体系制度衔接困难，缺乏相应的法律依据。二是市场主体参与积极性不高。由于医养结合投资具有回收期长且盈利性差、成本较高而社会资本参与的积极性不高、单纯靠民间资本难以为继等特点，因此医养结合型养老机构难以完全按照市场规则运行，对市场主体的吸引力不强。而社会组织由于对政府依赖性高、发展不成熟、专业性不强、缺乏有效的激励管理机制，能提供的服务有限。三是医养结合的供给服务内容有待提升。医养结合社区养老的签约医疗机构多为基层医疗机构，既要提供基本医疗服务还需要提供基本公共卫生服务，本身任务繁重。加入医养结合模式后工作量持续增加，资源困境逐渐凸显，在满足考核任务的情境下可能导致服务供给质量下降。即使与较高一级的医院建立合作关系，由于信息系统之间的壁垒，老年人数据不能快速在不同的医疗机构之间流转，导致迅速转诊、健康诊疗等医疗服务无法顺利开展。四是当前老年人普遍缺乏健康养老的观念，重医疗、轻预防的社会现状始终没有改变。

**3. 老年人消费潜力有待激发**

在智慧养老服务的供给链中，信息平台无疑处于核心地位，起到连接养老服务生产企业和老年人的关键作用。信息平台收集的数据包括老年人的个人基本信息以及健康数据、养老服务企业信息及服务内容、养老服务监管政策与制度、监管结果与反馈信息等内容，这些信息不仅打破家庭、社区、养老服务机构以及医院之间的空间间隔，更需要在地区间能够流动共享。在实践中，由于信息平台的搭建层次不高，以街道为单位搭建智慧养老平台，使得数据的跨地区流动存在壁垒，老年人在进行跨地区就医时如何处理该问题势必成为当前割据状态下信息平台建设面临的实际难题。

智慧养老的科技适老性不高。一是大部分老年人对养老服务机构及养老产品缺乏信任感。老年人认为，家中不需要安装安全监控，对个人隐私问题存在担忧。二是老年人对智能产品的掌握能力不强，能够熟练地使用计算机、手机上网或使用微信的老年人比例不高，能熟练地使用网络服务系统（如网购、网银等）的老人更少。关于老年人使用智能养老产品的调研中，大多数只能使用简单的智能产品，如电子血压计、智能手机和心率手环等。三是老年人对智慧养老服务和产品需求意愿虽比较高，但对于健康服务的价格接受程度较低。当前养老市场能够提供的智能产品由于技术成本问题大多定价较高，老年人出于节俭的生活作风，选择意愿较低。

## 二 案例分析

### 引言

养老问题涉及国计民生，关乎经济社会和谐稳定，关乎每位居民的切身利益。沧浪街道的全链全时式综合为老服务体系是一种整合社区居家养老、机构养老功能的综合嵌入式养老，为沧浪街道打造了一个全链条、全天候、全区域、全覆盖的“苏式颐养”生活。我们以嵌入式养老作为切入点，分析了沧浪街道全链全时式综合为老服务体系的概况，概括了沧浪街道全链全时式综合为老服务体系的嵌入困境，同时为沧浪街道全链全时式综合为老服务体系提供了优化路径。

## (一)相关概念与分析框架

### 1. 相关概念

(1) 嵌入式养老

在确定"嵌入式"养老的概念前,首先要对社区居家养老和机构养老的概念做一个区分与阐释。社区居家养老是指老年人在家居住,享受社区提供的生活照料、家政服务、文化娱乐等基础性养老服务的养老模式。章晓懿等人认为,社区居家养老服务是指以家庭为核心、社区为依托、专业化服务机构为载体,通过政府购买服务、社会参与、非政府组织实体承办的运作方式,采取上门、日托或邻里互助等服务形式,为居家养老的老年人提供以生活照料、医疗保健、心理慰藉等为主要内容的社会化服务。① 而机构养老则是以市场主体为主提供的一种专业化的养老服务,其形式包括敬老院、护理院、老年公寓等。于潇认为,养老机构具有专业化、社会化、市场化的特征,其职能是提供专业化的老年人生活照顾服务,其服务对象包括完全能够自理的老人,特别是半自理和完全不能自理的老人。②

学术界认为,嵌入式养老是机构养老和社区居家养老两种模式的整合与补充,既弥补了社区居家养老的服务内容单一、专业人员短缺的困境,又有效解决了老年人不愿离家入住养老机构的问题,是一种成本较低、质量较高的养老服务方式。胡宏伟等人认为,嵌入式养老模式是以社区为载体,以资源嵌入、功能嵌入和多元的运作方式嵌入为理念,通过竞争机制在社区内嵌入一个市场化运营的养老方式,整合周边养老服务资源,为老年人就近养老提供专业化、个性化、便利化的养老服务。③ 而赵小兰等人认为,社区嵌入式养老服务是将机构嵌入社区,实现养老资源整合,为老人提供更专业的医养服务,是一种由政府支持,市场化运作的养老服务模式。④ 总而言之,嵌入型养老就是整合机构养老与社区居家养老模式的优点,让老年人可以在家门口享受到专业的养老服务,是一种政府支持和市场化运作的综合为老服务模式。

(2) 全链全时式综合为老服务体系

全链全时综合为老服务体系是嵌入式养老在地方上的具体实践,也是对嵌入式养老的延展与创新。全链全时式的含义是以"社区综合为老服务中心"为枢纽点,通过"一中心+$N$站点"的模式,链接各类服务资源和设施,形成以居家养老为基础、以社区养老为依托、以机构养老为支撑、医康养为一体的养老服务体系(图 6-3)。全链全时式为老服务:一是指服务内容全面,以综合为老服务中心为依托,集成提供医、食、住、行、娱多方面服务;二是服务对象全面,综合为老服务体系针对低龄活力老人、失能老人、独居老人的差异性需求,提供精准服务,提供不同层次不同领域的多方位养老服务;三是服务手段多样,医疗、科技、文化等手段多管齐下,提供全天候、全时段、高质量的养老服务;四是供给主体多元,链接政府、社区、市场主体、社会组织、居民多样主体,织就多元主体互相补充、协调合作的社会网络。

---

① 章晓懿,刘帮成.社区居家养老服务质量模型研究:以上海市为例[J].中国人口科学,2011(3):83-92.

② 于潇.公共机构养老发展分析[J].人口学刊,2001,23(6):28-31.

③ 胡宏伟,汪钰,王晓俊,等."嵌入式"养老模式现状、评估与改进路径[J].社会保障研究,2015(2):10-17.

④ 赵小兰,孟艳春.社区"嵌入式"养老服务模式:优势、困境与出路[J].河北大学学报(哲学社会科学版),2019,44(4):89-95.

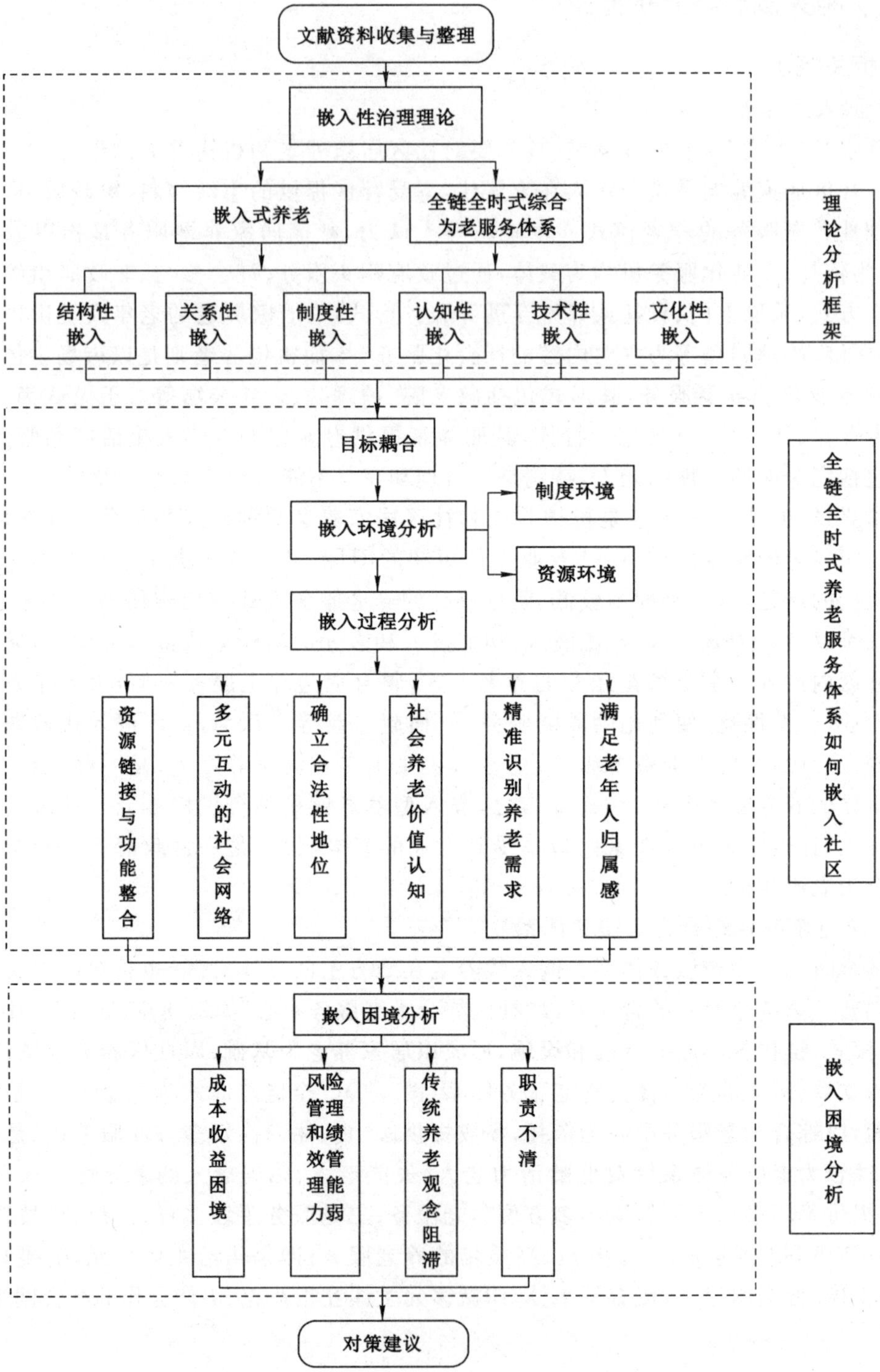


图 6-3　全链全时式综合为老服务体系

**2. 分析框架**

（1）分析框架的理论来源

嵌入性是经济社会学的一个关键概念，始终是经济与社会关系之间争论的焦点。目前学术界普遍认为，嵌入性概念最早源自波兰尼。[①] 波兰尼认为，在研究经济活动时，应注意社会关系的影响，将制度、宗教、政府等社会因素嵌入对经济活动的影响中。1985 年，格兰诺维提出经济活动应嵌入社会关系中，驳斥了当时新古典经济学“人是理性经济人，因而其经济行为不受社会关系影响”的观点，还提出结构嵌入性和关系嵌入性的经典嵌入性框架。前者主要聚焦在行动者在所处的社会关系网络中，彼此之间的角色定位和互动所造成的影响；后者则是站在宏观的层面，从行动者组成的“社会网络”出发，看待其在社会结构体系中的作用。在随后的发展过程中，嵌入关系框架被不断发展完善，文化、政治等因素被纳入嵌入分析的框架之中，1990 年祖京和迪马吉奥将嵌入性划分为结构嵌入、认知嵌入、文化嵌入及政治嵌入四种类型。[②] 结构嵌入是指个人所处的社会网络结构、社会关系对经济效益的影响；认知嵌入是指人的心理活动及知识水平制约着经济活动；文化嵌入是指经济活动会受潜移默化的价值观和文化观影响；而政治嵌入则是指经济体制和决策是由权力斗争塑造的，权力斗争涉及经济行动者和非市场体制。

除了研究经济行为，“嵌入”的概念逐渐运用于社会学、管理学、政治学的研究，包括制度变迁、社会工作的本土化发展、社会治理、国家与地方关系等领域，嵌入性不再局限于社会与经济关系的思考，而是开始解释各种复杂社会现象。

（2）分析框架的基本样态

本案例分析以嵌入性治理理论为基础，在结构嵌入和关系嵌入的经典分析框架之外，引入制度嵌入、认知嵌入、文化嵌入和技术嵌入。这是由于养老服务在嵌入社区时，不仅需要功能整合和关系介入，还需要考虑政治因素与文化心理因素。政策的支持是嵌入式养老服务的合法性基础，而居民对于社会化养老的认同与意愿则会影响“嵌入式”养老的持久性，而互联网、区块链、大数据等科学技术的发展，赋予了社区居家养老新的能力。

沧浪街道的全链全时式综合养老服务体系就是嵌入理论在实践层面上的应用和表达，它将社区作为嵌入的依托和养老服务资源置换、链接的平台，通过“结构”“关系”“制度”“认知”“文化”“技术”的“镶嵌”，推动新型外部资源、功能和运作方式全面导入社区内，并与老人养老需求有效组合、衔接，进而形成资源多向输送的整体闭环。因此，本案例分析以嵌入性治理理论的经典分析框架为基础，搭建六维嵌入性分析框架，分析全链全时式的综合为老服务体系如何在社区内构建其“嵌入性”，以及面临的嵌入性困境和未来发展前景。

---

① GRANOVETTER M. Economic action and social structure: the problem of embeddedness[J]. American Journal of Sociology, 1985, 91(3): 481-510.

② 衡元元. 社会组织嵌入农村互助养老研究：以 J 市 R 村为例[D]. 长春：吉林大学，2022。

## (二) 全链全时式综合为老服务体系的嵌入概况

### 1. 目标耦合:政府、市场、社会组织、老人的需求相契合

(1) 提升辖区内的养老服务水平

在没有构建全链全时式综合为老服务体系前,沧浪街道在推进社区居家养老服务的过程中,主要是通过社区日间照料中心,采用政府购买服务或者委托专业社会组织承接服务的方式为社区居家养老的困难老人提供助餐、助浴、助洁、助医等社会化养老服务。实际上,但服务内容、服务实践、服务质量都不尽如人意。因此,街道政府想寻求新的社区居家养老切入点,提升社区居家养老的服务水平。

(2) 降低养老支出成本

近年来,随着苏州社会老龄化程度的加深,老年人如何安享晚年成为一个社会问题。在家庭养老结构中,随着城市流动人口的增加和社会压力,老年人与子女在家庭资源分配中处于一种竞争状态,中间一代(指上有老、下有小的一代)更倾向于子女,未来对于老年人的赡养则更多地依靠社会,说明养老产业市场存在巨大的潜力。但是,养老企业进驻社区的过程,需要付出较大的建设成本,依托社区闲置房屋,获取政府和社区的一定补助是养老产业进一步发展的良性之道。

(3) 需求多样化

由于年龄段和身体状况的不同,老年人的需求不同,如表 6-2 所列。原有的社区居家养老模式并不能满足多样化的需求。

**表 6-2　老年人服务需求差异**

| 分类 | 服务需求 | 养老模式选择 |
| --- | --- | --- |
| 重度失能老人 | 医疗照护需求为主:专业诊疗、保健康复、精神慰藉 | 住宿式、全天候持续性照护 |
| 轻/中度失能老人 | 医疗康复需求为主:理疗按摩、基础医疗服务、日间照料、精神慰藉 | 日间照料、短期照护、夜间照护 |
| 半自理老人 | 文化娱乐与居家上门服务需求为主:团体活动、社区助餐、定期居家服务(家政、诊疗等) | 日间照料、居家服务 |
| 完全自理老人 | 文化娱乐和自我价值实现需求为主:团体活动、助餐服务 | 居家养老为主,间接接受相应文化娱乐和医疗服务 |

### 2. 嵌入环境

(1) 制度环境

近十几年来,老龄事业和养老服务体系构建是政府部门关注的重点,苏州市养老服务政策保障体系初步形成。老龄政策体系以《中华人民共和国宪法》为主体,以《中华人民共和国老年人权益保障法》为依据,以“十四五”发展规划为指导,以地方性的老龄法律法规为支撑,已经日益完善。

《苏州市“十四五”养老服务发展规划》指出,到 2025 年,初步建立完善与苏州经济社会

发展相适应，居家社区机构相协调，医养康养相结合的高质量、多元化、现代化的社会养老服务体系。居家养老服务更加便捷，社区养老服务更加高效，机构养老服务更加专业，养老服务队伍专业水平有效提高，养老服务增量扩容、增效提质，满足老年人多样化、个性化、专业化养老服务需求。① 同时，苏州印发《苏州市家庭养老夜间照护床位建设运营管理办法（试行）》，发展日间照料中心和夜间照护床位，补齐养老的时间链条。为完善基本养老服务制度，苏州又出台《苏州市基本养老服务指导性清单》等。

（2）资源环境

第一，社会组织资源。2021年，沧浪街道成立了社会工作站，在原有桂花公益坊的基础上，打造了三个平台，即区域性社会工作专业服务提供平台、整合链接社会资源中枢平台和基层社会治理各方联动平台，因地制宜设置社工办公室、个案工作室、小组活动室、档案室、社区慈善基金项目管理办公室等。社会工作站开展五社联动：以社区为平台，社会组织为支撑，社会工作者为专业力量，社区志愿者为辅助，社区慈善资源为补充，致力于社区治理发展、社工人才实践培育、志愿组织培育发展、慈善资源整合、爱心济困、贴心助老、丹心护幼、热心扶残、知心帮妇等工作。作为社会资源的中枢平台，意味着沧浪街道可以依托社会工作站链接更多养老、助老的专业社会组织。

第二，养老产业市场繁盛。随着苏州老龄化程度的加深，养老的市场需求大幅增加，更多的企业投入到养老产业的领域中，助推苏州养老产业发展。比如，苏州市某服务中心以智慧养老、虚拟养老为招牌，积极探索养、护、医、康、购（居）一体的养老服务；苏州某养老以打造高品质的老年公寓、护理院、养老院为主。可见，苏州的养老产业发展日益完善，从养老服务、养老地产到技术应用均有涉及，为构建全链全时式综合为老服务体系，引入养老企业资源奠定了良好基础。

**3. 嵌入类别**

（1）结构性嵌入：实现养老资源链接与功能整合

结构性嵌入主要体现在新型服务模式和主体在治理体系构建中的功能定位和运作逻辑，即通过整合周边资源和现有的社区养老设施，通过打造“综合为老服务中心—日间照料中心—社区助餐点”的医养护“一条龙”综合服务体，整合居家养老、社区养老和机构养老的优势，弥合三者各自短板，使三者契合融入社区。结构性嵌入旨在缓解“环境-人-资源”间的紧张关系，构建新型的资源供给和运行体系（表6-3）。

**表6-3 “嵌入”前后养老模式对比**

| | | |
|---|---|---|
| 嵌入前服务方式 | 社区居家养老 | 以家庭为中心，政府主导，依托社区提供基础性养老服务。其服务内容单一，难以满足医养需求，服务人员缺乏专业性 |
| | 机构养老 | 服务内容单一，难以满足医养需求，服务人员缺乏专业性。其服务费用偏高，远离家庭老年人抵触心理强，实际入住率低 |

① 苏州市人民政府.苏州市“十四五”养老服务发展规划的通知[EB/OL].苏州市人民政府网(2021-12-10)[2022-10-25].https://www.suzhou.gov.cn/szsrmzf/zfbgswj/202112/11d3e9edcf214ddd9ab902018f362154.shtml

表 7-3(续)

| | |
|---|---|
| 嵌入后服务方式 | 低成本将专业服务包括医疗、康复、照护、日间照料等机构养老职能“嵌入”社区，减少成本支出，实现社区居家养老和机构养老的整合。<br>链接周边资源、形成 15 分钟养老服务圈，实现“家门口的养老”。<br>其优势在于：<br>(1) 地缘优势：养老不离家，增强老人归属感和幸福感。<br>(2) 专业优势：服务人员专业性提升、服务内容贴合性增强。<br>(3) 资源整合优势：充分挖掘社区内部资源，降低成本；有效整合社会多方面力量，拓宽广度 |

第一，拓宽社区居家养老服务深度。在我国社会养老服务体系中，社区养老服务是依托，居家养老是重要支撑，社区居家养老模式占据我国 90%以上的社会化养老模式。但长期以来，我国社区居家养老的辐射能力较弱，服务供给呈碎片化趋势，主要是在社区日间照料中心和助餐点为有活动/自理能力老人提供助餐和文化娱乐活动，入户服务也多以家政类服务为主，难以满足老年人居家养老的多样化需求。而社区日间照料中心的床位使用率较低，只提供白天服务，夜间服务短缺，这使早晚接送老人成为家庭成员的负担。在这种情况下，大多数老年人更倾向于雇佣家庭保姆或钟点工。

沧浪街道的全链全时式养老服务就是把原有机构养老所能提供的资源、服务和功能嵌入社区居家养老服务中，拓宽居家养老服务的深度，既能为老年人提供入户的陪护、照料、康复等专业化服务，又可以在社区综合为老服务中心享受日托、短期全托，将养老服务切实导入老年人的身边、床边和周边。例如，综合为老服务中心可以为患有慢性病的老年人提供长期身体监护与基础诊疗，有效节省老年人看病时间；对于那些大病出院仍需康复护理的老年人，综合为老服务中心设有康养服务区，引进传统康复、运动康复及器械理疗，提供专业的康复护理服务。除此之外，沧浪街道提供夜间照护床位，补齐了夜间无人在场的尴尬场景，也提升了社区居家养老的使用效率。

第二，扩展机构养老服务领域。机构养老的服务方式主要是促使老年人集中居住，统一提供生活照料、康复护理、精神慰藉、文化娱乐等服务。但是这样的服务方式。一是费用过高，很多老年人由于节俭习惯或者出于家庭经济压力，不会选择机构养老模式；二是机构养老模式意味着老年人要离开熟悉的家庭、社区，从马斯洛需求层次来讲，虽然机构养老可以满足老年人的生理需求，但更高层次的安全、爱与归属的需求和自我实现的需求都无法在养老机构中实现。

沧浪街道的全链全时式养老在不改变机构养老所能提供的服务的同时，将综合为老服务中心设立在社区内部或社区周边，特殊的地缘优势使得老年人无须离开原居地便能就地接受全天候护理照料。这在降低老年人的养老成本的同时，让他们免去因空间阻隔而需适应陌生环境的不适，能够在享受专业养老服务的同时，获得家庭的温暖和左邻右舍的慰藉，满足爱与归属的更高层次需求，拥有自主活动的老年人还能参与社区志愿活动，积累志愿积分，实现晚年自我价值。而机构服务的对象也从原先失能、失智以及半失能老人拓展到社区所有老年人，服务范围也从机构住养、照料服务扩大到社区住养、入户拓展性综合服务以及夜间照料服务等多个层面，全面地回应多层次的养老需求。

(2) 关系性嵌入:构建多元主体互动的社会网络

关系性嵌入的研究视角是不同主体之间的多元组合关系和互动关系对于养老服务嵌入社区的影响。全链全时式综合养老服务体系从宏观、中观、微观三个层面构建了“一体三维”的新型养老服务架构(表 6-4)。

**表 6-4 关系性嵌入方式**

| 嵌入层次 | 嵌入主体 | 嵌入关系 |
| --- | --- | --- |
| 宏观 | 政府、社区 | 指导与执行 |
| 中观 | 养老企业、社会组织 | 协同与合作 |
| 微观 | 社区老年人 | 服务与被服务 |
| | 服务人员 | 委托与承接 |

第一,指导与执行。在宏观层面,街道政府、社区与社区综合为老服务中心之间的关系是指导与执行。首先,政府和社区是规划者。在推动构建全链全时式养老服务的过程中,政府与社区是蓝图的规划者,是项目的推动者,通过政府购买服务促成政府和社会资本在社区平台上的有效合作。这使得社区居家养老服务水平大幅提升,相当程度上解决了当前政府负担过重、机构养老利用率不高的问题。其次,政府和社区是指导者。为了维持项目运行的持久性,政府通常会给予一些设施和资金上的补助,如运营补助、装修改造补助、床位补贴、餐费补贴、失能护理补贴、税收优惠等。最后,政府和社区是监督者。在全链全时式的综合养老服务体系建成之后,如何保证市场主体提供高质量、高水准的服务内容,如何保证社区老人的人身安全和财产安全?因此,政府和社区需要进行绩效考核和监督管理,对不合理、不合规之处进行整改。同样,通过引进外部资源进入社区,也会对社区内部的空间环境和资源配置结构产生积极影响。

第二,协同与合作。在中观层面,综合为老服务中心与养老企业和社会组织是协同合作的关系。全链全时式综合为老服务中心的枢纽,是链接社区、社会组织和养老企业相关资源的集成平台,其通过内部设置、整合管理、加盟连锁、联系引进等方式与专业化社会服务机构或养老企业建立联系,以合约形式确立双方权责关系,整合为老服务组织的业务项目和经营内容。沧浪街道为加强社区居家养老的医疗服务水平,与某康养集团达成合作,引进康养人才与先进设备,建设康养服务功能专区,降低养老服务企业成本的同时提升本社区养老服务水平。同时,引入社会资本投入,还能分担综合为老服务中心的经营管理和运营成本。

第三,委托与服务。在微观层面,综合为老服务中心与老年人、服务人员是委托与服务的关系(图 6-4)。老年人作为养老服务的直接利益相关者,与社区综合为老服务中心、日间照料中心、社区助餐点构成服务与被服务的关系。然而,服务的直接提供者是综合为老服务中心雇佣或者引入的服务人员,综合为老服务中心与服务人员又构成委托与承接的关系。

在间接的服务与被服务关系中,综合为老服务体系要做到精准服务、准确引入,就要对社区老年人进行分类摸底,根据服务对象的年龄分布、身体条件、家庭情况、经济状况等提

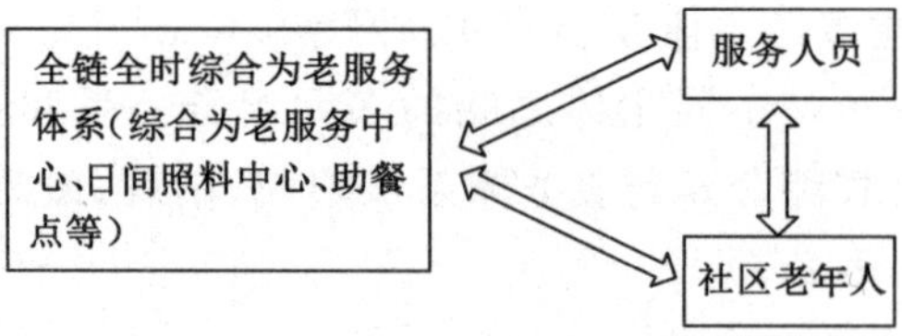


图 6-4　委托与服务关系示意图

供特色化、个性化、专业化服务。在委托-承接关系中,综合为老服务体系在选择承接企业、专业社会机构或是个人时,对服务人员的服务资质、服务质量和服务效率进行把控和考核,同时需要承担养老服务人员定期培训、工资奖金、福利保障等责任,免除其后顾之忧。

如前所述,沧浪街道综合为老服务体系通过厘清主体关系,引导良性互动,形成养老服务的特定关系网络,促成政府宏观调控、企业市场化竞争以及社会诉求表达在养老层面上同频共振。

(3) 制度性嵌入:确立综合为老体系合法性地位

政府出台的一系列支持社会力量参与养老服务发展的政策对全链全时式综合养老赋予了合法地位和制度认可。首先,从法律定位上确定全链全时式综合养老服务体系的公益性,作为一种公共产品,综合养老服务体系要秉持低偿、微利的服务价值定位,引入市场主体的目的是提升服务质量,而不是以盈利为目的。其次,明确综合为老服务体系的职能定位,将其与党政部门、社区、社会组织、家庭(个体)的多重关系予以规范化厘定,从而整体建构新型养老服务供给结构和产品输送网络。此外,为老年人提供相应安全与信任保障,通过严格界定服务的方式以及后续监督反馈途径保障老年人的合法权益。

(4) 认知性嵌入:增进社会养老价值认知与认同

认知嵌入是促使老年人正确认识和看待全链全时式综合为老服务体系,使老年人了解其独特优势以及对老年人的助益,从而提升老年人选择社会化养老的积极性和主动性。对于老年人而言,长期积累形成的家庭养老观念和"养儿防老"的认知是不易改变的,而这种思维意识会引导或限制其行动和选择。因此,在构建全链全时式综合为老服务体系的过程中,社会组织的认知嵌入至关重要。

首先,由党政部门、社区发挥主导和引领作用,大力宣传综合为老服务体系的价值与优势,深化老年人对于社区居家养老的价值认知,同时通过报道等方式树立支持与倡导态度。沧浪街道在其公众号、《苏州日报》等多个媒体上报道了综合为老服务体系的优势与服务方式,扩大其影响性,明确表达政府的支持态度,对老人及其家庭成员的认知观念做正面引导。除此之外,在各社区通过摆摊宣传、微信群宣传等方式,将综合为老服务体系的独特优势和具体标准传达给社区居民,将"概念"转化为"实在的好处",增强吸引力。

其次,注重改变老年人传统观念和养老理念,使其更好地适应新形态。沧浪街道多次召开讲座,鼓励老年人参加,通过讲解和辅导让社区居民,使老年人彻底转变"送入老人院是子女拒绝赡养,甚至抛弃自己"的错误孝悌观,走出"进入养老机构便是将其远送城郊、远离社会、隔断亲情"的思维误区,帮助老年人理解在养老资源匮乏的宏观环境下勉强维持家庭养老模式的困境和弊端,并以此为切入点重点诠释全链全时式综合为老服务体系的优越性。在认同和维系老人对血缘、地缘文化的情感依赖以及安土重迁思维偏好的同时，将嵌入式养老能实现原居安养，特别是满足老年人养老不离家，长效获得子女探望、维系邻里熟人社交网络的优势属性进行全面宣介，消除社会对机构养老模式的误解和排斥，变理念上的抵触防御为积极支持。

(5) 技术性嵌入：精准识别老人差异化养老需求

受调查数据不连续、不精确及调查对象相对比较特殊和流动性强等客观因素影响，公共服务供给主体主要依据自身掌握的有限数据和经验开展决策，面临着精准识别服务对象及其需求方面的困难，“信息碎片化”“信息失真”“信息不对称”等问题导致供需之间存在巨大鸿沟，成为制约服务效能提升的一大瓶颈。在智能社会背景下，大数据、物联网、区块链等使技术赋能社会治理的场景越来越广泛，为数据的精准采集提供了多种渠道，也为服务供给主体的精细化服务提供了全景式用户画像的可能性。

在本案例中，沧浪街道重点打造的智能化养老服务平台，运用互联网、区块链、大数据等技术，通过服务管理、服务需求评估、照护服务管理、社区服务交互及服务数据分析等模块，在一定程度上解决了服务供给主体与服务对象的信息困境问题；通过呈现供给主体服务内容的设计和动机，采集服务对象的基本信息、健康状况、家庭背景、出行轨迹等，利用大数据等工具分析系统中产生的大量多源异构数据，精准定位老年人服务需求，从源头上解决供需双方的信息不对称问题，拉近彼此的数字距离；通过数据分析，老年人在餐厅就餐时，可以根据老年人身体状况及饮食喜好提供定制化服务；通过物联网、区块链等技术与实体医疗机构及已有的养老服务资源进行有效对接和整合，动态地对集中照料服务和上门照料服务信息进行实时收集和记录，通过技术赋能打通线上和线下两个终端的信息连接，使得信息更加精准化，服务更加趋向精细化。

因此，技术的嵌入让供需双方都拥有了一定的知识再生产和数据传播的机会，赋予了双方表达与参与的话语权，通过技术场景和大数据技术的精确计算和分析，给予供给主体与服务对象及时反馈，实现了“需求—响应”的双向赋能机制。

(6) 文化性嵌入：满足老年人的归属感与精神需求

老年人的幸福生活不仅取决于物质生活质量水平的提高，也取决于精神文化生活质量水平的提高。当前老年人的养老需求不断多元，早已经不再局限于衣食无忧的物质层面，而进一步扩展到社交娱乐、情感交流、休闲养生等文化需求层面。

第一，完善文化养老教育体系。让老年人在教育体系中不断充实自己、提升价值，能够在新时代进一步融入社会，老有所为，发挥余热，进而获取精神上的满足感；通过开办老年大学、兴建老年图书馆、举办老年兴趣爱好培训班等，实现老年人“老有所学、老有所为”；利用现代网络科技开展网络化老龄教学，通过简单易上手的网络课程吸引老年人学习，增加老年人对于智慧养老的信任感。

第二，丰富文化养老社会活动。积极组织针对老年人群的各类文化娱乐活动，搭建文化养老服务平台，让老年人在文化养老服务体系中有所为、有所乐；结合沧浪街道特有的“吴文化”“运河文化”等，开展相应文化展示活动，挖掘文化资源，增强文化归属感；根据老年人的爱好特长成立兴趣班组，如象棋社、舞蹈社、书法社、摄影社等，丰富老年人的“文化菜单”。

### （三）全链全时式综合为老服务体系的嵌入困境

全链全时式综合为老服务体系通过结构嵌入、关系嵌入、制度嵌入和认知嵌入、文化嵌入、技术嵌入6个维度，在沧浪街道搭建了本土化的“沧浪养老”模式，将社区居家养老、机构养老嵌入老年人的晚年生活中，使其享受“苏式养老”。但在实际运行过程中，仍然存在很多困境和制约因素。

**1. 成本收益困境**

全链全时式综合为老服务体系作为一种公共服务提供的一种模式，存在前期投资大、经营成本高、投资利润回报周期长的现实困境。要在社区内提高养老服务的质量，必然要求在适老设施采购、照料资源供给以及专业人员配备上有所保障，纯粹依靠政府部门是绝对无法实现的。因此，必须采取有效的运营机制吸引资金、减少成本，乃至提升规模效应。

在实践中，受孝道文化和勤俭节约等社会传统影响，老年人消费能力有限，社区老年人对综合为老服务体系提供服务的购买和消费呈现谨慎和保守的特点，尤其付费项目方面消费较少。由于综合为老服务中心和日间照料中心等供给的服务大多通过外包或招标形式，盈利模式不清晰，且自身供给服务如日间照料、助餐服务等利润空间较小，导致综合为老服务体系持续发展前景不容乐观。此外，养老中心的运营伴随着较高的经营成本，包括场地租金（部分地区减免）、水电气暖热费用（部分商用收费标准）、设备费用、人力成本、各项税费等，给综合为老服务体系的持续运营和未来扩大经营带来较大的成本压力。

**2. 风险绩效困境**

嵌入式的综合为老服务中心风险管理能力较弱，主要由经营规模较小和风险管理缺失导致。受社区场地有限、老年人分布不均、资金投入不足等影响，部分处于“单打独斗”状态，品牌化、规模化、连锁化经营程度较低，不利于成本和风险的分担，也不利于专业化、规范化的养老服务质量管理。部分养老服务驿站过度依赖政府补贴等优惠政策，对企业成本支出不敏感，而且对风险管理重视程度不够。对于风险高发的养老服务项目和风险集聚的老年服务人群，综合为老服务体系尚未建立系统性、标准化的责任保险制度，尚未形成老年人日常风险预防和处置的流程和机制，缺乏风险预防、风险控制、风险处置和风险监测等全面风险管理经验和措施。

**3. 养老观念困境**

作为新兴的服务模式，全链全时式综合为老服务体系的社会化养老模式真正为老人和社会所了解和认可也需要一个过程。尽管在国家应对老龄化的规划中已确立框架并重点论及，但受中国传统的养老观念和文化意蕴的影响，居家养老仍是绝大多数老年人的首选，安土重迁的思维和传统的孝悌观也会导致社会养老推行的困难。综合为老服务体系虽为居家照护能力不足、社区养老资源碎片化以及机构养老范围狭隘等问题提供了解决机制，但上述治理优势的宣介和展示仍需时日。

**4. 职责定位困境**

综合为老服务体系的嵌入旨在打通社区老年人的生活圈和养老圈，推动社区内部和周边养老服务资源的整合。为此，其必然会冲击甚至重构原有的基层养老治理结构，造成多元主体结构关系的调整和资源要素的重组。具体表现为：宏观层面嵌入机构与党政部门、社区居委会、工作站、服务站等各类组织的关系塑造；中观层面嵌入机构和相关养老企业、社会组织等机构之间的连接；微观层面嵌入机构人员与社区服务人员、社区老年人、社会工作者、社区志愿者等各类人员的关系形成。然而在现实中，社区养老机构嵌入后客观存在的关系不明、边界混淆、接点错置等情形，势必影响养老服务组织的服务能力、共治生态和自治绩效等。此外，综合为老服务中心的核心竞争力在于其所提供服务的全品类和专业化水准，这自然需要能力强大的服务团队予以支撑。目前，作为新兴行业，由于受到社会整体认可度低、职业管理标准不明、政策保障缺失以及工作压力偏大等因素的叠加影响，现有服务机构中的人员在资质和胜任力上的短板和弱项明显，尤其是能够针对重点人群实施日间托付照料和短期托付护理，拥有康复、急救、用药、护理、健康管理等专业技能的人员严重匮乏。

## (四) 全链全时式综合为老服务体系的优化路径

### 1. 凸显全链全时式综合为老服务体系的嵌入价值

全链全时式综合为老服务体系应专注于老年人服务需求和服务质量，精准对接社区老年人多层次需求，提供收费合理、质量过硬的养老服务。在技术层面，街道政府可以与上级政府合作，搭建更高层级、更高水平的门户网站和信息数据库，包括老年人居家养老服务需求数据库、养老服务企业与服务项目信息库和养老服务从业人员数据库等，与辖区内较好的医疗机构构建“绿色”通道，提升医养融合水平。在医养融合层面，政府部门应健全完善家庭病房、双向转诊、长期护理保险制度，签约家庭医生等制度。部分养老服务驿站与社区医院、周边医疗机构、康护机构等对接合作，整合社区周边分散的医护资源，形成提供全科门诊、护理服务、康复服务、保健服务、巡诊探访、紧急救助、入户诊疗等多层次、便捷化、低价位医养护服务结合体。

### 2. 改善全链全时式综合为老服务体系的嵌入关系

第一，增强综合为老服务体系与服务对象的信任关系。通过向老年消费者不断强化服务质量和品牌形象，提升社会养老的接受度和认可度。首先，做好辐射区域的宣传和宣讲工作，采取入户宣讲和定期宣讲相结合的形式，便于社区老年人知晓并深入了解，扩大影响力和知名度。其次，确保公开公正透明。建立定期公示制度，将企业运营资质、管理规范、质量标准、定价标准、服务人员资质、评估结果等信息透明化，便于社区老年人按需、自主选择服务。最后，妥善处理服务投诉和服务纠纷，保障社区老年人的消费者权益。

第二，完善综合为老服务体系与企业机构的合作关系。综合为老服务体系与企业、社会组织、志愿者的合作关系需要建立在公开透明合法的合同机制上，尤其在外包服务中明确双方的权利和责任，明确规定服务内容、服务类别、服务标准等。政府部门和社区组织在养老服务驿站招标过程中，应适当向专业化、连锁化、品牌化运营团队倾斜，从准入机制上推动规模、品牌经营，保障服务质量和运营能力，形成带动效应和辐射效应。

第三，加强综合为老服务体系与公共部门的监管关系。综合为老服务中心与公共部门监管关系需达成协同平衡态势，应聚焦组织运营发展和创新盈利模式，而不能单纯或过度地依赖政策补贴。而政府对综合为老服务中心的监管政策应坚持事前事中事后的全程管理，避免重结果轻过程、重事后轻事前、重准入轻退出的失衡管理。

第四，充分调动活力老人积极性。可与志愿者协会、慈善组织或公益组织建立长期定向合作关系，在心理咨询、养生保健、日常照护、娱乐休闲等方面引入志愿者或低龄老人志愿服务，最大限度地开发利用社会资源和老年人力资本，为养老服务队伍注入新鲜血液。

**3. 把控全链全时式综合为老服务体系的服务质量**

应建立健全全面质量和标准管理机制，涵盖服务人员资质审核、服务质量标准审核、晋升及退出机制审核等方面。首先，在人才培养机制上，增设养老服务人才培养专业教育、职业教育、社会培训等全方位培养体系，资格认定上突出职业道德、专业知识与专业技能考核并重。其次，在过程管理上，公共部门和服务机构合作制定养老服务规划。通过政府购买服务等方式引入第三方社会组织评估，建立评估体系，明确评估主体、评估内容与评估方式等，确保评估内容的客观性和科学性，为全链全时式综合为老服务体系的发展提供决策和改进依据。最后，在退出机制上，对于存在重大失误造成恶劣影响的从业人员实行“一票否决制”，取消其从业资格并依法追究其法律责任。

## （五）结束语

沧浪街道的全链全时式综合为老服务体系是一种整合社区居家养老、机构养老功能的综合嵌入式养老，为沧浪街道打造了一个全链条、全天候、全区域、全覆盖的“苏式颐养”生活。从前期的虚拟养老院到功能单一的社区居家养老服务，从社区助餐点和社区日间照料中心到“综合为老服务中心＋社区日间照料中心＋社区助餐点”的“一中心＋$N$站点”综合为老服务体系，沧浪街道通过“养老＋医疗”“养老＋技术”“养老＋文化”“养老＋全时链”开创了康养、智养、乐养和颐养的全方面养老服务，使得街道社区内的老年人不出门就得以享受专业的养老服务。

在案例分析中，我们借助嵌入性治理理论解析了沧浪街道综合为老服务体系如何嵌入社区、如何嵌入老年人的生活。它以结构性嵌入实现了养老资源链接和养老功能整合，以关系性嵌入织就了一张政府、社区、市场、社会组织以及老年人之间多元良性互动的社会关系网络，以制度性嵌入肯定了综合为老服务体系的合法性地位，以认知性嵌入扭转了老年人和家庭其他成员对于社会化养老的刻板认知、以技术性嵌入使养老服务更专业、使养老需求识别更精准，以文化性嵌入满足了老年人精神需求和自我实现价值需求。这些使得全链全时式综合为老服务体系在沧浪街道“生根发芽”，终有一天会成长为“参天大树”。在嵌入的过程中，全链全时式综合为老服务体系也遇到了一些困难，如传统养老观念仍旧存在，成本收益仍旧不对等，风险与绩效管理仍旧是个巨大的缺口，政府、市场、社会组织的定位仍旧模糊等。

通过此次案例介绍与分析，我们希望在老龄化日益严重的城市社区中找到一条成本低、效益高的养老服务之道。通过分析沧浪街道的全链全时式综合为老服务体系的建设与嵌入过程，为中国社会化养老的发展提供一个创新样板，如能实现，则是本案例的最大可取之处。

# 案例七　从"生态洼地"到"福祉高地":采煤塌陷地治理何以提升农民福祉①

——以徐州市潘安湖为例

## 导读

采煤塌陷地治理是加快我国生态文明体制改革、建设美丽中国目标的重要抓手,是实施党中央部署的生态系统保护和修复重大工程的重要领域,也是占我国城市总数近 40%的资源型地区政府公共管理领域治理的重要内容。采煤塌陷地治理在强调经济和生态效益的同时,还应关注治理中矿区农民福祉的变化。

我们通过对潘安湖采煤塌陷地治理模式进行调研,对治理前后矿区农民多维福祉进行实地问卷调查,测度福祉变化特征,通过合作治理理论分析以潘安湖为代表的生态旅游模式的治理形成机制。同时,引用委托代理理论对采煤塌陷地治理过程中农民福祉提升存在问题进行分析,进而提出农民福祉的提升路径和政府治理对策,以期为农民福祉提升目标下我国采煤塌陷地治理模式与政策提供示范案例。

## 一　案例介绍

### 引言

从当初坑洼破败、"黑、脏、乱"到如今"鹭影飞舟何处饮,池杉岸柳初成荫。潘安五月雨蛙鸣,璀璨榴花千里沁",从"雨天一身泥,晴天一身灰"到"沾衣欲湿杏花雨,吹面不寒杨柳风",从棘手的采煤塌陷区到闻名周边的 4A 级国家湿地公园,是什么让这个取西晋美男之名的潘安湖变包袱为资源、化腐朽为神奇,这其中的奥秘值得我们细细探索。

2017 年 12 月 12 日,习近平总书记来到贾汪区潘安湖神农码头考察,这个曾经荒芜的采煤塌陷区,经过生态修复、景观构建,已然变成湖水盈盈、杨柳依依的湿地景区。习近平总书记一边察看景区新貌,一边夸赞贾汪区转型实践做得好。他表示,资源枯竭地区经济转型发展是一篇大文章,实践证明这篇文章完全可以做好,关键是要贯彻新发展理念,坚定不移走生产发展、生活富裕、生态良好的文明发展道路。对采煤塌陷区整治的有益经验,要注意总结推广。

① 参赛人员:王敏、段玉芬、魏梅亭、李向新。
指导老师:杨俊、公云龙。
所在单位:中国矿业大学。

经过治理，潘安湖周边村庄享受着生态旅游带来的红利，从原来的以煤为生，转变为多种经营致富，逐步形成了旅游、文化、餐饮、民宿、景区服务、绿化等产业，带动了“生态＋旅游”“生态＋文化”等多种产业形态共同发展。毗邻潘安湖的马庄村，集中发展潘安湖景区四大板块之一的“民俗文化”体验板块，村内手工制作的香包被确定为国家级非物质文化遗产，年销售额 2 000 余万元，带动村民创业就业、增收致富。习近平总书记在马庄村考察时，通过对该村从单纯以煤为生转型到多种产业共同发展的经验连连肯定，并指出发展特色产业、特色经济是加快推进农业农村现代化的重要举措，要因地制宜抓好谋划和落实。

治理之好，民生之福，无人不叹！我们通过实地调研、走访周边群众、发放调查问卷、与当地政府和企业相关人员进行访谈等方式，全面了解潘安湖治理前后过程以及治理过程中面临的矛盾问题，整理总结潘安湖治理取得的成效经验、农民福祉提升面临的挑战和机遇，揭示采煤塌陷地治理对农民福祉的影响机制，为采煤塌陷区转型发展下的农民福祉提升提供经验参考。

### （一）生态洼地：一城煤灰半城土，矿区农民苦不堪言

徐州煤矿是国内规模开采最早的煤矿之一，与河北的开滦煤矿（1878 年）、山东的淄博煤矿（1904 年）并称为“三老”。徐州煤矿从晚清光绪年间（1882 年）开采至今，已有 140 余年的历史。1897 年，贾汪经勘探被认定为储量最为丰富、质地最为优良的矿区，自此之后的半个世纪，贾汪煤矿始终是徐州煤矿的中心。1938 年 5 月，日军侵略徐州，10 月 24 日贾汪煤矿沦陷，日寇实行掠夺式开采，矿工苦不堪言，矿井千疮百孔。1948 年 11 月 8 日，贾汪解放，矿山翻开历史新篇章，1951 年煤炭产量首次突破百万吨。20 世纪 60 年代中期，徐州矿区的国家统配煤矿已发展到 8 座、14 对矿井，矿井设计生产能力为每年 510 万吨，实际年产达 500 万吨以上，建井周期和煤炭增产速度，均达全国先进水平，贾汪区鼎盛时期有大小矿井 252 座，累计生产原煤 3.5 亿吨，为国家的经济建设做出重大贡献。贾汪煤矿发展的转折点出现在 2001 年，贾汪区贾汪镇岗子村发生了“7・22”煤矿爆炸事故，105 人被困井下，造成 92 人死亡。该事故发生后，贾汪区痛定思痛，关闭了区域内所有小煤矿。2016 年，贾汪区关闭了最后一座煤矿，宣布该区正式进入“无煤时代”。

贾汪因煤而兴，也因煤而困，曾经有多辉煌，关停煤矿之后便有多不堪，因长期高强度、大规模开采，煤尽城衰，区内大量农田被毁、房屋坍塌、道路断裂，生态环境恶化，塌陷地累计达 11.3 万亩（1 亩≈666.67 平方米）。潘安湖位于贾汪区大吴镇和青山泉镇境内，为徐州矿务集团有限公司（以下简称徐矿集团）权台煤矿和旗山煤矿采煤塌陷区域，距徐州主城区 18 千米，总塌陷面积 1.74 万亩，是贾汪区面积最大的采煤塌陷地。区内积水平均深度 4 米以上，长期以来该区域坑塘遍布、荒草丛生、生态环境恶劣，又因村庄塌陷，造成当地农民无法耕种、居住，当地群众相继搬迁，形成了严重的历史包袱。

关停煤矿对于捧了上百年“煤炭碗”的贾汪人来说，无疑是一次最无奈、最痛苦的选择，这意味着 3 亿元固定资产荡然无存，3 万人失去就业岗位，1/3 以上的财政收入不复存在，同时严重影响与煤炭生产关联度高的其他行业，不仅造成一些业主“血本无归”，而且使大量矿工工资难以发放，6 000 多户民房开裂难以补偿，10 万亩采煤塌陷地亟待治理，由此带来的社会稳定问题十分突出。

作为矿区农民，从矿场建立之日起便注定失去对土地的管理和使用权，早期部分农民的土地通过正常的征用程序，同徐矿集团签订了合同，农民拿着微薄的补偿款，加之若安排有矿场的工作，转让土地的使用之后就不再过问。到了开采晚期，地面塌陷问题开始暴露，农民开始搬迁，而那些所属耕地未被征用开采的农民，甚至都不曾向徐矿集团提出补偿，就因为生活环境的恶化离开自己的家园，这也导致矿场停采后找不到被征用人，给后续的治理困境埋下了伏笔。此后也只留下生活在主塌陷区周围的一些受影响较小的居民，坚守一方净土，不甘心搬走！

## （二）独木难支：塌陷治理涉面广，资金投入杯水车薪

2004 年，国家发展与改革委发布的《国家发展改革委关于加快开展采煤沉陷区治理工作的通知》（发改投资〔2004〕1126 号）提出，治理采煤沉陷区所需要的资金，应按照“谁引发、谁治理”的原则由责任单位和个人承担。作为矿场的负责主体徐矿集团，自然不能吃完煤矿红利后撂摊子，对采煤塌陷地撒手不管，于是在大部分矿区农民搬迁之后，公司开始筹划对塌陷区进行治理，并计划将其建设成为集团所属的疗养院以供商用，也可提供给集团内部人员的家属以作公司福利。

然而，事情并没有想象中那么顺利，千疮百孔的积水塌陷地处理起来没那么容易，“其实，当时公司已经安排我们这些工人开始对那些塌陷的地方进行一些整理，把坑塘水排出去，把地进行平整，但是那些地坑坑洼洼，这一块那一块，面积又大，水排不尽啊”，景区的一位保安大叔惋惜地说，他曾经在徐矿集团做过矿工，后来矿井关了，他接着做塌陷地的整理工作。

徐矿集团不断投入资金，那块塌陷地却仿佛成了无底洞，只见投资，不见起效。案例组在调查中了解到，这其中最主要的问题就是土地用途的变更，原本这块土地属于耕地和工矿用地，若要修建疗养院，必然会更改土地用途。显然，根据《中华人民共和国土地管理法》，我国实行土地用途管制制度，土地用途的更改需要制订计划，进行审批，其中涉及许多需要协调安排的环节，任务量大，公司只能将计划搁置，再寻其他出路。

## （三）合作共治：生态民生为引领，多元主体互助共赢

正当公司一筹莫展时，机会来了。针对徐州老工业基地生态环境欠账较多、采煤塌陷地修复治理任务艰巨、矿区失地农民数量众多、关闭破产矿区职工生活困难等问题，2008 年，《中共江苏省委、江苏省人民政府关于加快振兴徐州老工业基地的意见》（本案例中以下简称《意见》）发布，旨在帮助徐州解决采煤塌陷地和关闭破产矿山土地利用问题。该《意见》指出，结合第二次全国土地调查工作，查清采煤塌陷地的现状、数量、分布和权属，积极向国家争取合理调整变更。根据采煤塌陷地的塌陷状况，加快整治和生态修复步伐，尽快使塌陷地变为耕地、生态景观等可利用资源。若不改变土地用途，仍由徐矿集团作为用地主体，可保留原土地使用方式；若变更用地主体，应协议出让，由当地政府按净收入的 40% 收取土地出让金。对改变土地用途的，应列入当地政府土地储备计划，公开上市出让，净收益由当地政府和徐矿集团按 5∶5 的比例分享。2009 年，作为江苏省国土厅、财政厅批复下达的省投重点项目，贾汪区潘安湖采煤塌陷区土地综合整治项目获批。

2010 年，贾汪区从本就拮据的资金中拿出 5 亿元对采煤塌陷区修复治理。在治理过程中，贾汪区政府充分借助社会力量提供的各方面支持，并决定对潘安湖采煤塌陷地进行集中治理。考虑到将其复垦为耕地成本太高不划算，且被征用人也再难寻回，因此，权衡利弊后计划将其建设为潘安湖湿地公园。最初贾汪区政府只是对南部的塌陷地进行规划治理，尝试完成之后发现效果极佳，逐渐扩张到了现在的潘安湖景区，项目一期以土地复垦、生态修复和湿地景观游览观光为主，二期项目以南湖为核心，在煤矿塌陷地形成的大面积水域基础上，按照“宜耕则耕、宜渔则渔、宜建则建、宜生态则生态”的理念，规划建设中国最美乡村湿地。

这个总投资达 50 亿元、治理了 5 年的项目，自立项开始便遭受众多非议。不过，面对非议，当时的贾汪区政府并不妥协。“绿水青山就是金山银山”说起来容易，做起来却需要有足够的历史耐性和政治定力，“如果我们的城市发展无法造福人民，那样的发展又有什么意义呢？因此，哪怕发展的速度慢一点，也要保证前行的道路是对的。”时任贾汪区委书记接受采访时说道。政府顶住压力，这对老百姓来说是实实在在的好事！

2014 年 5 月，时任江苏省国土资源厅厅长李侃桢同志到徐州调研工作时，提出要用“创新思路、节约发展、协调机制”相结合的方式，支持矿业转型升级，积极探索矿地融合发展新路子，将土地和矿产资源开发、保护、利用和整治相结合。

此后，徐州市政府坚持矿地融合，重点治理采煤塌陷区，弥补历史欠账，补齐徐州生态环境短板！在江苏省委、省政府和国土资源主管部门的支持下，徐州市政府、国土资源局拉开了向“城市黑洞”宣战的序幕。

加强整治，调查先行。徐州市国土资源局与江苏省国土资源厅合作，充分发挥平台优势，完成了对潘安湖主要煤矿采煤沉陷区的综合调查。

贾汪区委、区政府和国土资源局多次与江苏省财政厅、国土资源厅进行沟通协调，寻求政策和资金支持，最终确定了以“综合整治”为核心的煤矿塌陷区治理目标，提出了“基本农田再造、采煤塌陷地复垦，生态环境修复，湿地景观建设”综合整治新思路。

调查做了，资金有了，如何治理？政府能做到吗？带着这样的疑问我们走进了贾汪区自然资源和规划局。

在与袁组长的谈话中，我们得知徐州市政府与中国矿业大学、江苏省老工业基地资源利用与生态修复协同创新中心、中德能源与矿区生态研究中心和徐州市生态文明研究院等平台开展合作，依托这些平台获得技术支持，如地质安全评价、塌陷土地地基稳定性评价、抗变形能力评价与建筑设计、土地生态规划与重建，综合运用沉降预测、表土剥离、引水、井下充填等技术对塌陷地进行综合治理。

同时，袁组长表示，对于潘安湖的治理，政府内部各部门的作用都是不可或缺的。前期，土地综合整治科主要负责提高土地利用率；后期，修复科负责提高耕地质量；在此期间，农业农村局负责提高农业土地和土壤的质量；水利局主要负责河流水质的改善、清淤工作和低岸湖的修复。

据贾汪区自然资源和规划局介绍，潘安湖的治理是新中国成立以来江苏省单位投资最大的煤矿沉陷土地综合整治工程，总投资 1.71 亿元，采用“基本农田再造、采煤塌陷地复垦、生态环境修复、湿地景观开发”四位一体模式，不仅开创了全国采煤塌陷土地治理的里程碑式项目，也为资源枯竭型城市生态环境修复与重建提供了一种模式。

环境治理有了解决办法，那塌陷地农民的生产生活呢？政府是怎样安置的呢？

树挪死，人挪活，要想让老百姓过上更好的生活，必须重新安置。

为打消群众的疑虑，贾汪区政府决定在易地搬迁时，坚持“补偿要高，房子要好，保障要全”的政策。安置房建在中心镇、景区和贾汪城区，安置地点可以自由选择。为了保障农民的生计，把失地的农民都纳入保障范围，做到应保尽保。

从 2011 年 1 月 1 日起，所有被拆迁居民都享受失地农民保障。60 岁以上的老年人，每人每月将获得 539 元的失地保障金和 135 元的农业保险津贴，解决了农民的后顾之忧。

昔日塌陷地，已然变成了今日潘安湖。

2017 年，习近平总书记来到贾汪区考察，对贾汪区的改革实践进行了高度评价，并幽默地说：“贾汪现在是‘真旺’了”。在潘安湖神农码头，习近平总书记特别强调，塌陷区要坚持适应国情的转变发展之路，要建设好绿水青山，让绿水青山变为金山银山，并指出“注意总结推广采煤塌陷区整治的有益经验”。今天，在神农码头的一座石碑上，铭刻着习近平总书记考察贾汪区时提出的科学论断：“只有恢复绿水青山，才能使绿水青山变成金山银山。”

习近平总书记视察之后，潘安湖变得更加受欢迎。一批批参观团追随总书记的脚步来到潘安湖，见证采煤塌陷地的精彩蝶变。

潘安湖的绿色演变，见证了徐州生态的崛起。由昨日的采煤塌陷区成为今日的生态园林，潘安湖在成为旅游景点的同时，也以优越的地理条件，吸引着众多开发商和高校的进驻。

在潘安湖及其周边农民的华丽转身背后，贾汪区区政府积极寻求上级政府提供资金和政策支持，联合进行规划方针的确定，并与中国土地勘测规划院、自然资源部土地整治中心、中国矿业大学、老工业基地资源利用与生态修复协同创新中心等单位开展合作，获得技术和智慧支持，最终吸引社会资本建设，提供更多农民致富机会，助力农民福祉的提升。

### （四）福祉高地：一城青山半城湖，美好生活水到渠成

今日的潘安湖，碧波荡漾，水鸟翔集，岸边池杉挂彩，游人如织，一片生机勃勃的景象。

潘安湖已形成湖面 266.67 公顷、湿地修复面积 133.33 公顷，地表水水质达到Ⅲ类以上，鸟岛、主岛、醉花岛等 9 个生态岛屿已经建成，为 100 多种动植物物种提供了栖息地。潘安湖已成为徐州一个重要的候鸟栖息地，生态环境和人居环境都有了很大提升，为徐州市及周边地区提供清新空气、干净水源和保障良好的生物多样性。

通过营造水景观，为周边居民创造了美丽的、休闲的、亲水的居住空间，改善了生活环境，实现了人水和谐。

置身于景区中，令人心旷神怡，浮想联翩，我们不禁产生了这样的疑问——环境改善了，那么原来居住在这片塌陷地百姓的生活有没有得到改善呢？

据导游介绍，潘安湖风景区的建成，使周边的居民受益良多。据统计，95%以上的工作

员工都来自周边地区，不仅解决了村民的就业问题，还带来了可观的经济收入。

虽然在导游那里得到了肯定答案，但我们深知“没有调查，没有发言权”，于是我们走进了湖畔小区和马庄村。

湖畔小区于2013年开始入户，是首批搬迁的小区之一。在住宅布局上，规划合理，整齐划一，建筑结构统一，均为六层建筑。小区内设有健身器材、休闲广场、超市、诊所、垃圾中转站、社区活动中心等，旁边是潘安湖西段庄幼儿园，基础设施相对完善。

在小区的休闲广场我们遇到了正在聊天的老年人，一位大爷感慨地说道：“经过全面的搬迁，我们住进了新的住宅区，生活品质明显改善。小区内的配套设施都很完善，学校就在马路对面，景区就在附近，女儿一家开起了农家乐，‘矿工’摇身一变‘小老板’，日子有了新奔头。”

“我以前住在西段庄村，采空区塌陷之后的环境让人不能生活。自从我搬来这里，环境变好了，生活也更加便捷。孙子在对面幼儿园上学，接送很方便李大爷附和道。“过去，我在这里生活得百无聊赖，每天两点一线——矿山和家；现在，这里有来自全国各地的游客，有时还与我们这些老年人交流，我们足不出户就能感受各地的风土人情。”李大爷又说道。

过去，附近居民依靠马庄煤矿、韩桥煤矿过着“靠矿吃矿”的生活；现在，依靠潘安湖风景区这个“富矿”，他们已经实现了“靠山吃山、靠景吃景”。

目前，马庄村已建成神农广场、二十四节气柱、金马山庄、村落历史民俗馆、盛景庄园、天下春婚庆创意产业园等旅游景点。另外，马庄村还深入挖掘非物质文化遗产，积极建设香包小镇、香包客栈、香包作坊、香包课堂、香包舞台等。

有了湖水的润泽，周围的村民富了起来，强了起来，日子好了起来。2016年，徐州入选国家首批生态园林城市。2018年10月，徐州凭借在生态环境保护、塌陷区修复、治理采石宕口、改善民众生活环境方面的突出成就，获得“联合国人居奖”。“联合国人居奖”是联合国人居署于1989年创立的全球人居领域的最高奖项，作为一个老工业基地和资源枯竭型城市，徐州获此殊荣是联合国对徐州这些年改善人居环境方面所做出努力的肯定；同时，徐州更是连续三年获评“中国最具幸福感城市”，潘安湖无疑是一个加分项。

### （五）幸福隐忧：生产生活难转变，经济韧性尚待提升

贾汪塌陷区的治理中主要采取的是还耕于农模式、生态旅游模式和工业利用模式，其中潘安湖所采取的是生态旅游模式。生态旅游模式以潘安湖为依托，打造生态产品，发展生态旅游行业，在一定程度上带动了潘安湖周边地区餐饮住宿行业的发展，促进了地区特色文化产品的发展输出，一些配套生态建设也为农民带来了大量的就业机会，增加了农民的收入；良好的生态环境和大量的配套设施建设为农民提供了休闲游憩的场所，不仅改善了居住条件，也提高了生活质量。

问卷与访谈中，对农民福祉的考察主要分为四个维度：经济福祉、生态福祉、人民福祉和人文福祉。经济福祉主要考虑村民家庭的收入与支出以及就业情况；生态福祉主要考虑农村空气、水、土地质量变化好坏的感受；人居福祉主要考虑人均住房面积及住房类型和农民工对居住条件的满意程度；人文福祉主要从人文心理视角分析矿山修复之后带给农民的

福祉，主要源于社交活动、文化活动及幸福感三个方面。

结合实地调研与问卷调查，在获取一定的农民基本生活情况的前提下，我们发现以潘安湖为代表的生态旅游模式，除生态福祉较高之外，经济福祉、人文福祉和人居福祉均处于相对较低水平，综合农民福祉较低(图 7-1)。

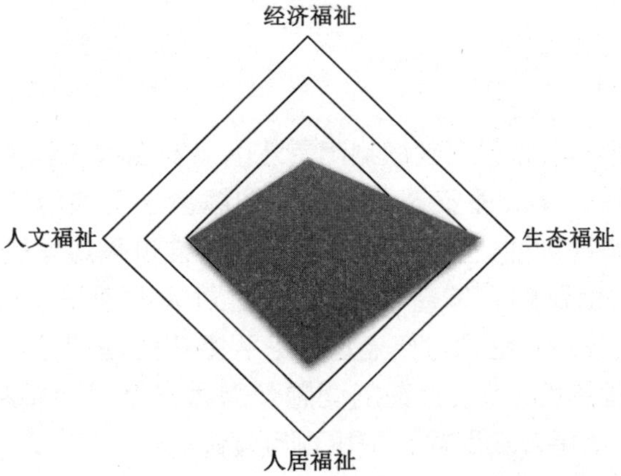


图 7-1　以潘安湖为代表的生态旅游模式农民福祉比较

目前，虽然以马庄村为代表的局部农民经济福祉较高，但是整个区域农民福祉的提升还有很大空间。因此，以马庄村为代表的新型示范村对周边其他社区的带动也是有限的，辐射作用并未覆盖整个区域。针对村民访谈结果，我们认为潘安湖采煤塌陷区的治理显著改善了生态环境，在一定程度上增加了收益，但是他们期待收益能有进一步增加。

在对湖畔小区的实际调查中发现，生态旅游带来的巨大红利并未给农民带来经济效益，相反就业变得较为困难，周边打工的难度变大；同时，由于景区的商业压力以及小区各项管理费用，消费水平被迫提升，但收入来源以及实际收入并未增加，但生活压力增大；再者，湖畔小区均为小高层，村居之间的交流大大减少。

## (六) 结束语

从生态洼地到福祉高地，徐州市贾汪区政府在治理过程中，打破思维惯性，积极寻求与上级政府、企业、科研院所的合作，秉持“绿水青山就是金山银山”的生态理念，实现塌陷地综合治理；通过政府主导、政企共治、社会参与，开创塌陷区居民安置保障的多种新模式，农民福祉得到了显著提高。但要实现农民综合福祉的提高，产业转型，依然任重而道远，需要提出新方法，找到新路径。提高农民福祉，我们还在路上。

# 二 案例分析

## 引言

2017年12月，习近平总书记来到徐州市贾汪区潘安湖神农码头考察，夸赞贾汪区转型实践做得好，现在是"真旺"了。潘安湖采煤塌陷地综合治理项目作为矿区治理典范，按照"宜耕则耕，宜渔则渔，宜建则建，宜生态则生态"理念，推进采煤塌陷区土地资源持续利用，实现了"变包袱为资源、化腐朽为神奇"。我们通过对潘安湖采煤塌陷地治理项目进行研究，根据调研搜集的访谈资料，结合合作治理理论和委托代理理论，对潘安湖采煤塌陷治理项目运行机制、农民福祉影响机制、存在的问题及原因进行了分析；在此基础上，进一步对如何在治理过程中更好地提升农民福祉提出可行建议。

## (一) 理论基础与分析框架

本案例分析主要涉及的概念和相关理论有合作治理理论和委托代理理论。该部分将对合作治理理论和委托代理理论的内涵进行阐述，并对如何将其运用到本案例分析中进行讨论。

**1. 合作治理理论**

合作治理是20世纪80年代在全球范围内兴起的全新治理模式，旨在解决跨领域跨部门的公共治理问题。在后工业化的新时代，社会环境日益增长的复杂性和不确定性，致使原先在工业社会所形成的治理观念和治理模式陷入结构性危机的桎梏之中，人类不得不寻求良策以应对危机。因此，包括政府在内的多元化治理力量共同采取多样化的合作行动成为历史趋势。安塞尔与戈什认为，合作治理是指由多个政府部门与社会部门的利益相关方共同参与的，以达成共识为目的的、商议的、旨在制定或执行公共政策或提供公共服务的制度安排。国内学者张康之指出，合作治理是多元社会治理主体的共同行动，在合作治理体系中，政府只是多元社会治理主体中的一元，既往的政府垄断社会治理的格局将失去历史合理性，政府的控制导向也将为服务导向所替代。

关于合作治理理论的主要特点，大体可以概括为以下三点：第一，从主体来看，主体多元且彼此之间相互平等，相互信任。第二，从过程来看，合作治理强调开放性、参与性、协商性与权力共享。第三，从目标来看，合作治理旨在整合与优化多元治理力量以实现有效的社会治理。

采煤塌陷后的矿区环境问题具有复杂性、系统性以及不确定性等特征，使得"善治不可能在单一的公共部门抑或在单一的政府体系内实现"，这就要求政府必须建立一个能有效整合多部门社会资源、能合理分配各主体环境责任，进而对塌陷地进行动态管控的综合治理体系，建立以政府引导、市场协同、社会参与的多元共治格局，统筹各方利益需求，各主体平等独立参与矿区塌陷地项目治理，从而实现矿区塌陷地有效治理，促进区域经济均衡发展。

**2. 委托代理理论**

委托代理理论是制度经济学契约理论的主要内容之一，研究在利益相冲突和信息不对称的环境下委托人如何设计最优契约激励代理人。现代意义上委托代理关系的概念最早是由罗斯(1973 年)提出的，如果当事人双方，其中代理人一方代表委托人一方的利益行使某些决策权，则代理关系就随之产生了。

由于代理人委托人双方目标函数不一致，而且存在不确定性和信息不对称，代理人有可能偏离委托人的目标函数，而委托人难以观察并监督，就会出现代理人追求自身利益最大化而损害委托人利益的委托代理问题。肯尼思·阿罗(1985 年)将委托代理问题区分为两种类型：道德风险和逆向选择。道德风险就是指代理人借委托人观察监督困难之机而采取的不利于委托人的行动；逆向选择就是代理人占有委托人所观察不到的信息，并利用这些私人信息进行决策。

该理论也被广泛运用于公共部门研究领域当中。公共部门的委托代理关系的建立，与企业的委托代理关系一样，都是由于信息不对称、社会专业分工和职业化的发展，面临着目标冲突和信息不对等的问题。我国的中央政府和地方政府之间是“自上而下”的委托代理关系，垂直的人事激励以及党政领导的隐性预算干预权力，形成了以地方领导为核心的委托代理关系。在我国，人事集权“晋升”激励下，地方政府会最大限度地追寻上级政府的偏好，而有区分地对待公民的多种需求。地方政府甄别各种任务的优先次序则是依据上级政府绩效考核的指标。

**3. 分析框架**

我们通过“线上＋线下”调研提供了一个采煤塌陷地治理的范例。首先，潘安湖区域煤炭开采虽然为当地的经济建设做出了重要贡献，但随着开采力度的加大，加之煤炭资源的有限，该地区生态环境遭到严重破坏。其次，该地区经济发展仅依靠资源优势，重点发展重工业，产业结构较为单一。最后，大多数农民择煤而居，工作与生活区域混在一起，供水、供地、供暖设施难以配套到位，民生保障的匮乏使得不少居民选择外出务工或搬离此地，人口逐年减少。资源的枯竭、企业的关停、人口的流失以及生态环境的恶劣，迫使地方政府开始探寻新的发展路径。经过不断地大胆尝试与经验总结，潘安湖成功实现了转型发展。

本案例将尝试以合作治理理论来分析潘安湖区域是如何开展矿山环境综合整治工作实现区域转型以及潘安湖湿地公园建设过程中如何处理政府、市场、社会、农户等主体之间关系问题，总结整理潘安湖治理经验；同时，运用委托代理理论对采煤塌陷地治理中农民福祉提升存在的问题进行分析，从而提出具有针对性和可行性的政策建议。本案例具体分析框架如图 7-2 所示。

## (二) 潘安湖采煤塌陷地合作治理机制

潘安湖采煤塌陷地合作治理机制形成依赖于各级政府、农民、科研机构、企业等主体的集体行动，但主体的多元化意味着利益需求的多元化，各主体之间容易出现“利益博弈”。因此，本案例在各治理主体达成发展共识的前提下，从各主体在治理过程的权力与责任角

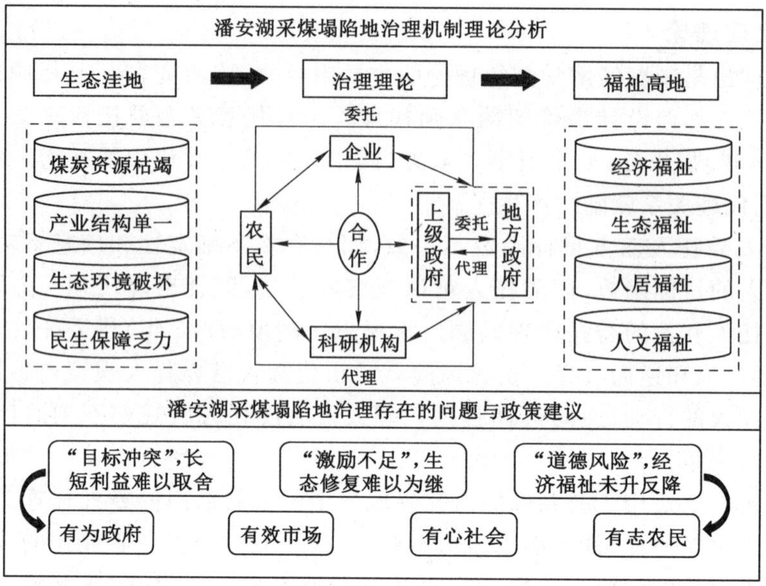


图 7-2　案例分析框架

度出发,阐述潘安湖采煤塌陷地合作治理的生成过程。

**1. 治理基础:参与主体达成发展共识**

理念认同是行动的先导。在后工业社会网络化的社会结构中,形成了一种新的“公共产品要由多元的社会治理主体共担的”公共责任格局。地方政府、市场企业、社会组织和公民个人均要在公共理性的共识之上突破原有本位主义的自利型利益思维模式,更多地从更大范围的公共利益角度出发,调整和遂行自身在地方生态治理进程中的角色和作用,有效建构合作治理的框架。

在矿区尚未塌陷时,参与主体各方均从自身利益出发,不惜破坏环境、过度开采矿山以实现自身利益最大化。但是,随着开采强度的增加,煤炭资源逐渐稀少,煤炭企业盈利降低,不少煤矿陆续关停,农民工失去原本赖以生存的工作,这片区域土地也变成了坑塘遍布、荒草丛生、农田淹没、房屋开裂、道路损毁、千疮百孔的景象。

煤矿关停之后,相关企业也陆续陷入瘫痪状态,这给地方经济造成近乎毁灭性的打击,整个区域的工业进入空前的低迷状态。地方经济的不景气,对失业的矿工来说更是雪上加霜,没有固定的工作,生活入不敷出,能够拥有一份稳定的工作是这些矿区居民最大的期望。地方政府为了地方经济发展尝试转型,探寻新的发展路径。2007 年,《国务院关于促进资源型城市可持续发展的若干意见》出台,表明了国家对资源枯竭型城市转型的支持与关注。2008 年制定的《中共江苏省委、省政府关于振兴徐州老工业基地的意见》强调,对采煤塌陷区进行生态修复在城市转型中具有重要作用。贾汪区政府抓住政策红利,厘清了要想实现经济可持续发展就先要实现生态环境的可持续性,以生态转型推动经济转型,从而实现效益最大化,提升农民福祉。煤炭企业作为以盈利为主要目的的经济组织,煤矿关停之后开始尝试产业转型,在遵循“谁引发、谁治理”原则上对塌陷区进行整治开发治理。由于资金投入有限，缺乏技术指导，多次尝试转型均未成功后寻求政府帮忙，政府部门联合科研机构，在当地农民的支持下，达成发展共识——共同合作将塌陷地复垦开发成生态旅游用地，建立湿地公园，以生态转型带动产业转型，实现共同富裕。

**2. 主导力量：各级政府创新体制机制**

走向合作社会的历程是在政府引导下进行，全球治理经验表明：治理绝非意味着政府的隐退，一个强有力的政府恰恰是保障治理有效性的基础性条件。在潘安湖采煤塌陷治理过程中，各级政府的引导作用突出表现在以下两个方面。

（1）创新政策制度

江苏省委、省政府为了激励徐州市政府采取行动治理采煤塌陷地，出台了《中共江苏省委、省政府关于加快振兴徐州老工业基地的意见》，并且率先在全国提出"矿地融合"新模式，省财政厅先后下达多项基金用于支持采煤塌陷区治理项目。徐州市政府以此政策为契机，多次带队到现场调研、摸清实情，明确改造任务，积极与上级对接，最终争取到了由省财政厅和国土厅立项的"潘安湖采煤塌陷区综合整治项目"。同时，徐州市政府也制定《徐州市贾汪区旅游发展总体规划》《徐州市贾汪区潘安湖采煤塌陷区综合整治项目规划》等政策调控、整合多种资源，推动潘安湖治理工作顺利进行。

依托老工业基地和资源枯竭矿区土地政策优势，贾汪区政府争取到了潘安湖生态旅游区较为灵活的土地利用政策，制定出台了《贾汪区城乡建设用地增减挂钩试点工作实施意见》等一系列制度文件，并先后在大吴镇湖里村、紫庄镇阮庄村等村进行了采煤塌陷区搬迁村庄增减挂钩的试点工作，通过增减挂钩允许部分矿区土地修复为建设用地，通过调整土地利用规划，将修复土地转变为建设用地，部分用于发展工业，部分用于发展房地产经营，使土地经济效益最大化。政府还积极推动修复耕地规模经营，种植高价值经济作物，将修复的耕地优先给农民耕种，但长期以来农民不种地，已经失去了耕作的积极性和能力。因此，为尊重农民意愿，修复后的耕地多由农民耕种，或者流转给大户经营，以种植花卉苗木、果蔬等经济作物为主，为潘安湖生态旅游提供特色农产品。针对规模经营溢价问题，政府采取保护农村土地经营权规模化流转的规模溢价，规范风险溢价，并重构投资溢价的政策导向，推动现代农业发展，保障农民收入。

（2）整合部门职能

潘安湖采煤塌陷地治理工作的复杂性和整体性，涉及自然、社会、经济等众多领域，需要大量资金、技术、人力、物力的投入，农林、水利、国土、财政等政府部门的相互配合，但各个单位部门利益目标不一致，如果没有有效的整合凝聚，极易导致矿区治理工作流程脱节、力度偏软。因此，为避免执行中政府各部门对采煤塌陷区推出的政策不协调、多头管理的情况，贾汪区政府建立系统的生态修复政策法规来指导塌陷区生态修复工作，整合农业部门、矿管科、生态修复科、协调潘安湖管委会，由规划建设科统一引领负责潘安湖塌陷地综合整治项目，提高政策执行效率，保证项目运营的连续性和稳定性。

**3. 内生动力：政企合作促进产业发展**

在生态合作治理过程中，企业在保障自身盈利以及为社会提供产品和服务的同时，还需要承担"企业基于在社会领域的外部性行为而必须予以承担的责任"，这是推动环境治理可持续的内生型动力。在潘安湖采煤塌陷地治理初期，基于"谁引发、谁治理"的原则，徐矿集团投入800万元用于塌陷地治理，因采煤塌陷区治理前期存在项目多、周期长、投资多等风险，徐矿集团无力独自承担，便寻求地方政府的合作，政企合作道路由此展开，自此潘安湖采煤塌陷地治理工作有序开展，治理效果有了显著提升。冶金、煤化工、建材、电力等传统企业作为生产建设者摒弃高消耗、高污染的生产模式，运用高新技术和先进适用技术，对落后产能进行改造，实现企业内部绿色发展。而在治理后期，地方经济发展较为缓慢，政府财政拨款有限，不能保证资金的长期供给，政府则灵活运作社会资本资金，采取PPP(政府和社会资本合作)项目融资的方式吸引更多的社会资金参与到贾汪区转型发展各类项目中来，利用矿区修复的生态用地和建设用地，与相关企业共同开发乡村旅游产业、房地产业和大数据云计算产业，获得了这些企业丰富的投资，解决了治理资金不足的问题。

同时，借助大企业的影响力和宣传造势，打出了潘安湖的旅游品牌效应，助力乡村旅游产业发展。按照“生态优先、绿色发展”的理念，结合塌陷地修复和综合治理成果，推动潘安湖地区由“黑色经济”向“绿色经济”转型发展。以潘安湖国家4A级湿地公园建设为核心，融合马庄香包文化、潘安文化等地区传统文化，引入专业化管理和市场化经营团队，打造了潘安湖湿地公园、潘安古镇、马庄香包非物质文化等旅游品牌；利用潘安湖及周边优美的生态环境，建设潘安湖科教创新区，建设集旅游、养老、科教、居住为一体的新型城镇化生态居住区；改造煤矿工业遗址，对煤矿主矿井等具有遗存价值的建筑物予以保护，开发建设煤矿遗址文化创意园，实现了生态、经济、文化和社会等多重效益。

**4. 外在助力：社会力量共谋转型格局**

社会力量是指可参与、帮助和支持社会发展的行动主体，包括事业单位、社会团体、公众等。在本案例中，参与塌陷地治理的社会力量主要有农民和高等院校等事业单位。

(1) 科学技术，破解治理瓶颈

采煤沉陷区的综合治理涉及采矿工程、开采沉陷预计、生态修复、土地复垦、景观再造等多个学科和技术的集成。徐州市政府联合中国矿业大学、中国土地勘测规划院、自然资源部土地整治中心、江苏省老工业基地资源利用与生态修复协同创新中心、徐州市生态文明建设研究院等单位，在潘安湖采煤塌陷区综合整治中，开展了多项科技攻关工作，支撑了潘安湖土地整治和生态修复、景观建设工程。一方面，依托中国矿业大学、江苏省老工业基地资源利用与生态修复协同创新中心、中德能源与矿区生态研究中心和徐州市生态文明建设研究院等平台，建立了煤矿区开采损害的实时预测模型及预测参数体系，实现矿区采动损害预计与土地资源破坏超前预警，为采动影响下的土地利用空间布局和基于土地利用约束的矿产资源开采利用提供了重要的参考依据。另一方面，通过相关高校咨询和规划，开创了“基本农田再造、采煤塌陷地复垦、生态环境修复、湿地景观开发”四位一体新模式，突破了土地整理科目之间的限制，挣脱“塌陷地治理以单一的土地平整增加耕地”的思维桎梏，以因地制宜、综合治理、生态优先、绿色共享等多元化方式开展塌陷地治理。针对采煤塌陷地面积广、沉陷纵深悬殊、地形复杂、土壤类型多样等问题和特点，与中国矿业大学合作，利用中国矿业大学的优势平台，在实践中探索出以“分层剥离，交错回填”为核心的土壤重构方法。同希腊农业科学院开展了土壤改良技术合作交流，为复垦土壤快速改良创立了理论依据。

(2) 需求反馈,监督治理过程

农民可以在合作治理过程中通过个人参与、集体推动、社会舆论等方式表达利益诉求,同时借助新兴媒介主动与政府和其他主体进行互动合作,在评估、舆论监督等方面发挥作用。在推进棚户区改造和“新村建设”的过程中,农民积极参与其中,表达自己的利益需求;政府充分整合农民的意见和要求;组织专业规划人员通过全面系统地了解农民家庭的生活习惯、消费方式、收入结构、居住方式、对居住环境的预期等因素,顺应自然生态的限定,科学制定农村社区建设规划。安居乐业、生活有保障,是村民最根本的追求,村民在与政府和公司谈判过程中,表达了自己就业与安置的诉求。

## (三) 潘安湖采煤塌陷地治理对农民福祉的影响路径

一湖引领、多点开花。随着潘安湖自然生态系统功能的恢复和生态产品供给的增加,与此有关的经济、文化、社会等多重效益显著提升,实现了生态产品的价值“外溢”,成功将生态优势转化为富民优势、产业优势、发展优势。但矿区治理后农民各个方面福祉水平发生了怎样的变化,有多大差异?小组就这一问题从经济、生态、人居、人文四个方面设计福祉评价问卷,建立福祉评价指标体系,把对受潘安湖治理项目辐射影响、发生福祉变化的地区作为典型展开调查并对福祉做定量评价。由于福祉本身性质,传统的精确定量模型无法进行精确界定,故本次调查采用模糊数学的方法对福祉变化程度进行评价。

由表 7-1 可知,采煤塌陷地治理后农民福祉处于较好的状态(0.527)。从功能性活动维度进行分析,生态福祉远高于其他三项福祉,且人居福祉和人文福祉的数值较为相近,经济福祉度最低,原因可能是矿区治理对地区经济的影响是间接的,经济价值需要经过较长时间体现。

**表 7-1　潘安湖采煤塌陷地治理后农民福祉**

| 功能性活动 | 指标 | 变量类型 | 隶属度 | 权重 |
|---|---|---|---|---|
| 经济福祉 $X_1$ | 家庭年总收入 $X_{11}$ | C | 0.248 | 1.395 |
| | 家庭年总支出 $X_{12}$ | C | 0.535 | 0.625 |
| | 就业选择与机会 $X_{13}$ | D | 0.463 | 0.77 |
| | 物质生活水平感受 $X_{14}$ | Q | 0.444 | 0.811 |
| | 小计 | — | 0.388 | 0.947 |
| 生态福祉 $X_2$ | 空气质量 $X_{21}$ | Q | 0.944 | 0.057 |
| | 水资源质量 $X_{22}$ | Q | 0.87 | 0.139 |
| | 土地破坏修复 $X_{23}$ | Q | 0.833 | 0.182 |
| | 生态环境感受 $X_{24}$ | Q | 0.796 | 0.228 |
| | 小计 | — | 0.838 | 0.176 |

表 7-1(续)

| 功能性活动 | 指标 | 变量类型 | 隶属度 | 权重 |
|---|---|---|---|---|
| 人居福祉 $X_3$ | 人均住房面积 $X_{31}$ | C | 0.584 | 0.537 |
| | 住房结构类型 $X_{32}$ | Q | 0.975 | 0.025 |
| | 居住条件感受 $X_{33}$ | Q | 0.713 | 0.338 |
| | 出行条件感受 $X_{34}$ | D | 0.87 | 0.139 |
| | 医疗卫生条件感受 $X_{35}$ | Q | 0.546 | 0.605 |
| | 小计 | — | 0.627 | 0.467 |
| 人文福祉 $X_4$ | 社交频率 $X_{41}$ | Q | 0.494 | 0.706 |
| | 精神文化水平感受 $X_{42}$ | Q | 0.694 | 0.365 |
| | 幸福指数 $X_{43}$ | Q | 0.75 | 0.288 |
| | 信心指数 $X_{44}$ | Q | 0.537 | 0.622 |
| | 小计 | — | 0.582 | 0.542 |
| 总模糊指数 | — | — | 0.527 | |

注:变量类型中,C 表示连续变量、Q 表示虚拟定性变量、D 表示虚拟二分变量。

### 1. 经济福祉

经济福祉的隶属度在四个福祉维度中最低。由图 7-3 可以看出。经济福祉维度中的四个指标都低于 0.6,且家庭年总收入指标隶属度最低,主要原因是该治理项目主要补偿方式为住房补偿,农户集中搬迁到安置小区,耕作半径增加,农民下地往返消耗时间较多,很多从事农业劳动生产的中老年人因为出行不方便放弃劳动;因煤炭开采使农地数量减少,加之煤矿关停,就业渠道减少,农户家庭年收入降低。

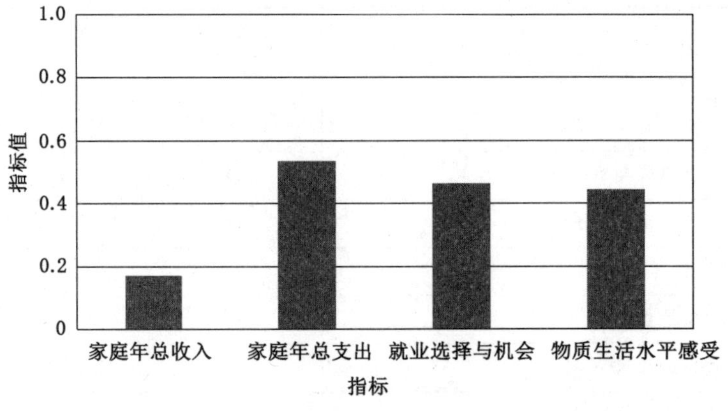


图 7-3 经济福祉维度

虽然潘安湖湿地公园的建成吸引了大量的游客前来旅游,农民就业选择的方向与机会增加了,可以通过经营生活超市、饭店旅馆、农家乐民宿等来创造可观的收入,但是就业岗位有限,年轻人可以外出打工,中老年人无处打工,只能以低保为主要收入来源。同时,由于搬迁住房多为楼房,消费水平相较之前有所增加,并且处于旅游区域,临近高水平住宅、高消费场所、高消费人群，更容易造成心理上对收入水平的落差，故而经济福祉相较治理前有所降低。

**2. 生态福祉**

潘安湖采煤塌陷地治理后农民生态福祉水平最高，且各指标隶属度均高于 0.7（图 7-4），福祉水平得到很大提升。其中，当地居民对于空气质量的福祉感知隶属度在四个指标中最高，非常接近于 1.00，说明治理后潘安湖区域的空气质量提高很多。同时，水资源质量、土地破坏修复以及生态环境感受等指标均有所提升，说明采煤塌陷地治理对农民生态福祉有显著的正向影响。较于此前矿山开采带来的严重的环境破坏问题，生态修复平整土地、恢复植被、改良土壤、涵养水源，在一定程度上美化了环境，使生态功能有所提升。从"一城煤灰半城土"到"一城青山半城湖"的转变很好地诠释了潘安湖区域农户生活的生态环境变化。潘安湖采煤塌陷地治理项目的成功不仅在一定程度上美化环境，使生态功能有所提升，还为今后的区域产业发展与社会转型奠定了基础。

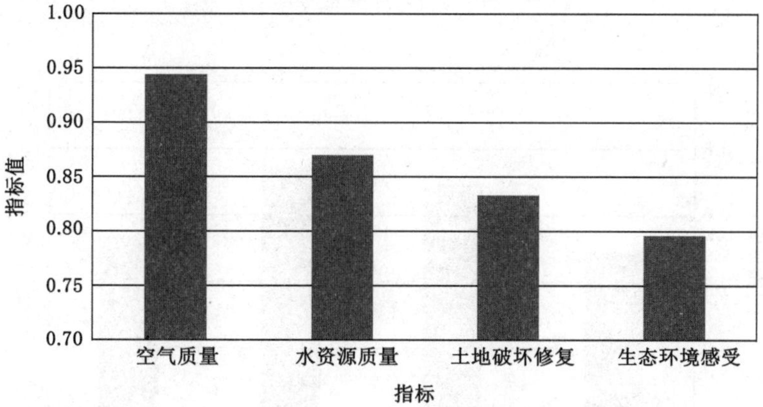


图 7-4　生态福祉维度

**3. 人居福祉**

在人居福祉方面（图 7-5），各个指标隶属度都有所增加，但各指标之间差距明显，其中住房结构类型隶属度最高，说明农户对安置补偿的住房类型（多层住宅）很满意，而人均居住面积和医疗卫生条件感受较低，搬迁前后农民居住面积并无发生较大变化，安置小区内的医疗卫生设施配置不太健全，在之后的治理过程可以加大这方面的资金投入。潘安湖塌陷区人居福祉的提高主要得益于生态旅游的发展定位。发展生态旅游建设湿地公园，吸引游客前来游玩，便利的交通运输条件必不可少，给周围的农民带来了良好的环境，提供了休闲游憩的场所，改善了居住条件，提高了生活质量。此外，部分配套的生态建设占用了农民的耕地、宅基地，政府通过为农民办理低保、货币补偿、房屋补偿等方式使得农民生活条件得以保障。

**4. 人文福祉**

采煤塌陷区的人文福祉整体上略有改善。由图 7-6 可以看出，生活在潘安湖附近的居民幸福指数较高，农民对未来美好生活充满信心。生态旅游一定程度上促进了当地的文化输出，马庄村的“真香”香包等非物质文化遗产远近闻名，带动了文化产业的发展。但是，农民从原来的村集体分散搬进几处安置楼房中，邻里之间交流机会相较之前减少了。

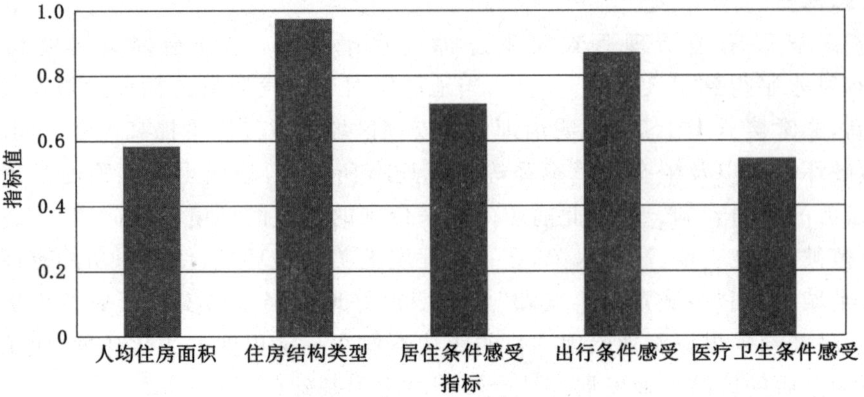


图 7-5　人居福祉维度

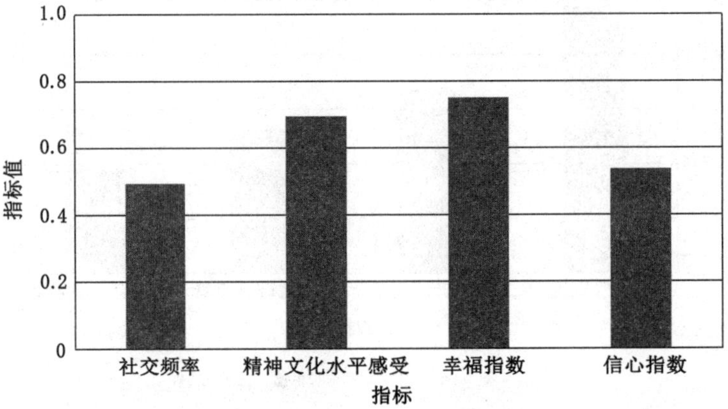


图 7-6　人文福祉维度

## (四) 潘安湖采煤塌陷地治理提升农民福祉现存问题与原因分析

潘安湖湿地公园是江苏省唯一集“基本农田整理、采煤塌陷地复垦、生态环境修复、湿地景观开发”四位一体的建设模式，是江苏省自然资源厅支持徐州老工业基地振兴的项目，目前仍是江苏省最大的单体投资整治项目。近年来，潘安湖采煤塌陷地治理已经初现成效，但随着生态文明理念的深入发展，绿色、低碳、循环的生态化发展模式对资源枯竭城市生态修复质量以及提高农民福祉等方面提出了更高要求，潘安湖采煤塌陷地治理仍有很长的路要走。

**1. 目标冲突，长短利益难以取舍**

潘安湖所在的贾汪区具有 140 余年的煤炭开采历史，长期高强度的开采形成了贾汪地区塌陷面积最大、情况最严重的采煤塌陷地，塌陷面积 1 160 公顷，涉及西段庄、权台、潘安、西大吴、马庄、唐庄等 6 个村庄约 3 000 户村民，严重地威胁着当地和周边地区的生态、地质以及群众生产生活安全。

潘安湖采煤塌陷地治理作为一项复杂工程，需要政府与企业等多方协调合作。当各主体存在信息不对称或产生目标函数的冲突时，就会产生委托代理危机，使得代理方在自身效用最大化驱使下进行短期投机行为等。潘安湖采煤塌陷地治理资金需求大、治理周期长、治理难度高等特点使得治理基本全权由政府投资修复，部分矿产企业无力承担修复责任，这使得贾汪区政府面临很大压力。为了政绩考核的需要，地方政府只顾眼前利益，而忽视了长远利益；着重提升生态福祉而忽视了居民的经济和人文福祉。同时，潘安湖采煤塌陷地面积达千余公顷，在如此沉重的历史包袱下，部分煤矿企业在短期利益和长期利益的取舍中选择顾全自身短期经济利益，虽按照“谁引发、谁治理”的原则对原开采的塌陷地进行治理，但修复质量不高，完成基本修复任务后，不愿意继续出资进行后续生态环境的建设和维护工作，可持续发展难以继续。

**2. 激励不足，生态修复难以为继**

起初，潘安湖采煤塌陷地生态修复的资金来源主要是按照“三个一点”方式解决，即从建设用地指标运作中解决一点，矿务局补一点，区财政补贴一点。但因煤矿企业的陆续关闭，解决资金问题只能依靠指标运作和区财政补贴，资金来源单一。贾汪区采煤塌陷区无论是拆迁补偿、安置房的建设，还是后期的老址复垦、配套设施的建设，都需要巨额的资金支撑。如此庞大的修复资金投入量，在政府财政紧缩的背景下，单纯依赖政府投入是难以为继的。

在前期治理过程中，贾汪区政府采取 *PPP* 项目融资的方式吸引更多的社会资金参与到贾汪区转型发展各类项目中来，但由于“以租代征”等各种现象引发产权不明，致使企业在投入资金时不得不思考利益分配的问题，这就使得社会资金引入激励不足，治理后期可持续发展劲头疲软。一方面，此类“以租代征”的行为规避法定的农用地转用和土地征收审批，在规划计划之外扩大建设用地规模，同时逃避了缴纳有关税费、履行耕地占补平衡的法定义务。随着自然资源部严查以租代征的违法行为，很多通过以租代征方式取得农民土地的建设项目被紧急叫停。潘安湖采煤塌陷区的企业通过以租代征方式违法获取的土地使用权不受法律保障，影响企业后续投资开发，而地方政府又缺乏对社会资金投入的其他激励政策，使得社会资本投资意愿较弱。另一方面，潘安湖采煤塌陷区的农民将复垦后的农地以较低的价格转给私人建工厂或以地入股房地产业的形式获取高达 49%的股份，其中农民仅获取每亩 900 元的出租费用，工厂以及房地产业带来的巨大红利并未在农民身上有所体现。以租代征用地的项目多是一些永久性占地项目，建成以后很难恢复耕种，一旦被叫停，要求重新恢复耕地用途，而恢复耕地用途需要大量的资金。这些资金往往要求出租土地的农民来承担，有些建设项目甚至给土地造成永久性损害，而无法恢复耕地的用途，导致出租农民承担远大于收益的风险，一定程度上影响了农民参与采煤塌陷地治理的积极性。

**3. 道德风险，经济福祉未升反降**

在我国层级性的政府委托代理关系中，下级代理人从事某一领域的工作，他对该领域知道的信息要多于上级，同时也知道上级的偏好。与此同时，地方政府实际上面对的是一个多任务委托合同。但是，在有限的任期内，地方政府无法全面实现这些目标。在发展当地经济的动力下和信息不对称的掩盖下，地方政府就会充分利用在信息传递链条中对私有信息的控制优势来应对上级政府，地方官员个体在“政治市场”上追求着自己的最大效用，主要表现在为了绩效考核，更为关注和投入那些受中央高度和长期重视的政府职能。不可否认，潘安湖湿地公园在生态修复方面有着巨大的成果，从昔日满目疮痍的采煤塌陷区，到现在湖阔景美的湿地景观区，潘安湖地区正在为徐州市及周边区域源源不断地提供清新空气、清洁水源，优质生态产品的供给能力得到了大幅提升；同时，由于易地搬迁，农民的居住环境得到了改善，人居福祉得以提高。但是，农民的经济福祉和人文福祉同样不可忽视。

首先，一方面，部分修复为耕地的土地修复质量不高，二次塌陷现象频发，并且复垦后农地大面积种树，产生变性撂荒现象；另一方面，生态旅游业的发展确实解决了周边一部分农民的就业问题，但过分注重生态旅游的建设而将原有居民赶离长久居住的土地征收其耕地，致使大多数农民无地可种也难以觅得合适的就业岗位，于是中青年外地打工，老年人以低保为主要收入来源，农民生计无法得到保障。

其次，贾汪区为修复土地需要农民搬迁的补偿多为货币补偿与房屋补偿相结合的方式，但是由于按家庭人口或按原住房面积补偿方式导致货币补偿有限，农民为获得房屋必须额外增添货币购买建好的房屋，导致搬迁并未带来直接利益，反而增加生活支出，额外支付资金购买房屋。同时，由于湿地公园开发后环境改善，周边地价上涨，楼盘开发增多，各类投资集聚，消费水平随之升高，使得农民生活成本增加。以湖畔小区为例，由于景区的商业压力以及小区各项管理费用，小区内居民消费水平被迫提升，但是收入来源以及实际收入并未有实际增加。再者，湖畔小区均为楼房，与传统的村落聚居方式相比，楼房使得居民之间的交流大大减少，凝聚感和归属感降低。

最后，潘安湖整个地区旅游行业缺少成熟的体系，周边建设条件也不够完善，导致生态旅游仅靠生态这样一个特色支撑，并没有其他富有地区特色可以长久支撑旅游行业的发展，除假日外，平常游客人数少。因此，生态旅游模式所带来的经济效益不及预期，仍需找寻长久的可持续发展之路。

### （五）潘安湖采煤塌陷地治理提升农民福祉的政策建议

当前我国经济步入高质量发展阶段，以习近平同志为核心的党中央高度重视生态文明建设，将其置于国家全局战略来考量，“绿水青山就是金山银山”的论断已深入人心。矿区的绿色开发，生态修复是关键。在可持续发展的目标导向下，采煤塌陷区综合治理要坚持走“生产发展、生活富裕、生态良好”的发展道路，实现采煤塌陷区的经济、社会和生态环境的可持续发展，在提升经济水平、改善生态环境的同时不断提升农民福祉，缩减贫富差距，从而实现共同富裕。潘安湖打造了采煤塌陷区治理及资源枯竭城市生态修复再造的样板，为采煤塌陷地治理创造新的经验，在全国资源枯竭型城市转型发展中具有很大的示范意义，但是仍存在主体间长短利益难以调整、政策激励不足、农民经济福祉辐射能力较差等问题。作为一项复杂工程，潘安湖采煤塌陷地的后续发展仍需要政府、社会和企业多主体共同参与，坚定不移修复生态环境、再造绿水青山，推动潘安湖地区更高质量发展。

**1. 有为政府**

全面提升农民福祉，离不开有为政府的支持和引导。针对采煤塌陷地治理导致农民无地可种、发展权受限、修复土地毁损率较高、农民利益受损的问题，在江苏省政府大力推进矿地融合的背景下，地方政府应深入矿政与地政的融合管理，明晰采煤塌陷地治理过程中的土地产权问题，有效盘活采煤沉陷区土地使用权；大力支持将修复后土地的开发利用权赋予村集体，允许其根据本村具体情况进行修复后土地的开发利用。例如，根据当地的资源优势、产品特色、竞争体系等发展特色农业，或者将其开发成建设用地，作为农业生产辅助设施用地或乡村振兴产业用地；或者将建设用地入市，让农民自行处置土地使用权。

由于缺乏有效的资金监管制度，潘安湖采煤塌陷地治理过程中存在资金投入和使用不到位的情况，严重影响土地治理成效。传统的地方政务模式存在信息发布和传递的限制，代理人和委托人之间存在较高的信息不对称，使得上级政府和社会公众对其的监管存在一定难度。电子政务允许政府机构在其管理和服务职能中运用现代网络技术，打破传统行政机关的时间、空间和部门分隔的制约，使各级政府的各项监管工作更加严密，有助于建设廉洁、勤政、务实、高效的政府。区政府可通过地方人民政府官网，完善潘安湖地区综合治理信息公开制度，利用互动咨询专栏，解决在采煤塌陷地治理过程中信息发布和传递的问题，与农民利益有关的征地、搬迁、就业等问题均可以直接高效地传递给当事人。

结合潘安湖地区具体情况，为保障潘安湖采煤塌陷地治理工程科学高效、持续推进，建议从领导机制、社会参与机制、投资机制、长效运营机制及政策出台等多个方面构建综合治理保障体系。一是要建立高规格的综合治理领导协调机制以及目标考核和责任追究制度，形成上下贯通、左右协调的实施管理体系，健全综合治理与地方发展综合决策机制，切实做到生态环境保护与经济发展的“并重”与“同步”。二是要努力提高社会各界的参与意识和能力，完善相应制度，实现合作网络治理。三是要完善市场化的投入机制，围绕采煤塌陷区治理大胆探索新的体制机制，积极引导社会多元资金流入。四是要统筹兼顾，建立采煤塌陷区治理与旅游开发的长效运营机制，长时间持续发挥潘安湖地区生态优势，促进和保障综合治理工作扎实开展，不断取得实效。此外，地方政府要尽快完善生态修复和治理相关领域的法律法规，为今后类似案例的生态修复治理提供坚实的法律保障。

一是举办社区活动，架起交往的桥梁。基层政府要注重社区建设，引导原塌陷地农民融入社区新生活，摆脱心理适应困境。二是成立社区活动中心，组织本区居民建立文艺团队，在社区定期或不定期举办一些活动，如广场舞、宣讲会等，增进居民之间的感情，消除人们的心理不适，团结邻里关系。

**2. 有效市场**

(1) 建立有效市场，实现有效率的福祉提升

生态是潘安湖地区最大的优势和品牌，生态环境的提升不仅可以抬高新项目落地的门槛，更能直接吸引高层次产业项目落地，从而增加农民的经济福祉。企业联通地方政府要继续打造潘安湖的生态特色，继续推进塌陷区综合整治和增绿净水工程，让潘安湖地区的生态根基更加牢固，让生态优势成为潘安湖地区转型发展的核心竞争力，以此增加农民的生态福祉。

(2) 生态转型是基础，产业转型是核心和关键

目前，潘安湖地区冶金、钢铁、煤化工等传统行业仍占有较大比重，产业附加值较低，高质量产业项目偏少。要想实现产业转型升级，地方政府就要如壮士断腕般坚决削减和淘汰落后产能，主动放弃粗放落后的地区生产总值，企业秉持“生态优先、绿色发展”的理念，打

造高质量发展的绿色经济。要坚持发展“生态＋工业”“生态＋农业”“生态＋旅游业”“生态＋服务业”尤其“生态＋服务业”是潘安湖地区高质量发展的支柱型产业，要促进潘安湖地区商贸、物流及文旅产业等服务型产业融合发展，塑造旅游品牌，做大做优做强旅游产业。在加大景区建设，完善基础配套设施，提升旅游品质的同时，利用大数据加强精准营销，制定针对性的宣传营销策略，融合周边地市的旅游资源，策划“组合游”“特色游”等精品旅游线路，提升旅游业的整体经济效益。

在采煤塌陷区后续深入发展阶段，景区周围企业在生产经营活动中要充分考虑其对潘安湖周边环境和资源的影响，将环境保护融入企业经营管理的全过程。在谋求企业发展的同时，对环境保护、资源可持续性利用尽到责任，实现企业经营社会效益、经济效益和生态效益的统一，维护好生态环境，增进农民生态福祉。同时，保证农民长远就业有保障，避免岗位的临时性和波动性，从而切实增强农民对于工作岗位的安全感，提升农民福祉。发展一些就业容量大、群众覆盖面广的产业，如家具行业、电动车行业和新能源行业等，让居民有更多的就业机会。传承发展好以“马庄香包”为代表的非遗文化产业，进一步挖掘特色，打造香包品牌，扩大生产规模，让更多的居民参与其中，提高工资收入，切实让农民吃上“生态饭”、走上致富路。

**3. 有心社会**

在有心社会之中，农民福祉才能得到切实保障。目前，潘安湖周边居民虽然依托景区获得了部分就业机会，但就业人员主要从事景区服务等可替代的岗位，就业覆盖面少且收入增长幅度有限。所以，政府要促进农民就业“质”和“量”同步发展，使农民真正融入采煤塌陷地区的发展建设中。第三部门可建立相应农民培训基地，加强对失业矿工的技能培训和就业指导，拓宽这类群体的就业渠道；提高周边农技人员业务素质和服务能力，培养专业技能，逐步探索出适应产业发展的新型农民培训的有效形式和长效机制。

首先，公益组织可利用旅游淡季组织农户到其他旅游社区参观学习，策划乡村旅游项目，吸引更多“回头客”。如开发景区农村特色瓜果蔬菜种植、采摘、加工和销售一条龙服务的农作物生产体验项目；开发农村池塘水域养殖、捕捞、尝鲜于一体的农副产品生产体验项目；开发农闲时节听戏、唱戏、喝茶和赶集于一体的农村休闲娱乐体验项目等。

其次，要善于顺应时代潮流，运用互联网平台，扩大客流量，让农民致富增收。志愿者可入户讲解抖音、快手等短视频平台的使用方法，通过视频拍摄与推广，让居民们成为潘安湖的“农副产品代言人”，吸引更多的人前来潘安湖。同时，充分发挥社交媒体的作用，帮助打造官方公众号，规范平台建设，完善平台产品宣传与产品服务，通过平台采用恰当的促销手段吸引游客，扩大客源市场。

最后，公益组织要加大对社区治理的宣传，由于组织的志愿性和草根性使人们更愿意主动与他们进行沟通，从而鼓励和引导农民有序地参与到潘安湖整体治理工作中来，缩短政府和公众之间的距离，减轻信息不对称，促进决策更加符合民意。

**4. 有志农民**

推进农民福祉，必须培育有志农民，充分发挥万千群众的主体作用，提升农民参与的积极性。人民群众的获得感、幸福感，是检验发展质量的试金石。潘安湖采煤塌地治理过程中将原有居民驱离长久居住的土地，土地利益无法共享，农民参与的主动性、积极性不高，农民难以真正享受到采煤塌陷地治理的红利。除了政府和企业，农民也需要成为采煤塌陷区治理的组织者、参与者、推动者，共同建设，共享收益。

(1) 坚定理想信念，树立主人翁意识

农民自身通过网络平台观看典型示范乡村的建设情况，看当地农民生活的幸福程度，对比自己家乡的实际情况、自身生活状况，了解差距，从而加强建设美丽家园的内生动力，增强“别人能行，我也一定能行”的信念，学习先进经验做法，同基层党组织一起，根据本村实际情况，思考出富有本村特色的新思路、新方法。转变思维方式和思想观念，树立独立意识、权利意识和公共参与意识，真正认识到福祉提升是自己的事情，激发农民自身的主人翁意识，自觉投入到改善自身生产、生活条件的福祉提升中来。改变自身精神风貌，从而实现其主体性的自我认同，在努力奋斗中实现美好生活、创造人生价值。

(2) 提高学习能力，树立终身学习的意识

农民积极参与社会组织和科研院所组织和举办的手工艺技能技术培训和乡村治理专题讲座，增强充分参与、表达意见、获得收益、提出评价的能力，真正做到学有所得、学有所长、学有所用。最大化学习网络及社交平台的使用，汲取其他示范地区的先进经验，提升自身的科技文化素质，增强致富能力和自我发展能力，积极与市场接轨，成为有文化、懂技术、会经营的新型农民。

## (六) 结束语

采煤塌陷地治理是一项系统性和复杂性兼具的工程，治理的过程通常伴随着诸多矛盾问题。徐州市贾汪区政府抓住主要矛盾、对症下药，有效治理采煤塌陷地，实现各方利益的最大化。在整个过程中，通过政府主导、政企共治、社会参与，开创采煤塌陷地治理新模式，取得了显著成效，很好地提升了当地居民的福祉。虽然潘安湖采煤塌陷地在治理提升福祉过程中，依然面临诸多难题需要破解，但这种“生态优先、绿色发展”的生态旅游模式成功案例无疑为矿山治理提升福祉提供了有益借鉴。

# 案例八　从"指尖"到"心间"如何更"融"易[①]

——E工业园区"一网通办"的蝶变"密钥"

## 导读

数字政府使社会治理更加精准与智能，得益于"最美窗口"的独特优势，"智者"园区顺势而谋，抢占数字技术新赛道，以敏锐的洞察力与坚定的执行力探行着数字政府的发展之道。本案例重点聚焦E工业园区"一网通办"的蝶变之路，循着其蝶变的绵延轨迹，探寻其"从无到有、从有到全"的清晰逻辑，深思其发展痕迹背后所隐藏的潜在顾忌，最后再思考如何促使其超越蝶变以持续升华，进而实现"从全到精"的锦囊妙计。

## 一　案例介绍

## 引言

"十四五"规划纲要草案将"加快数字发展 建设数字中国"列为独立篇章，勾画出未来五年数字中国建设的新图景，百年变局和新冠肺炎疫情叠加交织，大量"非接触"经济形式兴起，群众对移动办事、远程服务的需求日益增加，数字政务发展"箭在弦上"。E工业园区作为中国首个开展开放创新综合试验区域，打造江苏省首个上线运行的区级"一网通办"平台，国内首创多元参与政务服务下沉"融驿站"模式，完善"最后一米"基层政务服务体系……从"试验田"到"示范点"，时代风云变幻，面对治理难题，E工业园区敢"领题"，善"解题"，勇"破题"，借"天时""地利""人和"，顺数字政务之东风，命中基层治理之靶心。

### （一）兴起——万事俱备东风来

#### 1. 顺应"天时"之利

习近平总书记深刻指出，加快推进电子政务，构建全流程一体化在线服务平台，更好解决企业和群众反映强烈的办事难、办事慢、办事繁的问题。[②] 近年来，我国在深入推进"互联

① 参赛人员：胡雯、江珂、张京唐、谢王挽、陈慨然。
指导老师：周义程。
所在单位：苏州大学。

② 新华社. 习近平出席全国网络安全和信息化工作会议并发表重要讲话[EB/OL]. 中华人民共和国中央人民政府网. (2018-04-21)[2023-05-06]. http://www.gov.cn/xinwen/2018/04/21/content_5284783.htm.

网＋政务服务”改革、加快建设政务服务平台方面，先后发布了《国务院关于加快推进“互联网＋政务服务”工作的指导意见》(国发〔2016〕55号)《国务院办公厅关于印发“互联网＋政务服务”技术体系建设指南的通知》(国办函〔2016〕108号)。2018年6月，国务院办公厅印发《进一步深化“互联网＋政务服务”推进政务服务“一网、一门、一次”改革实施方案》同时国务院办公厅秘书局印发的《长三角地区政务服务“一网通办”试点工作方案》对江苏、浙江、安徽及上海“一网通办”的试点工作作出系列方案部署。中央政府通过自上而下的形式开展地级市的试点工作，并通过红头文件的形式进行直接指导，指引地方政府创新求变主动作为。

以“互联网＋”为核心的技术变革，为E工业园区政务服务的创新提供了强大的驱动力与支撑力。工业园区行政审批局管理办公室负责人表示，现在的互联网技术条件可以说是非常成熟了，足以达到触发政务改革创新的临界点，所以我们的政务服务也要跟上这个形势的变化，而且很多省市领导都非常重视这项(政务改革)工作。而有了这些技术的支持，大家也就更容易做出一些政绩来。在政策指导、技术支撑下，E工业园区理应加快步伐推进数字政务发展。

**2. 巧借“地利”之便**

E工业园区隶属江苏省E市，位于市区东部，1994年2月经国务院批准设立。E工业园区辖下斜塘、娄葑、唯亭、胜浦街道以及湖东、湖西、月亮湾、东沙湖社工委，行政区划总面积为278平方千米。E工业园区是中国首个开展开放创新综合试验区域，作为我国对外开放和引进先进管理经验的试验田，已从当年的一片洼地，跻身世界一流高科技园区行列。

身处改革开放前沿阵地的E工业园区，以自贸区建设为强大驱动力，出台“放管服”改革“1＋$N$”服务举措，对标习近平总书记提出的“全流程一体化”要求，打造江苏首个线上运行的区级“一网通办”平台，建设全国首家线上运行的包含“英、韩、日”三种语言的“一网通办”国际版，以“用户思维、客户体验”为第一原则，全链提升“办成一件事”的便利度和获得感，让“数据多跑路”“群众少跑腿”，此为巧借“地利”之便。[①]

**3. 夯实“人和”之基**

E工业园区政府以获得企业、公众的满意与认可为追求，持续进行引领性实践探索，不断通过转变工作作风、服务态度来提升公众满意度。

政务服务中心的李主任表示，政府必须认清自己的站位与定位，有句话说得好，没有服务就不能称为政府，不能创造服务价值的政府就不是以人为本的现代政府。所以，必须要进行自我革命、自我创新，原来的服务模式已不能满足公民的需要，那就不停地去改变，直到公民满意。说实话，E工业园区也一直在探索，建设“一网通办”也是一种创新，旨在方便企业和群众办事，增强人民的满意感、幸福感。

E工业园区政府通过“以人为本”的“互联网＋政务服务”改革实践，以申请人的需要为导向推进线上“一网通办”政务平台建设，以改革实效提升政府公信力，此为夯实“人和”之基。

---

① 苏州工业园区管理委员会.群众少跑腿：一网通办、一次办成[EB/OL].苏州工业园区管理委员会网站.(2020-07-02)[2022-10-25].http://www.sipac.gov.cn/szgyyq/yqmtjj/202007/73b456f277034cad93bf4bac7fc3ef84.shtml.

#### 4. 兴数字政务之“东风”

借天时地利人和，兴数字政务之“东风”。回看E工业园区“一网通办”的建设与发展，在稳扎稳打中持续创新，在步步为营中多方开拓，如图8-1所示。

2014年1月，E工业园区正式启动集“行政管理、社区事务、为民服务”三位一体的智慧社区信息平台规划建设。2015年7月1日，E工业园区智慧社区平台正式上线运行。2015年8月，为深入推进十八大以来行政审批制度的改革工作，E工业园区率先开启探索创新，成立了江苏首家国家级开发区行政审批局。2018年8月，E工业园区政府积极探索推进“不见面审批”，组织起草《全面推进“一网通办”加快智慧政府建设工作方案》，旨在为公众提供“一网浏览、一网查询”的“一网通办”服务。

2019年7月，为加快推进“互联网＋政务服务”发展成果的开放共享，加之企业与民众对高效能、高品质政务服务的迫切需求，E工业园区管委会面向区内企业和公众正式推出省内首家区级“一网通办”平台，致力于实现线上线下服务事项“一网受理、一次办结”。

2020年3月，工业园区“放管服”改革协调小组专门发布了关于《E工业园区2020年度深化“放管服”改革建设一流政务营商环境工作要点》的通知，推动形成了工业园区“放管服”综合改革体系，如图8-2所示。

2020年5月，E工业园区以“营商环境创新年”为发展契机，打造基层“融驿站”政务服务体系，进而形成“线上融易办、线下融驿站”之双联动式政务服务创新格局。

到了2021年6月，“一网通办”平台已累计上线分属26个部委办局、各街道社工委以及社区工作站的1 168项法人与自然人服务事项，其中855项业务可实现在线办理、115项业务可实现全程网办，系统累计注册用户超22.1万，累计服务次数超350万，而线下一站式政务服务大厅也已集中纳入了工商、公安、税务、消防等16个部门的近300项政务服务事项。与此同时，通过党建引领、政企政银合作，共建成生物医药产业园、基金小镇、中国银行及建设银行等11家“融驿站”。实际上，E工业园区政府所打造的“融易办”“融驿站”政务品牌是“放管服”改革的重要组成部分，致力于破解线上线下资源分散、部门之间数据割裂、服务难以协同供给等难题，力求实现“线上一个平台集成，线下一个大厅集中”之线上线下融合供给的政务服务格局。

### （二）定位——诠释初心赢民心

#### 1. 领题：政务服务如何“表里如一”

2015年，E工业园区开始进行行政审批制度改革的系列探索，而改革过程中却出现“为减而改”的改革表面化情形。同时，“虚假进驻”“体外操作”“形式主义”等现象频繁发生。

工业园区行政审批局管理办公室负责人向我们反映道：“其实，全国行政审批制度改革存在的通病，当时也出现在工业园区，记得刚开始还有人批评一站式服务中心，认为这种集中办理是没必要的，不仅会增加行政成本，而且还会给审批部门的管理增加难度。后来，行政监察机构也经常明察暗访，对我们的工作和服务进行调查，有时不能说，还要伪装成办事群众来调查，一旦有问题就拍下来，搞得工作人员整天提心吊胆。但总这样提防着，面对行政监察的压力，我们得自我改革、自我提升。”

因此，E工业园区不断进行平台版本更新、内容升级，先后打造“融易办”“融驿站”等工

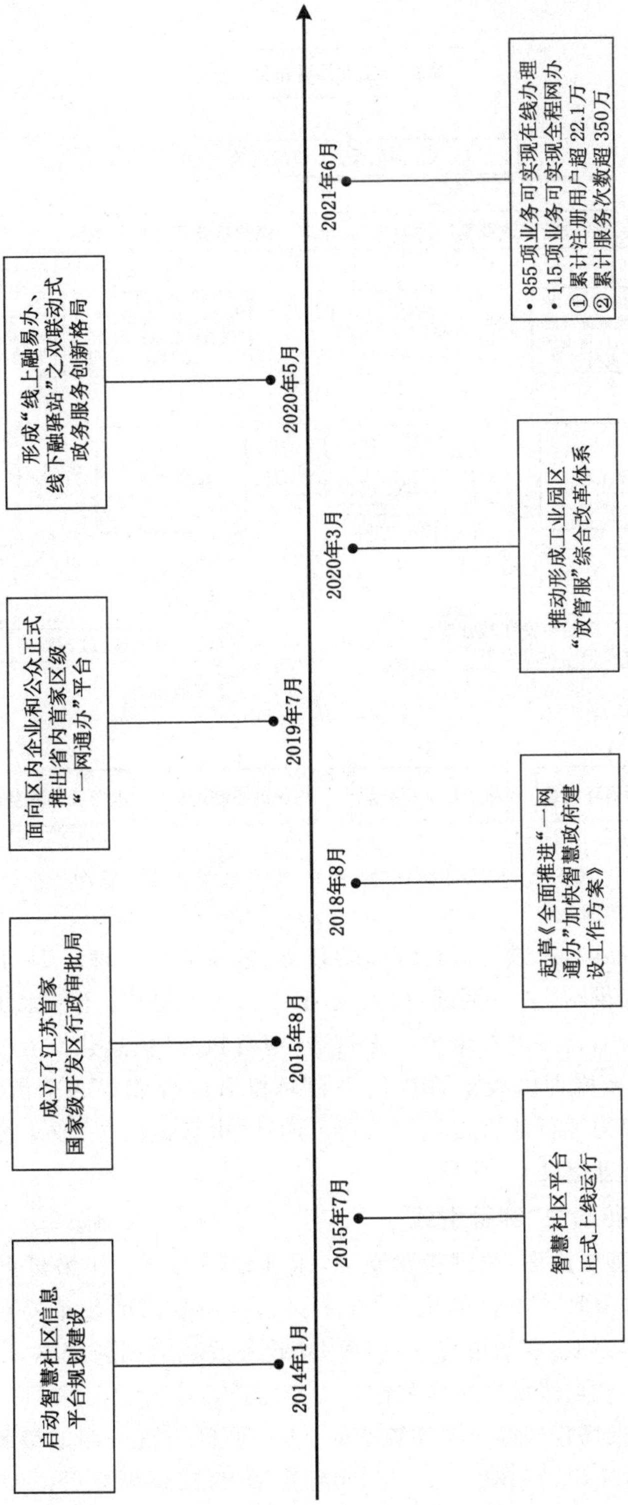


图8-1　E工业园区“一网通办”的发展历程

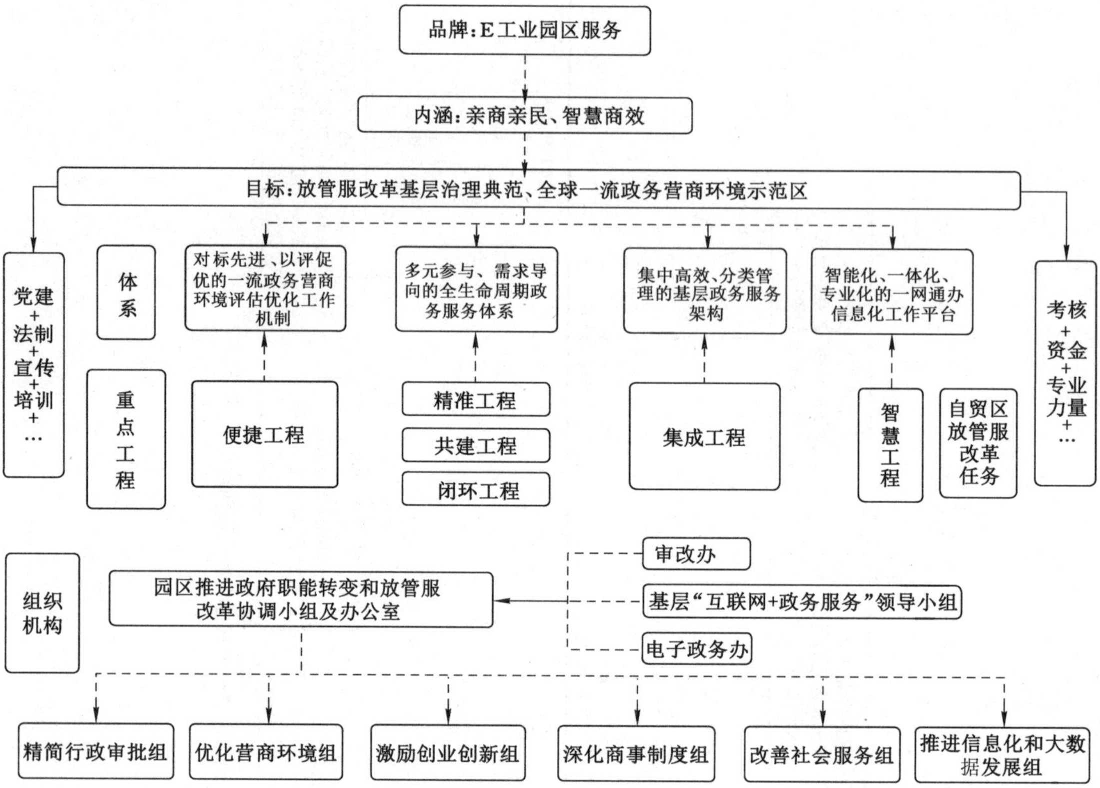


图 8-2　E 工业园区“放管服”综合改革体系一览图

业园区特色政务服务品牌，有效应对行政监察任务、减少业务心理压力的同时，实现了区域互联互通、服务高质量供给。“一网通办”功能业务的持续迭代，还带来了审批、监管、执法三个环节的全链条闭环，让园区在全国率先打造“审管执信”信息化交互平台。“审管执信”改革推动的全链条事项梳理以及审管执信平台对权力运行数据的全流程推送、签收和反馈，为纪检部门探索权力运行监督提供切入口。园区“审管执信督”改革被 E 市纪委列入了“E 市权力运行监督信息化试点”项目。

**2. 解题：下好绣花功夫“穿针引线”**

以绣花功夫完善基层治理，关键考验眼力，重在顶层设计。作为试点地区之一的 E 工业园区，承载着试验国家政策方针的重任，在中央、省、市政府的改革要求与体制内绩效竞争、示范效应的多重压力下，主动进行“一网通办”政务改革的创新探索，以求取得良好的试点效果，获得中央给予试点区域的特殊权限。

工业园区行政审批局管理办公室主任表示，工业园区一直按照上级政府的部署与指示逐步探索，从政策角度来说，2016—2021 年，市级层面、区级层面先后也发布了很多通知、制定很多政策文件对“互联网＋政务服务”“一网通办”的改革工作进行了统筹。具体政策文件如表 8-1 所列。

表 8-1　E 工业园区推行“一网通办”的相关政策文件

| 发文日期 | 文号 | 文件名称 | 备注 |
|---|---|---|---|
| 2016 年 12 月 24 日 | 苏府〔2016〕193 号 | 《市政府印发关于加快推进互联网＋行动的实施意见》 | “一号申请”简化办事流程；“一窗受理”创新服务方式；“一网通办”畅通服务渠道 |
| 2016 年 12 月 27 日 | 苏府〔2016〕196 号 | 《市政府关于印发苏州市大数据产业发展规划的通知》 | 利用大数据推动资源整合、提升政府治理能力，将大数据与网上办事大厅、公共服务平台建设等相结合，推进政务服务模式创新。建立市、区级政府和部门间的数据交换共享体制机制，为行政机关开展管理服务提供数据支撑 |
| 2017 年 7 月 7 日 | 苏府〔2017〕201 号 | 《市政府办公室转发省政府办公厅关于全省推行不见面审批（服务）改革实施方案等四个文件的通知的通知》 | 坚持以人民为中心发展思路，建设服务型政府、法治政府，在全省建立“不见面审批（服务）”体系，依托江苏政务服务网，加快推进“网上办、集中批、联合审、区域评、代办制、不见面” |
| 2021 年 3 月 23 日 | 苏府〔2021〕61 号 | 市政府办公室关于印发 2021 年苏州市深化“放管服”改革优化营商环境工作要点的通知 | 推进市数字政府“一网通用”能力建设；完善市政务服务“一网通办”平台建设；完善市、县、乡、村四级政务服务体系；深化“一件事”改革；加快推进高频政务服务事项“省内通办”“跨省通办” |
| 2019 年 1 月 7 日 | 苏园管〔2019〕1 号 | 《苏州工业园区公共数据和一网通办管理办法》 | 文件暂未公开 |
| 2020 年 3 月 12 日 | 苏园协调〔2020〕2 号 | 工业园区推进政府职能转变和“放管服”改革协调小组关于印发《苏州工业园区 2020 年度深化“放管服”改革建设一流政务营商环境工作要点》的通知 | 全力推进一件事改革，打造政务服务集成工程；全力推进一网通办建设，打造政务服务智慧工程；全力推进高效定制服务，打造政务服务精准工程；全力推进多元资源整合，打造政务服务共建工程；全力推进持续改革提升，打造政务服务闭环工程 |
| 2020 年 12 月 31 日 | 苏园工〔2020〕204 号 | 《苏州工业园区“一网通办平台运行管理暂行办法》 | 文件暂未公开 |
| 2021 年 1 月 25 日 | 苏园工〔2021〕31 号 | 《苏州工业园区审批监管执法信用闭环管理暂行办法》 | 文件暂未公开 |

### 3. 破题：身入心至方能“置顶人民”

“互联网＋政务服务”的关键是将人民摆在“C 位”，切实了解民众需求，做到“身入”“心至”，从“群里吼”到“实地走”，从“指尖上的形式主义”到“静下心来干实事”。E 工业园区组织工作人员走出窗口，下社区、进基层，把数字政务服务办到群众“心坎上”。

唯亭街道行政审批局工作人员在唯亭街道为民服务中心开展“一网通办”现场指引、指导服务活动。原本在现场大厅等待办理生育登记单的居民小张，经过工作人员的耐心指导，成功在手机上完成了办理。小张高兴地表示：“学会使用‘一网通办’，帮我节省了时间和精力，在家里就能直接办理，真是太方便了。”

"一网通办"越高效、越智能，越能将每一件关涉"锅碗瓢盆"的诉求，贯穿民呼政应的每一个步骤。"水电气"办理是涉企和民生服务中的高频事项，E 工业园区依托"一网通办"平台，积极探索"水电气＋政务服务"新路径，根据用户属性丰富使用场景，实现法人业务 PC 端"网上办"、自然人业务手机端"掌上办"，以最优路径满足企业和群众的个性化需求（表 8-2 和表 8-3）[①]。

**表 8-2　水电气法人业务网办清单**

| 用水业务 | 用电业务 | 用气业务 |
| --- | --- | --- |
| 非住宅类用户用水、排水接入业务（网上办、掌上办） | 高压新装用电业务（网上办） | 园区工商管道天然气代建用户报建业务（网上办） |
| 退款登记（掌上办） | 高压增容用电业务（网上办） | 涉及地块红线外管线接驳（办理行政许可）（网上办） |
| 涉及地块红线外管线接驳（办理行政许可）（网上办） | 涉及地块红线外管线换驳（办理行政许可）（网上办） | |

**表 8-3　水电气个人业务网办清单**

| 用水业务 | 用电业务 | 用气业务 |
| --- | --- | --- |
| 过户申请（网上办、掌上办） | 个人新装业务（网上办、掌上办） | 充值续费（掌上办） |
| 水费交纳（掌上办） | 个人增容业务（网上办、掌上办） | 账单查询（掌上办） |
| 用水人口调整（掌上办） | 用电过户业务（网上办、掌上办） | 一户多人口申请（掌上办） |
| 退款登记 | 用电更名业务（网上办、掌上办） | |
| | 峰谷电变更（网上办、掌上办） | |
| | 个人充电桩报装（网上办、掌上办） | |
| | 园区充电桩查询（掌上办） | |

"一网通办"以统一用户体系为基础，实现"一人一档、一企一档"，结合问、办、推、档等形式，实现政务服务"量身定制"[②]。平台深度整合园区卫生计生、社会保障、劳动就业、老龄优抚、救助助残、党团关系、民族宗教、志愿服务类业务系统，打通 15 个局办信息资源，接入 23 个国家及省、市条线系统，梳理落地 92 个社区数据项，实现政务服务跨部门协同办理，构建"一个平台、一生服务、一套标准、一网通办、一库共享、一体运行"的"六个一"大政务服务体系，用六个"一"置顶"用户第一""人民第一"。

## （三）独创——数字 *n* 乘出未来

### 1. 数字 *n* 乘出民生福祉

（1）少年强则国强

---

① 苏州工业园区融媒体中心. 园区打造"水电气＋政务服务"新模式 智能集成更高效[EB/OL]. 苏州工业园区管理委员会网站. (2022-07-25)[2022-10-25]. http://www.sipac.gov.cn/xzspj/xwdt/202207/f3b444fda98546e69779fe35473030da.shtml.

② 苏州工业园区管理委员会. 全新亮相！"一网通办"升级上线[EB/OL]. 苏州工业园区管理委员会网站. (2020-06-12)[2022-10-25]. http://www.sipac.gov.cn/szgyyq/mtjj/202006/fa26a9ab25e24f28a3dd19582d88c74d.shtml.

“神兽归笼”可算是解决了很多家长的一桩“心事”。对于入学报名，有的家长创造了48秒完成报名全过程的记录。但是，这48秒到底是怎样实现的呢？

过去，新生入学报名，家长们准备的现场审核材料很多，如户口本、房产证、出生证、结婚证、预防接种卡……少带了一张纸都要重跑一趟。而今，E工业园区的新生家长们无需现场排队，只要在“一网通办”入口刷脸登录，便可以实时获取房产、户口、婚姻、出生证明等信息，不需要提交文本材料，同时还可以清晰了解报名进度、入学步骤和招生流程，第一时间掌握孩子入学情况，便捷度显著提升。家住E工业园区的李先生顺利通过园区“一网通办”平台为孩子提交了入学申请。“本以为要排队几小时才能办理，没想到在手机上就可以一键提交，实在是太方便啦！”李先生欣喜地说道。

免证园区的提出既得益于园区一直以来大胆闯、大胆试的开放创新基因，也离不开一系列政务改革奠定的强有力的基石，譬如电子证照、智能审批、用户空间等公共能力为“免证园区”提供了强大的技术支撑。调研座谈会上，王主任表示：在上级大数据共享资源门户的赋能下，已为“一网通办”平台约600项政务提供了调用与核验。仅2021年，已有约80万次调用及查验，替代纸质材料进行“三减一优”。其中，幼儿园、小学入学报名试点网上办，半个月调用结婚证、出生证、户口簿、身份证、不动产证照次数大约是65万次。不得不说，从“减证”到“免证”，一字之差，实现的是群众办事便利度和获得感的巨大提升。

(2) 就业梦马上圆

家住E工业园区都市花园的朱女士想开一家咖啡馆，她来到湖西新城工作站咨询。在工作人员的引导下，她在手机上打开园区“一网通办”，点开“办成一件事”菜单里的“开饭店”，结合自身情况进行勾选定制，就可以找到相应的食品经营许可指引和流程：需要哪些步骤、准备什么材料、告知清单、表单填写等一应俱全。“我一直担心开店需要准备很多材料，要跑很多次。没想到在网上就可以查询申办。”朱女士满意地说道。

“我真没想到这么方便！登录园区‘一网通办’官网，在搜索栏输入了‘就业困难’，就有相应的业务跳转出来了。”一位刚下岗的女士激动地说道。在座谈会上，E工业园区劳动和社会保障局相关负责人也向我们介绍道：“就业困难人员系列业务在‘一网通办’各端口全面上线，大大压缩了用户办理时间，减轻了用户办理的负担”。通过调研发现，以申请“就业困难群体灵活就业社保补贴”为例，以往申请人申请补贴需要事先依次逐项进行“失业登记”“申请就业创业证”“申请就业困难人员认定/查询”，纸质材料准备烦琐，线下要跑多次；但现在申请人可以一次性地在园区“一网通办”平台实现全部事项线上完成，这确实给申请人带来了切实的便利。

结合新冠疫情防控形势，依托E工业园区“一网通办”政务平台，面向群众的所有就业创业服务事项全部实现“一网通办”，其中9项业务实现自助办，10项业务实现掌上办，全力满足群众在疫情期间寻求就业的办事需求。特别是针对高校毕业生的就业手续进行了极简优化，推出了一批“秒办”“简办”事项。这一系列举措促使高校毕业生“早签约”“快就业”“易创业”。

(3) 稳托“夕阳红”

家住园区亭苑社区的赵大伯是社区独居老人，年事已高、腿脚不便，且患有老年性耳聋。园区工作人员充分利用了一网通办“帮代办”服务，通过园区“一网通办”政务服务平台、“融易办”手机小程序，相继上门为他办理了园区 80 周岁老年人尊老金、80 周岁老年人尊老卡申领、企业退休人员基本信息查询等业务，让信息跑路、送服务上门，为他带去了诸多的便利。

“咱们园区‘一网通办’的老年人专版好用，字体大，模块设置也简单，贴合我们老年人的需求，乘地铁、坐公交也很方便，直接打开页面刷码，而且健康码也在里面。”一位正准备乘坐地铁的老人告诉我们。不同于通用版本，“一网通办老年版”更考虑老年人实际操作的便捷性和感受度，更注重栏目简化、简单易懂。

所谓以人为本，应该是用户需要什么，就让技术、管理和服务就去匹配它，而不是相反。E 工业园区技术管理部欧阳经理说道：“‘一网通办’还将不断推进适老化和无障碍改造，同时积极参与 E 市为民办实事项目——面向 10 万长者的数字生活培训，围绕老人等数字弱势群体的需求，努力抹平那条有形无形的数字鸿沟。”

**2. 数字 *n* 乘出企业红利**

(1) “融易办”：跨区通办的“助推器”

随着自助机上的营业执照缓缓滑出，E 市某广告公司迁入 E 工业园区的流程正式完成。该公司原本位于 E 市高新区，由于企业迁移业务办理起来比较烦琐，该公司迟迟未迁移。公司法定代表人刘女士告诉我们：“我前几年就问过办理企业迁移业务的问题，太麻烦了！需要企业先在迁入登记机关取得准予迁入函，然后再到迁出地办理相关手续，最后再到迁入地办理迁入。这样来回跑确实很折腾。不过，现在通过‘融易办’系统就可以办理，确实太方便了。”E 市某广告公司通过跨区通办企业迁移模式顺利完成了从高新区到工业园区的企业迁移登记业务，实现申请材料数量由 11 件减少为 8 件，提交材料次数由 3 次减少为 1 次，压缩办理时限近 50%。

线上“融易办”平台是 E 工业园区的特色品牌项目，更是在企业跨区通办事项上起到了“助推器”的作用。在调研中，园区政务大厅的负责人告诉我们：“为了促进市场要素流动，我们园区依托‘融易办’平台，针对企业业务办理很多‘难繁慢’问题，推出了多项‘跨区通办’的业务办理服务。企业迁移业务就是其中一种，符合条件的企业可以在迁入登记机关一次性递交申请资料，等到业务受理完毕，就可以直接领取变更后的营业执照。”这样，通过跨区域部门联动、网上流转，实现了企业跨市迁移“一次办好”，不仅节省了企业办事来回跑的时间，更减轻了企业办事的负担。

(2) “融驿站”：助企服务的“急先锋”

受疫情影响，身在北京、上海等地的股东无法完成纸质材料盖章签字，进而影响公司的工商变更进度……正当经办人一筹莫展时，E 工业园区“一网通办”亲商服务品牌下的“融驿站”服务可是帮了大忙……作为园区首批站点之一的国际科技园融驿站，在得知 R 企业难处后，充分发挥政企桥梁作用，立即与行政审批局沟通解决方案。为帮助 R 企业尽快完成审批手续，多方协同发力。其间，国际科技园融驿站工作人员陪同 R 企业负责人前往一站式服务中心接受现场指导，并在材料准备环节组建专项工作小组，建立线上联络群，实时帮助企业解决如办理电子签章、获取电子营业执照等问题。园区行政审批局安排专人对接、全程辅导，仔细帮助企业梳理所需材料，耐心指导企业开展线上预审申报等工作。最终，企业成功通过线上渠道，采用电子签名的方式提交申请，顺利完成变更事宜。

"融驿站"是E工业园区政务"一网通办"面向基层的触角延伸，是数字技术服务企业群众的"最后一米"。每个站点内均设置了专项服务窗口和"融易办"自助服务机，通过这种靠前服务、上门服务，为企业的发展提供了专业化支持。国际科技园融驿站负责人告诉我们："'融驿站'其实就是依托'一网通办'政务服务体系，将党建资源与政务资源相融合，实现线上园区政务服务的闭环管理。"园区通过这种品牌化的运作模式，努力将数字技术下沉至基层，使企业群众心中有"数"。

(3)"融易管"：市场环境的"守护者"

盛夏时节的游泳馆成了人们避暑的首选，但游泳馆的水质是否达标？消毒频率是否符合要求？安全设施是否到位？带着疑问，我们团队来到了E工业园区文体旅游局，局里正依托审管执信平台开展游泳馆闭环管理专项检查。"在本次检查过程中，我们发现该游泳馆部分应急药品即将过期，存在一定的安全隐患。"检查人员说道。他们已告知企业负责人进行及时整改，并将风险点上传至审管执信平台，后续将通过平台开展"回头看"。对于检查中发现的隐患，将通过平台实时发送给执法部门进行处置，确保整改落实到位。同时，将督查检查信息记入市场主体信用记录，推动企业依法经营，助力市场健康发展。

相对于传统的线下检查模式，审管执信平台以数字赋能推动全流程信息互通共享，实现了现场检查标准化、问题处置即时化、后台管理数据化、纪检督查全程化。园区行政审批局相关负责人告诉我们："在'一网通办'运作体系的基础上，园区向下延伸开展审批—监管—执法全链条业务梳理，在'一网通办'受理审批平台上，受理审批人员可以快速查到企业信用信息。"通过这样的审管执信"融易管"闭环管理体系，监管人员可以根据企业信用情况开展分级分类监管，减少对信用良好企业的打扰。执法人员可有理有据地应用执法自由裁量权，加大对失信企业的处罚力度，进而为企业发展营造良好的市场环境。

## (四) 推进——砥柱中流共破局

E工业园区顺应时代发展、改革号召，在江苏省内率先建设"一网通办"智慧办事平台。虽然在推进过程中，出现了难以预料的阻碍，但是园区在国家、省(市)互联网+政务服务改革指引下，初步构建了具有开发区特色的"一网通办"改革体系。

**1. 围绕"服务碎片化"的痛点，推动政务服务网上办事系统整合**

在"一网通办"推行之初，E工业园区基层业务办理处于原系统与"一网通办"系统并行的状态，信息系统的新旧兼容以及办理流程的平稳过渡都还未完全实现，容易导致窗口工作人员审批业务的录入数据量增加，新旧系统平台切换复用等现象频频出现。譬如，胜浦街道为民服务中心的窗口人员反映道："我们业务系统有很多，存在重复认证个人信息的情况，工作人员登录不同的业务办理系统也要输入不同的账号和密码，有些系统不能与'一网通办'大系统直接对接，工作人员需要对数据进行重复录入。"

统一办事入口是方便群众找到和使用互联网政务服务平台的首要条件。但一些部门、街道互联网政务服务平台与政府门户网站"两张皮"，甚至出现同一事项内容不同、标准各异的现象，导致办事平台不好找、企业群众不愿用。另外，少部分的互联网政务服务平台未与本级政府门户网站前端整合，不能提供统一服务入口。同时，从实践调研结果来看，E工业园区"一网通办"线上政务服务功能模块多为事项咨询、查询、预约以及表格下载等简单事项的办理，且政务服务线上事项办理总量偏少。

围绕“服务碎片化”的痛点，E工业园区积极推动政务服务网上办事系统整合。一是针对服务四类对象开展体系化建设，构建“一网通办”的“一梁四柱”。整合各单位100余套业务系统，为企业、群众提供统一入口，为受理审批人员提供统一受理平台，为领导提供决策窗口，为运营运维人员提供支撑平台，精准服务不同服务对象。二是建设“一源多端”总入口，形成“一网通办”PC端、微信小程序、自助终端三端统一服务入口，提供多元化办事渠道。三是以统一事项库建设推动服务事项“应上尽上，应网尽网”。在“一网通办”事项库里，按照国家“四级 $N$ 同”要求，逐项梳理、维护、更新政务服务事项，为各服务端口提供统一事项名称、办事流程、材料、时限等服务指南。

**2. 围绕“审批难、审批繁”的痛点，开展“极简审批”改革**

“一网通办”平台的建立，基本涵盖了业务所需的商事登记事项，但业务办理覆盖面和精细度不够，特别是涉及减资改制、公司类型变更等较复杂的业务，如有限合伙企业新增合伙人，系统生成的变更决定书内容简略而企业不认同，还存在部分企业因法人或股东去世无法电子签名而无法网报，因此，企业只能申请半流程申报或者线下办理，造成了办事流程的冗杂。同时，也存在事项上网不同步的窘状，各级政务服务平台为方便群众办事，均按照部门或个人、企业等主题对政务服务事项分类设置。但由于服务事项梳理上网跟不上平台建设步伐，也有接近1/3的平台存在部分栏目下无内容的问题，进而导致“有路无车”、平台不能用。

有群众表示，虽然每一次行政改革的出发点都是为了人民，政府确实为群众办理业务提供了许多方便，但有时很多事情还是要来现场办理，线上“一网通办”平台有很多业务都不能办理。

也有窗口工作人员反映：“现在对我们业务办理时限的要求越来越高，窗口工作人员的压力也很大。上级部门不愿放权给窗口，想给办事人办理却没权限呀。”这就致使各窗口往往沦为各政府职能部门的“收发室”或“传达室”，总体上呈现“坐窗口的没有权，有权的不在窗口”的尴尬局面。

围绕“审批难、审批繁”的痛点，E工业园区大力开展“极简审批”改革。一是优化单事项。围绕减时限、减材料、减环节逐项解决，最大限度地优化政务服务，实施证照分离改革，实现办理时限压缩50%全覆盖，部门压缩率超过65%，争取并承接省级管理事项124项，推动一批区级权限下放基层窗口。二是开展“一件事”改革。围绕企业群众高频需求，对办事流程进行系统性重塑，形成57个“会办＋能办”一件事主题，让企业群众“一次登录、一次填表、一事办成”，探索“行业综合准营”改革，整合市场主体准入准营环节的各项许可，实现“多证合一，一证准营”，首批清单覆盖16个行业。三是实施“一类事”改革。以场景化、关联性开展政务服务事项系统集成，集中展示政策文件、办事入口、办事指南、知识链接等，提供百科全书式服务。四是提供全生命周期服务。梳理企业（项目）、自然人不同生命周期办事服务需求，匹配对应政务服务事项，实现需求精准定位、服务个性化直达。五是开展“免证园区”建设。推动从“减证便民”向“免证利民”升级，发布《E工业园区一网通办免证清单（1.0版）》，通过直接取消、数据调用、部门核验、告知承诺等四种方式，对户口簿、身份证、不动产权证等高频证明材料实现免提交，覆盖7个区级大厅和35个基层工作站的400余项服务事项，减少各类材料近 1 000 份。

**3. 围绕“数据孤岛、信息不通”的痛点，推动数据与技术中枢建设**

政务信息共享是多平台多系统联动、简化优化办事流程的必要条件。但前期调研发现，E 工业园区的政务服务供给并未完全实现跨界融合，政府人员往往从部门利益出发开发条线系统，忽视跨部门的业务流程设计，致使部分互联网政务服务平台未能与部门办事系统实现统一身份认证、一号登录，办事系统间数据不能共享复用，导致企业群众办事需要在多个平台和系统间重复注册登录，网上办事变得烦琐，严重制约了审批效能的提升。

依据第三方的考核结果可以发现，“无须重复认证信息”与“能够实现协同办公”得分较低，这说明内部组织间还未完全实现数据共享、协同办公(图 8-3)。

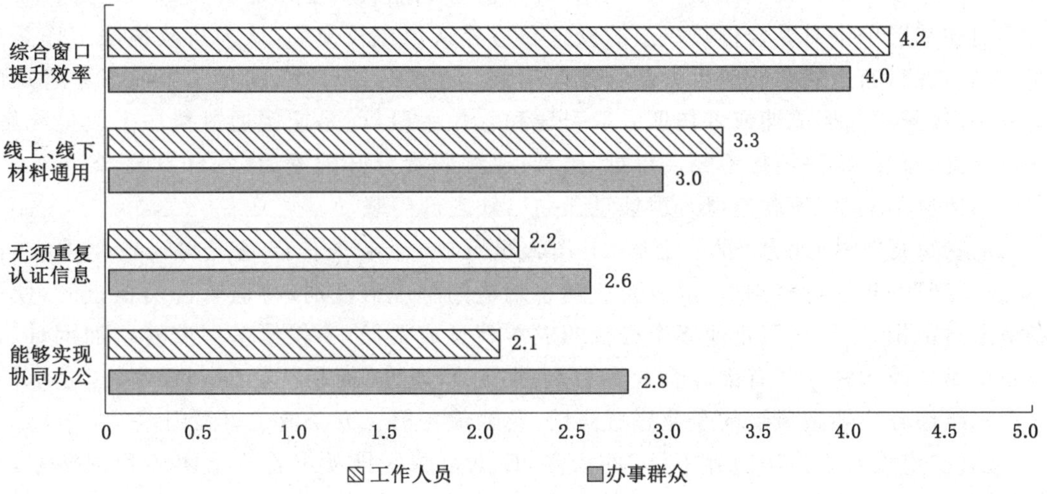


图 8-3 关于“组织内部”维度各题项的平均得分

围绕“数据孤岛、信息不通”的痛点，E 工业园区主动推动数据中枢、技术中枢建设。一是建设统一用户认证体系。基于企业统一社会信用代码，实现法人类用户认证，基于个人身份证号码，实现个人类认证，并在省政务办支持下，根据全国一体化在线政务服务平台框架，与“江苏省政务服务网”用户体系互认互信。二是建设统一政务服务数据库，强化数据汇聚。按照分类处理、分步实施原则，对无系统业务由“一网通办”定制开发业务系统，使用本级自建系统业务按照有限统一原则开展系统深度对接，使用上级业务系统业务积极争取办件数据回传，逐步形成园区政务服务事项全量办件数据库，整合人口、法人、信用、地理信息等基础资源库，夯实数据支撑基础。三是建设统一的用户空间。借鉴新加坡 myinfo(个性化信息采集软件)经验，按照“记录一生、服务一生、比你更懂你”思路，依托统一政务服务数据库，建设专属用户空间，开展大数据分析和治理，打造精准用户画像，为企业群众提供个性化、精准化、主动化、智能化服务。四是建设统一电子签名。业务部门电子印章领取制作 150 个，基本实现全覆盖，根据电子签名法，建设企业群众线上电子签名能力。五是建设统一电子证照库。对接省市电子证照资源，整合园区本级证照资源，归集身份证等 11 类电子证照，建设工程规划许可等 28 类电子证明，为公司设立登记等 200 多个应用场景提供电子证照调用支撑。六是开展单套制归档试点，利用电子归档单套制改革的国家级试点机会，建设电子保真系统、“单套制”档案室系统，从技术和机制两方面为“源头电子化”、全程使用电子材料提供支撑，已有 30 余项业务实现单套制归档，成为省内第一家实现电子归档的区县。

**4. 围绕“审批监管执法边界不清”的痛点，推动“审管执信”改革**

E 工业园区的人员就表示，监管、执法的边界模糊问题由来已久，主要表现为三个方面：一是将执法等同于监管。综合执法是将监管最有力的手段——行政处罚权从原有管理结构中予以剥离并重新组合，一些部门会混淆了这一本质问题，在转移行政处罚权时随之转移监管职责，将部分或全部行政管理嫁接到综合行政执法机构。有的部门甚至认为，执法权转移后原部门缺乏有力抓手，也不必再履行监管职能。二是以综合执法“包打天下”。一些部门和基层单位对综合行政执法的概念和边界认识比较模糊，认为行政执法工作是最末端、最有效的，通过处罚能解决大部分管理问题。在实际工作中，弱化了事前事中管理的作用，没有从矛盾的形成期或者初期采取引导和管控手段，而是期望通过执法手段最终解决。三是审批、监管、执法衔接不畅。审批、监管、执法职责分开配置后，各自为政、各干各的，三方面的信息不共享、不联通，形成“信息孤岛”，缺乏部门联动。

而在实行“一网通办”改革之后，工作人员反映：企业失信问题变得比较严重，在推行“宽进严管”的告知承诺制后，部分企业随意编造门牌虚假注册，待监管部门核查时，便另编场地重新申报，这类虚假企业逐个查找的成本高且成效低，不仅给基层监管增加困难，也影响新市场主体入驻。还有部分企业存在利用“一网通办”简易注销便利程序，虚假承诺，将存在未结债务或涉案风险的企业恶意注销，导致债务第三方企业求告无门。

围绕“审批监管执法边界不清”的痛点，E 工业园区推动审管执信闭环管理探索，开展“放管服”改革系统集成，以数据和信用赋能事中事后监管，以高效监管支撑更大力度改革创新。一是以“全链条”思维压实责任，由政务办牵头，组织部编办、纪工委全程支撑，各部门积极配合，开展审批、监管、执法全链条业务梳理，明确各类审批事项对应的监管、执法事项及其责任处室、责任人。建立部门间职责争议解决机制，形成职责清晰的全链条管理体系。二是以数据赋能精细化管理，依托“一网通办”平台和省互联网＋监管系统，全国首创“审管执信”交互平台，将审批、监管、执法办件数据自动精准推送至下一环节，实现各环节间信息及时共享。监管执法人员依托平台签收、反馈办件信息，提交各类监管风险线索，相关数据统一归集至信用平台。三是以信用信息辅助审批监管执法，通过汇聚审批监管执法全过程数据，提取信用数据，生成企业信用信息，开发信用辅助的应用场景，辅助新一轮审批、监管、执法。开展精准、联合、信用、少打扰的监管执法，营造公平公正的市场环境。四是探索权力运行监督试点。“审管执信”改革推动的全链条事项梳理以及审管执信平台对权力运行数据的全流程推送、签收和反馈，为纪检部门探索权力运行监督提供切入口。园区“审管执信督”改革被市纪委列入“市权力运行监督信息化试点”项目，为探索权力运行监督的路径提供有益尝试。

**5. 围绕“用户体验差”的痛点，推动快速便捷的政务服务品牌建设**

调研发现，前期“用户体验差”主要体现在两方面：工作人员与服务系统。

一方面，“一网通办”审批业务标准的提升对工作人员的业务素质及工作能力提出了更高的要求，而部分单位对“一网通办”工作重视不够，未及时加强人员业务培训，导致受理人员业务能力不够熟练，不能一次性告知，使得申请人来回多次跑动。有工作人员反映：“我们内部也很少进行‘一网通办’系统使用的业务培训，操作流程都需要自己去摸索，有些常办理事项的功能设计还有点隐蔽，一开始还找不到。”

另一方面，“一网通办”系统不稳定，网络丢失、卡机、上传信息缺失等情况时有发生，平台研发单位咨询服务也开展不到位，在企业申报环节中缺少有效提醒，如申报者手机号码与政务网实名认证号码不一致会导致无法电子签名、申报者身份证号码位数变动导致无法签名(旧身份证号码位数为 15 位)、实名认证未点击“是否授权工商办理”按钮导致认证失败等情况，需要办事人反复修改，降低了办事人满意度。同时，“一网通办”平台界面也不够简洁明了，如意见反馈功能设置较为隐蔽，导致公众的政务意见反馈受限(图 8-4)。加之部分中老年申请人文化水平有限、数字化能力较弱，更是影响了公众的有效参与。有群众表示，自助办理机器界面复杂，需要工作人员引导操作。虽然“一网通办”手机客户端平台会有智能客服，老百姓不懂该功能设置的目的，老百姓的诉求得到满足。

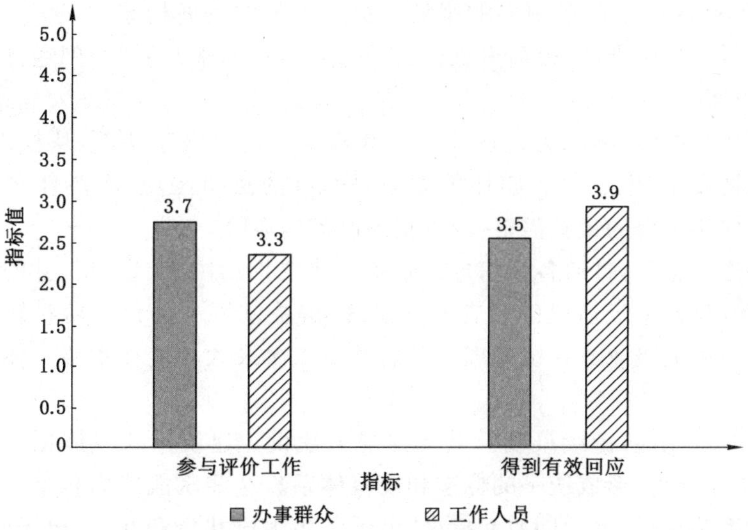


图 8-4　关于“向上反馈”维度各题项的平均得分

围绕“用户体验差”的痛点，E 工业园区积极推动快速便捷的政务服务品牌建设。园区注重线上线下融合发展，全力打造“线上融易办、线下融驿站”服务品牌。一是以问题为导向优化线上“融易办”办事平台。迭代升级一网通办网厅全网智慧搜索，针对每个事项开展俗义化梳理，用老百姓听得懂的语言来表达复杂专业的政务服务内容，组合运用“一件事”“一类事”“全生命周期”服务，解决“找不到、看不懂、办不通”的痛点，实现真正“园区事，融易办”。二是以惠企利民打造线下“融驿站”服务品牌。结合园区产业、商圈特色，利用银行等网点资源，推动园区政务服务下沉，延伸服务触角，弥补行政资源的相对不足。通过党建引领、政企政银共建等探索社会力量助力政务服务，首批建设 10 余家“融驿站”，打通“政务服务最后一米”。三是以体验升级推动界面友好性改造。全面引入客户体验理念，通过用户习惯、用户体验、用户偏好等数据统计分析，优化升级网厅和小程序界面。提高企业群众的体验感、获得感，以“超出客户期待”的标准推动政务服务品牌建设，继续擦亮园区亲商服务品牌。

### （五）前景——前路漫漫亦灿灿

短短几年时间，E工业园区为什么能够昂立于改革潮头？是什么因素促使其在“一网通办”改革之路上发生蝶变？这一系列问题的真实答案会随着改革实践的纵深发展而不断浮出水面。这里，结合团队前期的调研成果，我们也将在案例分析报告部分，尝试对这些问题做出些许回应。目前园区“一网通办”改革实践的总体态势较好，现阶段在政府数字化转型方面取得了显著性成效，但守成不易，更何况在这成效的背后还存在许多问题。当然，E工业园区在深度学习借鉴新加坡经验的基础上，也在不断结合自身的发展实际加以创新，正所谓“前路漫漫亦灿灿”。但行数字政府变革之路，莫问此路艰辛与漫长，只坚信路之尽头终会是阳光。园区政府的数字化转型不应当只是从“指尖”迈向“心间”，更要从“心间”深入“心底”。那么，E工业园区“一网通办”实践何以在百舸争流的数字时代获得蝶变升华？园区政务服务中心的张处长提出了他的发展构想。

未来，我们园区要以推动“极简审批、全程网办”为目标来开展“一网通办”建设，具体而言有以下四个方面。

第一，坚持系统思维，不断完善法律法规和标准。建议国家层面，从权力事项依据、数据资产归属、数据安全、电子材料归档等方面对原有的法律法规、规范性文件进行立改废释，满足政务一体化平台的最新需要，减少基层改革的风险。

第二，坚持逐级整合，打通各级信息化系统。建议推动国家、省、市、县的一体化平台分别负责牵头对接、打通本级建设的所有业务系统，解决基层一体化平台跳转上级业务系统需要二次登录，使用上级业务系统办理业务后需要二次录入才能在本级一体化平台归集业务数据的难题。

第三，坚持技术赋能，持续推动公共支撑能力建设。建议国家一体化平台牵头建设全国统一的赋能支撑能力，形成统一的标准和规范体系。这些赋能能力包括但不限于统一办事入口、身份体系及认证、事项同源和标准、电子证照生成共享和互认、电子签章规范化、电子档案单套制归档等。

第四，坚持全程网办，不断提高群众获得感。建议国家层面依托全国一体化平台，自上而下协调国家各部委办局和省市相关部门，以“全程网办”为目标不断优化业务流程，承认电子材料和电子审批结果物，推动更多的事项“全程网办”，打破传统地域和层级限制。

## 二 案例分析

### 引言

2016 年,《国务院政府工作报告》中首次提出"互联网+政务服务",各省市纷纷顺势而为、应时而变,积极贯彻落实党中央、国务院关于推进"互联网+政务服务"改革的系列部署,对建设一体化线上政务平台的实践进行探索创新。江苏也一直致力于推动"长三角一网通办"改革,探索出首个"省内通办""跨省通办"线下服务专窗,以延伸"一网通办"功能应用。E 市作为长三角政务服务"一网通办"试点城市,目前已在市本级政务服务中心开设了长三角"一网通办"专窗。2019 年 7 月,E 工业园区发布了《E 工业园区优化营商环境行动方案》,作为优化营商环境的重要举措之一,园区"一网通办"政务平台正式运行。作为省内首家区级"一网通办"平台,首批纳入 14 个部委办局的 451 项具体事项,走在了全国开发区发展队伍的最前列。

E 工业园区在实施"一网通办"改革以来取得了显著成效,然而成效绝不代表着成功,在赢得群众掌声的背后却隐忧重重。因此,从剖析典型案例入手,通过对 E 工业园区"一网通办"实践的系统考察,探寻和归纳地方政府在推进"一网通办"项目执行过程中的制度设计、流程规范及协调机制等,分析其取得阶段性成效的原因,并借助三维统合模型审视改革尚存隐忧的深层次原因。最终从"目标-手段""组织边界""辐射扩散"三个维度出发,为 E 工业园区推动"一网通办"向纵深发展提出了些许优化路径,希冀为其他地区的"一网通办"建设以及政府的数字化转型提供可资借鉴的运作经验与发展思路。

### (一) 分析框架:三维统合理论模型

#### 1. 分析框架的理论探源

(1) 整体性治理理论

20 世纪 90 年代,英国学者安德鲁·邓希尔提出"整体性治理"这一概念,认为整体性治理是以社会整体的视角看待和解决问题,反对化约主义的还原论以及孤立地看待问题的一种范式[①]。而佩里·希克斯则从政府内部运作的角度对"整体性治理"的内核进行概括与提炼,并逐步发展形成了"整体性治理理论"。汤姆·林认为,整体性治理理论是因应于传统公共行政衰落以及新公共管理改革带来的碎片化、短视化治理局限的现实而做出的有效战略回应[②]。尽管学界众说纷纭,但该理论自发轫之始就具有明显的问题导向和改革倾向,即聚焦破解由传统行政部门条块分割带来的职能碎片化、资源碎片化等棘手问题,试图超越

① 吴晓凯,文军.整体性治理:中国城市治理形态的逻辑转型及其实践反思[J].江苏行政学院学报,2020(4):64-70.

② LING T. Delivering joined-up government in the UK:dimensions,issues and problems[J]. Public administration,2002,80(4):615-642.

“新公共管理模式”而建构含有自身概念特质与理论范畴的工具体系。当今，“整体性治理理论”作为一种理论工具的实际效用已大为显现，有效地为政府治理理念的创新与治理模式的变革注入了新鲜血液。立足学界既有研究成果，这里对整体性治理理论的核心要义进行简要提炼与总结，如表 8-4 所列。

**表 8-4　整体性治理理论的核心要义**

| | |
|---|---|
| 价值取向 | 追求公共利益，解决公共问题 |
| 问题导向 | 破解政府治理碎片化困境 |
| 判断标准 | 目标与手段之间是否相互增强 |
| 组织架构 | 基于信任的交互式网络架构 |
| 操作路径 | 运用信息技术以及无缝隙项目 |

一是整体性治理以追求公共利益为价值取向。不同于传统官僚制、新公共管理等理论，整体性治理理论始终秉持“公民本位”的原则，将公共问题的有效解决视为政府之所以存在的逻辑起点，以满足公众利益需求、维护公众基本权益作为履职前提。

二是整体性治理以破解政府治理碎片化困境为问题导向。主要强调部门间协调与合作性整合，尤其是通过构建协调整合机制，实现纵向上下级政府间以及横向政府各部门之间的资源整合、职能整合、价值整合，且要实现政府组织内部与外部组织间信息资源要素的有效整合与协调。

三是整体性治理以目标与手段之间是否相互增强为判断标准。希克斯以“目标-手段”作为划分维度，综合考虑整体性治理所可能涉及的关键活动与治理要素，系统性地将政府划分为五种类型[①]，如图 8-5 所示，整体性政府就是目标与手段相互增强的一种政府类型。

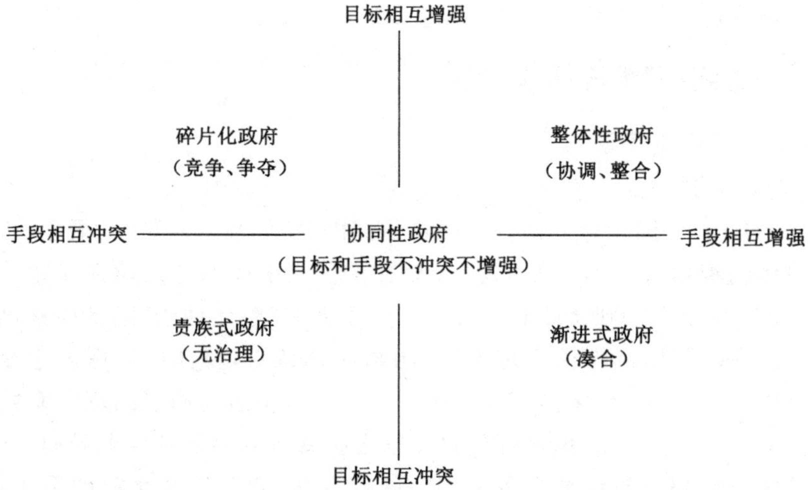


图 8-5　整体性治理理论下的五种政府类型

① LEAT D, STOKER G. Towards holistic governance: the new reform agenda[M]. New York: Palgrave, 2002.

四是整体性治理倡导一种扁平化之网络式的组织架构。整体性治理理论既强调纵向行政层级间的关系整合,又注重横向政府内部各部门之间以及政府与外部各组织之间的合作协调。通过治理的跨层级整合、跨部门整合以及跨功能整合,进行形成一个上下联动、纵横贯通的立体式整体性治理模型,如图8-6所示。

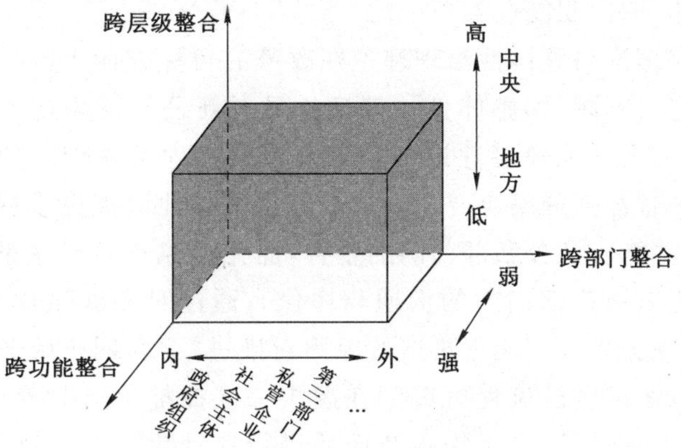


图8-6　整体性治理之三维模型

五是整体性治理以运用信息技术以及无缝隙项目为操作路径。帕特里克·邓利维强调将信息技术作为整体性治理的重要工具,通过对政府部门信息系统与网络平台的建设与完善,不仅能促进治理主体之间的信息关联与要素流动,还能对社会发展要求与公民实际诉求作出及时而有效的回应。

(2) 数字治理理论

数字治理理论是治理理论与互联网数字技术结合催生的新的公共管理理论准范式[①],其发轫于新公共管理理论范式的衰微与数字技术的蓬勃发展之际,注重信息技术之于政府治理变革的重要影响。实质上,整体性治理理论与数字治理理论同源,但后者是对前者的深化与发展,是前者在数字时代背景下的战略创新与战术回应。

纵观学界对数字治理理论及其应用领域的研究,可知该理论强调信息技术与信息系统在公共部门的深入应用,主张以最有效的技术工具撬动公共治理的持续变革,以信息化建设推动政府部门数据整合、业务协同。诚然,相较于整体性治理理论,一方面,数字治理理论不仅重视解决政府部门分散化、割裂化等问题,更关注政府治理的专业化以及致力于在数据、信息层面破解跨部门协同办理的困境;另一方面,数字治理理论可被看作是工具理性与价值理性的有效融合,主张构建以需求为前提的整体主义,其包含交互式信息查询与服务供给、数据集、一站式服务、顾客导向的组织再造、结果导向的流程重塑以及灵活高效的政府治理等六个要素[②]。

(3) 无缝隙政府理论

无缝隙政府这一概念生成于美国通用电气执行总裁杰克·韦尔奇所提出的"无边界组

① 韩兆柱,马文娟.数字治理理论研究综述[J].甘肃行政学院学报,2016(1):23-35.

② DUNLEAVY P. Digital era governance: IT corporations, the state, and E-government [M]. Oxford: Oxford University Press, 2006.

织”一词,旨在打破大企业现有各部门之间的边界界限与信息壁垒,促使企业组织灵活、运转高效。基于“无边界组织”的概念特征,美国学者林登正式提出了“无缝隙组织”这一概念,并且指出“无缝隙组织”正以一种全新的思维方式与运作模式重塑着传统官僚层级化的组织形态,通过政府流程再造以进行顾客导向之无缝隙式政府组织设计,同时其强调以跨部门、跨领域的“通才”取代职能业务单一的“专才”。①

尽管无缝隙政府理论与整体性治理理论在改革的目标方向上是一致的,但二者背后所隐含的改革逻辑却有所不同,即整体性治理理论是对新公共管理运动带来的碎片化、分散化困境的有效回应,而无缝隙政府理论则是对新公共管理运动带来的无序化、低效化困境的有效回应。虽然二者都强调整合、注重协调,但是整体性治理更重视体制外的整合,分别面向治理层级、治理功能以及公私部门间的整合,而无缝隙政府更注重体制内的整合,通过权力共享与流程再造以强化部门间的沟通与协作。通过对无缝隙政府理论内涵的总结与提炼发现,其中有六项关于政府流程再造的原则对推进“互联网+政务服务”的发展有重要启示意义,分别是“以需求进行流程再造”“在源头一次捕捉信息”“确保主要序列的持续流动”“把后一阶段的信息前置”“先组织再造而后进行自动化”“尽可能为顾客与供应商提供单独接触机会”,如表 8-5 所列。

**表 8-5　无缝隙政府理论内涵及对“互联网+政务服务”的发展启示**

| 无缝隙政府流程再造的基本原则 | 立足结果而非职能进行组织生产,要明确“顾客需要什么”而不是“我能提供什么” |
|---|---|
| 在源头一次捕捉信息 | 从采集、灌入、清理和维护等环节入手,确保完整、准确、实时;保持同一数据的唯一性,保证部门数据共享,减少二次录入、重复填写 |
| 确保主要序列的持续流动 | 精简政府内部冗余的业务流程,强化有利于面向公众的服务流程,以决策流程、支持流程服务流程,达到降低沟通成本、提高运行效率的目的 |
| 把后一阶段的信息前置 | 完善政务服务标准制定与实施,包括服务基础标准(服务分类标准、工作指南、术语标准)、服务管理标准、服务质量标准(服务规范等)以及服务设施标准等 |
| 先组织再造而后进行自动化 | 技术本身不会促进审批集约化,信息化的充分应用必然要求线下政务服务中心组织形态、业务形态及服务形态的重塑以奠定基础,以线下物理整合支撑线上逻辑整合 |
| 尽可能为顾客与供应商提供单独接触机会 | 深入开展顾客需求调研,促进服务生产者与接受者之间的互动交流,在延伸政务服务边界的同时,实施精细化治理与细致化服务,使服务可选择、可定制、个性化 |

### 2. 分析框架的样态构建

下面结合 E 工业园区“一网通办”的发展实际,选取整体性治理理论作为主体分析基础,并综合运用无缝隙政府理论以及数字治理理论深入分析,同时借鉴汤姆·林所提出的最佳“整体政府”实践模型,参考政策扩散中“自上而下层级扩散模式”与“自下而上吸纳推广模式”的概念特征,共同架构起能诠释 E 工业园区“一网通办”运行发展的三维统合理论

① 拉塞尔·M. 林登. 无缝隙政府[M]. 汪大海,吴群芳,译. 北京:中国人民大学出版社,2001.

模型，即“上下”对应“目标-手段”维度、“内外”对应“组织边界”维度、“高低”对应“辐射扩散”维度，如图 8-7 所示。

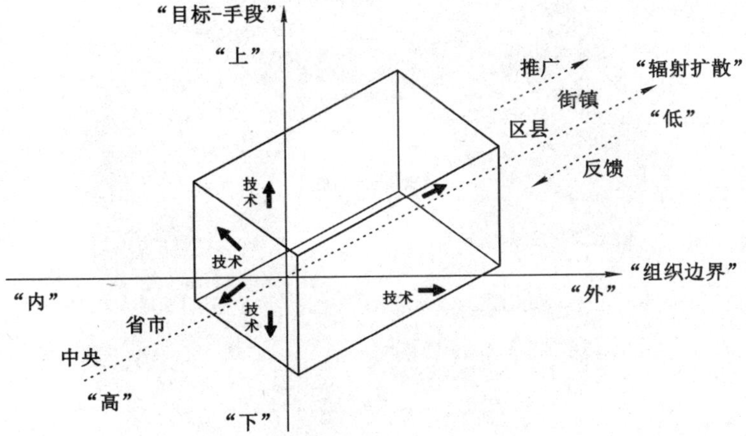


图 8-7　“一网通办”实践之三维统合理论模型

首先，借鉴整体性治理理论所倡导的交互式之网络化组织架构的构建思路，即通过跨层级整合、跨部门整合以及跨功能整合以打造上下联动、纵横贯通的立体式整体模型，为本案例分析框架的构建勾勒出主要轮廓。其次，基于无缝隙政府理论所强调的体制内整合与整体性治理理论所提倡的体制外整合的主要观点，有效构建了“内外”维度的分析视角；借鉴希克斯所提出的整体性政府“目标-手段”的划分维度，有效构建了“上下”维度的分析视角；巧妙引入政策扩散中“自上而下层级扩散模式”与“自下而上吸纳推广模式”的概念特征，有效构建了“高低”维度的分析视角。最后，将数字治理理论中对信息化技术的应用，嵌入到本案例分析框架的各个维度中，以提供强大的技术支撑。

当然，完整的分析框架也需要对各要素合理而有效地进行整合。鉴于此，这里借鉴了汤姆·林所提出的最佳实践的“整体政府”模型中四个子集内各要素的连接方式①，如图 8-8 所示。该模型涵盖“联合”子集，即“上、下、内、外”四个维度：“上”是指组织目标的设定自上而下以及对上的责任承担，意味着一种新的责任和激励机制，“联合”途径包括以结果为导向的目标分享、绩效评估、公共服务合同等；“下”是指以顾客需要为宗旨的服务供给过程，意味着一种新的公共服务供给方式，“联合”途径包括顾客参与、协作联合、共享顾客需求等；“内”是指组织内部的合作，意味着一种新的组织结构形式，“联合”途径包括组织文化、沟通机制、人员培训等；“外”是指组织之间的合作，意味着一种跨组织的工作方式，“联合”途径包括分享权限、共同预算、融合性结构等。通过四者的有机结合共同构成了“整体政府”。因此，建基于汤姆·林“整体政府”的各要素整合机制，进而对本案例的三维统合模型分析视角进行内部要素整合，以此来有效连接并形构完整的 E 工业园区“一网通办”案例研究的分析框架（图 8-9）。

---

① LING T. Delivering joined-up government in the UK: dimensions, issues and problems[J]. Public administration, 2002, 80(4): 615-642.

图 8-8 "整体政府"的最佳实践模型

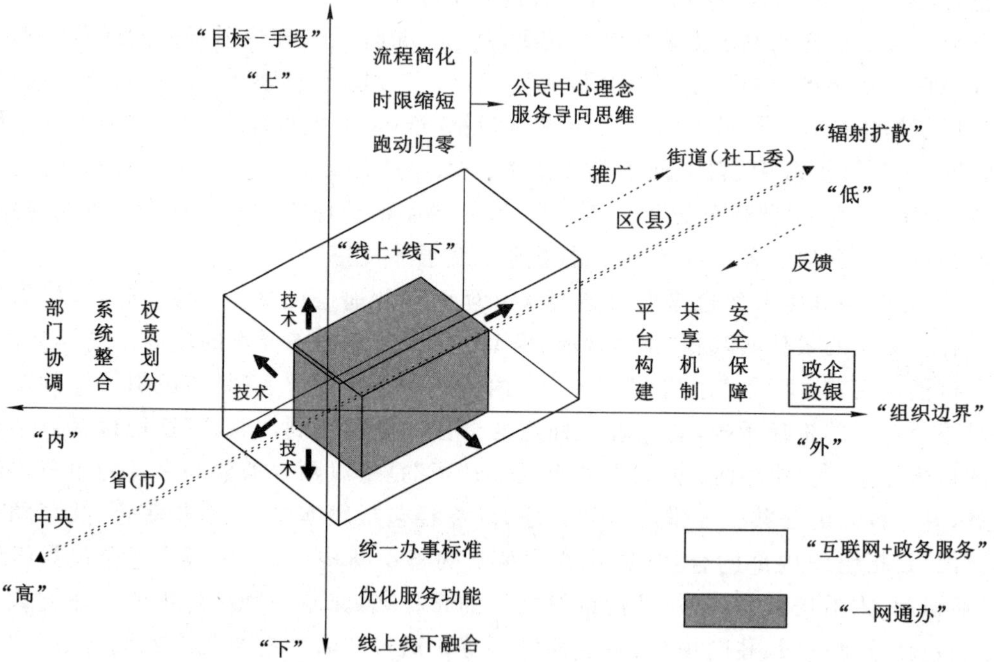


图 8-9 三维统合模型视域下 E 工业园区"一网通办"运行之整体构架

### 3. 分析框架的内容阐释

"上下"分析视域，亦即对应研究分析框架的"目标-手段"维度。这一维度主要是根据希克斯以"目标-手段"维度划分的不同政府类型而生成，即整体性政府就是目标与手段之间相互增强的一种。"一网通办"实践在"上"这一层面包括服务型政府的顶层设计以及顾客导向的价值追求等，基于该组织价值目标的指引，在“下”这一层面则体现为实现组织目标而采取与之相适的手段与方式，包括政务标准制定、服务功能设计等各种政务供给手段。因此，目标与手段二者间是持续互动、不断调整的，也会随着“一网通办”改革的不断推进，以致最终达到彼此间相互增强的效果。

“内外”分析视域，即对应研究分析框架的“组织边界”维度。这一维度的设计既考虑无缝隙政府理论对组织体制内整合的关注，又将整体性治理理论所强调的组织体制外整合纳入其中，根据不同政府组织类型，将其划分为组织内部与组织外部的分析视角。在“一网通办”发展初期，主要依靠内部组织之间的职能、资源及价值等要素的整合。而随着“一网通办”的纵深发展，会开始寻求社会组织、市场主体以及公民个人等组织外部各方的整合，通过平台构建、共享机制以及数据安全保障等机制为组织内外整合提供支撑。

“高低”分析视域，即对应研究分析框架的“辐射扩散”维度。这一维度主要借鉴政策扩散中“自上而下层级扩散模式”与“自下而上吸纳推广模式”的主要模式特征进行设计。整体性治理理论强调形成上下联动之跨层级整合的组织架构，加之无缝隙政府理论对体制内组织整合的倡导，这必然形成了上下层级间的联动与贯通，实际上，“一网通办”的改革进程有层级流动的表征生成，首先是进行区域试点，其次逐级延伸服务触角，然后是由基层向上反馈并做改进，最后是对试点经验进行全域推广。其改革趋势应是，从“自上而下”进行政策试点到“自下而上”进行反馈改进，然后再到“自上而下”进行全面推广。

### （二）成效：E 工业园区“一网通办”为何能赢得掌声

E 工业园区的“一网通办”实践不仅取得了阶段性的成效，而且赢得了企业与群众的一片掌声。那么，从 2015 年至 2022 年，是什么因素促使 E 工业园区的政府在推进数字化转型的过程中取得如此之显著的成效？其中又有着怎样的实践与理论逻辑？带着这些疑问，我们再次走进案例的真实情境中，立足 E 工业园区“一网通办”的现实实践，并结合理论工具去深思之所以会取得显著成效的原因。通过实地调研与部门访谈，我们了解如下：在 E 工业园区“一网通办”实践的推进过程中，始终强调将整体性治理的理念贯穿于推进政府数字化转型的全过程，能够根据改革的目标要求去选择与之相适配的手段，使手段能够服从于目标的发展，不仅关注组织内部的整合情况，还着眼于对组织外部的要素考量，特别重视对“一网通办”实践的宣传与推广，不断对数字系统版本进行优化升级。

#### 1. 手段服从于目标

E 工业园区政府以“一网通办”改革作为深化“互联网＋政务服务”的创新举措，秉持“掌上时代让服务精细化”的目标使命，以建设人民满意的服务型政府为价值追求，为的是让“数据多跑路，民众少跑腿”，达到高效率满足企业与民众政务服务需求的效果。园区政府将“一网通办”改革的初衷与要求进行有效分解，亦即将政务改革大目标拆解为各类易于实现的小目标，小目标亦是助力达成大目标的有效手段。

实际上，园区始终强调用户体验视角下的政务供给设计，着力从制度体系（先后制定了《E 工业园区公共数据和一网通办管理办法》《E 工业园区“一网通办”平台运行管理暂行办法》等以统筹“一网通办”建设）、办事标准（逐项梳理政务事项，统一录入“一网通办”事项库，为内外各服务端口提供统一事项名称、流程、材料、时限等办事标准与指南）、服务功能

(不仅实现了 115 项业务全程可网办,而且还通过建设统一的用户专属空间,为企业和公众提供个性化、精准化、专业化的服务)以及系统建设(采用分类处理、分步实施的方式推动各审批部门的业务系统与"一网通办"平台对接)等方面进行探索,以赋能"一网通办"改革目标达成。

**2. 强调整合与协作**

政府组织可以看作一个由众多政府部门组成的有机统一体,以统一体的外围线为边界,分为组织边界的"内"与"外"。在边界内部,可以从纵向与横向两个维度来窥探。首先,从纵向层面来看,线下 E 市设立了综合审批服务处以统筹全市政务服务工作,并在包含 E 工业园区的部分设立综合审批服务办以指导并落实"一网通办"改革工作,同时领导并监督各辖区范围内各为民服务中心及社工委的改革工作。线上 E 市统一建设了由大数据管理局和 E 市信息中心指导的大数据中心,E 工业园区则组建了本区域内"一网通办"的大数据中心,以整合各审批部门间的业务数据。其次,从横向层面来看,不仅体现为审批部门、政务中心以及大数据中心三者间的合作协同,表现为不同审批部门之间的协调联动。园区政府通过明确行政审批管理与服务组织机构的职能权限,以使各部门规范化、稳定化运作,综合运用串联、并联和联合审批的方式实现跨部门协同,推进基于整体审批业务的跨部门流程再造,同时通过建设统一事项库推动各局办业务"应上尽上、应网尽网",开展各业务系统"深度对接、数据回传"以促进办件数据汇聚,实现园区政务服务"由一网而入、得万事通办",如图 8-10 所示。

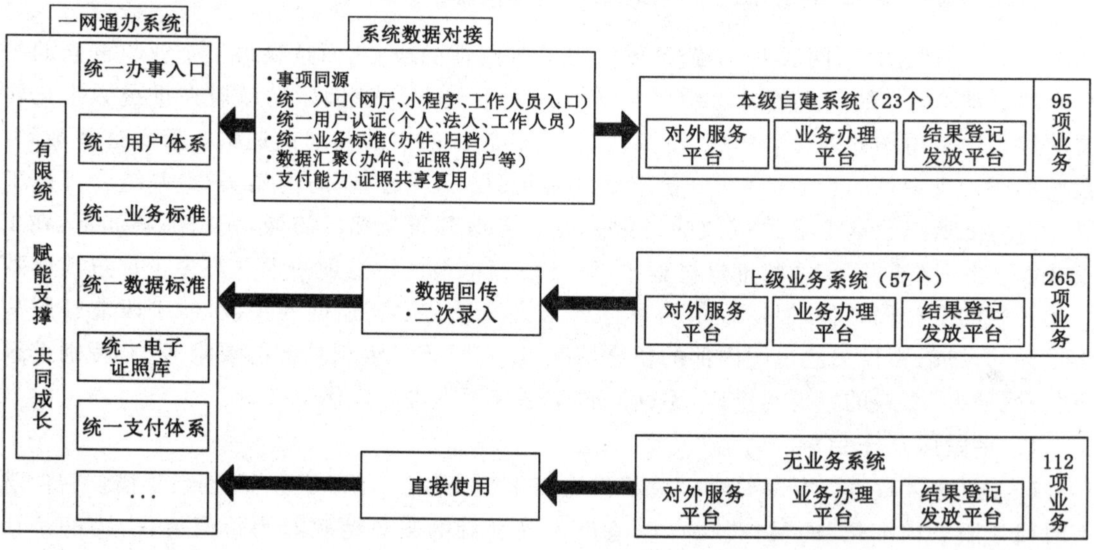


图 8-10 E 工业园区政务"一网通办"系统建设及数据对接情况

在边界外部,主要体现为"政银""政企"之间的合作。在"政银"合作层面,园区行政审批局与相关银行合作设立"融驿站"站点,助力企业一站式完成设立咨询与登记、公章刻制、银行开户和税务新办套餐申请等全流程的注册登记服务。而在"政企"合作层面,园区行政审批局在"一网通办"大数据平台、政务服务自助办理平台以及可信身份认证终端等系统的运行与维护方面,积极寻求外部企业的技术支持,致力于为大数据平台系统的建设、运营及维护提供专业化的技术服务与安全保障。

**3. 重视推广和优化**

E工业园区"一网通办"的创新改革是国家"互联网+政务服务"在地方层面的探索与试验,是江苏省选定的"江苏省政务服务网""单套制"归档试点的代表性平台,从平台的正式提出到系统的推广应用,呈现的是一种辐射层级不断增加、扩散范围不断拓宽的发展形态。

(1) 从"自上而下"层面看

首先,园区全面汇聚辖区政务服务三级服务体系(区级、街道社工委、工作站)内的7个区级大厅、4个为民服务中心以及35个社区工作站,针对法人与自然人业务办理的不同需求特点,推行"服务对象分类管理"模式,将涉企业务向一站式服务大厅集中,目前已实现95%;而将大多涉及自然人的政务服务事项向街道社区下沉,目前已实现了85%。其次,结合园区产业、商圈特色,利用银行等网点资源,延伸服务触角,首批已建成11家"融驿站",完成10余类政务服务事项的下沉。最后,在园区各街道为民服务中心、社区工作站均放置有"一网通办"的易拉宝宣传海报,同时针对基层一线全科社工,园区政府积极组织专题业务培训,使基层工作者成为"一网通办"线下宣传与推广的主力军。

(2) 从"自下而上"层面看

一方面,园区在区级大厅、为民服务中心以及社区工作站等窗口均设置有电子服务评价器、意见箱、意见反馈簿等意见收集渠道,同时在线上政务服务平台亦专门设计有"网站纠错""投诉建议""联系我们"等功能模块,以用于汇集企业及公众对"一网通办"的使用感受与改进意见。另一方面,譬如园区翰林民众联络所、东沙湖社工委等部分社工委,依托社区广场活动进行"一网通办"的精细化宣传,引导居民现场体验"一网通办"小程序的政务功能,征集居民对"一网通办"功能应用的反馈意见,以强化来自基层民众对"一网通办"的反馈回应力,进而促进"一网通办"功能的优化与提升。

## (三) 反思:E工业园区"一网通办"为何尚存隐忧

对于E工业园区来说,"一网通办"实践是政府自身改革的主抓手,并使之紧跟"互联网+"的时代潮流,以此改革传统的行政管理和服务模式。而在E工业园区探索推进"一网通办"的改革过程中,我们看到了一个通过不懈探索与持续创新而获得显著改革成效的园区。在它身上,我们看到了未来政府数字化转型的诸多可能性,但成效显著也只是代表阶段性、短暂性的改革效果,在"一网通办"实践的背后却暗含着重重阻力。是什么因素在掣肘E工业园区"一网通办"的改革进程?园区政府数字化转型为何尚存隐忧?带着这些困惑,我们展开了一系列的探索。虽然本案例所采用的三维统合模型正是基于园区"一网通办"实践所提出的,但若用该模型再去检验其实践,就会看到其所暴露出的种种问题。鉴于此,下面借助这一分析模型具体展开剖析。

**1. 目标-手段:价值目标与供给方式**

(1) 目标与利益存有一定冲突

E工业园区"一网通办"改革初衷就是依托"互联网+"技术实现线上线下同步办,切实为企业和民众谋福利。但是,园区的政务服务供给并未完全实现跨界融合,部分政府人员往往从部门利益出发开发条线系统,忽视跨部门的业务流程设计,致使公民重复填报个人信息、多次上传证明材料等现象发生,用户体验感得不到充分重视。

园区"一网通办"改革势必要求实现权力的下放与重构,这也必然减损了某些条线部门的利益,继而引发对政务改革的不满。因此,其在一定程度上也表现出审批部门倾向于追求改革形式绩效而忽略改革实质内涵的特征。显然,只有做到以公众为核心的政务服务供给,才能真正打破系统壁垒,实现信息互认、数据共享、业务协同,而这就不得不使园区"一网通办"服务于公众的改革目标呈现一定形式化、表面化的倾向。

(2) 政务联动机制有所不健全

园区"一网通办"由于缺乏线上线下服务融合、协同供给的有效联动机制,加之线上和线下平台的建设主体、管理方式以及服务标准的差异性,致使政务服务线上线下的供给渠道在一定程度上存在割裂性。造成此类线上和线下办理"两张皮"的情形,深层次原因是园区"一网通办"政务供给平台的管理系统与各审批部门的业务系统之间存在断裂。虽然目前进驻到"融易办"平台上的审批职能部门比例高达98%,但其都以简单业务办理为主。审批部门的垂直业务系统与"一网通办"政务办理系统的互联互通也存在着较大的体制障碍与技术制约。

一方面,由于推进改革的组织者并不从事具体的审批事项办理工作,缺乏对各部门业务办理具体流程的深入了解,这就不得不使改革组织者按照审批部门统一报送的业务材料进行识别与整合。显然,改革组织者对审批流程及指南的认定会因信息不对称而产生线上线下服务标准不一致的问题。另一方面,行政审批部门出于对自身权益的考量而人为地制造出"权力迷宫",特别是在行政职能较广、内设组织结构复杂、审批事项专业性较强的审批部门表现得最为显著。

**2. 组织边界:内部协调与外部共享**

(1) 多重利益博弈阻滞内部协同

推进"一网通办"的改革创新也就意味着对原有政府部门的管理体制、组织方式以及运作机制的重塑与再造,这必然会动摇行政权力的固有根基,触及部分审批部门的核心权益。调研发现,园区政务中心仅完成了对各审批部门的形式集合,却未能实现审批许可权力的实质转移。长期以来,在行政审批领域通常存在一些行政事业性收费,而权力寻租的巨大空间使得园区审批部门的放权与授权难以落实。尽管其间也有诸如园区管委会等地方领导行政权力的强行介入,但依旧无法彻底消除部分组织人员的部门意识,难以促成政务协同供给。

从园区"一网通办"的实践运行来看,工商、税务以及公安等部门前期投入大量成本进行自身业务系统的开发与建设,致使其目前处于"独立运营、独立管理"的自我封闭式状态。同时,由于相关部门领导担心系统融合后可能会产生数据安全问题,加之系统本身已经具备了强大的运行能力,致使各职能部门的资源普遍处于相对割裂的"孤岛"状态,无法实现真正意义上的数据共享、协同办公,更别提推进"一网通办"系统与各条线部门应用系统之间的数据对接了。

(2) 数据安全风险影响合作深度

压力型体制下的园区各政府部门信息公开抑或保密的边界较为模糊,在政企政社合作、数据资源共享的实践过程中,作为"理性经济人"的各方行动者,出于对政治绩效、经济利益的追求,加之对于共享或不共享的避责逻辑,都将削弱内外部组织进行系统整合、协同合作的积极性与主动性。同时,精准划分政企合作的职责边界难度较大,政府无法深入企业的自主经营活动,更不具备政务系统运行的专业化技能,这就极易出现合作企业在未得到政府有效许可的情况下而私自将政务数据进行资产化处理的问题。

更为重要的是,园区数据共享安全机制不健全,缺乏专门的政府数据安全管理部门,也未能基于园区政务数据共享的各方利益并从顶层设计的角度去保障系统数据共享的安全,进而导致政府组织内外系统无法迅速走向数据资产化。

**3. 辐射扩散:向下扩散与向上反馈**

(1) 数字素养技能尚有提升空间

调查发现,园区下辖的大多数街道为民服务中心依旧保留使用着传统的事项办理系统,但同时也会将部分数据重复录入至"一网通办"业务办理系统,这就形成了基于传统业务流程与数字技术系统"双轮驱动"的政务办理模式。可见,信息系统的新旧兼容以及办理流程的平稳过渡都还未完全实现。同时,基层工作人员因缺乏数字技能的系统培训,致使其无法熟练地借助数据收集与分析技术来精准感知并定位目标群体的服务需求,数字化技术的运用能力较弱。在很多情况下,E 工业园区"一网通办"系统的建设运行与基层政务服务供给的实际工作需要难以高效匹配,而使其变为仅用于领导视察时使用的"展示性"系统,系统服务向下拓展的广度与深度明显不够。

究其原因在于,"一网通办"审批业务标准的提升对工作人员的业务素质及工作能力提出了更高的要求,而基层人员对新的业务要求、办理流程、协同模式等都不太习惯,加之数据录入工作量的增加,进而对"一网通办"系统产生了本能的抵触情绪。与此同时,"一网通办"服务体系的向下延伸还受到宣传效果的影响,由于基层工作人员缺乏对"融易办"线上平台的主动推广意识,导致公众难以形成对"一网通办"办理业务流程的正确认知和有效理解,而首次使用体验感的不佳将会使公众在心理上产生对该平台本身的抵制,这将严重阻滞"一网通办"向下辐射扩散的范围与速度。

(2) 行政主导逻辑制约公民参与

纵观我国政府的整体改革逻辑发现,在单一制国家如何实施行政改革往往取决于上级政府的要求并受制于上级政府的意愿。在林登看来,大多数处于官僚体制下的官员都习惯从部门和职能的角度思考问题,以职能为导向而不是以过程和结果为导向。① 因此,受制于上级政府推进"一网通办"建设落实的强制力和同级政府竞争创新的驱动力,E 工业园区在省市政府"一把手"的强力推动下,充分调动政府科层体制内的行政资源,以加大"一网通办"的创新力度。在这一改革过程中,"数字化游戏"成为其行政审批制度改革最显著的特征,甚至以行政命令的方式把削减审批事项的百分比设定为组织改革目标,在某种程度上忽视了改革的实际价值追求,缺少对公民服务诉求的关注。政务服务供给成为"服务和服从"下的工具。

在行政主导改革逻辑的驱动下,对公众合法权利的尊重体现得不够,以人为本的价值

① 拉塞尔·M.林登.无缝隙政府:公共部门再造指南[M].2 版.汪大海,吴群芳,译.北京:中国人民大学出版社,2013.

目标亦未有效彰显。具体而言，一方面，公民表达对政治服务诉求的参与渠道还不健全，而公民对政务服务的满意度评价更是无法对政府工作人员的服务行为形成有效约束；另一方面，“融易办”自助办理端的设计未能将操作便利化、界面友好性、应用可信赖以及办理全流程等设计要素进行全面综合考虑，使公众难以形成良好的用户体验，进而降低其政务服务参与的积极性和主动性。

## (四) 建议：E工业园区“一网通办”实践优化路径

### 1. 精准定位组织价值目标

(1) 注重法规立改废释，构建长效保障机制

塞缪尔·亨廷顿认为，制度化程度低下的政府不仅是个弱政府，而且是一个坏的政府①。这一论述道出了以法律制度赋能政务服务供给创新的必要性与重要性。鉴于此，应积极推进政务“一网通办”领域的法律制度创新，充分发挥制度合力以保障政府为公众提供优质高效的服务。

一是要注重省市统筹协同，江苏省政府应尽快组织推进长三角政务“一网通办”工作的指导原则、总体目标、服务标准、服务流程以及保障举措等，以制度化的形式为规范推进“一网通办”作出系统部署，确保各地市级政府乃至区级政府始终遵循省政府对数字化改革的发展要求。

二是园区要推进“一网通办”业务、流程、技术等相关体制机制建设，按照政府部门的权力和责任清单，简化政务事项办理程序，优化权力运行流程，再通过对线上线下协同机制的创新，实现线上线下功能互补、服务融合的发展格局。

三是园区要创新对“一网通办”运行绩效的考核机制，通过完善基于问责的绩效评估制度以形成对政务供给的有效监督，尤其是要将公众满意度作为一项关键指标进行考核，再通过行政问责促进绩效考核结果的有效应用，以形成推进“一网通办”高质量发展的长效保障机制。

(2) 打破传统思维逻辑，重塑公共服务精神

传统政府的运行治理逻辑与“互联网＋”时代政务创新的迫切需求必然相冲突，这是两套不同话语体系与行为逻辑之间的猛烈碰撞，即当层级管理“邂逅”扁平治理，生成的后果将不堪设想。诚然，进入“互联网＋”时代以来，公众逐渐从信息的“被动接受者”转变为“主动产消者”，在价值观念、舆论表达以及利益诉求等方面都发生了进阶式的变化。因应于这一现实状况，政府必然要打破传统政务服务供给的思维逻辑，重塑公共精神以构建具有责任的服务型政府；反之，倘若政府仍然停留在对社会进行行政式管理的定位，必将难以适应新时代的公共需求②。

鉴于此，E工业园区政府应彻底摒弃“官本位”“权本位”的落后思想，坚持去“政府中心论”的思维模式，培育服务理念、质量理念及市场理念，重塑公共服务精神，始终聚焦社会公共需求，努力在对社会金字塔中低层的关注与服务中获得高效的政务服务供给效率和坚实

---

① 塞缪尔·亨廷顿. 变化社会中的政治秩序[M]. 北京：华夏出版社，1989.

② 王茹. 互联网经济时代的政府治理创新研究[M]. 北京：人民出版社，2017.

的执政合法性。美国心理学家亚伯拉罕·马斯洛的需要层次理论认为，当人类低层次的需要得到满足之后，会进一步产生对于高层次需要的满足欲望。[①] 而作为直接面向公众的服务型政府，就不得不考虑公众需求层次的递增式变化，通过建立快速有效的反馈机制来对不同利益相关方的诉求进行更为精准性的捕捉与把握，以使精准化、可持续地进行政务服务供给成为可能。

政府要始终秉持"用户思维""流量思维"，注重从用户体验的视角进行"一网通办"系统设计，持续扩充和更新线上线下政务服务供给内容来满足公众的实际需求，最终以公众"满不满意""爱不爱用"来评判政务供给成效。在此过程中，可利用组织文化对行为的引导作用，重塑以"服务理念、责任意识、价值使命"为核心内涵的组织文化，使公共服务文化内化为工作人员的潜在心理和行为。

**2. 创新选择服务供给方式**

(1) 打造联动服务体系，实现线上线下融合

事实证明，缺乏支撑线上逻辑整合的后台资源、运作管理以及任何试图超越审批事项的物理集中而直接进入线上平台的构想都是无法成立的。因此，有必要延续采用先建设好实体政务服务中心、物理集中与逻辑集中同步推进的改革思路，在实体政务服务中心建设的基础上做进一步的虚拟空间延伸和线上内容扩展，而这正是无缝隙政府流程再造之基本原则——"先组织再造而后进行自动化"对政务"一网通办"发展的有益启示。总之，园区应从以下三点进行路径优化。

一是要做好"一网通办"线上、线下协同建设的总体规划，由"一网通办"政府主管部门统筹制定线上线下服务融合的标准规范，确保各业务办理部门间的有效衔接，增强线上线下业务系统间的兼容性与适配性，以供给无差别政务服务。

二是要通过构建线下会商机制以支持线上复杂事项的并联审批、实时流转，充分利用园区各联审部门已集中入驻至实体政务大厅这一现实优势，进一步完善部门内部沟通协商机制建设，推动实现复杂事项的线上并联审批。

三是要深化构建"区—街道—社区工作站"三级服务体系，推进全区政务数据信息共享、业务协同，既要增强政务服务的覆盖面和延续性，又要实现跨区域跨层级政务供给的标准化，以达成全区业务标准统一、事项全区通办的目标。

(2) 规范服务供给标准，健全绩效考核体系

正是由于"行政权力的受任者绝不是人民的主人，而只是人民的官吏"[②]，绩效评估也是公民基于委托代理关系而实施的对于政府权力控制的行为过程，因而绩效评估工作必须坚持"以人民为中心"的评价取向，聚焦诊断纠偏性质的评价目的。要想提升政府绩效考核工作的科学性、规范性，则必然要加快完善政务服务标准化体系建设，将不同部门的服务规范以工作标准的形式固化下来，即对政务事项的办理依据、流程、时限等进行标准化处理，在保证政务供给过程规范稳定的同时，又为增强政府绩效评估的客观性与专业性提供有利条件。

---

① 马斯洛. 人类激励理论[M]. 许金声，译. 北京：中国人民大学出版社，2013.

② 李景春，李成虎. 整体政府理念下深化我国行政体制改革的再思考[J]. 广西社会科学，2017(1)：130-135.

从规范政务供给标准来看，E 工业园区要提升政务服务事项办理的标准化水平，全面梳理各领域事项办理主体、条件及流程，统一编制政务事项办理清单、规范办事指南，对每个政务事项“由谁做”“如何做”以及“做到什么程度”等均需做出明确、可操作性的规定，这不仅使政务服务供给目标、过程等清晰化，更使政务服务供给质量责任可追溯。

从完善绩效考核体系来看：一方面，园区要充分利用“一网通办”标准化建设成果，使政务过程和信息痕迹化、可视化，并采用政府内部绩效考评与外部社会综合评估相结合的评价方式，强化考核监督效能。另一方面，园区要健全政务绩效评价指标体系，综合采用定量与定性指标多维度考评，定量指标主要是对政务服务供给效率的衡量，定性指标主要是对“一网通办”运行的满意度评价。

**3. 强化组织边界内的整合**

（1）疏通组织体制机制，整合机构业务系统

在批判官僚体制的学者看来，官僚机构“不造成任何感觉、情感和有目的的想象”，因而它必将使人与人之间丧失人情味。① 诚然，无缝隙政府就是要打破既已存在的管理体制的束缚，冲破现行管理体制所设定的条条框框、业务壁垒，以公众实际需求为导向，通过流程重塑、方法改进，全面整合组织内部业务系统。一改以往公众需要根据审批事项来回查找各环节所涉审批部门的办事方式，进而全面构建起各部门之间线下直接对接、线上系统融通的运转方式。

第一，园区政府要通过职能与技术整合来压缩行政层级，打通部门业务系统，形成精简集约且富有弹性的扁平化组织架构。不仅要将业务相近、职能重复的部门合并为一个大部门，有效避免多头决策、重复审批及权力部门化等问题；还要借助“互联网＋”技术手段，打破层级、部门、业务之间的界限，构建整体式业务数据网络系统。

第二，园区要打通不同政府部门间的系统端口，变由“众多政府部门”提供服务为“一个政府部门”统一供给，即将原先分散在多个部门的政务事项受理功能归集于一个统一政务平台，以统一的服务界面为公众提供一体式政务服务。譬如，在“一网通办”线上平台，由申请人提交申请后便自动进入后台协作办理环节。显然，“一网通办”是要将原先分散在多个部门的政务事项受理功能归集于一个统一的政务平台，促使形成“前台一站受理，后台并联审批”模式，进而减少不必要的程序流转环节，提高政务审批效率。

（2）完善内部磋商机制，加强部门纵横协调

整体性政府理念并不主张打破原先已构建好的政府组织边界而进行整体性合并，其强调通过建立内部磋商机制来实现跨部门业务系统之间的衔接协同，倡导构建基于组织职责边界清晰的一体化、交互式之协同机制。② 显然，政府组织内部的沟通协调是保障跨部门业务协同办理、跨层级数据融通联动的关键举措。

E 工业园区政府应采用兼具“组织化”和“非组织化”的方式促进部门间的沟通协调。

第一，从“组织化”的沟通协调视角来看，一是要以法律制度的形式将组织内部的磋商

---

① 艾琳，王刚. 重塑面向公众的政务服务[M]. 北京：社会科学文献出版社，2015：361.

② 王咏，胡广伟. 服务主导逻辑下的电子政务服务：概念模型、关键要素及特征分析[J]. 现代情报，2018，38(5)：17-24.

机制固定下来,明确规定推进政务"一网通办"工作中协商主体的职责权限、协商客体的内容范围以及具体的协商方式等,针对协商工作中采用"冷处理""不配合"或业务磋商执行不力的部门领导进行严肃行政问责,强化组织内部协商的合法性与有效性;二是要构建联合办理制、跨部门协同办理制以倒逼审批部门之间建立"合作"义务,进而推倒横亘在不同部门之间的"柏林墙",如在解决重大建设项目审批流程中,往往涉及不同部门之间的横向沟通、审批办理的协同问题。同时,也可通过为窗口设置"行政审批专用章"建立部门内部的纵向协调机制;三是要积极搭建组织内部信息交流平台、建立常态化联席会议制度,针对业务办理中的难点、堵点,各政府部门要及时进行会商并进行有效破解,针对基层政府人员提出的对于"一网通办"改革之合法合理诉求,要及时传达给各政府业务部门并作出有效回应,切实保障并强化基层政府人员的话语权。

第二,从"非组织化"的沟通协调视角来看,不同审批部门服务窗口人员因"共处一厅"的组织认同和人际关系的介入,彼此间的沟通协作往往更利于解决实际问题的需要。因此,继续深化这种"非组织化"的直接沟通尤为必要。可以通过重塑组织文化的方式,将行政协调与人际沟通、行政命令与协商沟通、依法行政与情感沟通密切结合①,整合营造组织人员愉悦的心境和服务的心灵,使其潜移默化地作用于工作人员潜意识,增强其集体认同和协同意识,以此减少窗口部门间的权益纠葛、意见分歧,进而降低沟通协商成本。

**4. 推进组织边界外的合作**

(1) 购买专业技术服务,维持平台稳定运行

政务服务"一网通办"不仅是一项创新工程,而且是一项复杂的系统工程。在系统开发、应用建设、运营维护等一系列环节中,尽管离不开地方政府的政策引导、服务购买及监督考核,但更需要充分挖掘并发挥市场主体的专业优势、渠道优势及技术优势,借助政企、政社、政银之间的强大合力共同推进政务服务"一网通办"建设。通过政企合作,实现"管运分离",不仅可以将专业的事交由专业的、更懂得用户使用习惯和需求的市场企业和社会主体来承接,进而提升政务服务供给效率,将政府从烦冗的政务事项中解放出来,在提升政府管理水平的同时,增加了政府进行政务供给决策的科学化水平。

E工业园区政府应及时主动地将直接或间接掌握的政务信息资源进行必要的脱敏处理,构筑了统一的安全体系与技术体系,提升了数据资产与数字化操作的可信任性。之后,与市场企业进行数据共享与资源对接,依托市场主体的专业技术优势,针对政府部门的公开数据及企业自存信息资源进行增值开发并学习利用。同时,园区要全面支持并统一管理数字签名、电子公章以及第三方证书的应用,保障协同审批业务安全,进而提升日常运行维护的质量。这不仅能深度融合多方数据资源,以大数据辅助政府科学化决策,而且进一步挖掘市场在系统建设、业务应用及运维服务等方面的专业潜能,提供更专业化的产品与服务。

(2) 厘清政企权责关系,建立合作信任机制

在互联网平台占据主导地位的时代,应用互联网思维与技术进行政务服务创新已成为必然趋势,多渠道的数据资源共享更是推动着各大线上服务平台的融合发展,以支付宝、微

① 塞缪尔·亨廷顿.变化社会中的政治秩序[M].王冠华,刘为,译.北京:华夏出版社,1989.

信为典型的社会化政务服务平台，正以其独有的海量用户红利拓展着数字技术应用之广度和深度。同时，第三方平台在信息采集、数据挖掘以及智能分析等方面的硬件设施建设基本完备，其能够为优化用户体验及流程设计提供最优策略。因此，积极引入市场化、社会化力量有助于降低政府政务服务供给的成本，促使政务数据资源的应用价值与转化效率得以提升。

调研发现，E工业园区已经通过引入第三方物流来完成政务"线上办、快递送"的最后一环，开始借助微信公众号、支付宝等第三方企业平台推进政企合作。但是，为了保证政企双方采用新型合作模式的动力与积极性，有必要在厘清政企双方权利义务边界等法律问题的基础上，构建一种"清亲平"的政企合作关系。

所谓"清"，就是要清晰划定合作主体间的职能边界，摒弃传统"无限政府"理念下政府无所不包、无所不能的职能模式，要把政府的信息化职能限定在规划、协调、监督及服务等"管得了""管得好"的领域范围，而针对那些诸如建设、运营、维护等"不需管""管不好"的职能，应全权交由企业主体，使其以独立的法律人格在制度范围内行使自主经营权。所谓"亲"，就是要增强政企间合作的密切度，通过构建定期协商机制和合作联席会议制度来强化政企间的沟通交流，使企业充分利用技术与服务优势来辅助政府做好政务"一网通办"的统筹规划与前沿设计。所谓"平"，就是要构建政企之间的平等合作关系，双方应始终以一种契约精神来严格履行合同条约，不得以政府政策变化、领导人变更等理由毁约违约，否则将承担相应法律责任。通过法律制度及契约关系对企业进行适度授权，一是能够增进双方互信、克服职权交叉，二是助力构筑政府与企业之间相互监管与制约的有效机制，利用法律形式加以固化以回应民众关切。

**5. 扩大自上而下辐射层次**

(1) 拓展功能覆盖范围，提升"一网通办"认同

推进"互联网+政务服务"改革创新最主要的辐射方向必然是"自上而下"，即从中央推广至地方，再由地方延伸至基层，最后由基层辐射至公民个体。在对"一网通办"进行宣传推广的过程中，基层社区工作人员和办事公众可被视为"一网通办"辐射范围中的"最小单元"。因此，要想加快推进政务服务"一网通办"应用的广度和深度，就必须从"最小单元"出发，提升"最小单元"所涉双主体对使用政务"一网通办"的认知与认同。

首先，从政务供给主体角度来看，一是要升级更新街道乃至社区工作人员的政务业务办理系统及自助办理终端，将传统业务办理系统端口接入"一网通办"大数据系统，实现数据系统间的互联、互通、互操作，有效破解多次登录不同系统、重复录入相同数据等难题；二是完善对基层组织成员的内部激励机制，赋予基层工作者以更大调用数字资源的权力，进而化解"互联网+"技术的应用会给基层组织成员的发展前景造成威胁的潜在担忧，最终强化基层工作人员对"一网通办"应用的认同。

其次，就政务供给客体的角度而言，一是要从顾客办事视角出发，完善"一网通办"平台政务办理功能设计，尝试将政务事项按照场景式服务的理念，设计事项办理导航。通过对场景式服务要素的选择，研判并引导公众对所需办理事项的精准定位，并为之提供完整而具体的审批链条申请路线图，确保每位公众都能"按图索骥"获取相应服务，力求实现一站式、一体化、全生命周期的场景导航式政务供给模式，促使将公众对"一网通办"的体验感和

使用感转化为有效认同。二是要在应用“互联网+”技术以开展高效政务服务试点示范的基础上，注重用户数据保护、强化政务服务安全，即要通过健全政务信息安全管理机制和用户数据保护政策来强化对于公众数据隐私的保护，促使将政府对于公众数据隐私权利的保护转化为对“一网通办”的有效认同。

(2) 提供智慧学习资源，营造数字技术氛围

数字治理理论强调以最有效的技术工具撬动公共治理的持续变革，以信息化建设推动政府部门数据整合、业务协同。诚然，推进政务服务供给数字化转型并不是机械地将政务办理事项原封不动地移到互联网平台，而是应以数字化思维进行组织功能的更新与业务流程的重塑。

首先，从政务服务供给主体视角看，一是要从市级层面推动成立“一网通办”建设工作的学习领导小组，统筹配置与政务服务“一网通办”相关的业务、服务、技术等学习资源，促进各区域政府间的信息互通与资源共享，并通过构建各区域政府间的联席会议制度以及沟通协商制度来增强相关工作人员对“互联网+”应用政务服务实践的认知；二是针对基层政务工作者，可考虑引入第三方技工院校或行业协会等组织进行职业化数字技能培养的教学研讨，设计一套运用数字技术进行政务供给的专业化课程，将数字治理技术嵌入智慧政务学习课程中，使实务工作者深入了解各业务办理平台之间的联系，切实推动实务工作者从“主观主义”“经验主义”向“数据驱动”“智能分析”政务供给模式转变。

其次，从政务服务供给客体的视角来看，一是既要借助报纸杂志、电视广播以及纸质宣传册等对政务服务“一网通办”的相关政策、技术优势等进行系统宣传，又要借助政务服务官方网站、微信公众号、官方微博及抖音等新媒体平台对“一网通办”的服务模式及流程进行“娱乐式”线上宣传，同时结合基层社区党日活动的开展来进行数字技术的线下讲解与深入教授，针对近期在“一网通办”政务办理中咨询频率最高、流程步骤较繁的事项进行精细化、全面化讲授；二是要针对不同的公民群体开展个性化的数字技能教育培训，培训课程体系的设计应考虑可实用性和易接受性，亦即要基于相关群体的现实需求和应用场景设计培训方案，譬如，针对老年公民群体，可依托老年大学、老年邻里活动中心来进行提升数字技能的专业化培训，使其具备涵括数字获取技能、数字交流技能以及数字安全技能等在内的数字化生存的能力，为有效运用“一网通办”、参与政务服务供给等提供基本技能保障。

**6. 加快自下而上回应改进**

(1) 拓宽需求反馈渠道，扩大自下而上影响

基于整体性治理理论，并通过对前述章节的分析可知，“一网通办”改革的推进从一开始就不是一个单向性的辐射过程，其需要一股来自基层的“自下而上”的根本驱动力。而从已有政务服务实践来看，政务服务的参与主体至少应该包括供需双方，当然也会有第三方机构的参与。[①] 供需双方的共同参与为“一网通办”的深入推进提供了有效决策信息。

首先，考虑到目前E工业园区缺乏基层数据统一反馈平台的现实，园区可以借助“互联网+”技术积极搭建独立于业务系统的基层数据反馈平台，在整合基层业务办理数据的基

① 拉塞尔·M.林登.无缝隙政府：公共部门再造指南[M].2版.汪大海，吴群芳，译.北京：中国人民大学出版社，2013.

础上，将推进“一网通办”过程中遇到的日常管理、办理流程以及业务协调等方面存在的问题及形成的经验，通过内部渠道进行纵向反馈，以获得上级政府对“一网通办”改革创新的正确部署与决策支持，同时也为推进区域“互联网＋政务服务”改革创新的优秀经验推广扩散至其他区域提供机会。

其次，考虑到E工业园区公众对政务服务的参与体现出自身利益驱动下的被动参与特征，参与内容层次较低，无法形成一种有效参与进而对政务服务的高质量供给产生内在约束力。因此，可以考虑从以下两点对策切入来引导公众积极参与政务服务供给，推进在政府与公众间形成一种“理想对话关系”。一是健全公众参与政务服务的应用反馈机制，在完善“一网通办”（公民端）平台意见反馈功能的基础上，更要建立健全政务“好差评”制度，充分运用政务服务热线以及政府各官方网站在线咨询与互动等服务反馈渠道，进行有效宣传与应用推广，并通过电话回访、问卷调查的方式了解公众对政务服务“一网通办”的知晓度与认同度，吸收公众意见并不断改进政务服务供给方式。二是引入第三方机构来对公众参与政务服务供给的行为数据进行动态追踪与定期监测，深入挖掘、分析真实民意信息，并将后台数据结果作为组织绩效评价的重要参考，同时作为持续改进“互联网＋政务服务”的基本依据。

（2）构建多元治理网络，赋能社会共同参与

从治理视角窥探E工业园区政务服务“一网通办”的改革创新过程，是对从关注政务数据信息到重视政府决策制定的升级，体现“互联网＋政务服务”的未来发展逻辑与内在演变趋势。E工业园区要明确“互联网＋政务服务”多元主体参与优势，积极构建多元治理网络，完善多元主体参与和内部协商合作机制，以多主体的资源禀赋和技术优势来对“一网通办”的良性发展形成有效改进的回应策略。

第一，要构建多元主体参与政务服务决策的网络体系，根据不同的政务领域和事项类别，有针对性地邀请相关利益主体进行决策方案的论证与评估。譬如，针对“开办网吧”审批流程简化的决策，可同时邀请文化、公安、工商等部门工作人员、行业专家以及利益相关申请人进行决策科学性与可行性的论证分析。通过此类“自下而上”的途径征集决策方案意见，可有效避免政务决策制定产生偏差。

第二，要完善政务服务共同供给的合作机制，在加强地方政府与企业、市场主体建立合作关系的同时，更要合理引导“潜在参与者”或“服务常用者”进行积极有效参与政府服务供给，通过多元主体的参与能够及时汇总公众的需求与意见，促进多主体参与的成果转化，以寻求更为效率、专业的政务供给内容和方式。

第三，要构建多渠道的评价监督机制，多渠道的评价监督机制将原先单向度信息传递的政务受理过程转变为多向度的反馈回应模式。[①] 因此，通过引入第三方专业评价监督机构，并结合实体政务大厅、网络平台以及媒介等进行多维度评价监督，在形成对政务服务供给效率与质量强有力之约束的同时，更能对改进并推进“互联网＋政务服务”的纵深发展提供可借鉴性建议。

---

① 韩兆柱，马文娟. 数字治理理论研究综述[J]. 甘肃行政学院学报，2016(1)：23-35.

### （五）结束语

E工业园区“一网通办”建设依托智慧政务“融易办”“融驿站”，实现了从区级到街道再到社区层面的整体性重构，重点依托以区级政务服务大厅、为民服务中心以及社区工作站等多个载体全方位提升政务服务效率，这可视为园区在基层组织架构上的独特优势。也正因此，在经历前期长期的试点工作之后，E工业园区的“一网通办”取得了初步经验和阶段性成绩。然而，相较于省（市）级“一网通办”系统的开发与应用，区级在数字技术的应用方面将面临较大的挑战。

除了本案例借助三维统合模型所分析的掣肘因素，到底还有什么在阻滞着园区“一网通办”的纵深发展？推动园区政府数字化转型最强劲的动力又在何处？未来关于园区“一网通办”的政策应着重从哪些方面发力？这些都需要我们在未来的实践探索中加以思考并完善。

# 案例九　政策开道　向绿而行①

——泰兴市沿江生态廊道建成记

导读

长期以来，在推动经济发展的过程中，长江流域各个地方都存在大面积围湖造田、工业废水污染、固体废物堆积等严重的环境污染问题，使长江生态系统面临严重危机，生态功能持续退化。泰兴市在基于政策执行理论的前提下制定了各项政策服务于生态廊道的建设，健全激励机制、完善考核制度，系统规划全局，引导公众参与，通过各项配套政策的制定与执行，最终解决了治理过程中遇到的各种问题。

## 一　案例介绍

导读

长江流域是指长江干流和支流流经的广大区域，横跨中国东部、中部和西部三大经济区，共计19个省、自治区、直辖市，是世界第三大流域，流域总面积180万平方千米，占中国国土面积的18.8%，流域内有丰富的自然资源。长江流域作为我国经济最为发达且人口最为稠密的地区之一，在推进当地经济社会快速发展的同时，水土污染日趋严重。为了恢复生态，长江流域各省、市相继展开了生态环境治理。2016年1月，习近平总书记在重庆召开推动长江经济带发展座谈会，提出了国家一项重大区域发展战略——长江经济带发展战略。在这样的战略背景下，江苏省各级政府狠抓落实，在长江流域环境的生态治理中充分展现了生态治理主体的互动与协作，取得了不错的开局，为整个江苏省的发展夯实了基础。但是在这个大好开局的关键时刻，江苏省泰兴市却被开出了"天价罚单"。

"1.6亿赔偿！2万多吨废酸被倒入长江！"这些触目惊心的数字，写在了2016年1月21日最高人民法院判决书里。各大主流媒体争相报道这起天价环境公益诉讼案，将整个诉讼案赤裸裸地剖析给全国人民观看，既给了长江流域沿岸居民一个交代，同时这个反面教材也给长江流域沿江企事业单位敲响了一记警钟，泰兴市彻底出了名。为了改善这一切现状，江苏省人民政府和泰州市委、市政府多次到泰兴市调研，在泰兴市召开向环境污染宣战

① 参赛人员：纪新、张淅、鲍杰。
指导老师：陆海燕、赵丽娜。
所在单位：江苏科技大学。

的大会，要求加快提升绿色发展水平，坚定不移做好生态环保工作，共同拿下环境污染这个“堡垒”。以《长江经济带发展规划纲要》为引领，同时推出《泰州市推动长江经济带高质量发展实施方案（2018－2020年）》《泰州市三水共治实施方案》为辅助，一场沿江污染治理与生态环境修复的攻坚战全面打响。

## （一）宣战伊始：集思广益，定下目标

作为泰州市下设的县级市，泰兴市认真贯彻落实习近平总书记在深入推动长江经济带发展座谈会上的讲话和江苏省长江经济带发展工作推进会精神，坚持“一盘棋”推进长江生态环境整治，“一张图”实施长江沿线系统化精准管控，坚定不移走生态优先、绿色发展之路。泰兴市委、市政府多次研讨和实地调研考察，收集了大量的数据。同时，沿江地区开展广泛宣传，呼吁沿江的企事业单位、居民积极响应号召，各抒己见，通过市长信箱、新闻媒介等渠道表达自己对于整治长江流域的看法和观点。根据多次研讨会议，泰兴市委、市政府最终决定打造一条沿江生态廊道，彻底整治长江流域泰兴段的环境，提升城市形象，改善居民生活，打造绿色生态人居环境。

长江流域泰兴段的治理不是一朝一夕就能完成的，涉及政策的制定与执行以及企事业单位和民生等诸多方面，需要统筹全局。只有系统化考虑到方方面面、协调好各个参与部门，才能够攻坚克难、打造成长江流域生态廊道。为贯彻落实习近平总书记“共抓大保护，不搞大开发”的要求，泰兴市委、市政府决定划出50%的岸线，实施沿江生态廊道工程，进行生态化建设，力争打造成江苏省内长江大保护的样板。工程北起洋思港，南近六圩港，长约12千米，宽度为堤外江滩100米，堤内50米，概算总投资约6.2亿元。规划的原则是“把防洪安全放在首位，把绿色作为本色，把生态作为底色”。按照“一带三区多点”的布局规划实施，将12千米生态林带划分为生态产业融合区、生态田园风光区、生态人文体验区。堤外退渔还湿，进行生态修复，与天星洲生态区形成呼应；堤顶按百年一遇防洪要求拓宽改造；堤内重点实施植树造林、沟通水系、增加小游园，为百姓服务。

## （二）项目全面启动：上下联动，保障先行

### 1. 上下协同整体联动，成立专门部门开展治理行动

为了保证长江流域泰州段的治理顺利展开，泰兴市专门成立了泰兴市沿江办，并在开发区设立了泰兴市沿江开发管理办公室，统筹和协调参与此次项目的各个部门。同时，从各个部门抽调人员，组成精英队伍攻坚克难，打好整治环境第一仗。为此，沿江办多次组织协调会，分派任务，推进项目施工。

### 2. 前期准备工作，做好资金以及项目实施的保障工作

泰兴市沿江生态廊道工程纳入泰兴市沿江污水处理及生态环境提升工程PPP项目，注册成立了PPP项目公司——泰兴市某生态建设有限公司。同时，落实金融单位提供融资，并进行银行内部评审和监督的制度。

首先，在落实资金保障的同时，加快推进审批、招标、动迁等基础工作，取得项目建议书批复、规划选址意见、用地预审意见、施工许可及初步设计批复，施工图通过审查，通过公开招标方式确定设计、监理、造价等单位。其次，通过招标委托中设设计集团股份有限公司修

编生态走廊的建设规划，严格遵循“共抓大保护，不搞大开发”的要求，全面清除江滩湿地上的鱼塘，栽种多样性的水生植物，修复长江湿地生态，提高岸线绿化率，增添健身设施，打造沿江生态文化景观带，还湿地于民，还生态于民。

### （三）全面动工：一波三折，曲线前进

2017 年年初，项目全面开展以后，整个沿江的环境整治氛围特别浓厚。因为前期工作准备得特别充分，所以第一阶段的整治特别顺利。项目组按部就班，开展大面积地修复长江湿地生态，清除沿江的垃圾堆积物，按照规划种植绿植，扩大绿化面积。但是，初期工作开展以后，问题接踵而来。

**1. 一波三折之第一波——烫手的山芋没人接**

长江流域泰兴段整治初期特别顺利，但是压在整个项目上的“三座大山”被逐一排查上报汇总以后，整个项目的推进速度就大大变缓了。“三座大山”分别是：① 沿江的企事业单位的搬迁与关停；② 20 多家大大小小鱼塘的迁移；③ 沿江居民户的搬迁。沿江办马主任多次召集部门开研讨会，组织各个参与部门负责人调研解决问题，但是一开始积极参与的各个负责人开始互相推脱，不是借口有其他项目要做，就是安排年轻同志敷衍、推脱。马主任也多次在研讨会上强调：“有些同志，不把工作的重心放在生态廊道的项目上。希望各部门负责人引起重视，不要浮于表面，不出工不出力，最后项目延期，在座的每个人都要承担责任。”但是，开会并没有解决实际问题，烫手的山芋，谁也不愿意接手。

**2. 一波三折之第二波——沿江企业、居民联合团结抵制拆迁**

与此同时，因为听到了拆迁的风声，沿江大大小小的企业、鱼塘承包户、居民开始“抱团取暖”。一方面，一部人希望联合起来给政府施压，谋求更大的经济利益；另一方面，一部分人世世代代沿江而居，不愿意更换居住环境。开发区、街道乃至个别行政村的干部在背地里出主意，毕竟企业的搬迁涉及他们的政绩，搬迁必然导致税收、集体收入的减少。因此，在环境治理的过程中撇除自然因素，还有人为因素的阻挠，导致工期一拖再拖，没能按照项目规定的进度实施。

**3. 一波三折之第三波——平地惊雷，坏事接踵而来**

2018 年，中央广播电视台《焦点访谈》栏目专题报道了江苏泰兴市利用土地复垦大肆填埋化工垃圾，填埋点遍布当地多个乡(镇)的情况。

土地复垦是对遭到占用或被损毁的土地进行整治改造，以便可以重新利用，比如对一些沟塘进行填埋。但往沟塘里填埋有环保要求，一定不能对周边环境造成污染。2016 年年初，江苏泰兴市张桥镇的一片绿化带，以前是个鱼塘，有人开始对这个鱼塘进行填埋，说是要土地复垦。可是，项目开工没多久，村民们就发现有些不对劲。

泰兴市张桥镇郭桥村村民薛先生说：“有生活垃圾，有黑土，啥都有。一边倒，一边撒药，不撒药气味难闻，人受不了。我们就打 110 举报。”村民们举报后，镇派出所民警和相关部门到了现场，找到了项目的承包方，但他们至今也不承认当时填埋了化工垃圾。

尽管施工方不承认填埋的是黑色的化工垃圾，但相关部门调查后发现，现场填埋的是从附近的泰兴市某化工有限公司运过来的化工垃圾。这些化工垃圾是该厂生产“单氰胺”时产生的工业固体废弃物。但这并没有引起相关部门的注意，甚至因为天价赔偿案刚曝

光，相关媒体和部门有意减少介入和曝光。2017 年 12 月 6 日，王先生将此事举报到泰兴市环境保护局。等了两天不见回信，王先生和 6 位村民一起将此事举报到泰兴市环境保护局的上级单位泰州市环保局。2017 年 12 月 8 日，泰州市环境保护局对此进行调查，泰州市广播电视台对此事做了跟进报道。一份泰兴市环境保护局信访办理汇报文件称，2017 年 12 月 15 日，对现场再次督查，填埋点单氰胺废渣已被清挖，并运回泰兴市某化工有限公司固废堆放场内存放（表 9-1）。

**表 9-1 单氰胺废渣毒性检测结果①**

| 序号 | 项目 | 检出率/% | 均值 | 最小值/(mg·L$^{-1}$) | 最大值/(mg·L$^{-1}$) | 超标样数 | 检出限位/(mg·L$^{-1}$) |
|---|---|---|---|---|---|---|---|
| 1 | 氰化物 | 100 | 3.17 | — | 19.9 | 11 | 0.000 1 |
| 2 | 氟化物 | 100 | 1.93 | 0.9 | 3.41 | 0 | 0.014 8 |
| 3 | 砷 | 76 | 0.002 5 | — | 0.007 6 | 0 | 0.000 2 |
| 4 | 镍 | 0 | — | — | — | 0 | 0.01 |

事情曝光以后，中央第四生态环境保护督察组到江苏开展“回头看”，将群众的举报线索转交给泰兴市环境保护局进一步进行调查。调查发现，群众举报属实，泰兴市张桥镇、河失镇、黄桥镇的多个村庄，有多个地块确实存在填埋化工垃圾的问题。

泰兴市自然资源和规划局副局长祝某说：“我们国土部门，只负责业务指导和项目的立项，然后向上上报，由各个乡（镇）人民政府实施主体。”

泰兴市张桥镇副镇长朱某说：“土地复垦项目也是村里自己决定，我们只是安排任务。”

薛庄村原党支部书记印某忠则说：“（土方老板）说我们村（郭桥村）也是用这个填的，这个东西没有毒，郭桥村全部验收完成了。为了完成任务，那就填，这些我们也不懂。”

经中央生态环境保护督导组彻底调查，8 000 吨的废弃填埋物是无争议的事实，江苏省泰兴市一大批领导干部被撤职、处分、调查，企业被关停、罚款。

## （四）重整旗鼓：全力以赴，打造长廊

### 1. 整顿队伍

泰兴市委、市政府成立长江泰兴段水上过驳专项整治领导小组（以下简称市专项整治领导小组），由市政府分管副市长任组长，市政府办分管负责人、市沿江办（港口局）和泰兴海事处主要负责人任副组长，市公安局、财政局、水务局、环保局、安监局、地方海事处、水警大队、长航公安常州派出所、长江航道局泰兴航道处等部门分管负责人为成员。领导小组下设办公室，由市政府办副主任兼任办公室主任，泰兴海事处和市沿江办主要负责人兼任办公室副主任。各部门各司其职，具体事宜以及项目的推进由沿江办负责，各部门必须毫不动摇地支持泰兴市生态廊道的建设。

### 2. 明确工作目标和重心

为了打好这一场翻身仗，在泰兴落地“共抓大保护、不搞大开发”背景下，泰兴政府对沿

① DOXIADĒS K A. Action for human settlements[M]. Athens: Athens Center of Ekistics, 1976.

江区域愈发重视，并重新规划产业布局以及沿线布局，将修复长江生态环境摆在第一位。因此，加大资金和人力投入，各级领导高度重视，紧紧围绕既定的目标，在沿江办统一的指挥下，建设好长江生态廊道。

### （五）攻坚克难：果断取舍，扫除障碍

长江岸线泰兴段的泰兴沿江生态廊道的建设已刻不容缓。沿江生态廊道项目施工单位全面进场施工后，前期主要进行堤防改造、江滩种植土覆土、绿化种植以及部分内河水系开挖等工作。整个项目的绊脚石就是工业制造和渔业，这些产业造成的污染曾是域内生态治理的难点。如何拆除、迁移域内企业和鱼塘，只能多部门合作，共同扶持，攻坚克难。

**1. 以点带面，软硬兼施**

当政策出台以后，要求沿江 12 千米范围内的鱼塘全部搬离，这对于当地 20 多户养殖户来说，无异于晴天霹雳。他们靠水吃水，已经在这个地方生活了几十年，全家的经济来源全部靠鱼塘支撑，想让他们短时间搬迁难度非常大。因此，搬迁工作遇到了非常大的阻碍。

“鱼塘在这边已经几十年了，要手续有手续，证件齐全，搬迁了，我还能干什么？”养鱼大户朱某海曾对泰兴市虹桥工业园区党工委副书记、虹桥镇镇长樊某抱怨道。养鱼大户朱青海在当地承包了三个鱼塘，江水养鱼每年轻松入账几十万元，产品也在当地积累了不小名气。有利润，有品牌，有市场，有感情，鱼塘是他赖以生存的产业，面对整治和拆迁，他的抵触情绪非常大。根据当时的拆迁补偿政策，朱某海所获得的补偿远远不及他的损失，政府想以国家标准的价格进行征收几乎不可能。作为养殖大户，如果他的工作做不下来，其他散户就更难了，因为都在看他的补偿标准。只有把他这块最难啃的“骨头”拿下，其他散户的工作才能做通。

为动员朱某海的鱼塘搬迁，当地渔业管理部门下了大力气。泰兴市虹桥工业园区党工委副书记、虹桥镇镇长樊某说：“为了动员朱某海搬迁，我们成立了专门的拆迁小组。由沿江办组织和协调多个部门参与，其中以环保局为主，渔业部门、农业部门、公安部门、土地资源管理局等多个部门为辅参与其中。动用大量的社区工作者进行法制上的宣传，并且讲解国家政策和国家法律，也安排司法局的工作人员给当地居民提供法律援助，明确告知他们，国家是合法征收他们的产业并依据国家的法律规定进行补偿，并且可以酌情多给一点补偿。”樊镇长还说，“我们将一切能告知的法律法规都告知了，也动之以情晓之以理地和他们讲感情，让他们主动退让一步，共同参与到长江流域生态廊道建设。”但是，经过初期的几轮谈判，并没有取得实际的效果。以朱某海为首的养鱼户抱团取暖，多次去泰兴市人民政府上访，提出了一些不合理的补偿要求，政府根本不可能答应，于是信访局只能以安抚为主，继续做思想工作。

但是，泰兴市虹桥工业园区不能因为鱼塘搬迁工作的延迟导致整个沿江生态廊道工程进展缓慢。“一边是政府整体项目的压力，一边是自己辖区的老百姓，我真是两头为难。”一位园区工作人员说道，“作为园区的负责人之一，我是愁得几天睡不着，能想的办法都想了，能找的人都找了，但是想让这几个鱼塘搬迁，太难了。”

朱某海也是一肚子苦水，他向记者抱怨道：“不是我不配合，而是我也有我的难处啊。我祖孙几代人都在这边生活，从我爷爷开始就养鱼，后来我爸把鱼塘承包下来了，现在经过

我们三代人的努力，好不容易有了一定的规模。而且我已经习惯了这种生活，养殖、市场、仓储，甚至工人的工资都在正轨上，我们一家人所有的吃吃喝喝都靠这一亩三分地。现在让我在两个月内消化鱼塘的存量，我刚投放的几十万鱼苗怎么办？我这是砸锅卖铁几百万本金投进去啊，还借了一部分，我指望这批鱼苗翻本呢。政府也不考虑实际，突然让我们全家搬走，按照国家的标准，我们全家坐吃山空，两年就得喝西北风。"

经过半个月的磋商，几轮谈判，也没有什么效果。泰兴市沿江开发管理办公室主任马某宁多次主持会议，各个部门参与积极讨论，决定先给养殖户一些压力。于是，在水利局、林业局等部门的合作下，汇合安监局、公安局对二十几个鱼塘进行调查，对他们的证件、鱼塘的规模、用水、用电是否合法等多个渠道进行审查，并依法对朱某海等几人进行处罚。朱某海等人组织将近三十人的队伍集体去泰州市人民政府门口聚集，准备以上访的形式对抗政府的处罚，并扬言要带家人一起去南京省委大院门口静坐。经过长达 12 小时的规劝，才将他们劝回去。

面对种种困境，泰兴市沿江办集思广益，决定"授人以鱼，不如授人以渔"，给他两个月的时间消化鱼塘里的存量，在下游江堤内为其划拨 100 多亩新养殖区域，并积极帮他联系产品销路。同时，许诺配齐相应的基础设施，将二十几家养鱼户集中管理，安排相应资质的扶持单位进行扶持，提供资金上的援助以及技术上的扶持。"毕竟都是我们本地的居民，我肯定希望他们能够过上好日子。"樊某说道，"经过组织的协调和统筹，调配了相应的技术人员去现场勘验、调研，并且聘请了经济学的专家进行指导、培训，让养殖户看到集中养殖的美好前景，帮助他们进行搬迁。同时，帮助他们开拓市场、联系销路，我们毕竟整治长江流域也是惠及老百姓，我们不能本末倒置。"经过两个月的努力，二十多户的养殖户顺利清掉了鱼塘的存量，然后安排他们整体去集中规划的新养殖区域共同建设。在虹桥园区协调下，养鱼大户朱某海率先新办了产品附加值更高的螃蟹养殖基地，当年上市总量超过 5 000 千克。而且有了资金和政府政策的扶持，他们养殖户可以联合聘用技术人才进行管理，大大提高了养殖效率，并且引进了一些先进设备，降低了排污，节约了大量资金，在良性循环的情况下，大家合作共赢，共同参股养殖了螃蟹、龙虾、淡水虾等多个品种，做到了产业多元化。

目前，长江泰兴段岸线正积极开展"退渔还湿"，回收江滩湿地鱼塘，栽种多样性的水生植物，提高岸线绿化率。与此同时，打造沿江生态文化景观带，增添健身设施，还湿地于民，还生态于民。

**2. 壮士断腕，打造绿色经济**

对比养殖业，工业企业拆除更是异常艰难，其中一家电镀企业就经历了生态整治的"断腕之痛"。

由于电镀工艺中使用大量强酸、强碱、重金属溶，甚至包括氰化物、铬酐等有毒、有害化学品，这些有毒、有害物质通过废气、废水和废渣排入环境，使电镀企业成为一个重污染行业，对长江造成巨大危害。该厂紧靠江堤，是环保部门重点监控企业，各类证照齐全，生产附加值较高。由于行业特殊性，管理部门对电镀企业实行"一地一审批"，并不再允许新建。因此，这家电镀企业只能拆除，不能迁移。

"这家电镀企业是当地的纳税大户，日常 8 条生产线运转，每年光支付生产线租金就要 100 多万元。"虹桥工业园区管委会副主任、虹桥镇常务副镇长焦某华说道。同时，企业日常生产经营过程中，提供各类岗位600多个，不仅给本地居民提供了稳定的就业场所，个别技术岗位还引进了很多技术人才。企业负责人之一吴经理向记者介绍道："我们单位最近五年与知名高校签订了人才引进合约，而且公司从国外引进了设备和技术，这几年的收益都投进去了，企业也一直在改进排污技术，现在关停，公司这几百名工人怎么办？我们要对他们负责啊！"

针对该电镀企业的难处，虹桥工业园多次组织会谈，也多次通过上级打报告争取电镀企业搬迁，但是电镀企业实行"一地一审批"，并不再允许新建。沿江办也多次约谈企业负责人，讨论各种搬迁的可行性，但由于代价太高或者搬迁后收益与风险不成正比，各个方案也都一一告吹。眼见日子越拖越久，不能因为某一个项目拖延了整个治理工期。

因此，根据多轮磋商，最终决定给予电镀企业拆迁补偿。在沿江办的统一安排下，审计局、住建局、统计局、拆迁办等多个部门进行沟通，对该电镀企业进行了资产评估，最终虹桥工业园区一次性拿出1 700万元的拆除费用，只要"绿色"GDP（国内生产总值），绝不要"灰色"GDP。面对1 700万元的拆迁补偿，企业负责人并不是特别满意，但在国家利益面前，个人的利益不应该计较太多。但是他提出了一个要求，就是妥善安排企业引进来的人才和在企业员工。最终，几名技术人才留在了经济开发区，而对于企业的几百名员工，除了发放足额的遣散费，优先安排在附近的各个单位，由园区管委会安排专人负责调度，确保妥善安置每一个员工，充分尊重员工的个人意愿，有就近分配，也有安排去挣钱多、加班多的企业。

历时三个月，该电镀企业顺利拆迁，皆大欢喜的背后是多个部门的参与以及企业所有人的付出。要"绿色"GDP，绝不要"灰色"GDP，这不是一句空喊的空号，政府需要壮士断腕的魄力，但是为了美好的长江流域生态环境，都是值得的。

**3. 关注民生，妥善安置沿江居民**

老张家的房子坐北朝南，是一幢两进两出的平房，距离江边只有10米左右。每天老张早早起来拿根鱼竿，提着个塑料桶坐在江边垂钓，一坐就是一上午。到了农忙时节，就去离家500米左右的地里忙农活。对于生活在江边五十多年的他来说，靠水吃水就是他唯一生活的乐趣。

为了打造沿江生态廊道，老张家的房子必须拆迁，他的田地必须置换到统一安置点去。当拆迁办和社区管委会的工作人员第一次登门时，就吃了闭门羹。因为老张知道他们的来意，他不愿意离开这个生活了几十年的地方。工作人员不辞辛苦，趁着天亮之前来找他，蹲了几次，总算在老张出门之前遇到他本人。在老张家，几名工作人员苦口婆心地劝说，告知他房子的拆迁补偿，除了一套新建小区140平方米的三居室，还有30多万元补偿款，他的2亩地每亩再补偿5万元，都是按最高标准补偿的。但是，老张听了摇摇头，直言他并不是特别看重这些，主要是他习惯了这边的生活一辈子，不想走。不管工作人员怎么劝说，都无济于事。

工作人员通过公安机关联系到老张的儿子，经过沟通才明白了老张的顾忌。原来是老张的妻子坟墓就在自家田埂边上，老张经常去田边上看看，整整花草，而且老张舍不得他的两亩良田，不种地，他不知道自己该干什么。钓鱼、遛弯、种田是他这辈子的乐趣。工作人员多次开会协调，重新拿出了补偿方案：一是房子的补偿，面积换成120平方米的，离江边最近的一个老小区，公交车到此处一站路；二是补偿款提高到50万元；三是两亩地置换到离安置房1千米不到的地方;四是将老张亡妻的坟墓迁移到附近统一的地点安置。当带着新方案去找老张的时候,老张的儿子也多次做了老人的思想工作。再次和老张会谈,街道的人将已经搬迁的老张的几个老邻居喊来,老张明显没有之前那么倔,工作人员告诉他,新搬的小区的邻居每天可以继续溜达过来钓鱼,也可以坐免费公交车,特别方便。经过两个多个月的谈判,最终老张同意了方案,也顺利搬进了新房子。

现在的老张,每天照旧来江边遛弯垂钓,而且江边已经成为一处风景优美的生态廊道。

## (六) 名片面世:完成加减,建成廊道

压在整个项目进程的“三座大山”被逐一征服,整个项目如火如荼地开展,整个长江流域泰兴段发生着翻天覆地的变化。可以说,泰兴市沿江生态环境面临的环保问题,很多是过去发展中长期积累形成,但在“共抓大保护,不搞大开发”背景下,这样的历史环境“欠账”必须要还,且迫切要还。这也意味着,泰兴市沿江污染治理与生态环境修复的攻坚战将是一场没有旧章可循的“新仗”与“硬仗”。要最终打得“胜仗”,就必须解放思想,跳出以往固有的“老框框”。

要解决长江大保护的问题,就必须摒弃沿江工业化大开发的路径依赖和惯性思维,坚持生态保护红线、资源利用上线和环境质量底线“三线”思维。必须做好加减法,培育绿色发展的经济体系。在加法上,着力发展和培育节能环保产业、清洁生产产业、清洁能源产业;在减法上,下决心淘汰关闭高污染、高耗能、高排放的产业和企业。

做加法的最大挑战是管理和技术,而做减法的最大挑战是涉及利益调整。只有持续推进思想大解放,克服畏难情绪和侥幸心理,以坚定决心、有力举措,才能真正完成好这道加减法命题,也才能构建起效率高、竞争力强、市场前景广阔的绿色经济体系,不断推动城市长江经济带高质量发展。

泰兴市沿江生态廊道项目建设作为江苏第一长江大保护项目,不仅具有国家层面的战略意义,也是东方园林三位一体战略提升阶段的重要工程。该项目完工后,获得了中央电视台新闻频道《新闻直播间》栏目的点赞,《新闻直播间》栏目还走进东方园林泰兴生态廊道项目现场,对泰兴长江大保护的情况进行了详细报道。泰兴市沿江生态廊道的成功建设,成了泰兴市的一张城市名片,多次被中央电视台点名表扬,泰兴市这场翻身仗打得特别漂亮,给泰兴市经济开发提供了新的支撑,也为整个长江流域的发展提供了借鉴经验。

## (七) 结束语

沿江生态廊道是江苏省泰兴市长江生态保护的一项重点工程,经过这几年的改造,长江流域泰兴段发生了翻天覆地的变化。站在江边廊道上,徐徐江风不时袭来,荷花点缀在廊道两旁,波光粼粼的江面令人神往。附近居民说,生态整治后的长江岸线已成为“渔舟唱晚看落日”的好去处,炎炎夏日也挡不住越来越多的情侣来到廊道拍婚纱照。依傍长江,透水慢行步道、亲水栈台及湿地公园正吸引着越来越多的市民亲水、戏水,诗化岸线正编织起游客“看江景、吹江风、听江涛”的新生活。

# 二 案例分析

## 引言

泰兴市沿江生态廊道是江苏省泰兴市近几年推进的长江生态保护的一项重点工程。前些年长江流域污染问题在一定程度上制约了泰兴市经济的发展，阻碍了整个城市发展的脚步，危害了沿江居民的身体健康。长江流域沿江水体黑臭、污染事件日益增多，长江流域污染治理已经迫在眉睫。为了改变这一现状，泰兴市市政府在基于公共政策执行理论的前提下，科学制定政策，认真执行政策，在全市的努力下打造了一条沿江生态廊道，挽回了城市形象，提升了城市知名度，为经济发展注入活力。

### (一) 政策执行理论基础及理论模型

#### 1. 公共政策执行的概念及特征

(1) 公共政策执行概念

公共政策的价值及意义唯有通过政策执行才能得到实现，同时公共政策的执行是检验其质量与效果的主要标准，可以检验其正确性、适用性，同时也是制定后续政策的基本依据，通过政策执行的反馈结果，为后继的相关政策提供参考与依据。公共政策执行是政策过程的实践环节，是将公共政策目标转化为政策现实的唯一途径。美国知名学者安德森指出，政策是一个过程，并非静态的而是动态的。其著作《公共政策制定》中将公共政策过程涵盖为五个步骤："公共政策议程的设定、公共政策规则、公共政策的执行、公共政策的评估、公共政策的终止"。[①] 而公共政策执行是政策出台后，进行落实及具体工作的动态过程。我国公共管理领域的著名教授陈振明先生阐明了公共政策的内涵，认为"公共政策执行是政策方案被合法化后，政府执行者通过建立相应的组织机构和组织形式，运用各种政策资源，采取解释、宣传、实验、实施、协调及监控等行动方式，将政策从观念形态转化为实际效果，从而实现既定政策目标的活动过程"。[②]

借鉴已有界定，结合本案例的具体特征，这里将公共政策执行定义为基层政府执行上级政府制定的关于长江流域环境治理相关确定的政策要求，运用国家公权力，采取宣传、解释、协调与控制等行动方式，将上级政府的政策观念文本转化为实际效果，并协调各类人力物力财力等资源，确保政策目标予以实现，是一个动态的过程。

(2) 公共政策执行的特点

第一，目标的导向性。公共政策执行总是在明确而具体的目标导向下开展工作。目标决定了公共政策的执行原因、方向、原则、动力和预期效果。为此，在公共政策执行过程中，

① SMITH T B. The policy implementation process[J]. Policy sciences, 1973, 4(2): 197-209.

② 陈振明. 公共政策分析[M]. 北京：中国人民大学出版社，2003.

首要的开端任务是确立目标。

第二,内容的务实性。公共政策旨在改善民生、为民服务。为此,政策的执行首先考虑的就是民生,其次才是经济效益。只有老百姓积极拥护的政策,才能得到更好、更快的落实。

第三,行为的组织性。公共政策在执行的过程中,各治理主体构成了治理体系,但这个体系不能处于无序的状态,否则会导致政策执行的低效甚至失效,使治理体系出现碎片化、重复建设、资源内耗等现象。组织性要求:首先,政策的制定过程中就必须公平公正,要切切实实考虑到政策执行的可行性、必要性,要重点关注到民生、效益、质量等多个领域;其次,在政策的执行过程中,各个部门具体的执行者、落实人要确保遵守组织原则,要依法依规;最后,要有监督环节,要确保政策执行的过程中所有的程序都必须有组织、有原则地执行。

第四,影响的深远性。公共政策执行如取得预期目标,将会在相应领域产生重大而深远的影响,并在关联领域产生重大影响,进而影响到整个社会、区域的长期运行与发展。

第五,手段的强制性。公共政策在执行过程中,虽有协商的环节与空间,但是在涉及民生和重要原则问题上,对不合理的要求或屏障要采取必要的强制性手段,以实现民生关键问题得到解决。

第六,时间的限制性。为了保证政策落实的结果以及产生的效益,就必须考虑时间的限制性,不然在政策的执行过程中必然耗费大量的人力、物力、财力。因此,在政策制定和执行的过程中,不仅要考虑到时间的限制性,而且要在时间允许的范围内按照要求去执行政策。

第七,具体做法的原则性与灵活性。社会系统处于不断变化之中,各个子系统应当根据内部、外部环境的变化进行相应的调整。在政策执行的过程中,政府需要面对社会环境的不断变化,这必然增加政策执行过程中的不确定性和随机性,为此,政府应当根据治理过程中的变化状况做出动态性的回应。政策执行过程中显然不能因循守旧,照搬过去的路径,需要不断顺应变化的形势,并积极、灵活地调整行为,从而保证治理目标的实现。治理的过程中,针对拆迁、搬迁、置换等问题要因地制宜、因人而异,要充分调研,做好相关工作再组织开展下一步工作。同时,治理的过程中要注重机动性、灵活性,而不是强拆或者完全靠行政干预。

**2. 史密斯政策执行模型**

托马斯·史密斯首创了政策执行基本理论分析框架"政策执行过程模型",该模型对解读泰兴市生态廊道打造推进过程具有适用性,如图 9-1 所示。[①]

史密斯模型包含了"四个变量":① 理想化政策,即科学、合理、可行的政策,具体包括政策目标的明确性、政策内容的完善性、政策措施的可操作性等;② 执行机构,主要负责政策执行,包括执行机构和人员(涉及执行机构的执行能力和执行人员业务素养);③ 目标群体,

---

① 李俊杰,陶文庆.兴边富民行动政策执行的制约因素与破解路径:基于史密斯政策执行过程模型的分析[J].民族学刊,2021,12(9)48-55.

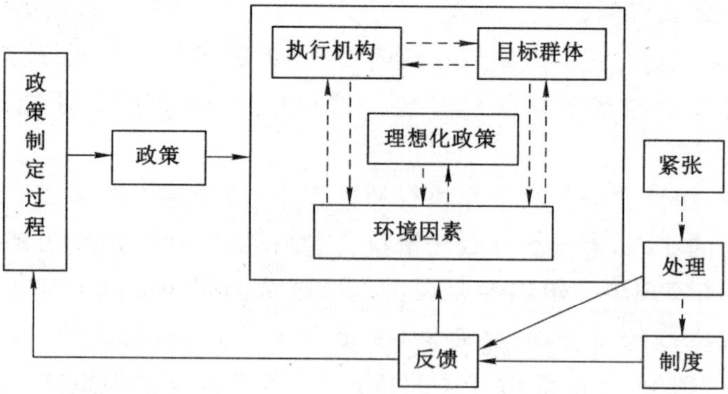


图 9-1　史密斯政策执行过程模型结构图

指受政策影响的直接对象,目标群体对政策认同接受程度影响着政策的执行效果;④ 环境因素,涉及影响政策执行的宏观因素,既包括政治、经济等正式制度,也包括社会风俗等非正式制度。[①]

政策的执行就是以上四个因素的互动过程,在互动过程中会出现不畅,史密斯将其设定为"紧张",出现"紧张"就需要进行"处理",使政策顺利执行下去。[②] 四大变量之间的张力可概括为以下六组:一是理想化政策与执行机构。政策的科学性、合理性及可操作程度影响执行机构运行机制和人员配备情况;执行机构间的内部差异及业务水平高低影响理想化政策的执行效率。二是理想化政策与目标群体。理想化政策对目标群体价值定位的准确性影响着目标群体对待政策的态度;目标群体对理想化政策的认可程度及自身利益需求影响理想化政策的执行。三是理想化政策与政策环境。理想化政策可以塑造新的政策环境;政策环境影响着理想化政策的制定、执行和完善。四是执行机构和目标群体。执行机构在执行政策过程中采用不同的手段、方法会对目标群体产生不同的影响;目标群体对执行机构工作的配合程度影响着执行机构的工作效率。五是执行机构与政策环境。执行机构在政策执行过程中会改变政策环境;政策环境决定执行机构在政策执行中采用的手段和工具及政策执行的流畅性。六是目标群体与政策环境。目标群体理念准则等属于政策环境内容部分;政策环境会对目标群体的思维模式、实际行动等产生约束。[③]

该政策执行过程模型的优点在于关注政策的执行机构、目标群体和环境因素对于政策执行的影响,将政策执行中众多可能影响政策执行效果的因素进行维度划分,模型结构清晰,可操作性强。

① 高家军."河长制"可持续发展路径分析:基于史密斯政策执行模型的视角[J].海南大学学报(人文社会科学版),2019,37(3):39-48.

② 康凤凡,叶卫兵,张舒丹,等.史密斯模型视角下我国校园冰雪政策执行研究:基于校园足球政策分析[J].体育文化导刊,2020(8):104-110.

③ 陈阳.环境污染第三方治理文本:精确细化度待提升[N].中国经济导报,2016-05-27(B06).

## (二) 泰兴市沿江生态廊道建设机制

**1. 泰兴市沿江生态廊道打造中公共政策执行的鲜明特征**

(1) 明确的生态目标

泰兴市生态廊道的打造鲜明地体现了公共政策执行的特征。泰兴市沿江生态廊道是泰兴市的一张名片,是吸引外来投资者的一个招牌,也是整个长江流域环境治理中重要的一环,为整个长江经济带的建设添砖加瓦。因此,在泰兴市打造沿江生态廊道的过程中,由泰兴市委、市政府成了沿江办,由沿江办牵头并统筹,环保局、水利局、科技局、公安局等多个政府部门参与,沿江企业、沿江居民积极配合,新闻媒介进行监督等,目标明确,同心协力,举全市之力打造了一张属于泰兴市全体人民的名片——泰兴市沿江生态廊道。

(2) 突出的民生务实

泰兴市沿江生态廊道是在泰兴市背负着环保天价罚单的背景下建成的。因此,廊道的建成不仅挽回了泰兴市在全国人民面前的形象,也切实改善了当地的生态环境,为老百姓提供了一个宜居的环境。可见,打造长江生态廊道的政策必须务实、必须与民生相关。

(3) 成效的深远影响

长江流域泰兴段环境的治理,不仅是为泰兴市人民谋福利,也是整个长江经济带发展的必要环节。环境改造、改善宜居环境,是为了子子孙孙能够长长久久享受到长江的哺育。泰兴市沿江生态廊道的成功建成,为其他沿江城市提供了一个模范,用事实证明在改善环境上投资是值得的,不能只看眼前的国内生产总值。因此,泰兴市破釜沉舟,花重金打造沿江生态廊道的政策是正确的,眼光是超前的,影响也是深远的。

(4) 过程的软硬并施

长江流域泰兴段的治理的过程不是一帆风顺的,最终的结果是大部分人收益,但是肯定也会牺牲少部分人的利益。政策的制定肯定要综合考虑,但是个人的牺牲在所难免。在治理的过程中,以泰兴市沿江办为主导,但在实际处理拆迁问题时,就是社区委员会和拆迁办的人为主,发现违法行为就是环保局和公安局介入,加大惩处力度,积极打击违法。这也体现了具体做法的原则性与灵活性。

(5) 推进的时间限制

泰兴市沿江生态廊道的建成,不是一朝一夕的事,也不是一蹴而就的。从 2016 年年初环保天价罚单,到政策的制定、政策的执行以及政策具体落实,都经历了很长的一段时间。2018 年年底,泰兴市长江生态廊道才初步建成,并取得一定的知名度。

**2. 泰兴市沿江生态廊道打造政策执行的结构要素**

(1) 政策的制定过程

政策的制定不是一蹴而就的,而是各级领导根据实际调研情况具体问题、具体分析,再综合考虑全盘而制定的。为了打造长江生态廊道,江苏省委、省政府和泰州市委、市政府多次到泰兴市调研,在泰兴市召开向环境污染宣战的大会,要求加快提升绿色发展水平,坚定不移做好生态环保工作,共同拿下环境污染这个"堡垒"。以《长江经济带发展规划纲要》为引领,结合《泰州市推动长江经济带高质量发展实施方案(2018—2020 年)》《泰州市三水共治实施方案》，最后形成了治理长江流域泰兴段的治理政策。[①]

（2）政策体系结构

政策的体系结构必须是自上而下的，从上级领导政策的制定，到下面各级政策的落实，必须层层递进。案例中长江生态廊道的建成，需要各个环节环环相扣。政策需要上级领导到地方调研以后根据实际情况制定，而政策在执行的过程中又离不开各级部门的支持和落实。因而，一项政策从制定到落实是一个完整的体系结构。

（3）政策执行机构

政策的制定依赖于执行。在长江生态廊道整治的整个过程中，执行的各个部门才是主体，只有将各项政策落实才能体现出政策的价值，但是政策执行的机构在执行力、办事效能等方面参差不齐。这就需要领导机构统筹全局，把握好原则，督查政策执行的过程中各个执行机构认真落实政策，依法执法。

（4）政策目标群体

政策的目标群体就是政策执行最终的受益人，可以是某个群体也可以是某个个人。在本案例中，政策目标的群体事关整个泰兴市的人民。环境的改善有利于投资者投资和发展泰兴的经济、生态环境的改善有利于沿江居民的生命健康。因此，政策的目标群体必须更加贴近民生，符合当今的国情。

（5）政策环境因素

政策从制定到执行到落实完毕，整个过程都要受到各种环境的影响。首先，当地政策的制定必须符合国情，符合时代发展的主流。其次，政策的执行过程中也要考虑到当地政府实际的能力，不仅包括经济能力，还有人口流动性、外来资金等多个方面。最后，还要综合考虑当地的社情民意，需要考虑民生问题，要切实为当地的老百姓谋福利。

**3. 泰兴市沿江生态廊道打造政策执行中的要素关系**

当前，长江流域泰兴段治理中存在一定问题，诸如政策执行主体参与度不够、庸政现状持续、政策执行不到位等；当地政府保护长江流域的标语宣传随处可见，但却没有引起人们深层次的关注；企业随意排放工业废水，无人检举揭发，更加没有相关政府部门管理；居民人口众多，生活垃圾污染源也随处可见。[②] 由于长江水资源具有流动性，一旦受到污染，就会逐渐扩大污染范围，导致治理困难。随着经济建设的不断扩大，企业工业废水和居民生活污水排放量的不断增加，长江流域水质日益恶化，长江流域污染已经严重影响到沿江城市经济的可持续发展，长江流域治理工作已成为当前国家发展的重中之重。因此，本案例中长江流域泰兴段治理的过程中还存在一定问题，在政策执行的方面主要集中于政策、执行主体、实施对象以及落实方面四个层面。

（1）政策层面

公共政策的执行，会受限当地政策本身的因素。泰兴市政府在落实上级政府关于长江流域泰兴段环境整治的任务时，存在基层政府参与公共政策制定不足及政策适应基层政府具体执行情况差的问题。

---

① 戴嘉昕. 长江泰兴城区段沿江生态廊道规划[D]. 长沙：中南林业科技大学，2019.

② 丁煌，李新阁. 基层政府管理中的执行困境及其治理[J]. 东岳论丛，2015，36(10)：122-127.

第一，政策制定政府参与性不足。在长江流域泰兴段环境治理相关政策出台之前，基层政府处于执行的一方，而政策从省级、市级向县级层层下放，具体落实到基层政府时，便是执行任务了，基层政府在政策制定时没有相应的话语权。在环境治理的具体操作过程当中，镇政府可能会收到来自上级的考核及督察，这会使政府工作的强度加大，导致某种意义上会影响原本的工作进度，致使任务完整性不强，使环境治理更加碎片化。比如虹桥镇和张桥镇，在整理过程中都会有各自的难题，对于政策的执行多多少少存在庸政懒政的现象。上级领导部门印发的关于长江流域泰兴段环境治理的方案及实施细则，涉及治理的具体项目，设置可计算的任务目标，但是乡（镇）一级参加目标任务制定很少，同时在落实政策的时候可能会遇到与政策不匹配的新情况，也缺乏沟通的渠道。因此，政策制定过程中基层政府参与不足会导致政策落实存在困境。

第二，政策适应性差。通过上级政府下放给基层政府，基层政府会遇到公共政策不适应具体落实的情况。在落实环境治理政策层面，习近平总书记指出，各个地方皆须“因地制宜、精准施策”。[①] 由于长江流域泰兴段涉及开发区以及多个乡（镇），考虑到各个乡（镇）的情况有所差异，所以泰兴市政府需要因地制宜，加快政策的有效执行，方可更好地进行生态环境的改造。但在公共治理过程中，政府治理知识及理念与沿江居民、企业的生产生活方式、风俗习惯、伦理观念等存在错配现象，这也是导致政策执行困境的原因之一。

（2）政策执行主体层面

政策执行主体间合作的问题主要表现为两个方面：一是政府与企业之间合作意识薄。首先，单一的政府行政手段治理企业排污行为效果差。政府限制企业排污仅仅采用行政手段，虽然可以取得一时成效，但因为行政干预对排污企业没有内在的推动作用，无法促进排污企业自身采取积极有效措施减少污染物的排放，排污企业只要有机会就仍会选择非法排污。其次，企业与政府协作的困难主要原因是政府单一的投资方式。政府投资和政府补贴是长江流域处理设施政策采取的主要措施。单一的投资渠道导致治污企业难以有效地参与长江流域污染治理。二是政府与社会之间合作意识淡薄。在长江流域治理过程中，由于受到传统官本位思想的影响，公众会习惯地将长江流域污染治理的责任推给政府，在长江流域污染治理过程中的问题没有能够得到很好的解决时，在一般情况下公众会求全责备于当地政府。

第一，传统行政体制弊端。长久流域环境治理工作是一项长期的、系统的工程，环保、公安、安监等部门是以长江流域环境的保护为主要任务。然而，在开展具体工作过程中，部门之间并没有细致入微的分工，导致难度大一些的工作很少有人主动承担，大部分部门只会尽力做部门范围内比较好处理的工作，这导致任务分工及处理会出现不平衡的现象。各个部门主体之间，唯有做到明确分工，责任细化落实，方可以提升长江流域环境整治工作的效果与进度。如今，经济高速发展，社会结构不断演化，政策议题也变得更为复杂，仅仅依靠一个政府部门难以解决环境治理中的问题是不可能的，需要加强政府各部门之间的沟通与协调。在政府各部门中，各条块之间职责管理的范围及权限存在不同。在理论层面，条

---

① 陈水光，孙小霞，苏时鹏．农村人居环境合作治理的理论阐释及实现路径：基于资本主义经济新变化对学界争论的重新审视[J]．福建论坛（人文社会科学版），2020(1)：81-89．

块之间的关系，明明是平行的，但是在现实情况下，条条部门明显比块块高。在实际调动方面，由于块块部门没用权限及手段，所以只能依靠个人魅力及重要的人际关系来协调条条。通过在虹桥镇调研了解到，负责某工作的乡镇部门领导若要想调动其他条条部门，需要与条条部门的日常关系融洽，如果部门领导个人具有魄力且声望高，则有利于条块部门的协调工作比较顺利及容易进行。[①] 相反，现实情况往往是条块部门推诿扯皮，若遇到一些问题需要调动其他资源，而且是跨乡镇则协调起来很不好操作。传统行政体制的弊端导致机构内部联动差，使得长江流域环境治理的政策落实效果大打折扣。

第二，政策执行主体素质及水平有限。在长江流域环境治理过程中，政策执行主体的素质及水平会影响政策落实的效果。泰兴市政府政策执行主体涉及政府工作人员及临时聘用人员，受到各种因素的影响，政策执行主体素质及水平的有限。政策执行主体对政策本身是怎样理解与认知，决定着政策执行落实的好坏。基层政府需要执行落实长江流域环境治理政策，而其涉及的领域也包含了很多方面。[②] 面对如此复杂的环境治理工作，政策执行主体的知识储备可能存在不全面的情况，通过调研了解到各级工作人员的构成有点复杂，在落实政策时候，对突发的或者未遇到的情况可能会无从下手，在落实政策时呈现机械化、教条化。同时，公共政策执行主体作为处于社会关系中的个人，难免会与周遭的社会产生关联，也无法避免一定程度上会被社会思潮所影响，进而影响他们的行事作风及理念信仰。当政策执行的结果与个人利益产生冲突时，政策执行主体个人可能会选择性或歪曲执行政策。以上各种表现，都会给政策落实带来一定的执行困境。

第三，乡镇级别治理能力弱。长江流域泰兴段环境治理的任务需要具体落实到沿江各个镇的各个行政村的村委会执行。由于镇政府的任务量与收入差异大，导致村干部的办事积极性较低。同时，村干部也无法将社会性权威转换为村庄治理的资源，村委班子难以发动群众去主动参与人居环境的治理。大部分镇各个自然村的村委班子学历普遍不高，可能导致在处理具体的长江环境整治问题时因实战经验的缺乏而拖慢进度。村委班子的办事能力也会影响政策执行的困境。村委班子作为连接镇政府与农民的纽带，在进行村庄事务管理方面，治理能力普遍弱。镇政府大量的村级工作都落在村委班子身上，长江流域环境治理的考核督察已经让他们手忙脚乱，对于长江流域环境治理的具体烦琐工作则力不从心。

(3) 政策实施对象层面

在政策实施对象层面，主要以沿江的村民以及附近的企事业单位为主。目前长江流域泰兴段环境治理主要以政府主导，企事业单位以及居民参与性不高且环保意识薄弱，主要受到传统生产生活习惯的影响，但是究其原因，主要是企事业单位以及公民公共权利意识的缺乏。

所有沿江的企业家、公民对于公共事务，都具有一定的公共责任，与之对应的是公共权利。公共权利与公共责任不可分，现如今强调公众有公共权利，然而公共责任的缺乏却导致“集体行动困境”。缺乏公共权利意识的公民，以个体的身份存在，而非社会网络的有机

① 刘建维.宜昌“壮士断腕”治理长江环境[N].湖北日报，2018-01-17(05).

② 陈振明.政策科学：公共政策分析导论[M].2版.北京：中国人民大学出版社，2003.

体成员，进而可能导致企业家、居民参与长江环境治理的积极性与责任心较低。企业家、公民参与机制缺失，也是导致政策实施对象作为局外人的一个原因。企业家、居民对进行长江流域环境治理的重要性无法充分认识，对政府治理行为也认识不足。责任及参与意识不足是企业家、居民公共权力意识缺乏的表现。企业家、居民作为长江流域环境治理的实践人及监督人，参加整治公共事务的次数及意愿逐渐降低，企业家、居民是长江流域环境治理的主体，是实现环境治理成效持续的重要环节。政府是长江流域环境治理的主导者，以企业家、居民为参与主体的制度供给的缺乏，呈现治理主体结构的不平衡现象。

(4) 政策落实环境层面

在政策实施环境层面，基层政府在执行长江流域环境治理政策时存在基础设施不完善、绿化面积设置不合理、搬迁安置不妥当、企业调整不科学及专项资金不足等执行困境，分析其产生的原因，可从以下几个方面开展。

第一，治理主体参与渠道不畅。治理主体参与渠道不畅主要表现为三个方面：一是社会参与长江流域治理的渠道受阻。首先，公民参与决策的途径匮乏。在参与长江流域污染治理的过程中，公民有效参与决策的渠道少。一般来讲，公民参与长江流域污染治理最直接的方式就是向政府部门进行投诉，但这属于事后参与，即问题发生了才能参与。当前除了传统的信访、举报等方式，政府组织的一些涉及长江流域污染治理的听证会等更多地表现为一种形式，没有实质性意义。因此，公众参与决策的途径匮乏，在一定程度阻碍了长江流域污染治理。其次，社会组织参与决策的途径匮乏。由于社会组织收入低，工作压力大等原因，难以吸收优秀的专业的长江流域治理工作人员。二是各方面临信息不对称的壁垒。长江流域污染治理是一个动态的过程，在长江流域治理过程中的各个治理主体都需要良好的协调与沟通。三是企业参与长江流域治理的市场机制不健全。当前由于我国相应的市场化、产业化的机制还没有建立起来，长江流域污染治理领域的局限以及融资不畅通，导致企业参与长江流域治理的程度不够，而且企业参与长江流域污染治理能力也不足。

第二，政策执行主体的职责定位不准确。治理主体的职责定位不准确主要表现为以下三个方面：一是政府职能定位不清。政府为确保长江流域污染治理过程科学有效，井然有序，往往会对企业和公民的行为进行引导。实践证明，政府的干预通常会失灵，难以把控在长江流域治理过程中引导与把控的标准与临界点。二是企业内部责任厘定不清。由于企业生产的根本目的是追求自身利益最大化，将会导致沿江绝大多数企业均不加节制地开发利用沿江水资源。三是社会的自我功能认知不够。社会公众对自身参与重要性的认知不足。从公众参与能力来看，公众缺少必要的参与长江流域治理能力，导致出现企业污染长江流域而公众没有能力参与治理的情况。①

第三，政策执行主体机制不健全。公共政策执行机制不健全主要表现为以下四个方面：一是社会监督机制执行力不足。对于长江流域污染治理而言，如何约束保护主义，监督政府治理污染是关键。另外，如果政府在行使权力的过程中，缺乏公众的监督就容易会出现权力滥用的行为。二是政府奖励问责机制落实不到位。首先，政府奖励机制落实不到位。由于政府考核的激励机制缺失，对政府管理者缺少激励的奖励和补偿，从而无法有效地鼓

① 王芳，黄军. 乡镇政府生态治理能力提升路径探析[J]. 人民论坛，2017(12)：70-71.

励积极治理。其次,政府问责机制落实不到位。政府责任追究意识淡薄,担心责任追究会损害政府形象、影响前途,怕得罪人不想追究。三是协同参与机制实践经验不足。长江污染治理,不仅是政府的管理,更是具有广泛企业与公众参与基础的社会性管理。但是实际过程中,企业、民众参与度低,甚至为了自身利益,对抗政府治理。四是多元合作长效机制的缺失。首先,政府管理机制长效性缺乏。政府在长江流域污染治理中投资越来越多,虽取得了一些成绩,但稍微松懈长江流域污染的程度又会加重,愈发严重。其次,企业、居民不配合。企业、居民从自身利益出发,不积极配合政府建立长效机制。

## (三)泰兴市沿江生态廊道打造对长江流域生态治理中公共政策执行的启示

**1. 政策本身层面**

(1)提高政策制定的科学性

以政府为主导的环境治理,意味着由上级政府进行公共决策,同时提供相关资金,并且直接决定了长江流域环境治理的最终目标。提高政策制定的科学性,需保证政策的科学化、民主化。在对长江流域泰兴段环境治理相关公共政策议题做出决策时,要想减少人为的主观因素的干扰,务必建立一套具有科学性及民主性的制度,同时遵循科学决策的原则,方可以促进政策的科学化。增强政策制定的民主性,可以通过借助大数据等发达的信息技术手段为政策制定收集大量信息,汇集所辖区域的企事业单位以及沿江居民的想法及建议,强化企业家、居民的民主参与,保障公共政策具有准确的指向性及稳定性,公共政策制定的过程中,强调公众参与,因为政策出台后涉及方方面面特别是村民的利益。同时出台与之相匹配的“政策组合拳”,从而更好地促进政府政策的落实。

因此,在进行长江流域环境治理之前,上级政府需要通盘考虑沿江所涉及的辖区的特点及优势,然后结合本地区的治理模式及惯例,经过权衡之后制定出适合且操作性强的行动方案。不仅要借助专家技术人员来择取合适的设施和设备,还要注重汇集企业家、居民的意见,减少资源浪费。在进行长江流域环境治理以后,实时检查及后期管护任务仍旧要持续,通过政府、企业以及居民来进行共同后期维护与监督,才能使政府的主体地位得到实现,确切地承担起环境治理工作的重要力量。

(2)增强政策的可执行性

一项公共政策制定以后,其可执行性会对政策的实施效果产生影响。政策可执行性的前提是政策的可操作实际性,要想增强政策的可执行性,重要的是评估公共政策是否具有可行性。镇政府在收到上级的任务时,要权衡该项公共政策在当地有没有可操作性,当该政策适合实际情况时,要按照政策要求因地制宜对行动方案进行编定,保障政策合理且可操作性强。当政策出台后,难以适应当地实际情况时,就会出现政策执行困境,这就需要增强政策的可执行性及政策执行的有效性。在乡镇接收上级政府下发的政策要求文件时,需要根据本镇的实际情况去整合资源,对于不适宜在镇进行的项目应当提出,而不是选择性地执行。加强环境政策供给的有效性是高效、有序地建立农村环境治理的必由之路,要促进治理成果常态化及规范化及环境治理长效性机制的形成。

**2. 政策执行主体层面**

(1)增强部门机构之间的协调性

长江流域环境的治理工作是一项兼具复杂又系统的工程。要完成这项工作，不仅离不开专业分工，而且少不了部门机构之间的合作协同推进，更离不开基层政府、村民、市场及社会等各方参与主体的共同投入。然而，在长江流域环境治理工作过程中，不少部门间主体协调性不足，可通过以下途径增强政府部门机构之间的协调性：首先，明确责任清单的内容、确定各部门机构主体的责任是环境治理高效进行的前提条件。务必要明确清晰职责范围，尤其是对于需要落实环境治理工作的具体某个相关部门；同时，需要将环境治理的具体职责详细到所有部门，职责分工明确以后才能减少推诿扯皮现象的发生。其次，建立健全部门机构之间的协调机制。唯有使部门之间的沟通渠道顺畅，方可让部门之间形成合力，才能推动环境治理工作更加有序；同时，部门与部门之间需要在横、纵向上增加沟通，减少职责交叉及职能同构，让政府与部门两者分工与制衡形成制度化，才能保证其各司其职、各尽其责，使长江流域环境治理工作更加顺利推动。最后，强化部门的监督考核力度。监督考核的目的是想进一步检验环境政策实施的效果，是否与预期目标偏离，政府通过权衡具体实情，制作出适合当地的绩效考核方案。要增强部门间的沟通及合作，充分整合所有资源，一起参与制定且认真执行相关行动方案，一起承担落实长江流域环境治理的责任。

(2) 提高政府的政策执行能力

公共政策执行主体对公共政策是怎么理解的，在某种程度上，直接会对政策的落实效果产生影响。提高政府的政策执行能力，可通过以下方法实现：

首先，提高工作人员的综合素质。综合素质包含两个方面：一是思想层面，强化思想道德素养的水平，增强其法律意识，需要形成科学的政绩观，同时公务员要爱岗敬业，具有工作责任及使命感，积极主动完成各项工作。二是能力层面，加强学习以提高工作能力与水平，比如组织协调能力及沟通能力，这样才能让工作人员更好地理解及执行政策，使政策执行更加有效。

其次，减少利益群体对政策执行的影响。通过促进政府职能的转变，厘清政府、市场两者之间的界限，改善政府以投资来发展经济的方式，降低政府在政策执行当中偏向自身利益的冲动。

最后，强化责任追究机制。通过内外部的监督问责，激励政策执行人员的执行能力；加大其上级政府对下级政府的问责强度，同时让社会各界以及媒体通过举报，来监督政策执行的效果好坏，发挥内外部问责制度，让其贯穿政策执行的所有过程，推动政策更好地执行。

(3) 提高政府协同作战能力

为了提高政府协同作战能力，政府需要从以下三个方面开展工作：一是在加强政府与企业之间的协同参与意识。政府要完善自身治理职能，同时与企业不断协商达成共识，充分实现协同治理的价值，提升协同治理的绩效。只有制定科学有效的长江流域治理政策，兼顾方治理主体的自身利益，才能达成统一的政策目标，有效治理长江流域环境。二是加强政府与社会之间的协同参与意识。社会参与是治理长江流域重要的一环，也是一支庞大的治理队伍。因此，为了吸引公众参与到长江流域的治理，需要加强政府与社会之间的协同参与意识。三是加强企业与社会之间的协同参与意识。治理长江流域，企业的参与与社会公众的参与缺一不可，只有加强二者的协同参与，才能够给予政府强有力的支持。

**3. 政策实施对象层面**

（1）加大宣传教育

加强宣传教育主要包括宣传和教育两个层面。一是在宣传层面上，增强宣传的力度，丰富宣传的内容。政策执行者要进入沿江区域，对企业以及沿江居民阐释长江流域环境整治政策的科学性，加强对他们的宣传和引导，让他们明白治理的重要性以及必要性；同时，采用通俗易懂的语言进行宣传，在下乡时要注重对民意的记录，使宣传的方式及途径多样化。除了村庄的张贴栏、宣传册、广播，可利用微信群进行宣传，通过接地气、不脱离群众的方法进行宣传。对典型的案例及人物进行宣传，让其注重长江流域环境的质量，同时激发企业家、居民参与的热情，这样可以使全民参与长江流域环境的治理。二是在教育层面上，宣传典型，加强教育。首先选取对环境治理具有突出贡献的人或事，然后整理成典型后进行宣传教育，这样不仅可以增加沿江居民对环境治理的关注，也会激发全体人员参与长江流域环境改善的热情，加快长江流域环境的治理进度。作为治理政策的主导者——政府，加强对长江流域环境政策的宣传力度，着重告知长江流域环境治理对当地产生的有利影响，强化百姓的责任感及参与意愿，督促其与政府一同进行环境治理工作。同时让其参与环境治理的所有过程，以身作则，通过教育来培养沿江企业、居民的环保意识。

（2）激发沿江企业、居民参与的热情

在长江流域环境治理实践当中，怎样发挥农民的主体地位，既可以对环境治理的进度及效果产生影响，又可以对其实效性、可持续性产生影响。鼓励农民参与环境治理，逐步培养农民作为环境治理主体的意识。村民是环境治理政策执行的主体，同时也是参与人居环境治理的主力军和受益人。政策的持续落实，离不开农户踊跃参加，政府通过行政命令等硬性办法来进行人居环境治理，既导致行政成本增加，又无法达到好的效果，明显无法跟上社会发展的脚步。农民作为农村人居环境治理中的主体，其功能与作用不可小觑。农户能够全程参加环境治理，这是由其公民身份赋予的权利与义务决定的。首先，完善村务公开制度。一是保障农户的知情权。村庄在进行人居环境治理工作时，要使村务相关重要内容及时进行公示，建立健全环境项目的公示体系，主动接受来自农户的监督。二是激发农民参与的热情。首先，镇政府及村委会应当注重农户参与的意愿及想法，让其明白人居环境改善的最终受益者是他们自身，鼓励百姓踊跃参与人居环境治理，注重引导村民，采用形式丰富的考核制度来调动村民参与的积极性。其次，完善村民参与渠道。政府及村委会要让农民有机会加入到人居环境项目治理当中来，参与项目开始到运营到维护等所有流程。这样可以提高环境治理政策的科学性及可执行性，有利于推动人居环境的改善，有助于项目能够顺利竣工。

**4. 政策落实环境层面**

（1）优化企事业以及沿江居民区规划

城市规划是指导与规范城市环境建设及治理的重要公共政策。面对沿江地区企事业单位、沿江居民区规划不合理问题，基层政府应当对整体的规划及布局进行优化。这涉及整个沿江地区规划的前、中、后期三个过程。

第一，在规划前期，保证规划的科学性。一是将沿江的企业家、居民的建议融入到规划的内容当中。同时，政府需发挥主体地位，收集各方的建议，激发全市参与进来。二是完善全市参与渠道，要让沿江居民加入沿江规划制定中。三是按照环境现状，考虑整个沿江地区的未来发展，制定合理、科学的规划，才能使环境治理问题在开始就被控制。因此，政府在编制规划的时候，不仅想着目前困难的破解，且要目光展向未来。①

第二，在规划实施过程中，要及时调整。长江流域环境治理的过程中，可能会出现在规划之外的情况，要及时调整探究以适应新变化。有几点需要特别注意，要注重整个沿江地区长江生态的保护。沿江地区规划的具体工作得根据每个具体的段落现状为准。同时是否进行以及采取什么方式进行要通过专家及上级部门的同意方能开始推动。已出台的规划，在具体落实的时候也要确保规划是科学、合理的。②

第三，在规划后期，要强化企业落户、居民住宅落户的管制，不再对沿江宅基地进行审批。在实施的全过程检验规划的可操作性，吸取教训以期促进未来沿江地区规划的制定。规划科学的布局是长江流域环境整治之基础，同时为经济建设奠定基础。沿江地区规划合理，可以减少政策执行的阻力，增强政府政策实施的有效性。

（2）加强基础设施的建设与完善

由于公共设施投资及建设周期长、回报较慢，建好后拆除困难，导致项目建设的全过程要注重质量，要加强基础设施的建设与完善。在长江流域环境治理当中，沿江地区的公共基础设施贯穿在整个地区各个方面。环境治理的具体内容有垃圾、厕所、污水及生态环境等，其基础设施的欠缺会影响环境治理的效果。在交通方面，完善公路、光照等出行设施，增加道路的硬化率。强化公路的维护力度，在污水处理方面，尽快对污水处理厂进行修理并加快投入使用。基础设施的完善离不开实地调研，没有调研就没有发言权。完善基础设施，需要对整个沿江地区的整个规划十分了解，要用发展的视角来看待基础设施的建设。建设基础设施离不开上级政府的财政资金的投入，但也要增加资金之扶持力度，加快项目落地的进程。强化对沿江地区的“三资”监管，规范操作程序，增加地区经济活力，提高地方经济收入，使其服务功能得到有效发挥。

（3）增强治理的长效性与可持续性

长江流域泰兴段环境的治理工作是一项兼具复杂又系统的工程，需要增强治理的长效性及可持续性。长江流域环境涉及沿江居民穿衣住行、生存空间及人文之整体，应当让地区政府进行自我管理与自我服务，即日常所说的区域自治。通过区域自治，方可促进环境治理的可持续性更进一步。加大对财政转移支付的投入力度，以保证治理能够持续进行。发展区域经济也能够增强治理的长效性及可持续性。当地可通过本地具有的特色优势及资源，丰富发展村集体经济的渠道，可把乡村旅游作为发展村集体经济的一个增长点，创新销售方式，可利用电子商务对农产品进行线上销售。这样不仅可以使农户收入水平增加，而且给沿江的经济发展采用了新模式，可以助力村集体经济壮大，改善沿江居住环境质量。结合沿江居民法律意识普遍较弱的现实情况，重塑基层治理体系和村民参机制，保证村民参与的可持续性。要加快建立长江流域环境治理的长效管理机制，走群众路线，让沿江的企业家、居民能够加入治理行列，有利于协同治理环境的良好氛围的形成。然后，地方政府

① 龚虹波．中国公共政策执行的理论模型述评[J]．教学与研究，2008(3)：92-96.

② 丁煌，李新阁．基层政府管理中的执行困境及其治理[J]．东岳论丛，2015，36(10)：122-127.

要按照各个地区的实际情况，构建适应该地区村民的政府与村民的良性互动治理体系。治理的长效性与可持续性的发挥离不开政府领导的责任，要明确相关责任，把问责落到实处。在落实具体的环境治理环节上，涵盖环境的后续管理及提升。政府不仅要保障村民能够自治，同时也要鼓励沿江企业、居民参与环境自治。最后借助第三方——市场的力量，市场可以填充政府治理过程中问题的空白，可以增强治理所需要的资金，促进治理进行得更为高效。

### (四)结束语

长江孕育了源远流长的中华文明。古往今来，保护长江流域的生态环境，为高质量发展谋篇布局，不仅事关长江流域的健康可持续发展，更事关人们对美好生活的追求。但是长江流域的生态环境治理非一日之功，今后乃至更长一段时间，我们都要坚持绿色发展定位，保护长江流域的生态环境，为建设美丽中国保驾护航。因此，江苏省泰兴市沿江生态廊道的成功建设为整个长江流域环境的治理提供了宝贵的实践经验，值得整个长江沿江地区学习和借鉴，从而更好地保护长江流域生态环境，为城市发展、为国家建设保驾护航。

# 附　录

## 附录一

### 一、半结构式访谈提纲设计

| 考察项 | 考察子类项 | 具体问题 |
| --- | --- | --- |
| 村庄基本情况 | 地理位置 | 1. 该村处于何地？<br>2. 距市区的距离有多少？<br>3. 交通是否便捷？ |
| | 人口结构 | 4. 村庄居住多少户？<br>5. 共计多少人？<br>6. 党员占比约多少？ |
| | 产业结构 | 7. 村庄产业如何分布？ |
| | 村民收入 | 8. 村民收入来自哪些方面？<br>9. 人均收入大致多少？ |
| “阳光票决制”的影响 | 制度实施前 | 10. 在村庄实施“阳光票决制”前，村庄内部问题是如何解决的？<br>11. 哪类问题常成为民众上访的原因？是鸡毛蒜皮的事情，还是集体公共事务？ |
| | 制度实施后 | 12. “阳光票决制”参与都有哪些成员？<br>13. “阳光票决制”的硬件设施都有哪些？<br>14. “阳光票决制”都有哪些基本规则？奖惩机制如何运行起来？制度在推行的途中遇到了什么困难？<br>15. “阳光票决制”是如何落实《中华人民共和国村民委员会组织法》的？ |
| 其他 | 其他 | 16. 外出打工的流动村民如何参与村内事务及其重大决策？<br>17. 阳光票决的“黄泥墩经验”是否有推广意义？获得了什么成就？<br>18. 有没有村民是反对或不参与“阳光票决制”的吗？后续有动员这类村民参与吗？采取哪些措施又如何动员呢？ |

## 二、"阳光票决制"的流程

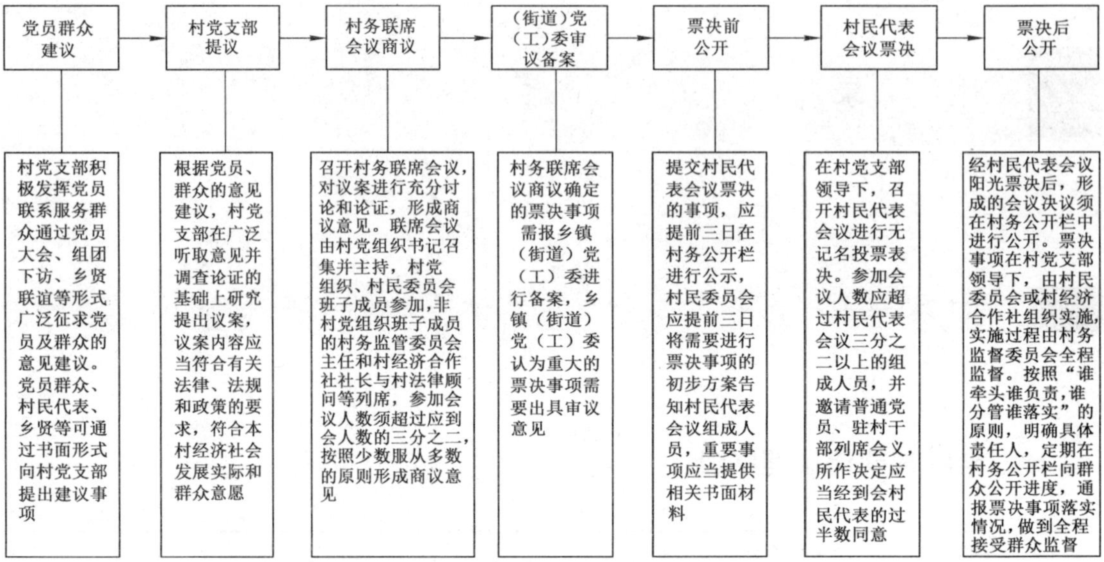


（1）以《中华人民共和国村民委员会组织法》为基础，将与村民利益密切相关的10大重要事项列入必须票决的内容。

① 村经济和社会发展规划及年度计划，村庄建设规划。

② 公益事业的兴办和筹资筹劳方案及建设承包方案。

③ 村级享受误工补贴的人员及补贴标准。

④ 村集体经济所得收益的使用。

⑤ 土地承包经营方案。

⑥ 集体经济项目的立项、承包方案。

⑦ 宅基地的使用方案。

⑧ 征地补偿费的使用、分配方案。

⑨ 以借贷、租赁或者其他方式处分村集体财产。

⑩ 涉及村集体、村民切身利益等其他事项。

（2）召开村民代表会议对村级事务进行阳光票决。

① 主持人报告村民代表的应到会人数、实到会人数、缺席人数，确认实到会人数超过组成人员的三分之二以上，会议方可召开。

② 主持人宣布会议议程。

③ 由村民委员会将重大事项的提议情况、有关政策、征求意见情况、公示情况等向村民代表会议进行通报说明，提出需要票决事项和票决草案，村两委干部或有关人员负责答疑和解释。

④ 主持人宣布关于监票人、唱票人和计票人建议人选名单，提交村民代表会议讨论

通过。

⑤ 由唱票人和计票人领取、分发表决票。

⑥ 主持人作填写表决票的说明。

⑦ 村民代表填写表决票，投票。

⑧ 唱票人和计票人清点票数，确认票决是否有效（如收回票数多于发出票数，本次票决无效，应重新投票）。

⑨ 当场唱票、计票和汇总、填写《票决情况汇总表》，一式两份，其中一份报乡镇（街道）党（工）委备案，监票人、计票人和唱票人分别在《票决情况汇总表》上签字。

⑩ 由监票人报告计票情况。

⑪ 主持人宣布票决结果。村民代表会议所作决定应当经到会人员过半数同意，并形成会议记录。

（3）村务联席会及其协商规则。村务联席会，让村委会和村民沟通、协调实现“零距离”。一是各村可在区级制定的议事协商章程基础上，结合本村实际建立议事协商制度。二是按照就近、就地、就事、就便原则，只要涉及群众反映强烈的生产生活中各种问题，与群众切身利益密切相关的重大村情村务，均可在村党总支的领导下随时召开“村务联席会”。其中村级重大事项在村务联席会充分征求各方意见形成协商结果后，在村委会公开栏进行公示，并直接进入阳光票决环节。三是按照“谁负责、谁执行”“谁受益、谁监督”的原则，分类抓好协商结果的落实，全力解决基层组织联系服务群众“最后一公里”问题。

规范村级议事协商运作流程，将议事协商分成六个步骤进行，每个步骤做到公开、公正、透明，搭建村级议事协商标准体系。

① 收集议题。党员群众充分利用民情家访以及微信等载体，每月开展党员联系群众工作，了解、掌握村情民意，收集、整理、调查群众反映的热点和难点问题。

② 确定议题。根据群众意见建议，村党支部在广泛听取意见并调查论证的基础上研究提出事项协商议题。

③ 拟定方案。村党支部根据协商议题拟定协商方案提交至村务联席会，明确协商主体、内容、时间、地点等事项，并根据协商内容提前告知参与协商主体。

④ 开展商议。方案确定后，原则上由村党组织牵头，依托村务联席会开展协商，组织各参与主体发表意见建议，形成协商意见。协商形式为座谈协商、论证协商的，应召开协商会议，村务联席会成员、利益相关方代表必须出席。商议采取协商一致的原则，按照少数服从多数的原则，形成协商意见。

⑤ 上传系统。填报《村级事务议事协商情况汇总表》，上传照片至村级事务阳光票决系统村务联席会环节，作为阳光票决事项决策依据。

⑥ 公开成果。形成协商意见后，将协商结果以村规民约、会议决议、计划方案、口头协定等形式确定，通过村务公开栏进行公示。

## 三、黄泥墩村档案材料

| 村庄名称 | 黄泥墩村 |
| --- | --- |
| 基本情况 | 黄泥墩村位于浙江省丽水市莲都区黄乡村西大门，村域面积8平方千米，下辖5个自然村，全村总人口1 158人，共371户，共有32名党员(占2.8%)，人均年收入7 500元 |
| 资源禀赋 | 天然的生态资源：黄泥墩村严溪河畔的碧水湾，被誉为“莲都的雅鲁藏布江”，是丽水市区的“天然浴场”。茶山资源丰富，全村耕地面积427亩，林地面积9 850亩，水果面积1 380亩。在村村民耕种＋外出村民务工 |
| 本土文化 | 白茶文化＋传统农业种植文化 |
| 发展路径 | 政府支持＋市场运行＋社区赋能，以“阳光票决制”推动基层民主政治参与，以谋划碧水湾乡村旅游综合体项目，招引乡贤、村民参与项目建设、周边农家乐、特色农产品销售推动经济发展，发展特色旅游业 |
| 发展特征 | 以党建为引领启动乡村秩序重构、以“阳光票决制”为核心重塑决策体系、以民主法治村创建为载体统等经济、文化、生态、社会建设、以乡贤智囊团为支撑”，形成自治、法治、德治、智治“四治融合”的治理模式 |

调研时间：2022年7月15日—2022年8月8日。

调研形式：云调研与线下调研相结合。

# 附录二

## 一、《潘安湖采煤塌陷地治理对农民福祉的影响变化研究》农户调研问卷

| 问卷编号<br>(如20220915-01) | 调研地点 | 调研者 | 校对者 |
| --- | --- | --- | --- |
| | | | |

1. 农民基本情况

| 序号 | 问题区 | 回答区 |
| --- | --- | --- |
| 1 | 性别 | 1—男；2—女 |
| 2 | 年龄/岁 | |
| 3 | 家庭总人口数/人 | |
| 4 | 家庭劳动力数(18～64岁) | 人—总负担系数 |
| 5 | 受教育程度 | 1—小学以下；2—小学；3—初中；4—高中或中专；5—大专及以上； |

| | | |
|---|---|---|
| 6 | 家庭从事非农工作的人数/人 | |
| 7 | 家庭曾在煤矿工作人数/人 | |

2. 家庭经济情况

| 序号 | 问题区 | 回答区 | 治理前 | 治理后 |
|---|---|---|---|---|
| 8 | 家庭人均年收入/元 | | | |
| | 其中，农业经营收入/元 | | | |
| | 非农收入/元 | | | |
| | 其他收入(财产性和转移性)/元 | | | |
| 9 | 家庭年消费支出/元 | | | |
| 10 | 恩格尔系数：家庭食品支出占比/% | | | |
| 11 | 耕地面积/亩 | | | |
| 12 | 主要工作类型(可多选) | 1—务农；2—工业(工厂职工)；3—商业(个体户、作坊、小生意)；4—煤矿职工；5—其他(请注明) | | |
| 13 | 工作地点位置 | 1—在本村庄；2—在本乡镇；3—在本县城；4—在本市；5—在本省；6—在本省以外 | | |
| 14 | 就业稳定性 | 0—不稳定；1—稳定 | | |

3. 居住条件情况

| 序号 | 问题区 | 回答区 | 治理前 | 治理后 |
|---|---|---|---|---|
| 15 | 人均住房面积/(平方米·人$^{-1}$) | 具体面积 | | |
| 16 | 房屋结构 | 1—土坯；2—砖瓦；3—砖混 | | |
| 17 | 房屋类型 | 1—平房；2—独栋楼房；3—联排楼房；4—多层住宅 | | |
| 18 | 房屋安置补偿方式 | 1—房屋补偿；2—货币补偿；3—社会保险；4—其他 | | |
| 19 | 补偿安置满意度 | 1—非常不满意；2—不满意；3—一般；4—满意；5—非常满意 | | |

4. 生态环境情况

| 序号 | 问题区 | 回答区 |
|---|---|---|
| 20 | 潘安湖治理后，您认为空气污染变化情况？ | 1—明显减轻；2—有所减轻；3—没有变化；4—有所加重；5—更加严重 |
| 21 | 潘安湖治理后，您认为水源污染变化情况？ | 1—明显减轻；2—有所减轻；3—没有变化；4—有所加重；5—更加严重 |

| 序号 | 问题区 | 回答区 |
|---|---|---|
| 22 | 潘安湖治理后,您认为噪音污染变化情况? | 1—明显减轻;2—有所减轻;3—没有变化;4—有所加重;5—更加严重 |
| 23 | 潘安湖治理后,您认为周围的生态景观变化情况? | 1—变的很差;2—较差;3—没有变化;4—较好;5—很好 |

5. 乡村基础设施与公共设施

| 序号 | 问题区 | 回答区 |
|---|---|---|
| 24 | 潘安湖治理后,您认为医疗卫生条件有所变化吗? | 1—变的很差;2—较差;3—没有变化;4—较好;5—很好 |
| 25 | 潘安湖治理后,您认为教育资源有所变化吗? | 1—变的很差;2—较差;3—没有变化;4—较好;5—很好 |
| 26 | 潘安湖治理后,您认为养老保障有所变化吗? | 1—变的很差;2—较差;3—没有变化;4—较好;5—很好 |
| 27 | 潘安湖治理后,您认为村庄休闲娱乐设施数量有所变化吗? | 1—减少;2—没有变化;3—增加 |
| 28 | 潘安湖治理后,您出行条件是否有改善? | 1—变的很差;2—较差;3—没有变化;4—较好;5—很好 |

6. 心理情感情况

| 序号 | 问题区 | 回答区 |
|---|---|---|
| 29 | 潘安湖治理后,您出门串门交往的频率是否发生变化? | 1—明显减少;2—有所减少;3—没有变化;4—有所增加;5—明显增加 |
| 30 | 潘安湖治理后,您的家庭关系是否发生变化? | 1—变得很差;2—较差;3—没有变化;4—较好;5—很好 |
| 31 | 潘安湖治理后,您的文化生活水平是否提升? | 1—明显下降;2—有所下降;3—没有提升;4—有所提升;5—明显提升 |
| 32 | 潘安湖治理后,您的幸福感指数是否提升? | 1—明显下降;2—有所下降;3—没有提升;4—有所提升;5—明显提升 |
| 33 | 潘安湖治理后,您对未来生活幸福的信心? | 1—没有信心;2—比较有信心;3—充满信心 |

## 二、贾汪区自然资源和规划局座谈提纲

(1) 座谈主题:潘安湖成功案例的奥秘。

(2) 座谈内容。

① 塌陷治理之前区域经济、社会、生态、民生等状况。

② 最初的塌陷治理方案与实践探索。

③ 潘安湖成功治理的几个主要阶段。

④ 潘安湖采煤塌陷地治理中各级政府、社会资本、煤矿企业、农民等不同主体的角色、功能和参与模式。

⑤ 各主体的投资、收益分配模式及农民的安置补偿模式。

⑥ 潘安湖成功经验对其他采煤塌陷地治理有何经验启示。

⑦ 潘安湖治理成功之后带动了哪些产业发展，村民的就业情况？

⑧ 潘安湖治理后现存问题或者仍需改进的方面？